盟友

在最黑暗
最辉煌的
日子里与英国
站在一起的美国人

The Americans Who Stood with Britain in
Its Darkest, Finest Hour

［美］琳内·奥尔森 / 著

钟鹰翔　李　庆 / 译

重庆出版集团　重庆出版社

Citizens of London: The Americans Who Stood
with Britain in Its Darkest, Finest Hour
Copyright © 2010 by Lynne Olson
Excerpt from Last Hope Island by Lynne Olson
Copyright © 2017 by Lynne Olson
All rights reserved.
This translation published by arrangement of Random House,
a division of Penguin Random House LLC

版贸核渝字（2020）第002号

图书在版编目（CIP）数据

盟友：在最黑暗、最辉煌的日子里与英国站在一起的美国人 /（美）琳内·奥尔森著；钟鹰翔，李庆译. —重庆：重庆出版社，2021.6
书名原文：Citizens of London: The Americans Who Stood with Britain in Its Darkest, Finest Hour
ISBN 978-7-229-14272-8

Ⅰ. ①盟… Ⅱ. ①琳… ②钟… ③李… Ⅲ. ①第二次世界大战－史料②英美关系－国际关系史－现代 Ⅳ. ①K152②D856.19③D871.29

中国版本图书馆CIP数据核字（2020）第113807号

盟友：在最黑暗、最辉煌的日子里与英国站在一起的美国人
MENGYOU: ZAI ZUI HEIAN、ZUI HUIHUANG DE RIZI LI YU YINGGUO ZHANZAI YIQI DE MEIGUOREN
［美］琳内·奥尔森 著　钟鹰翔　李庆 译

图书策划：李柯成　刘天祺
责任编辑：周英斌　吴向阳　陈　婷
责任校对：何建云
封面设计：宋　涛

 重庆出版集团 出版
　　重庆出版社
重庆市南岸区南滨路162号1幢　邮政编码：400061　http://www.cqph.com
重庆市鹏程印务有限公司印刷
重庆出版集团图书发行有限公司发行
全国新华书店经销

开本：720mm×1000mm　1/16　印张：25　字数：420千
2021年7月第1版　2021年7月第1次印刷
ISBN：978-7-229-14272-8
定价：78.00元

如有印装质量问题，请向本集团图书发行有限公司调换：023-61520678

版权所有　侵权必究

在未来的岁月里,人们谈起这场战争时会说,
"我曾是一名士兵""我曾是一名水手"或
"我是一名飞行员"。
其他人会自豪地说:"我是伦敦公民。"
—— 埃里克·塞瓦雷德,1940年10月

只有英国是我最想去的地方。
—— 约翰·吉尔伯特·怀南特,1941年3月

如果我们联合在一起,就没有什么是不可能的。
如果我们分裂,就会一败涂地。
—— 温斯顿·丘吉尔,1943年9月

这是一场可怕的战争,但如果你在合适的年龄……
在正确的地方,它会令人惊叹。
—— 帕梅拉·丘吉尔·哈里曼

前 言

1947年年初，寒夜的伦敦西区，一个美国人走出剧院，他身材高瘦，头发乌黑蓬乱。观众从附近的剧院一涌而出，来到街上，纷纷驻足，因为他们立刻认出了经常出现在战时新闻纪录片和报纸上、有着棱角分明的面庞和略显驼背的这个美国人。他和两名同伴沿着沙夫茨伯里大街步行，很快就被人群包围。"晚上好，怀南特先生，"人们问候道。几个男人脱掉帽子致意，一名妇女伸出手去，怯生生地碰了一下他的外套。

对于这些人来说，看到约翰·吉尔伯特·怀南特（John Gilbert Winant）会让他们回想起1941年年初战火纷飞的夜晚，美国驻英大使怀南特走在伦敦街头，德国对英国历时九个月的狂轰滥炸在那时达到疯狂的程度。对于在街上遇到的每个人，不管是消防员、被爆炸弄得晕晕乎乎的市民，还是忙着将尸体拖离废墟的民防人员，怀南特大使都会上前询问是否需要帮忙。在那段人人徘徊在生死边缘的岁月里，一个伦敦市民是这样回忆的：怀南特"让大家相信他是连接我们和广大美国人民的纽带，他的讲话鼓舞人心，直抵内心深处"。

尽管怀南特在英国家喻户晓，但是很少有美国人听说过他的名字，更遑论了解他在打造并维持"二战"期间美英同盟关系中所起的关键作用。在"二战"结束后的几十年时间里，这一历史上最紧密、最成功的战时同盟关系被称为"特殊关系",帮助双方赢得战争、保存民主并挽救世界。随着时间流逝,围绕两国同盟的各种传奇基本成形,两国联盟似乎已是水到渠成:首先,温斯顿·丘吉尔(Winston Churchill)鼓励英国国民独自抵抗希特勒,随后富兰克林·罗斯福(Franklin Roosevelt)与美国出手拯救了丘吉尔和英国人。

然而,当怀南特1941年3月抵达伦敦就任时,未来的日子到底是福是祸,他自己也是毫无头绪。在刚刚过去的六个月里,纳粹德国空军大肆轰炸伦敦和英国其他城市,数以万计的英国人罹难。英国皇家部队装备不足、弹药短缺,在各地都处于守势。德国潜艇在大西洋恣意妄为,击沉无数商船,不断绞杀英国的供给线,平民面临着饥饿威胁,而德国很有可能跨过英吉利海峡入侵英国。"局势危在旦夕",英国战时最高军事指挥官、陆军元帅艾伦·F.布鲁克(Alan F.Brooke)勋爵回忆说。怀南特自己后来也写道:"很多时候我们都觉得大势已去了。"

英国人心里非常清楚,美国援助是力挽狂澜的唯一希望。然而,即便英国前途愈发黯淡,来自美国的援助仍只是涓涓细流。美国决策层中有很多人已经弃英国如敝屣:尽管在军事上有着辉煌历史,但是一个弹丸岛国如何能抵抗住已经摧枯拉朽般灭掉众多国家的德国入侵者呢?相信英国必败的人群中就包括怀南特的前任——约瑟夫·P.肯尼迪(Joseph P. Kennedy)大使,他在伦敦大轰炸最疯狂的时候,和数千名在英国的美国侨民一道撤回了美国。

怀南特刚刚就任,就明确表态要和英国共存亡。"有一个人会站在我们身边,他永远不相信我们会屈膝投降,他就是约翰·吉尔伯特·怀南特",说这话的人叫欧内斯特·贝文(Ernest Bevin),是丘吉尔政府的一名领军人物。新大使到任后没有几天,使馆一位工作人员评价说,怀南特"向全体英国人表明,真正的朋友来了"。

但是,在伦敦的美国人中,并非只有怀南特一人为鼓励英国人、推动英美伙伴关系摇旗呐喊,还有两个美国人——W.埃夫里尔·哈里曼(W. Averell Harriman)和爱德华·R.默罗(Edward R. Murrow)——他们也在其中扮演了重要角色,起到了关键作用。联合太平洋铁路公司董事长哈里曼做事强势、雄心勃勃，他在怀南特就任后不久即抵达伦敦，成为美国对英租借援助项目的行政管理官。而哥伦比亚广播公司欧洲分部负责人默罗自1937年起就常驻伦敦。

作为"二战"初期在英国地位最高的美国人，怀南特、哈里曼和默罗深度参与了美国是否应出手挽救英国——欧洲仅存的对抗希特勒的国家——的争论。默罗在对美国广播中大力宣传英国人的抵抗斗争，哈里曼和怀南特在孤注一掷的英国首相和行事谨慎的美国总统间积极斡旋，后者对美国国内的反对孤立主义者心怀警惕，起初也对英国能否挺住心存疑虑。虽然行事专横、以自我为中心的两位领导人后来发展出了举世闻名的个人友谊（罗斯福总统的首席助手哈里·霍普金斯称他们为"位高权重者"），但在当时，他们之间的关系还远远称不上友好。

战后，美英联盟的胜利都被归功于罗斯福和丘吉尔的密切合作，很少有人关注怀南特、哈里曼、默罗等为两国领导人结盟起到的重要铺垫作用。其实，罗斯福和丘吉尔最初不仅形同陌路，甚至相互怀疑、水火不容。

怀南特和哈里曼作为罗斯福总统的耳目被派到英国，负责评估英国抵抗、生存的能力。很快，两个人得出结论：英国不会倒下。他们向华盛顿表明，将与英国共存亡。两位使者游说罗斯福和他的团队尽可能为英国提供援助，甚至直接参战。在广播中，默罗使用的语言要更加含蓄一些。丘吉尔深知这三个人的态度事关英国的生死存亡，对他们极尽拉拢之能事，用心之精毫不逊色于后来对罗斯福的大献殷勤。首相推出的门户开放政策就与默罗密切相关，怀南特与哈里曼进入了丘吉尔的核心圈子，可以直接接触首相本人和他的政府高官。外交关系发展为如此紧密的个人关系可谓空前绝后，他们甚至将交往的触角延伸到丘吉尔的家庭成员中。实际上，哈里曼、怀南特和默罗都和丘吉尔家族的成员在战时发生过浪漫故事。

后来，日本偷袭珍珠港，美国参战，这三个美国人对美英联盟的坚定支持终于开花结果。作为两国联盟的重要推手，他们在1941年12月7日那一天的行踪凸显了自身的重要：怀南特和哈里曼在契克斯别墅与丘吉尔共进晚餐，而默罗则在白宫与罗斯福在一起。

据说，在那个寒冷的冬夜，首相乡间寓所的气氛甚是喜庆。珍珠港的消息甫一传来，所有人都知道他们漫长的独行即将结束——美国参战了。根据一个在场人士的叙述，丘吉尔和怀南特甚至在房间里共舞了一会儿。美英之间错综复杂的同盟历史就此拉开大幕。

尽管丘吉尔在回忆录中将两国同盟粉饰成双方共同执掌权力，但实际上，同盟建立之初，两国关系极其脆弱。虽然语言和文化传承相同，但是从丘吉尔和罗斯福一直到后期的两国军政领导人之间既不互相了解，又不相互理解。同盟双方对对方的历史文化毫不了解，对大洋彼岸远房亲戚的看法陈旧老套，对对方政治、军事上的困难缺少认识。

刚刚成立的同盟还未来得及巩固，相互之间就开始怀疑、猜忌、抱持偏见，甚至针锋相对。英国人对待美国人态度倨傲，而美国人则对英国人心怀不满。英国军事历史学家迈克尔·霍华德（Michael Howard）写道："英国人认为在两国同盟中，美国人应该向他们虚心学习。而美国人则认为，无论如何也轮不到在战场上一败再败的英国佬来指手画脚。"

这种令人忧虑的状况凸显了中间人的重要性。尽管罗斯福和丘吉尔都为两人间紧密的直接沟通感到自豪，但事实是，怀南特和哈里曼在两国领导人中间充当着解读者和调停人的角色，向他们解释对方的想法和行动。此外，怀南特还努力在两国高层军政领导人之间缓和关系、增进合作。

英国《泰晤士报》认为，美国大使是巩固战时同盟关系的"黏合剂"。战争结束后，《泰晤士报》是这样评论的："要说建立史无前例的紧密英美同盟关系，可能功不在怀南特。但是，他却建立并巩固了两国之间的相互理解并确定了未来目标，正是这些使得同盟成为可能。"

随着默罗和首任驻英美军司令德怀特·D. 艾森豪威尔（Dwight D. Eisenhower）到任，怀南特开始想方设法帮助两国人民加深相互了解，以消弭随着战争达到高潮而日益加剧的误解与紧张。当大批美国人进入饱受战争摧残的英国，准备开辟欧洲战场时，人们更加明显地感觉到这种紧张关系。

1943年年中，美国人在伦敦和英国其他地区的存在达到顶点。在国土面积大约相当于乔治亚州或密歇根州的英国，到处都在建设美国空军基地、陆军训练营等设施。伦敦的街头和酒吧充斥着大量休假外出的美国大兵，他们行为粗鲁、喧闹无比。

20世纪40年代初期的伦敦是同盟国策划欧洲战场的中枢之地，很多人对伦敦趋之若鹜。一位历史学家是这样评论的："尽管伦敦深受灯火管制、狂轰滥炸和生活成本飙升的困扰，但仍然是'二战'期间人们的向往之地，就像当年的巴黎一样。"那些腰缠万贯而又人脉广泛的美国民众，从纽约的投资银行家到好莱坞的大导演，都纷纷争取来到这里弄个短期的官派任务干干，因为他们认为伦敦在当时一片混乱的时局中是最令人兴奋的地方，也是最有活力的一座城市。

在伦敦和英国其他地方的美国人，不管是军事人员还是平民，他们的收入和生活水平都远远高于绝大多数的英国人，后者每天还在为解决温饱问题苦苦挣扎。这种生活水平上的巨大落差反映了两国在"二战"期间截然不同的境况：一个在前线饱受战火，缺吃少穿；而另一个远离战场几千英里，国民享受着日益富足的生活。

如此巨大的差距加剧了双方的紧张关系，也导致了美国的进一步强大。"二战"后期，美国终于成为经济、军事和政治上的世界强国，同时也揭示出事物的复杂性和矛盾性。罗斯福和美国政府一方面高调支持各国自由、公正和平等，另一方面却给英国和欧洲其他小国留下这样一个感觉：美国正在主导这场战争，也将要主导战后的世界。1944年，《芝加哥论坛报》的一篇社评是这样写的："这是美国人带来的胜利，也是美国式的和平。"

英国人和其他欧洲人心里非常清楚，美国参战可以帮助他们摆脱希特勒的魔掌。尽管如此，他们仍然认为美国人在欧洲有些横行霸道，丝毫不顾忌他们的行动会带来哪些长期性的国际后果。在他们看来，美国人行事嚣张，有一种被误导的使命感，对美国以外的世界知之甚少，缺少与外部世界打交道的经验，却打算接管世界，想要凭一己之力帮助全世界走上正途。一位"二战"期间在美军驻英海军司令部工作的英国女士对她的美国同事是这样说的："要想领导世界，首先要深入了解它。"

吉尔伯特·怀南特和爱德华·默罗这对挚友始终支持战后经济社会变革和国际合作，这反映了美国理想主义的一面，而有着坚强意志的实用主义者埃夫里尔·哈里曼，却意图扩大他本人和美国的权力与影响力，并因此成为美国例外主义的代表人物。"二战"结束后，哈里曼等人的世界观主导了美国的外交政策。与多年的好友兼同事迪安·艾奇逊（Dean Acheson）、罗伯特·洛维特（Robert Lovett）、约翰·麦克洛伊（John McCloy）（均为"美国智囊"成员）一道，哈里曼打造了风靡世界的"美式和平"。

战后几十年间，怀南特"专注于团结而不是分裂人类"的国际关系论被认为是单纯幼稚的。力量被奉为圭臬，美国到处炫耀自己的军事、经济实力，将自身价值观和行为方式强加到他国头上。

但是，美国的独断专行很快就迎来了反抗。各国厌倦了被呼来喝去，越发抗拒美国的领导。进入21世纪，很多国家开始按照自己的规则行事。60多年前刚刚取得霸主地位的美国，正面临着影响力和权力的快速衰落。随着巴拉克·奥巴马政府上台，美国认为有必要推动全球合作，并开始打造与其他国家的真正伙伴关系，而不再是一味的美国利益独大。

伴随着与外部世界的更多接触，美国对"二战"期间美英同盟的胜利会进行更好的回顾，更加承认怀南特、默罗、哈里曼、艾森豪威尔等人为维护两国同盟做出的勤勉努力。在他们努力维护同盟关系的同时，民族主义和其他势力却费尽心机要打破同盟。1945年，美国在日本广岛和长崎投下原子弹后不久，怀南特参加了英格兰东南部诺曼底登陆纪念碑的落成典礼。在英国广播公司的直播中，这位驻英大使说道，人类要想在当今危机四伏的时代生存下去，必须"学会友好共存"，要将"邻国的福祉赋予同自身福祉同等的重要性"。怀南特承认这一目标极难实现，"但是，这正是诺曼底登陆的意义所在，如果我们能够实现这一目标，那还有什么不能实现的呢？"

目 录

001　前言

001　第 1 章　除了英国，我哪儿也不去
023　第 2 章　您是全欧洲最棒的记者
047　第 3 章　千载良机
071　第 4 章　有我们陪在身边，他好像更有信心了
093　第 5 章　一家人
115　第 6 章　哈里曼先生很欣赏我的自信
128　第 7 章　我想和你们在一开始就并肩作战
142　第 8 章　珍珠港遇袭了？
151　第 9 章　结盟
167　第 10 章　一个英国人在格罗夫纳广场侃侃而谈
181　第 11 章　他永远不会让我们失望
191　第 12 章　我们是在和纳粹作战，还是同他们睡觉？
210　第 13 章　被遗忘的盟国
230　第 14 章　绝无仅有的特权
250　第 15 章　一个永远的护航员
273　第 16 章　跨越大洋并不意味着你们就是英雄
292　第 17 章　你会发现我们站在俄国人一边
308　第 18 章　行动到底会成功吗？
330　第 19 章　盟国内部危机
347　第 20 章　终结
357　第 21 章　我始终感觉自己是伦敦人
369　第 22 章　我认为我们失去了一位共同朋友

385　致谢

第1章
除了英国，我哪儿也不去

温莎火车站，身着英国陆军元帅卡其制服的瘦削男人耐心地等待列车停稳。伴随着刺耳的刹车声，列车哆嗦着停了下来。过了一会儿，一扇车门滑开，美国新任驻英大使走出车厢。乔治六世脸上露出灿烂的笑容，向约翰·吉尔伯特·怀南特伸出手去，"欢迎您的到来"，他说道。

45岁的英国国王通过一个握手创造了历史。在这之前，从来没有一个英国国王抛开王室礼仪亲自出宫迎接国外使者的到任。按照常规礼仪，新到任的驻英大使要遵循精确到分钟的礼仪安排，前往圣詹姆士宫递交国书。然后，他要身穿讲究的宫廷礼服，坐在华丽的马车中，在马车夫、步兵和骑马侍从的护卫下前往伦敦的白金汉宫。在那里，英国国王会举办一个私人仪式表示欢迎，而这通常发生在他抵达英国的几个星期之后。

但是，1941年3月那个狂风大作的下午，没有任何华丽的仪式，在一群英美记者的注视下，乔治六世只是和怀南特简短地交流几句。怀南特身穿皱巴巴的海军蓝大衣，手里攥着一顶灰色毡帽。寒暄之后，国王就将大使引到早已等候着的一辆车里，驶向温莎城堡与王后一起用茶。接下来，这两个男人在一起开了90分钟的会。

在国家命悬一线之际，英国国王前所未有的姿态表明传统的宫廷礼节是可以搁置一旁的，起码在战时是能够做到的。更加重要的是，他要向怀南特强调英国是多么需要美国的援助，希望怀南特让美国政府明白援助的紧迫性，也希望怀南特千万不要像他的前任约瑟夫·P. 肯尼迪大使那样是个失败主义者。

肯尼迪曾经是华尔街的投机商，担任过美国证券交易委员会的主席，他是英国前首相内维尔·张伯伦（Neville Chamberlain）绥靖政策的忠实拥趸。在担任驻英大使的三年任期里，人人都知道他的观点"战争会影响生意"，而绰号"苏格兰佬"的记者詹姆斯·赖斯顿（James Reston）更是直言不讳："战争尤其会影响他的生意。"这位美国大使甚至动用公权力征用本已十分紧张的跨大西洋货船舱位来方便自己的酒类出口生意。1938年9月，张伯伦和法国总理爱德华·达拉第（Edouard Daladier）在慕尼黑将捷克斯洛伐克的大片领土割让给阿道夫·希特勒（Adolf Hitler），消息传来，肯尼迪兴高采烈地对捷克斯洛伐克驻英公使扬·马萨里克（Jan Masaryk）说："危机得到解决，实在太好了。我终于可以去棕榈滩度假了。"

1940年10月，当德国对伦敦和英国其他城市的空袭达到顶点之时，肯尼迪卸任回国，并且宣称"英国已经沦陷"，"我是绥靖政策百分之一千的拥护者"。在白宫见过罗斯福之后，他对记者表示要"致力于当今世界最伟大的事业……协助总统确保美国不参战"。

肯尼迪公开宣称向希特勒妥协的态度使他的继任者难以开展工作。《纽约时报》写道："总统把最艰难也最重要的工作交给了怀南特。"他需要向一个饱受轰炸蹂躏的国家解释为什么远在3000英里之外、毫发无损的美国乐意提供援助，但是却不能参战。他要和一个自己家园刚刚被炸弹夷为平地的人说清楚这一点实在太难了。

3月1日上午，就在美国国会批准他的任命之后不久，怀南特降落在布里斯托尔南部港口附近的一座机场，这里几个星期前刚刚遭到纳粹德国空军的轰炸。在登上前往温莎的皇家专列之前，这位新任大使划清了与前任约瑟夫·肯尼迪大使的界线。英国广播公司的一个记者请他向英国人民讲几句话，他略微沉吟，轻声对着麦克风说道："很高兴来到英国。此时此刻，除了英国，我哪儿也不会去。"

第二天，他的这句话就出现在英国主要报纸的头版上。伦敦《泰晤士报》对这句话作出了积极解读，认为这是个好兆头，而且一反常态地使用诗一般的语言描述了大使抵达前发生的一个"重大事件"，"他的飞机在空中盘旋准备落地之时，天气突然阴了下来，紧接着暴雨倾盆而下。然而，飞机刚一落地，倾盆大雨即刻消失不见，云层散去，阳光照射大地，一道美丽彩虹悬挂空中"。

然而，1941年年初的英国却鲜有这样的吉瑞之兆。在独自抵抗世界上最为强大的军事力量九个月之后，英国的财力、心力和体力都已经耗尽，按照历史学家约翰·基根（John Keegan）的说法，"英国陷入了前所未有的极端绝境之中"。

1940年夏秋时节的不列颠之战中，德国并未征服英国空军。尽管如此，纳粹德国空军保持对伦敦、布里斯托尔和其他英国城市的狂轰滥炸，而且很可能马上就会从海上入侵英国。然而，眼下最大的危险是德国U型潜艇对英国补给线的威胁。在大西洋，德国潜艇每个月要击沉数十万吨位的商船，短短四个月内，潜艇攻击造成的损失增加了一倍多。

在那个有气象记录以来最严寒的冬季即将结束之际，英国人苦苦支撑着，食物不足，供热紧缺，希望日益渺茫。食物和原材料的进口量跌到了战前水平的一半，导致价格飙升，从肉类到木材，各种物资的供应严重不足。

怀南特到英国前一周，温斯顿·丘吉尔的一位私人秘书向丘吉尔汇报刚被击沉的一艘商船的情况，这位私人秘书说，"这消息太让人伤心了"。听到这话，丘吉尔瞪了他一眼，大声喊着："这简直是骇人听闻！再这样下去，我们只有死路一条了。"这正是德国高层想要达到的目的。同一个月，德国外长约阿希姆·冯·里宾特洛甫（Joachim Von Ribbentrop）对日本驻德大使这样说道："现在英国正经历严重的食品短缺，现在的重点是尽可能多地击沉英国船只，将他们的进口量压缩到最低生活保障以下的水平。"

丘吉尔认为，英国要想在敌人潜艇、战舰和飞机的重重包围下求得一条生路，只能说服美国参战。即使罗斯福总统一再表示美国现在和未来都将保持中立，丘吉尔却从未放弃这个愿望。"作为职业政客，美国总统一直试图找到一条同盟国取胜的道路，即使同盟国无法获得胜利，为了美国的安全，他也不会让自己的国家一头扎进战争之中。"英国驻美大使向外交部汇报说。与美国国务院一样，英国外交部的任务是促进本国的海外利益。

对罗斯福的谨慎从事，我们不该求全责备。毕竟，英国人在20世纪30年代也做过袖手旁观、见死不救的事情。他们眼看着希特勒上台，并逐渐征服欧洲。为了和平——英国的和平，20世纪30年代末当德国逐个吞并欧洲国家的时候，张伯伦政府毫无作为。在捷克斯洛伐克问题上，英国甚至在慕尼黑会议期间与德国沆瀣一气，放纵德国割走苏台德区。时光进入1940年6月，英国人震惊地发现自己要孤零零地抵抗德国进攻。在跌入深渊之前，他们希望美国更好地关注英国，而不要像当年英国对待欧洲那样。

主战派首相丘吉尔上台后，从未间断地哄着、劝着、求着罗斯福提供更多援助。而罗斯福在讲话中也总是慷慨陈词，除了参战，他许诺提供任何援助。德国占领法国并发动不列颠之战后，罗斯福宣称"为了英国的生存，我们必须行动起来"，但是英国人发现美国的行动总是跟不上总统的承诺。援助不仅数量少得可怜，而且总是姗姗来迟。更加令人不安的是，这些援助经常带有附加条件。

1940年夏天，罗斯福政府同意丘吉尔的要求，将50艘老旧驱逐舰交付给英国，前提是英国将纽芬兰、百慕大和加勒比地区六个英属领地上的军事基地的使用权租给美国99年。所有人都知道，这笔交易美国人简直赚大了，英国政府对此深恶痛绝。然而，英国人别无选择，只能接受这毫无公平可言的条件。"这和俄国要求芬兰领土有什么区别？"丘吉尔的私人秘书约翰·科尔维尔（John Colville）在日记中写道。

然而，当这批"一战"期间的驱逐舰抵达英国时，英国人更加感到义愤填膺。战舰破烂不堪，如果不投入巨资进行修理，根本无法使用。"这是我有生以来见过的最烂的驱逐舰，"英国一位舰队司令压制不住自己的火气，"这些就是装上了武器的破烂海船而已。"虽然丘吉尔也感到气愤,但他还是听从了幕僚的建议,使用外交词汇来表达自己的关切。1940年年底,丘吉尔给罗斯福发去了一封电报,上面这样写道:"贵国馈赠之50艘驱逐舰因闲置已久,兼之在大西洋上饱受风吹日晒雨淋,致使缺陷众多,迄今为止,只有少数几艘尚堪使用。"

随着英国局势愈发岌岌可危,美国援助的价码也是层层加码。1939年11月,罗斯福终于说服国会修订禁止美国向交战国军售的《中立法案》,这意味着英国可以购买美国的武器装备。然而,根据修正案条款,购买战备物资必须使用美元当场付款,而且货物的海上运输由买方自行负责。

第二年,英国就因为大量购买武器而导致美元和黄金储备几近告罄。为了延续武器进口,英国国防部被迫向位于伦敦的比利时流亡政府拆借黄金储备。情况如此严峻,英国财政大臣甚至建议内阁向英国民众征用结婚戒指和金首饰,但是这一动议被丘吉尔叫停。他说,"只有当我们想要羞辱美国人的时候",才可以采取如此激进的做法。

丘吉尔首相和其他英国高官一再向罗斯福政府表示他们的美元储备马上告罄,但是美国政府拒绝接受这一说法。总统罗斯福、财政部长亨利·摩根索(Henry Morgenthau)和国务卿科德尔·赫尔(Cordel Hull)认为,不列颠帝国的财富用之不竭。如果英国人需要更多的现金,他们只需要变卖在美洲的一部分投资就可以了。摩根索甚至敦促英国人把他们的蓝筹股公司卖给美国投资者,包括壳牌石油公司、美国人造纤维公司、利华兄弟公司和邓禄普轮胎公司。英国政府表示抗议,认为卖掉这些企业(很可能是以泣血大甩卖的价格)会重挫战后的英国经济。摩根索斩钉截铁地回应道:现在不是考虑这些问题的时候。

在漫长而又丰富多彩的本国历史中,英国也曾有过很多盟国,对如何利用盟国实现自身目标和利益,英国可谓驾轻就熟。但是,这个傲慢的帝国却要被迫在以前的殖民地、现在的强大贸易对手面前卑躬屈膝、低三下四。更加屈辱的是,英国人认为美国在利用他们的不幸遭遇,实现自己的经济目的,是趁火打劫。

美国政府对此毫无愧意。罗斯福和其他美国高官认为,援助英国人的前提必须是美国要从中获得更多好处。"我们要规避所有风险和危险,同时要确保收益",美国参议员、孤立主义者威廉·博拉(William Borah)说。

美国政府认为有义务让本国人民相信:他们不会允许诡计多端的英国人将美国诱入第二次欧洲战争。实际上,罗斯福也持相同看法。有一次,他对助手说道:"和英国人谈判时,他们通常要拿走百分之八十,剩下的才是你的。"美国政府对英国就是个精明商人身份的认识获得相当一部分美国民众的共鸣。《路易斯维尔信使报》编辑、普利策新闻奖得主赫伯特·阿加(Herbert Agar)是一名坚定的干涉主义者,他对自己的同事表示,"美国从英国得到的东西太多了"。但是,他沮丧地发现,自己的这番话不但没有引起同事的深思,甚至让他们扬扬得意。

就这样,在全世界面临史上最大危机的时刻,有着相同文化和语言、都信奉个人自由的最大的两个民主国家却因为偏见和缺少理解而出现了深深的裂痕。以自我为中心的两国领导人相互猜忌,甚至达到相互敌视的程度。

温斯顿·丘吉尔和富兰克林·罗斯福的首次见面发生在"一战"后期的某次官方宴会上。当时,36岁的罗斯福任海军助理部长,正随赴欧洲考察团访问伦敦。一表人才、幽默风趣的罗斯福正处于事业起步期,并未给众人留下特别深刻的印象。他在华盛顿的一位同事认为,罗斯福"讨人喜欢、富有魅力,但并非什么显赫人物"。前战争部长亨利·史汀生(Henry Stimson)(30年后,他在罗斯福政府再次担任战争部长)认为,罗斯福是一个"未经世事、油嘴滑舌的年轻人"。罗斯福丝毫不受这些批评的影响,他努力吸引目光,成为人们关注的焦点。

但是,1918年7月29日夜晚,格雷斯茵晚宴上的焦点人物却另有其人,此人已习惯成为人们关注的核心,他的自我意识比罗斯福有过之而无不及。时年43岁的温斯顿·丘吉尔已在英国议会任职18年,在内阁担任过5个高级职务。时任军需部长的丘吉尔当晚忙于应对一系列兵工厂罢工事件。他没有兴趣，也没有时间去和那个名叫富兰克林·罗斯福的自大的美国政府官员打交道。

20年后，罗斯福仍然对那晚丘吉尔的怠慢耿耿于怀。1939年，总统对约瑟夫·肯尼迪说："自从1918年访问英国以后，我就一直讨厌这个人，他在我参加的一次宴会上表现得又臭又硬，架子摆得老大。"丘吉尔却不记得在那次宴会上见过罗斯福，这更让总统愤愤不平。

1929年访美时，丘吉尔试图与刚当选纽约州长的罗斯福会面，却遭到后者的冷落。20世纪30年代，罗斯福与很多英国人一样，认为出生于维多利亚女王时代的丘吉尔已是明日黄花。"二战"爆发后，罗斯福开始与丘吉尔建立书信往来，当时丘吉尔已咸鱼翻身，成为英国海军大臣。罗斯福是这样对肯尼迪说的，他之所以和丘吉尔打交道是因为"他很可能成为英国首相，所以才向他示好"。

丘吉尔就任首相后，憎恶他的肯尼迪一再断言丘吉尔反美、反罗斯福，这不啻火上浇油。另外，肯尼迪宣称，丘吉尔力劝美国参战只是为了保住大英帝国，这更加剧了罗斯福对大英帝国长久以来的猜忌之心。在罗斯福那里，肯尼迪大使将丘吉尔描绘成一个"威士忌酒瓶不离手的"人物，副国务卿萨姆纳·韦尔斯（Sumner Welles）也把丘吉尔说成"酒鬼""三四流人物"。很明显，罗斯福接受了丘吉尔是个酒鬼的说法。获悉丘吉尔入住唐宁街10号那一刻，总统揶揄道："看来英国除了丘吉尔，实在选不出来别人了。"

丘吉尔认为，罗斯福和美国利用其财政和军事资源对英国采取乘人之危的做法，对此，他忍无可忍。1940年12月，他对外交大臣哈利法克斯（Halifax）勋爵愤怒地说道："我们从美国那里得到的没有一样是免费的午餐，而且，这些东西都不是抵抗战争所必需的。"

丘吉尔还对罗斯福曾提出的一旦德国入侵英国，就将英国海军移师加拿大的提议愤愤不平。他的一位助手发现，听到这样的建议后，"他的身体在盛怒之下弯曲成一团，就像野兽那样要一跃而起"。丘吉尔打算这样回应："该死的美国佬"，"我们永远不会对自己的行动自由作出丝毫妥协，也从不容忍任何失败主义声明"。

和从前一样，哈利法克斯勋爵再次说服丘吉尔在电报中缓和了语气。勋爵和外交部认为，英国实际上别无选择，只能在援助谈判中向美国作出慷慨让步。尽管内心极不情愿，丘吉尔也不得不认可这种亏本买卖。为了换取美国的驱逐舰，他打算削减英国的基地数量。但是，他反对与美国共享先进军事和工业技术，声称"除非美国参战，否则我不会拱手让出机密技术"。但是，他在这两件事情上都作出了让步。除了让出基地以外，英国还将火箭、火炮瞄准器和新型莫林发动机的设计蓝图，喷气式发动机和原子弹的初期设计方案，以及可以安装在飞机上的小型雷达系统的原型机都交给了美国。很多先进技术在后来同盟国的军事行动中起到了关键作用。

1940年12月下旬，罗斯福语带炫耀地公布了援英新方案。正在为英国生死存亡忧心忡忡的丘吉尔，无法预知新方案对英国和战争走向会带来怎样巨大的影响。他只知道，罗斯福原来做过不少雷声大、雨点小的承诺。

事实的确如此。那时，罗斯福对待英国问题仍然是谨慎、犹豫的。但是，到了12月底，总统开始认识到英国很快就要耗尽财力，美国必须采取更多措施，防止失去英国这个抵抗希特勒的最后阵地。在收到丘吉尔写来的言辞恳切、充满期待的一封长信后，罗斯福宣布了开创性的新方案，允许政府向总统认为对保卫美国至关重要的任何国家出租或出借战争物资。他宣布，《租借法案》将使美国成为"民主的兵工厂"。

在英国下议院，丘吉尔声称《租借法案》是"各国历史中最没有铜臭味的行动"。然而，私下里，他却不以为然。丘吉尔非但没有向罗斯福表示谢意，反而写了一封言辞尖锐的便笺，对新方案的细节提出质疑，强调说即使新方案获得国会批准，也需要几个月的时间才能付诸实施。同时，财政捉襟见肘的英国如何支付急需的武器的款项？看到这封便笺，英国驻美使馆不禁大吃一惊，赶紧敦促首相缓和语气，并且要明确向罗斯福表达对新援助方案的感谢。首相不情愿地同意向罗斯福表达谢意。但是坚持表达自己的怀疑和担忧，"请您牢记，总统先生，"他写道，"我们不清楚您内心的真实想法，也不明白美国究竟打算如何行事，但我们却是为了生存而战斗。"

时光进入1941年，越来越多的英国人开始和丘吉尔一样，对英国命运日益担心，对美国不肯真正施以援手感到怨恨。有人做过民意测验，请英国人对非轴心国作出评价，美国排名最后。"对美国持负面评价的人口比例居然和敌对国家意大利一样高"，主办方说道。

就在两国关系日益紧张之际，约瑟夫·肯尼迪提出辞去驻英大使一职。英美之间和英美两国领导人之间的罅隙日益扩大，多是拜肯尼迪所赐，他的继任者面临着修复裂痕的艰巨任务。

考虑到任务的艰巨性，罗斯福将目光投向在新英格兰的前任州长，此人不善言辞，却一度被认为是罗斯福的继任者。

20世纪20至30年代早期，约翰·吉尔伯特·怀南特作为美国最年轻、最有前途的州长受到全国瞩目。然而，1936年，这位一心问鼎总统宝座的共和党新星因为对共和党猛烈抨击罗斯福新政表示不满，从此失去自己的政治前途。罗斯福从未有坚持理想而放弃政治生存的想法，他对怀南特自我牺牲式的理想主义感到大惑不解，并因此把他称作"乌托邦约翰"。

同罗斯福一样，怀南特来自纽约一个古老望族，祖上是荷兰人，父亲是地产经纪人。怀南特在曼哈顿上城区长大，还是穷学生时，就喜欢阅读查尔斯·狄更斯的小说和亚伯拉罕·林肯的传记，并将后者当作终生偶像。怀南特父母的婚姻因为不幸福，最后以离婚告终。怀南特曾对秘书说过，父母吝于向自己和他的三位兄弟表达爱意。一位朋友写道，怀南特的父亲总是告诉怀南特"静悄悄地待着，别说话"。

12岁时，热爱阅读、敏感的怀南特被送到圣保罗中学就读。学校位于新罕布什尔州白山山脉脚下，州府康科德市郊。这所学校对新生有着严苛要求。进入圣保罗中学对怀南特的一生至关重要。他非常喜欢这所学校，尤其耽溺于新罕布什尔州的森林和起伏的丘陵。学生时代，他在圣保罗中学附近的鲍尔山上一走就是几个小时。多年以后，他对记者说过，那些地方对他的意义远超地球上任何其他地方。

圣保罗中学效法伊顿公学等英国公立学校，努力向来自纽约、波士顿、费城富裕家庭的学生们灌输公共服务的重要意义。"我们的职责不是顺应周围物质丰富、繁荣兴旺的世界，而是要通过下一代改造这个世界"，圣保罗中学校长塞缪尔·德鲁里（Samuel Drury）博士宣称。虽然学校的大部分学生从未打算抛弃这个"物质丰富、繁荣兴旺的世界"，怀南特却将余生贡献给了社会变革。

在圣保罗中学读书期间，怀南特成为学生领袖之一，展现出说服和激励他人的才能。几年后，他由于成绩不佳从普林斯顿大学退学，回到圣保罗中学教授美国历史。怀南特决心帮助学生培养社会良知，他的一个学生汤姆·马修斯（Tom Matthews）说："怀南特非常善于鼓舞人心，他使学生坚信美国是一个伟大的国家，是有史以来人类做过的最有希望的实验。"夜晚来临，学生们挤在他逼仄、堆满了书的房间，继续讨论课堂上讲过的林肯、杰斐逊等怀南特眼中的美国英雄们。"我和圣保罗中学大多数男生一样，奉约翰·吉尔伯特·怀南特为偶像"，马修斯说道。30年后，马修斯成为《时代周刊》执行编辑。

美国参加"一战"后，怀南特辞去教职，自费前往法国，成为新生的美国航空队的一名飞行员。他的飞行技巧实在不敢恭维，后来怀南特向好朋友艾德和珍妮特·默罗承认，尽管自己在空中的表现还"不错"，但是起飞和降落却要"靠运气了"。珍妮特在写给父母的家信中说："他好像撞坏了很多架飞机，能活到今天简直是个奇迹。"

这的确是个奇迹。在大无畏勇气的驱使下，他居然自告奋勇驾机侦察敌军防线，其他人认为这任务简直就是自杀。一次，完成侦察飞行降落后，他发现一个机翼被榴弹弹片掀开，引擎罩被打穿，螺旋桨的一部分已经不翼而飞。入伍时，怀南特只是个列兵。但"一战"结束时，他已升到上尉，负责驻扎在凡尔登附近的一个侦察中队。

回国后不久,怀南特就迎娶了家境富有的社交名媛康丝坦斯·罗塞尔,她的祖父曾任纽约国家城市银行(即花旗银行)行长。这对夫妇的众多好友、熟人都认为他们的姻缘纯属乱点鸳鸯谱。罗塞尔对怀南特终生从事的政治、历史或社会变革毫无兴趣,而更热衷于购物、参加派对、看戏,经常流连于南安普顿和巴尔港这样的地方。"这又是一例上流社会的联姻,双方毫无共同兴趣可言",阿比·罗林斯·卡弗利(Abbie Rollins Caverly)回忆说——他的父亲是怀南特的密友兼政治上的伙伴。"两人少有共同之处:他习惯熬夜,思考如何让世界更美好,而她则热衷于举办派对。"

"一战"结束后,怀南特通过在得克萨斯州投资油井赚了一笔钱。他和康丝坦斯开始过上富足的生活,他们住在派克大街上的一套公寓里,乘坐带司机的豪车出入,有自己的男女仆人、游艇和豢养阿拉伯名驹的马厩。但是,怀南特并未放弃对新罕布什尔州的热爱,他对公共服务的兴趣日益浓厚。其实,在前往法国之前,他曾在新罕布什尔州众议院短暂任职。

1919年,怀南特夫妇在康科德买下一栋白色的殖民地风格的大房子,距离圣保罗中学大约四分之一英里远。从自家藏书室(里面收藏着狄更斯和约翰·拉斯金的初版书,以及吉尔伯特·斯图尔特画的托马斯·杰斐逊的肖像)望去,怀南特可以看到自己最喜爱的风景——长满松树的鲍尔山。他妻子大部分时间都在纽约,而他则长期住在康科德的房子里。1920年,怀南特当选为新罕布什尔州的参议员。

与众不同、说话结巴的年轻理想主义者居然蜕变为一名成功的政治家,这本身就令人惊叹不已,更何况这发生在高度保守、以农业地区为主的新罕布什尔州。在参议院,怀南特成为共和党内一个人数不多的自由派别的领导,致力于推动立法将妇女、儿童周工作时间限制在48个小时以内,规定工资标准,废除死刑。当时,大部分参议员来自农业地区,他们对新罕布什尔州纺织工厂和其他工厂的工人悲惨的生活和工作条件缺乏理解,也鲜有兴趣。尽管他们拒绝了怀南特的立法议程,他却始终坚持对社会变革堂·吉诃德式的追求。

1924年，35岁的怀南特将一纸声明送到新罕布什尔州最大的报纸《曼彻斯特联合导报》编辑部，宣布竞选州长。《曼彻斯特联合导报》的老板弗兰克·诺克斯（Frank Knox）是公认的共和党州长提名人选，他把怀南特参选的消息用短短四行字发在报纸不起眼的一个位置上。在共和党保守派的眼里，怀南特参加州长竞选简直可笑之极。这个自由派的纽约佬以为自己是谁？新罕布什尔州选民永远不会接受这样一个家境优渥的外来客、知识分子和糟糕的演讲者。

怀南特的演讲能力的确让人不敢恭维。他身材高大，看起来总在沉思中，外形酷似亚伯拉罕·林肯，只是比后者帅一些。竞选时，他紧张地站在观众前面，面庞瘦削，头发凌乱，穿着皱巴巴的布鲁克斯兄弟（美国服装品牌）西服，浓浓的眉毛下面是深陷的、穿透心灵的褐色眼睛。他的双手一会儿紧握，一会儿张开，脑海中努力搜索着合适的词语。有时，他需要好几分钟才能找到这个词，中间造成的停顿让自己和观众都痛苦万分。新罕布什尔州的一位居民说："观众中有人想要帮助他，大声喊出他在苦苦思索的单词。"在一次演讲结束后，一位女士对熟人说道："多好的孩子呀，可惜被战争吓傻了。"

然而，奇怪的是，怀南特磕磕绊绊的演讲方式却帮助他在全州巡回竞选中赢得了支持。新罕布什尔州的选民本就拘谨寡言，而怀南特与选民经常遇到的油嘴滑舌的政客形成鲜明对比。尽管他的演讲磕磕绊绊，然而言语间却传递出温暖与真诚，让听众看到了他的真心。《纽约时报》曾经这样报道："观众起初都为他感到遗憾，然而，最后他们都会站在过道里为他喝彩。"

初选时，他遇到共和党的强力阻击，大部分新罕布什尔州的报纸和企业都反对他当选州长。然而，他轻松击败了诺克斯赢得初选，并在普选中将现任民主党州长赶下台。（在选举中败给怀南特之后，弗兰克·诺克斯开始经营《芝加哥日报》，后来成为富兰克林·罗斯福政府的海军部长。）

作为新罕布什尔州的州长，怀南特超越了他所在时代，对经济正义和社会变革的热心追求可与远超美国其他州长的纽约州州长富兰克林·罗斯福相比肩，他总说自己从偶像亚伯拉罕·林肯那里学到共和党的政治主张，后者将人权置于财产权之上。大萧条时期，怀南特在新罕布什尔州成功推出了激进的福利计划，包括大量上马公共工程，救济老人，为依靠他人供养的母亲与儿童提供紧急援助，制定最低工资法案等一系列举措，为后来的罗斯福新政做了预演。怀南特安排《康科德每日观察报》一名年轻记者偷偷进入新罕布什尔州执行委员会会场，该委员会专门与州长作对，每次开会从不公开。第二天，这名记者将会议协商的内容公布在报纸头版，此后执行委员会会议开始向公众公开。

怀南特还对新罕布什尔州政府机构进行了现代化重组，并通过立法改革银行业，抑制铁路的影响，扩大州公共服务委员会的权力以及规范管理公用事业公司。"铁路和电力公司必须服务于公共利益"，他对州议会说。后来，《纽约先驱论坛报》这样写道："怀南特的立法改革力度之大，在新罕布什尔州历史上前所未见。"

新罕布什尔州铁路部门、公用事业公司、纺织工厂及其他特殊利益群体对怀南特的各项政策可谓恨之入骨，实际上，共和党内的保守主义死硬派也是如此。然而，怀南特在选民那里却极受欢迎，他前所未有地连任三任州长，"我对怀南特的做法毫不理解，但是这并不妨碍我对他的尊崇之心"，新罕布什尔州的一位政客评论道（具有讽刺意味的是，1932年怀南特以压倒优势再次当选州长，然而，沾了怀南特竞选优势的光，他的政治主张的反对者赫伯特·胡佛在与民主党的富兰克林·罗斯福竞选时取得了新罕布什尔州的胜利，而后者仅仅在五个州败给了胡佛）。

很明显，怀南特之所以广受拥戴，是因为他怀有怜悯之心。多年后，新罕布什尔州前议员迪恩·德克斯特（Dean Dexter）将怀南特比作美国演员詹姆斯·斯图尔特（James Stewart）在《史密斯先生到华盛顿》等影片中扮演的理想主义者角色。在怀南特看来，"所有公共政策都是与人相关的，"一名历史学家评论道，"公共政策与人相关，有时是具体的个人，以及政策对人的影响。"怀南特在州议会办公室的门永远开着，任何人都可以见他。大多数时候，州议会大厦的走廊里挤满了想要与州长见上一面的人。怀南特经常要自掏腰包帮前来向他求助的穷人或者"一战"退伍军人承担医药费、学费、创业启动资金等。大萧条期间，他吩咐康科德警方允许流民在城市监狱里过夜，第二天一早供应他们早餐，他来负责埋单。在步行上班途中，他经常把钱包里的钱分给靠在州议会大厦花岗岩墙体上晒太阳的失业者。一个朋友说："在我认识的所有人中，怀南特是执行基督教'竭尽所有赠予穷人'训诫最彻底的一个。"

1935年1月怀南特离任时，他的理想和原则已经赢得新罕布什尔州两党大部分议员的支持。大约30年后，怀南特在康科德的立法顾问罗伯特·宾厄姆（Robert Bingham）评价道："人们在评价某届州长的政绩时，总要拿他和怀南特的三个任期相比较。"2008年，新罕布什尔州州务卿威廉·加德纳（William Gardner）在回忆自己就任后的情形时，是这样说的："本州居民对怀南特的尊敬与爱戴令人印象深刻。当我就任时，人们仍在谈论怀南特州长。他太与众不同了。新罕布什尔州历任州长中，他是人们真正发自内心爱戴的州长。"

罗斯福总统对怀南特在新罕布什尔州取得的成绩兴趣盎然，密切关注着他的举动。他们两人都力主社会变革，在同为州长时就曾紧密合作。罗斯福刚刚推出新政，就得到怀南特的全力支持。执政初期，每当罗斯福推出新的救济计划，新罕布什尔州总是第一个参加。到1933年秋季，怀南特已经利用罗斯福新政资金开工建设了12个大型公共项目，并将大量食品分发给新罕布什尔州的穷人。

罗斯福总统"热衷于发现聪慧、前途远大的年轻共和党人为他所用"，由于怀南特的表现突出，罗斯福将他视为劳工等问题的非官方顾问。1934年，总统命令怀南特州长率领特别调查委员会，调停了一起由美国联合纺织工人工会发起的大罢工。

罗斯福深知，怀南特的声望正如日中天，很可能成为1936年共和党总统候选人。在1932年总统大选中惨败后，共和党需要"输入年轻的新鲜血液"。

而作为一名熠熠生辉的共和党人，很多人认为怀南特有可能成为总统候选人。

其中一名支持者是堪萨斯知名报社编辑威廉·艾伦·怀特（William Allen White），他将怀南特称为冉冉升起的共和党领袖。广播电台评论员沃尔特·温切尔（Walter Winchell）在一次播音时宣称，颇具影响力的亲共和党报纸《纽约先驱论坛报》将怀南特推崇为下一届共和党总统候选人。《时代周刊》和《科里尔》杂志报道，他很可能获得提名。《波士顿晚报》在报道标题中写道："怀南特又向总统宝座迈出一步。"根据《美国》杂志报道，新罕布什尔州州长"引起全国关注……家境富裕，不善言辞。但是他一心为民，而且言出必行"。全国各地的来信雪片般寄到康科德，希望怀南特参加总统竞选。联邦紧急救济总署的一位雇员从华盛顿写信，"我们部门对您的尊敬和感激超过不管是民主党还是共和党的任何其他公务人员"。罗斯福新政智囊团的主要成员雷蒙德·莫利（Raymond Moley）甚至说他愿意"拿50名众议员、20名参议员、6名驻外大使和若干名内阁成员交换怀南特州长"。

然而，怀南特最终未参加总统竞选。即使1936年怀南特参加了总统竞选，他也很可能因为演讲能力不佳而败下阵来。然而，这些都只是猜测。怀南特作为罗斯福新政的拥趸，绝对不会与罗斯福展开竞选。他决定将自己的总统梦暂时搁置，起码等到罗斯福卸任之后再说。

很明显，罗斯福却不是那么放心。1934年年底，他提名怀南特担任美国在国际劳工组织的首任代表，该组织由国际联盟发起，总部设在日内瓦。有些人认为这一提名是罗斯福玩弄的权谋之术，意在将怀南特赶离政治舞台，持这种看法的包括罗斯福政府的劳工部长弗朗西斯·珀金斯（Frances Perkins），此人说话直言不讳，也是怀南特的崇拜者。有一次在总统的椭圆形办公室，珀金斯直截了当地询问罗斯福的真正想法。"不，不，这不是我的初衷，"总统斩钉截铁地否认，"怀南特是这个职务的合适人选。"根据珀金斯的回忆，说完这句话之后，罗斯福垂下目光，看着眼前的办公桌。

不管总统出于什么想法派怀南特驻外，后者认为美国必须走出孤立主义窠臼，因此毫不犹豫地接受了这项任务。"一战"过后，美国尽管崛起为世界领先的经济强国,却并不情愿承担与新的国际地位相匹配的责任。《时代周刊》评论说:"大部分美国人对国际外交的看法就像维多利亚时代女士对性爱一样持厌恶态度。"美国拒绝加入国际联盟,当20世纪30年代大萧条席卷全世界时,美国坚持"一战"盟国必须全额偿还债务。与此同时,美国还提高了关税,使得偿债成为不可能的事情,也使欧洲越发深陷经济危机。"战后,我们的态度是不再需要朋友,国际舆论也无关紧要",富兰克林·罗斯福在1928年的一期《外交》杂志上写道。这之后不久,他就当选为纽约州州长。历史学家沃伦·金博尔(Warren Kimball)说道:"美国人在欧洲行事比较任性,希望成为欧洲的远方榜样,而不是积极的参与者。"

美国人普遍认为,美国是被英国的宣传以及代表英国利益的美国银行家和军火买家诱骗参加了第一次世界大战。随着战争风云再次笼罩欧洲,日益采取孤立主义立场的美国国会力图保护美国不被卷入将来的冲突,通过了《中立法案》,禁止向参战国提供贷款和投资。欧内斯特·海明威(Ernest Hemingway)在1935年的一段文字反映了美国的国民心态:"我们没有必要喝下欧洲正在酝酿的地狱之汤……美国已经被忽悠参加了一次欧洲战争,我们不会再上当了。"

国际劳工组织是美国唯一愿意参加的国际联盟分支机构。怀南特始终支持国际劳工组织致力于改善全世界劳工的工资待遇和工作条件。尽管如此,他在国际劳工组织仅工作了五个月时间。在弗朗西斯·珀金斯的建议下,罗斯福将怀南特召回华盛顿,担任政府中一个重要职务——新成立的社会保障委员会主席。

1935年8月,在共和党的强烈反对声中,国会通过了《社会保障法案》,这是美国历史上最为全面的社会法案,也是罗斯福新政最重要的成就。该法案为所有符合条件的美国人提供失业救济金和养老金,重新定义并广泛拓展了政府对公民的责任。该法案有着革命性的意义,罗斯福政府甚至担心法案在正式生效前,可能会受到众多批评者的破坏。由于受到共和党的强烈反对,罗斯福坚持由自由主义共和党人的杰出代表怀南特担任负责实施新法案的三人社会保障委员会的主席。

在接下来的一年半时间里，怀南特和委员会的同事们不知疲倦地努力工作，推广这一史无前例的新计划。由于参议院对委员会资金的刻意阻挠拖延，他们在最初几个月里节衣缩食，从刚落成的劳工部办公楼里借了几间办公室，只聘请了保证基本运转的雇员，其中很多人是从其他政府部门借调来的。在罗斯福新政期间，很多政府部门都忙得团团转，但是没有一个像临时成立的社会保障委员会这样达到疯狂的程度，"每人都一路小跑，因为慢悠悠的电梯而大光其火"。

怀南特正处于这繁忙景象的核心，他在华盛顿的工作状态同在康科德一样，分秒必争。在乔治敦大厦租来的住宅里，他也只是在晚上抓紧时间睡几个小时而已。"他没有时间吃饭、睡眠和保持精力的概念，"一个同事回忆说，"他会一直工作到吃饭时间过去，都丝毫意识不到自己还没有吃饭。"

据说，怀南特是一个糟糕的行政官员，他的工作人员和委员会其他成员对他的低效率和迟到绝望之极。他的办公桌上堆满了等待签字的信件，口袋里塞满了等待归档的重要文件，办公室外面的房间里挤满了等着见他的人。但即使是他最严厉的批评者也承认怀南特是非同寻常的领导者，一个鼓舞人心的理想主义者。"毫无疑问，他是过去 20 年间美国公共生活中最伟大的人物之一，"社会保障委员会首任执行理事弗兰克·贝恩（Frank Bane）说，"很少有人能够像怀南特州长那样，让人们对政府留下如此深刻的印象。"

作为社会保障部门的公众人物，怀南特为国会山和全国所熟知，他多次前往内陆地区，向美国人民宣传新计划。尽管资金不足、人手紧缺，但是在他的领导下，美国社会保障委员会在一年多的时间里，分支机构遍布全国，成立了 12 个区域分支和 108 个办事处，而且在此期间一共向 36 个州拨付了 2.15 亿美元养老金。美国主要的社会保障计划都是在怀南特担任主席期间开创的。

然而，共和党和大部分美国企业界人士却对社会保障制度深恶痛绝，欲除之而后快。为了争取开明的堪萨斯州前州长，1936年总统大选共和党候选人阿尔夫·兰登（Alf Landon）的支持，怀南特向他透露了计划的机密内容。但是，兰登在竞选时失去了共和党保守主义死硬派的支持。1936年9月底，他开始猛烈抨击社会保障制度，誓言当选后要予以取缔。

怀南特觉得自己被出卖，决定不再保持沉默，他要辞去社会保障委员会的职务，向兰登进行反击。委员会的同事和顾问都认为辞职不啻政治自杀，力劝他三思而后行，认为与共和党切割关系意味着他政治生涯的终结，今后他不再可能获得更高职务的任命。甚至罗斯福总统也出面规劝他。但是，怀南特坚持自己的决定。递交辞呈之后，他在全国各地奔波，发表演讲，做广播讲话，力挺社会保障制度。

在竞选最后一周，共和党全国委员会为雇主们提供了数百万份传单，传单设计类似政府的官方通知，这些传单被塞进工人的工资袋，上面警告说国会将把社会保障资金挪作他用，并且暗示工人的工资可能因为社会保障缴款而降低百分之一，除非工人在选举日当天采取行动抵制罗斯福当选。这种背水一战式的诽谤使得怀南特义愤填膺，选举日前两天，他发表全国广播讲话，攻击共和党的举动是"卑劣的政治"，并声明支持罗斯福的连任。

怀南特对罗斯福的支持是压倒共和党的最后一根稻草，但这也导致他作为共和党人再也没有机会问鼎总统宝座。然而，他的一位朋友在写给怀南特的信中说，这也证明了"不管发生什么，至少有一个身居高位的人怀着真正的理念和勇气与人民站在一起……我知道很多人会不屑一顾地认为你的举动是无可救药的理想主义做法。但是理想主义正是这个无序世界最需要的品质"。

显然，这也是总统的看法。以压倒性优势连任后，罗斯福将怀南特派回总部设在日内瓦的国际劳工组织。1939年，新罕布什尔州前任州长怀南特成为国际劳工组织总干事。随着战争临近，怀南特还被罗斯福任命为驻欧洲特使，并被要求不时将自己在欧洲出差并与欧洲各国领导人会见的情况汇报给华盛顿。"在我认识的所有美国公职人员中，怀南特对过去10年来美国和欧洲社会力量和社会变革的理解最为深刻，"在和怀南特共进午餐后，哥伦比亚广播公司驻柏林记者威廉·夏勒（William Shirer）在日记中这样写道，"要是罗斯福能够连任三届总统，那么怀南特是在1944年接任他的最佳人选。"

当纳粹德国在1939年3月占领捷克斯洛伐克全境时，怀南特来到布拉格，以示对捷克人的同情和支持。希特勒在1940年对法国发动闪电战时，怀南特正在法国，他在德国人抵达前几个小时才离开巴黎。法国沦陷后，罗斯福请怀南特了解英国的情绪，因为英国是当时仅存的仍在和德国作战的欧洲国家。不列颠之战期间，怀南特短暂访问了英国，他回复总统说，英国的士气还在，"他们会承受所有的轰炸"。英国劳工部大臣欧内斯特·贝文后来说，怀南特是那期间他见过的唯一一个还让人感到这世界还有人对大不列颠怀有信心的美国人。"怀南特注意到英国缺少军火和物资，因此呼吁总统尽快提供援助。"他说："英国的战争同时也是美国的战争。"这个建议与罗斯福从约瑟夫·肯尼迪那里收到的电报和信件内容截然相反。

肯尼迪辞去大使职务后，罗斯福开始不紧不慢地寻找下任大使人选（在众多同事看来，罗斯福的动作太慢了）。他希望找到一位同情英国、能够获得丘吉尔和其他政府官员信任的人选。同时，这人还要有能力劝说英国人保持耐心，让罗斯福总统有充足时间帮助他们延续自己的事业。与此同时，罗斯福总统还着眼未来，希望这位新大使与英国工党建立强有力的关系，因为他相信工党将在"二战"期间或"二战"后执掌英国政权。菲利克斯·法兰克福特（Felix Frankfurter）、弗朗西斯·珀金斯和其他新政的杰出拥护者对罗斯福说，只有一个人可以完成这个复杂多样的任务：他就是约翰·吉尔伯特·怀南特。

1941年1月，在第三届总统任期就职典礼后没几天，罗斯福将怀南特召到华盛顿。在椭圆形办公室会面时，总统向国际劳工组织总干事询问了后者见过的欧洲各国领导人的情况、英国的形势，以及纳粹占领国的情况。但是，他对大使任命一事只字未提。总统对保密有着孩子般的热衷，再加上顽皮贪玩之心，他对怀南特和对其他官员一样，隐瞒了任命的消息。他希望怀南特和其他高官一样，在媒体上看到自己被任命的报道。

几天以后，美国主要报纸都报道说，罗斯福提请参议院批准怀南特任驻英大使。三周后，怀南特动身前往英国任职。

英国人对怀南特的任命欢欣鼓舞。诚然，只要不是约瑟夫·肯尼迪，任何大使人选都会得到热情接待，但是人们对怀南特接任的消息的确是欣喜万分。《新闻纪事报》报道："怀南特是最受欢迎的人选。"《曼彻斯特卫报》宣称："英国人认为，怀南特是与他们最为相似的美国人，很少有美国人像他那样，对自己的祖国和人民怀有如此的尊崇和尊重。"伦敦《泰晤士报》则强调："他具备游侠骑士风范，对坚持原则有着罗曼蒂克式的热情。"

英国报纸指出，由于怀南特在国际劳工组织的工作经历，他已经熟识丘吉尔政府的高官，包括贝文和新任外交大臣罗伯特·安东尼·伊登（Robert Anthony Eden）。这些报纸还强调怀南特与肯尼迪在个性和观点上的巨大差异，"过去，人们会认为美国驻英大使除了享受高档的乡间别墅以外，极少了解真正的英国"。《星报》尖锐地指出："由于约翰·吉尔伯特·怀南特颇具英国人的特性，他肯定会深入乡间。今天，怀南特将见到行进中的普通人，他的心将与他们在一起。"

怀南特乘坐的列车驶入帕丁顿车站，他对英王乔治六世的亲自迎接和英国媒体给予的盛情欢迎应该是十分满意的。但是，怀南特还要与英国最令人生畏的人物见面。温斯顿·丘吉尔对行动迟缓的美国本已心怀不满，他对新任驻英大使会持何种态度呢？

两天后，当丘吉尔在经过加固的白厅作战室宴请怀南特时，后者感受到了丘吉尔的态度。丘吉尔非但没有展现出一丝斗牛犬式的敌对态度，反而一副息事宁人的姿态。晚宴过程中，他和怀南特一道讨论了美英关系中遇到的新问题：英国不愿完成半年前正式宣布的驱逐舰换基地的交易。尽管英国已经接收了驱逐舰，但是英国政府并未正式同意这笔交易的交换条件——将英国在加勒比地区殖民地的基地租借给美国。英国政府、议会和海外殖民地都对这个交换条件愤愤不平。

丘吉尔向怀南特承诺会打破这个僵局。第二天，他召集几个内阁大臣到唐宁街开会，邀请怀南特列席。当其他人争论不休时，怀南特注意到"矮胖又有些驼背的丘吉尔在房间来回踱步，他沉浸在自己的思考中，完全没有意识到周围的事情"。讨论刚刚开始几分钟，首相突然发言，不顾所有反对意见，对军事顾问提出的关切也置之不理。在丘吉尔看来，打破美国的中立政策要比"维持我们的自尊、保护几个小岛的尊严更为重要"。很快，英美谈判委员会就批准了交易。

到任伦敦两周后的一天，怀南特略微低着头，跟在丘吉尔和德比（Derby）伯爵后面，挤过伦敦萨伏伊酒店人潮涌动的大宴会厅，走向贵宾桌。这是欢迎怀南特到任的午宴，主办方是致力于推动美英关系的清教徒社团，德比伯爵担任社团主席。在怀南特大使、丘吉尔和德比伯爵前面就座的是英国政府和企业界精英，包括内阁所有成员、军方大员、实业家、报纸编辑和出版商。

午宴快要结束时，丘吉尔站起身来，面向怀南特大使，开始向美国公开示好，并将怀南特当作自己的紧密伙伴。丘吉尔声音低沉的讲话通过英国广播公司传遍全国："怀南特先生，您的到来正值世界历史处在重大转折的紧要关头。非常高兴您在艰苦动荡的时刻来到英国，我们终于有了一个可以正确汇报英国和英国所从事事业的真心朋友和忠实伙伴。"

讲话快要结束之际，首相宣称："大使阁下，你要和英国一道，分享我们的目标、危险、利益和秘密。终有一天，不列颠帝国和美利坚合众国将共同分享胜利的王冠。"观众起立喝彩，这位语言大师成功结束了演讲。《星期日泰晤士报》写道："每个单词都活灵活现，意义深刻，每个短语都充满信念和勇气。他在这个场合的表现无人可及。"

现在怀南特该出场了。他站起身来，手里紧紧抓着讲话稿，目光越过观众上方，缓步向前走去。现场一个观众回忆说："他就像第一次在派对上讲话的小男孩。"现场静默了很长时间，然后，他语带踌躇地开始了演讲。怀南特没有丘吉尔那样巧舌如簧的演讲能力，《每日先驱报》第二天报道说："他一边低头看稿,一边不甚流利地读出演讲。他的讲话虽非字字珠玑,却是信念的宣示。"

怀南特表示,美国终于从昏昏欲睡中醒来,开始采取行动了。"美国有充足的人力和资源,可以为英国和世界各地用生命来捍卫自由边疆的人们提供舰只、飞机、枪炮、弹药和食品。"尽管怀南特承诺美国将支持英国,但他也明确表示自己并不认可自己国家的援助总是姗姗来迟。他称赞英国及其国民的坚定和勇敢,"英国人民坚守在人类希望的桥头堡上,勇敢反对想要摧毁两千年文明历史、残酷无情而又力量强大的独裁者,这是你们的荣幸,也是你们的宿命。你们注定要和这些独裁者说,'止步于此吧!'"

说到这里,怀南特停顿了一下,目光扫过房间,以更加坚定的声音说道:"往事如烟。前方的道路仍很艰难,新的精神已经启航。热爱自由的人们再次联合起来,打造自由的世界,没有任何暴政可以泯灭他们的希望,在上帝的帮助下,同盟国将建起一个强权无法摧毁的自由堡垒。"

就像当年在新罕布什尔州州长竞选演讲中一样,现场的观众一开始都为这位讲话磕磕绊绊却充满激情的驻英大使感到难过,但是后来他们都纷纷起立鼓掌。同新罕布什尔州的百姓一样,参加午宴的英国人在性格内敛、举止笨拙的怀南特身上发现了与自己相似的精神品质,他们通过热烈的欢呼和鼓掌来表达自己的认同。

第二天,英国报纸大加报道怀南特热情洋溢的讲话,这些报道使用了"简单但是庄严的语言"这样的评价。《标准晚报》写道:"怀南特的讲话远超大多数演讲者。他排在丘吉尔后面讲话,并大获成功。"《每日镜报》在头版用大标题写道:"美国大使向英国人民讲话!"《星报》一名专栏作家写道:"今天上午,几乎所有和我讲话的人都问我,'听了怀南特的广播讲话吗?'我听了,实在感人!"《星期日泰晤士报》说:"这真是非同寻常的成功。"

第 2 章

您是全欧洲最棒的记者

吉尔伯特·怀南特抵达美国驻英使馆后，惊奇地发现美国首任驻英大使约翰·亚当斯（John Adams）的官邸居然就在大使馆的旁边。使馆和亚当斯的官邸都位于伦敦格罗夫纳广场，18世纪初，英国爵士理查德·格罗夫纳修建了这座时尚气息浓厚的广场。一位当代作家是这样描述的："建造完成之后，广场立即成为整个伦敦的高尚地带。"

广场周边环绕着数十座乔治王朝时代的住宅，其中就包括约翰·亚当斯和夫人阿比盖尔·亚当斯（Abigail Adams）1785—1788年间租下的这座官邸。广场中间是乔治一世镀金像，周围是规整的园林和砾石小径。这的确是个宽敞的宜居之地，然而，首任驻英使节面对的却是对北美殖民地的反叛仍然耿耿于怀的英格兰。

和其他英国人一样，亚当斯夫妇的英国贵族邻居们（其中就包括在美国独立战争期间担任英国首相的诺斯勋爵）对这对美国夫妇给足了倨傲的白眼，"哼，美国大使！"伦敦报纸《公共广告人》充满不屑地写道，"天哪，这都是什么口音呀！"英国政界中很少有人相信新生的美国能够存活下来。即使这个国家能够生存下来，他们也会尽量不去理会它派出的代表。在写给身在祖国的一位朋友的信件中，亚当斯写道："英国人恨我们。"阿比盖尔·亚当斯对英国人的做派嗤之以鼻，认为"精心计算出的彬彬有礼和伪善的冷漠掩盖了他们恶毒的内心"。1785年，她在给妹妹的信中这样写道："我永远不会和这些人有什么过多的交往，我们互相之间都不喜欢。"三年后，美国国会批准了亚当斯离开伦敦回国的申请，阿比盖尔欣喜若狂，"也许多年以后，有人对以美国大使的身份常驻英国感到十分高兴，但是眼下英国人的情绪却使得这份工作如坐针毡……"

后来的美国使节们发现，英国人对待美国表兄高人一等的态度并未有多少改观。19世纪50年代中期美国驻英国利物浦总领事纳撒尼尔·霍桑（Nathaniel Hawthorne）写道："这些人自视甚高，又瞧不起人，我真的没有那份宽广的心胸和他们和平共处。"大约30年以后，知名编辑詹姆斯·拉塞尔·洛厄尔（James Russell Lowell），首任驻英大使亚当斯最新的继任者，也是满腔激愤，"要打造健康的两国关系，唯一的途径是消除他们心目中美国人是低人一等的被驱逐者的固有看法"。

但是，这一情况到1941年发生了变化。英国人现在如此需要美国，以至于公开向后者屈尊示好。如果阿比盖尔·亚当斯的灵魂飘到伦敦格罗夫纳广场，她一定会为广场的巨大变化震惊不已，也会因为看到美国大使在英国的新地位而瞠目结舌。

尽管格罗夫纳广场仍是人们的喜爱之地，但在20世纪30年代，很多庄严宏伟的旧房子被拆除，取而代之的是一排排新乔治亚式的奢侈公寓和写字楼，其中一栋就是美国大使馆。大使馆位于格罗夫纳广场9号，以前曾是亚当斯夫妇的官邸，是少数几栋保存至今的18世纪建筑之一。战争带来的变化不止这些。德国炸弹炸毁了广场上的几栋建筑，广场中间布满了灰尘，服务车辆和低矮的木屋取代了曾经的草坪和网球场。在木屋里办公的是英国空军妇女辅助队的成员，她们负责管理飘荡在伦敦上空的防空气球，人们亲切地把防空气球称为"罗密欧"。

英国人对待约翰·亚当斯和吉尔伯特·怀南特的态度形成鲜明对比。美国不再被看作是暴发户，而是决定英国生死存亡的重要因素。英国君主、政府领导和媒体对待美国大使简直是众星捧月，绝不仅仅是热烈欢迎那么简单。怀南特到任后不久，举办了首次新闻发布会。报名参加的记者数量如此之多，以至于发布会不得不分两场召开，一场向英国和欧洲记者开放，另一场向美国记者开放。

虽然说新大使在英国的待遇远远好于约翰·亚当斯当年的遭遇，但在其他方面，两人却有很多共同之处。亚当斯的好友乔纳森·瑟威尔（Jonathan Sewell）对亚当斯的描述同样也适用于怀南特，"他不跳舞，不喝酒，不打牌，不阿谀奉承，不信口承诺，不和男士说长道短，不和女士打情骂俏；简言之，他身上没有朝中重臣常见的各种毛病"。

在这两场发布会上，怀南特的表现一如既往地害羞，不知道该把手放在哪里，声音轻柔而且不连贯，一位英国记者这样写道："他吐词缓慢，根本没必要安排速记。"在几十个闪光灯的一片闪烁中，他不安地在办公室踱步，记者连珠炮似的抛出问题。他对记者表示，这次没有太多要说的，待他安顿下来后，会再次与记者会面，那时大家再交流。换作别人，如此缄默少言的表现早就惹毛了伦敦报界那些久经沙场的记者，但是怀南特却能再次俘获人心。《华盛顿明星晚报》的标题是"怀南特在伦敦留下绝佳印象"。《新闻纪事报》写道："在记者会的前五分钟，他就靠自己的魅力、与众不同和显而易见的真诚与诚实，赢得了全英国乃至整个大不列颠帝国记者的同情之心。"

记者们还强调了怀南特与他前任约瑟夫·肯尼迪的迥异之处，后者热爱交际，说话直言不讳，曾聘请《纽约时报》前记者替他在伦敦处理公共关系。而且，肯尼迪对英美联合记者团竭尽讨好之能事。《芝加哥每日新闻报》记者比尔·斯通曼（Bill Stoneman）在参加完怀南特会见美国记者的发布会之后说道："抛开他的政治观点不论，肯尼迪先生在报界还是很受欢迎的。但是，那些此前从未见过怀南特的人们也一致认为，怀南特轻声细语的讲话方式恰恰成为他的宝贵优势。"

发布会期间坐在怀南特办公室后面的一个瘦高个广播电台记者也对此深信不疑。说得好听一点，约瑟夫·肯尼迪从来不对爱德华·R.默罗的胃口。

在过去几个月里,这位哥伦比亚广播公司欧洲分支的负责人一直在游说华盛顿换掉肯尼迪,他对肯尼迪可谓厌恶至极,却对怀南特崇敬有加。

到了1941年,默罗已然成为伦敦最知名的美国人,《斯克里布纳》杂志写道:"说到美国对外国新闻的反应,这位记者的影响力之大远在他的同行之上。"对于很多美国人来说,默罗和哥伦比亚广播公司的同事成为欧洲新闻的主要来源。

但是,四年前,当默罗想要加入伦敦的美国外国记者协会时,这个权威组织拒绝了他的申请,而且拒绝的理由无懈可击:默罗在1937年刚抵达伦敦时连一天的记者经历都没有。作为哥伦比亚广播公司欧洲部主任,他接到的任务主要是沟通协调并安排现成的广播节目,从国际联盟的辩论到维也纳和布拉格的男孩合唱团音乐会。那个时代,不管是哥伦比亚广播公司还是美国另一家主要广播网络——美国全国广播公司,尚未聘请记者走遍世界各地为本国听众进行报道。

然而,默罗将要改变这一切。随着战争威胁临近,他说服哥伦比亚广播公司董事长威廉·佩利(William Paley),组建了自己的记者团队,后来,这批记者被称为"默罗男孩"。1940年9月,当德国人开始残酷空袭伦敦时,默罗抵达伦敦以来所做的准备工作终于有了用武之地。伦敦大轰炸的几大特点非常适合广播报道:即时性、戏剧性,尤其是各种声音,包括尖锐的警报声、炸弹的呼啸声、防空炮火的爆炸声,现场感十足。其他任何媒体都无法向美国人民如此有力地传递战争的惨烈。

收听默罗以那句著名的"这里是伦敦"开场的广播报道成为全美国人民的一个习惯。靠咖啡和香烟支撑,默罗每天工作18个小时,成为战时伦敦的知名记者。他用一个个微小的细节来描述当城市甚至全世界濒临毁灭之时,人们如何挣扎着活下去。《圣彼得堡时报》出版商兼编辑纳尔逊·波因特(Nelson Poynter)在写给默罗的信中说:"您是全欧洲最棒的记者,不仅因为您在所有工作中都如此出色,而且还用家长里短式的简单叙事揭示了如此可怕的梦魔般的事实。"

通过报道，默罗还赢得了听众的信任。他在报道时开始更加频繁地暗示英国无法独自支撑，美国应该参战，他的观众开始认为：也许默罗是正确的。成百上千名美国人给他写信，表示默罗的报道让他们不再相信美国可以通过援助英国而置身事外、独善其身。1940年9月，盖洛普民意测试结果表明，39%的美国人支持加大力度援助英国。一个月后，随着德国轰炸伦敦，默罗将现场报道传回美国千家万户，这一比例增加到54%。

1941年，设在纽约的美国海外记者俱乐部将上年度"最佳广播记者"的称号颁给默罗。在他32岁这年，默罗终于成名。报纸和杂志争相报道他的事迹，他的广播内容被印成文字在美国报纸专栏中发表。他在哥伦比亚广播公司的同事威廉·夏勒从纽约来信："你是广播界前无古人、后无来者的第一人。"

现在，默罗成为伦敦的重要人物，华盛顿的官方人物都从他那里打探英国政府和人民的情况，并获得相关指导。他的座上客包括总统最信任的顾问哈里·霍普金斯（Harry Hopkins）。1941年1月，霍普金斯受罗斯福指派执行一项特殊任务，在抵达伦敦几个小时后，他就邀请默罗共进晚餐。他对默罗说，自己到伦敦的任务是"在两国元首间起到'催化剂'的作用，我要了解丘吉尔本人和他午夜以后会见的都是怎样的人"。

由于默罗与丘吉尔和英国政府其他高官关系紧密，霍普金斯需要了解的情况他都可以提供。丘吉尔非常清楚默罗和其他有影响力的美国记者对英国抵抗事业的重要性，自从就任首相以来，他始终不遗余力培养和他们的关系。英国同行们语带醋味地说道："美国记者现在相当重要，他们受到的礼遇仅次于上帝。"当英国官员拒绝默罗在伦敦大轰炸期间搞现场广播时，丘吉尔立刻出面批准了此事。

首相愿意为任何有助于说服美国援助英国的活动大开绿灯。

1940年年末，随着两人的夫人成为朋友并合作开展一个由美国人资助、为因轰炸无家可归的英国人捐助衣物和其他物资的项目，默罗与丘吉尔之间也开始向私人友情发展。默罗和夫人珍妮特都是唐宁街10号的常客。一次，当珍妮特与克莱门蒂娜·丘吉尔（Clementine Churchill）共进午餐后，默罗去接她，首相从书房里出来，招呼默罗进去。"真高兴又看到您，"丘吉尔用低沉的声音说道："有时间喝几杯威士忌吗？"

与他在伦敦的记者同事一样，默罗对英国人满怀同情。尽管哥伦比亚广播公司高层支持美国中立，但是在他看来，这政策完全不切实际，没有考虑到纳粹德国与同盟国之间巨大的道德落差。默罗曾报道过1938年德国对奥地利的吞并，亲眼看到纳粹暴徒烧毁犹太人商店，强迫犹太拉比跪地清洗人行道，将犹太人打得失去意识。一天晚上，默罗正在维也纳的酒吧喝酒，一个有闪米特人特征的男人站在他的身旁，突然，这人从兜里掏出一把剃刀，割向自己的喉咙。回到伦敦后，他目睹的这些暴行、这些惨剧在脑海中挥之不去。他向英国广播公司（BBC）的一位朋友讲述了自己的所见所闻。多年以后，这位朋友说道："我还记得他描述的可怕情景，以及他在讲述这一切时的痛苦表情。"默罗的另一位朋友经济学家约翰·肯尼斯·加尔布雷思（John Kenneth Galbraith）说："德奥合并这件事对他打击很大。"

默罗深信法西斯将威胁整个世界，非常清楚英国存在的重要性，因此毫不掩饰对约瑟夫·肯尼迪和他绥靖主义立场的不屑。尽管他从未在报道中直接批评肯尼迪，但他曾在一次广播中兴致盎然地引用绥靖主义反对者、英国国会议员哈罗德·尼科尔森（Harold Nicolson）在一篇杂志专栏中攻击肯尼迪的一段话。默罗对肯尼迪可谓厌恶至极，战后不久，他的一位朋友曾造访肯尼迪在棕榈滩的住宅，结果被默罗一顿狠批。他说，和这位前大使打交道不啻与希特勒的副手赫尔曼·戈林（Hermann Göring）勾勾搭搭。默罗深信，"英国人会挺过去的"。"默罗男孩"成员之一埃里克·塞瓦雷德（Eric Sevareid）回忆说："他对所有失败主义路线者都怒火冲天，即使在私下对话中也是如此。"

1940年年底，当默罗发现肯尼迪将要离任回美时，他立刻敦促自己在罗斯福政府中的故交，请他们为吉尔伯特·怀南特继任驻英大使说项。尽管年龄相差20岁，20世纪30年代早期怀南特在国际劳工组织日内瓦总部任职时，两人就已建立友谊。"默罗非常尊敬怀南特",两人共同的朋友回忆说。根据他们的回忆,两人有很多共同之处,"都是性格内向之人,都具备奉献精神,在一个'频道'上"。与怀南特一样,默罗"有着强烈的社会良知,希望个人和政府达到较高的道德标准",塞瓦雷德在20世纪60年代说:"与多数人不同,他认为外交政策应该建立在道德准则之上。"

尽管默罗非常敬仰罗斯福,但他对美国援助英国的迟缓日益失去耐心。在怀南特身上,他看到和他一样的紧迫感以及对理想的热烈追求,他非常希望总统和其他美国领导人也具备这些品质。在给美国的一位朋友写信时,他说:"希望你在家一切都好,希望你的鼻孔不会充斥死亡的味道,但是在这里到处弥漫着死亡气氛。"在给另一个朋友的信里,他说道:"如果世界的光明来自西方,那最好有人点燃一大堆篝火。"

一位朋友这样回忆默罗:"他的祖国没有意识到生活的现实,他对此非常非常忧心。如果希特勒的战争机器碾过英国,那他的下一站就将是曼哈顿。"

虽然爱德华·默罗与吉尔伯特·怀南特有很多共同之处,两人却有完全不同的家庭背景。默罗的父亲是北卡罗来纳州波利卡特溪市的自耕农。默罗五岁时,他的父亲携妻子和四个儿子搬到华盛顿州,在伐木场找了一份工作。默罗14岁之前,家里还没有内部水管设施,直到他离家独立生活,家里还没有装上电话。

作为雄心勃勃的理想主义者,默罗批评不劳而获的特权,深信记者应支持弱势者。但是,他也对英美上层社会的俱乐部和沙龙心怀向往,喜欢穿着英国萨维尔街的高级服装,希望以此抹除自己贫苦出身留下的痕迹。埃里克·塞瓦雷德从未忘记自己第一次见到默罗时的情景,"一位着装考究的美国青年和某位女士语气轻松、声音文雅地煲着电话粥,真是令人难以置信。"

但是,默罗越是远离自己的贫苦农村出身,罪恶感越是强烈。他对伦敦的朋友说,有时真希望留在华盛顿州的家里继续做一名伐木工人,当年高中和大学暑期他就做伐木工作。默罗过去常说"伐木工的生活让他满足","后来从未体验过那种满足感",一位朋友回忆说。

热爱读书的默罗后来被华盛顿州立学院录取,主修演讲学。大学期间,他加入久负盛名的大学生联谊会,并当选为学生会主席。1930年毕业时,他还担任美国全国学生联合会主席,该组织代表四百多个美国大学和学院的学生会。后来,默罗进入国际教育研究所,研究所主要负责在美国和欧洲组织学生交流与会议。由于经常出国,他结交了很多重量级人物,包括杰出的英国社会主义者哈罗德·拉斯基(Harold Laski),后者也是吉尔伯特·怀南特的好朋友。1933年,借助在国际教育研究所的工作,默罗参与协助德国知名学者与科学家移民美国,其中包括保罗·蒂利希(Paul Tillich)、马丁·布伯(Martin Buber)和汉斯·J.摩根索(Hans J. Morgenthau)。后来,他认为,"那是一段最有意义的经历"。

第二年,26岁的默罗迎娶了珍妮特·布鲁斯特(Janet Brewster),这个一头黑发的美女毕业于康涅狄格州曼荷莲女子学院,其祖上可以追溯到"五月花号"。在安静、拘谨的外表下,珍妮特内心热爱冒险,幽默感十足,有自己独立的思想。大学期间,她拒绝像父母那样成为保守的共和党人,而是成为拥护新政的忠实民主党人。在遇到默罗之前,她的梦想是搬到纽约成为一名社会工作者。

1935年,哥伦比亚广播公司聘请默罗担任广播访谈节目主任。两年后,他被派到伦敦负责哥伦比亚广播公司在英国和欧洲大陆的文化、新闻与教育节目。随着战争逼近欧洲,默罗进入了疯狂的工作状态,他走遍欧洲各国首都安排辩论、国际人物访谈、知名外国记者现场评论,他对音乐会、赛狗会等各种活动也进行报道。

1938年年初,在希特勒即将吞并奥地利之时,总部设在纽约的哥伦比亚广播公司同意拓展欧洲业务。默罗聘请了驻在柏林、经验丰富的记者威廉·夏勒作为驻欧洲记者。在3月份纳粹进入维也纳之际,默罗和夏勒抓住机会改写了广播史。德奥合并几天后,两人第一次向美国发回晚间新闻报道。默罗从维也纳、夏勒和工党国会议员埃伦·威尔金森(Ellen Wilkinson)从伦敦,还有多名美国报社记者分别从巴黎、柏林和罗马进行了报道。最后，参议院外交关系委员会的孤立主义者刘易斯·施韦伦巴赫（Lewis Schwellenbach）在华盛顿进行了报道，他说："如果这世界的剩余部分想要卷入这场争斗，机会就在眼前。"

晚间新闻报道取得了巨大成功。默罗和夏勒已经证明广播不仅可以播报新闻，还能进行现场报道，同时以前所未有的速度和即时性将各地报道连接起来。他们还举办了一系列活动，在仅仅一年的时间内，就将广播发展成为美国主要的新闻媒体，使得哥伦比亚广播公司在随后数十年时间里成为新闻广播界的翘楚。

内维尔·张伯伦担任英国首相和保守党领袖期间，尽管默罗从未在广播中公开批评英国政府对希特勒的怀柔政策，却经常播出张伯伦绥靖政策反对者发表的观点。唐宁街和白厅的很多人对默罗极为不满。"很明显，他们对我最近的言论不感冒，"1939年他在写给父母的信中说："可能战争开始前我就会被赶出英国。有几个身居高位的人好心规劝我：多说些对英国有利的话，这样对你有好处。"

政府官员劝默罗向英国唯一的广播新闻源——英国广播公司学习一下。尽管英国广播公司接受政府拨款，并最终对国会负责，但它具备编辑独立性。然而，英国广播公司主任约翰·里思（John Reith）爵士却不这样想。"假设英国广播公司向人民负责，政府也向人民负责，那么英国广播公司必须向政府负责。"里思说道。在他的领导下，英国广播公司将张伯伦不喜欢的新闻撤下，并且在新闻报道时完全依赖官方来源，不进行分析，不提供背景，不提出其他观点。在慕尼黑危机后不久，英国广播公司一个高层官员向上级领导写了一份机密备忘录，指责他们从事"缄默的阴谋"。他指控说公众被隐瞒了事实真相。

但是，默罗却不想步英国广播公司的后尘。除了对张伯伦的政策大加鞭挞以外，他还邀请温斯顿·丘吉尔和反对绥靖政策的保守党国会议员通过哥伦比亚广播公司向美国播送他们的观点。由于这些人的观点与英国政府相左，他们被英国广播公司禁言，哥伦比亚广播公司成了国会中反对派的发声喉舌。

张伯伦在保守党中大部分的反对者是英国公立学校校友联谊会成员，他们热烈欢迎默罗夫妇加入上层社会。在英国期间，他们成为梅菲尔区高尚晚宴酒会、私家俱乐部午宴和豪华乡村别墅周末聚会的常客。默罗枪法高明，经常陪克兰伯恩（Cranborne）勋爵在后者位于赫特福德郡的家族地产上猎杀松鸡和野鸡，克兰伯恩勋爵后来成为索尔兹伯里侯爵，曾经担任过英国外交次长。他是英格兰当地名门望族的后裔，公开反对张伯伦。来自波利卡特溪市的默罗成为少数几个可以称呼克兰伯恩勋爵儿时外号的非英国人。

他还是迪奇利周末射击聚会的座上客，迪奇利位于牛津郡，这座18世纪的庄园是英国最奢华的乡间别墅之一，庄园主名叫罗纳德·特里（Ronald Tree），也是张伯伦的反对者。他是芝加哥百货巨头马歇尔·菲尔德（Marshall Field）的外孙。家境优渥的特里从小在英国长大，1933年当选议会议员。他的夫人南希是南希·阿斯特的侄女，后者曾经是弗吉尼亚州的社交名媛，也是第一位被选为英国下议院议员的女性。

尽管英国严格的阶层制度让默罗瞠目结舌，他还是与上流社会打成了一片。有时他也替自己辩解，表白自己并非势利之人，不管怎样，"这些人对我来说十分重要"。珍妮特·默罗的反应却有些不同，那些上层社会的女士们把注意力更多放在她英俊潇洒、影响力十足的丈夫身上，通常对她视而不见。她回忆说："很快，她们就让我意识到自己没什么大用处。"这个来自康涅狄格州的美国人认为英国上流社会的生活方式浅薄之极。一次，参加完迪奇利的聚会后，她在日记中写道："别墅、宫殿、乡村俱乐部等，这一切都那么漂亮。但是这给生活徒增了多大的麻烦呀！那里人潮涌动、相互寒暄、小题大做，有什么意义吗？"

1939年9月，英国对德宣战，很大程度上改变了珍妮特·默罗对英国人轻浮的负面观感。但是，战争也把所有英国人的生活弄得乱七八糟，超过百万人口，不论他们是穷是富，被迫背井离乡，造成自 1665 年大瘟疫以来最大的移民潮。人们抛家舍业，妻离子散，到处百业凋敝，一片凄凉景象。

肯尼迪大使呼吁所有在英国的美国人马上撤离。超过一万名美国公民，包括他自己的妻儿，都很快乘船离开，其中一半是在英德两国宣战后 48 个小时内离境的。美国人（也夹杂着一些英国人）排着长长的队伍进入美国大使馆，寻求帮助离开英国。

伦敦到处都是战争的痕迹。英国议会、唐宁街 10 号和其他政府大楼都被沙袋和带刺铁丝网路障层层保护着。防空气球高高飘在城市上空。士兵和警察守护着大桥和隧道，严密盯防破坏分子。商店橱窗用木板围上，或者粘贴着褐色的牛皮纸，防止炸弹爆炸造成玻璃破碎。由于灯火管制，往日皮卡迪利广场（戏院及娱乐中心）花里胡哨的电灯标志和伦敦西区剧院门前灯火通明的大遮檐都一片漆黑，特拉法加广场的喷泉也不再喷水。

巍峨的广播大楼位于时尚的波特兰广场街，大楼的防御工事经过特殊加固，默罗就在这里向美国播报。英国广播公司白色的总部大楼就在摄政公园几个街区开外，是破坏分子和德国炸弹的主要目标。好几层沙袋在入口处高高堆起，身背来复枪的哨兵在巨大的青铜制作的前门处值守，他们接到命令必要时可以开枪射杀。大楼内部优雅的装饰艺术风格空间被钢铁隔断和气密门分成若干部分，壁画上面覆盖着隔音材料。英国广播公司音乐厅里面的座椅都被撤掉，改造成一个巨大的员工宿舍，舞台和地板上铺满了床垫。

战争期间，英国广播公司仅剩一个新闻部还在广播大楼里办公，包括娱乐部在内的其他部门都迁到了伦敦其他区或者英国其他城市。英国广播公司新闻部的核心机构，包括主控室、播音室和新闻编辑室，都搬到了三层的地下室。在深深的地下空间，头顶的排水管道叮当作响，食堂飘来一阵阵甘蓝的味道，编辑、播音员、撰稿人和其他员工在这样的环境里夜以继日地工作，报道最新消息。

默罗和其他美国广播记者在 B-4 播音室报道，这是一个面积不大的地下房间，原来是厨房储藏室。"播音室"用一个帘子临时隔开，一侧是播音间，里面放着一张桌子，一个麦克风，两把椅子；另一侧是档案柜、衣帽架、桌子和简易床，一般是新闻记者、工程师或者新闻审查员在这里眯上一会儿。

英国广播公司的巨大变化还体现在理念和风格上。一名员工回忆道，1939年9月之前，英国广播公司还是一个"舒适、惬意、文雅的悠闲之地，远离商业世界与俗世争斗"。约翰·里思爵士一手打造了这种高雅、矜持、略带清教徒特色的风格。在1922年英国广播公司成立之初，里思爵士就要求播音员穿着晚礼服播音。1937年在英国广播公司电台发表演讲后，弗吉尼亚·伍尔夫（Virginia Woolf）将那里的气氛形容为"阴郁、谨慎"，"所有人都是那么规规矩矩、客客气气"。

到任伦敦后不久，默罗就和里思会面，明确表明他和哥伦比亚广播公司不会采取英国广播公司那种目中无人的风格。"我们的节目不会搞阳春白雪，相反，要面向下里巴人，做接地气的节目。"里思轻蔑地挥了挥手，"那样你就把广播拉到和海德公园演讲角一样的层次了。"默罗却点点头，"我正有此意。"

1940年初，里思被任命为新成立的信息部大臣。在他卸任之时，英国广播公司已然发生了巨大变化，使其在战争结束时成为世界上最可靠的新闻来源。一位编辑认为："英国广播公司会成为默罗真正的精神家园。"

英国广播公司开始大量招聘广播节目制作人和编辑，其中很多人曾做过平面媒体记者，这些人给编辑室带来了新气象，也带来了新闻工作经验。R. T. 克拉克（R. T. Clark）是一位古典学者，曾在《曼彻斯特卫报》做过社论记者，他被任命为国内新闻部负责人。在英国宣战当天，他嘴里叼着香烟，向手下员工宣布英国广播公司新闻政策的重大变化，"兄弟们，战争已经来临。我们的工作是讲述事实真相，如果无法确定事实，宁肯不要报道"，这番话不仅赢得了新聘记者的支持，还让那些老编辑们欢呼雀跃。因为他们中有很多人都曾公开吐槽英国广播公司篡改新闻、拒绝播送批评张伯伦政府声音的做法，其中很多人都是默罗的朋友，当克拉克宣布新闻以事实为基础、英国广播公司员工鼓掌祝贺之时，他们就站在编辑室的后面。

同美国广播网一样，战前的英国广播公司没有自己的国际、国内记者，主要采用报纸和通讯社的报道。变革发生在克拉克执掌新闻部后：记者的现场报道成为电台的主要特色，另外，英国广播公司开始对事件深度解读，新闻简报也更有活力。尽管张伯伦政府和丘吉尔政府多次试图利用英国广播公司进行政治宣传，但克拉克和公司其他高层尽力保持新闻的独立性。就任首相之初，丘吉尔抱怨英国广播公司是"几个顽固的中立者之一"；作为回应，英国广播公司宣布，尽管保持国民士气十分重要，但这绝不是"故意歪曲事实"的借口。多数时候，英国广播公司做到了和政府保持适当距离。1944年，一贯愤青做派的乔治·奥威尔（George Orwell）一反常态地评价说："英国广播公司获得了巨大声望，现在，'我从广播中听到的'几乎等同于'事实真相'。"

英国广播公司的变化对默罗影响至深，他本人的新闻报道理念与风格也在经历嬗变。一位编辑说："对那些可怕的坏消息，我们进行翔实、全面的报道。这和默罗尊重事实的新闻理念不谋而合。在这点上，双方观念完全相同。"尽管默罗的东家是哥伦比亚广播公司，但英国广播公司是他第一个打交道的新闻机构。他和英国广播公司的诸位英国同行一样，都在打造新事物；他们都信奉事实和新闻独立性；随着战争深入，他们共同学习，一起进步。

默罗视克拉克为自己的良师益友。哥伦比亚广播公司推出夜间广播后，两个人就经常在克拉克堆满书籍的地下办公室彻夜长谈，手里的香烟袅袅升起，将天花板氤氲成一片模糊。默罗有时也邀请克拉克和英国广播公司其他编辑到其哈勒姆街附近的公寓做客，喝上几杯美国波本威士忌，继续他们的讨论。其中一位参与者回忆说："大家都把默罗看作自己人，绝不仅仅因为英国广播公司为他提供了办公设施，而是因为他完全和我们是一路人……大家很快接受了他，他是纯粹美国人的做派，我们则是纯粹英国人的风格。然而，我们却走着同样的道路。在广播公司大楼里，爱德华·默罗的名字如雷贯耳，和我们成了一家人。"

在战争前八个月里，英国和法国都认为这是虚惊一场，是德国的恫吓，默罗和英国广播公司甚至没有什么值得报道的重大新闻。英法两国只是向敌人领土散发了几百万份传单，对德国实施了海上封锁，又向位于德法边境、被法国人吹嘘为固若金汤的马其诺防线象征性地派出了几个巡逻队。然而，希特勒在 1940 年 4 月入侵挪威、丹麦之后，局势急转直下。一个月后，德国装甲部队横扫低地国家（荷兰、比利时、卢森堡），攻入法国。6 月，法国投降。英国以不到德国十分之一的武装力量开始独自面对希特勒的战争铁蹄。

英国首相温斯顿·丘吉尔靠自己煽动性的演讲将国人的士气鼓动起来，然而，口头上的鼓舞远不能抵挡德国人的侵略。英国外交次长亚历山大·卡多根（Alexander Cadogan）爵士在日记中写道："就我看来，英国不紧不慢地做了几年战争准备，最后还是被打了一个措手不及。"一份政府报告评论说："人们四处奔走，好似末日将临一般。"

肯尼迪大使再次建议在英国的美国人回到美国，包括多名记者在内的数千名美国人听从了他的建议。珍妮特·默罗的父母也催促她赶紧回国，但被她断然拒绝。"一年前我们就决定甘冒风险留在英国，"她在信中写道，"英国即将进入历史上最黑暗的时期，此时此刻，我不可能为了独善其身而选择抛弃这里，希望二老理解。"

在大批美国人离开的同时，另外一些美国人却来到欧洲，其中包括十几名美国记者，他们报道了同盟国在法国和比利时的大溃败。这些人包括美国最著名的新闻记者，他们从亚的斯亚贝巴、布拉格和马德里发回报道。阿尔弗雷德·希区柯克（Alfred Hitchcock）从长相俊朗、爱酒如命的大记者文森特·希恩（Vincent Sheean）的回忆录《个人历史》中获取灵感，导演的电影《海外特派员》，影响了整整一代美国记者。著名战地记者昆汀·雷诺兹（Quentin Reynolds）供职于《科里尔》杂志，有着同样丰富多彩的经历（他也是个酒精瘾君子）。雷诺兹身材魁梧，体重高达 220 磅，《纽约时报》把他称作一位"充满热情之人"，他的个性随笔与专题报道在美国大受欢迎。

法国沦陷后仍坚持留在伦敦的默罗和其他数十名美国人迎来了新同事，

他们通力合作，为美国广播网络、报纸、通讯社和新闻杂志提供报道。珍妮特·默罗在给父母的信中写道："此前，从未有这么多的新闻记者汇聚在这个弹丸之地。战争双方已做好你死我活的准备。"

有些英国记者对这些新来的美国同行们表现出某种不信任甚至敌意。新闻纪录片制片人哈里·瓦特（Harry Watt）认为他们"对战争充满豺狼般贪婪的渴望，他们自己也承认来到这里就是为了报道英国沦陷的新闻，希望看到整个欧洲都被征服，连新闻标题都早已拟好"。英国皇家空军与纳粹德国空军在1940年夏天的空中厮杀无法满足美国人对灾难性事件的渴求。哥伦比亚广播公司记者埃里克·塞瓦雷德此前曾报道过法国沦陷，不列颠之战进行到一半时，他来到英国。他和两个同事用一块混凝土板、一个番茄罐头和一些枯萎的罂粟花临时拼凑了一个战争纪念碑，上面写着"三个媒体人死于等待入侵的无聊枯燥之中，1940年"。

这样的生活很快就被打破了。

9月初的一个下午，天气暖和，令人昏昏欲睡。默罗、文森特·希恩和纽约PM报社记者本·罗伯逊（Ben Robertson）一行来到伦敦以南几英里外的一处农田边。默罗开着自己的塔尔博特阳光敞篷车，沿泰晤士河河口一路向下。在享受阳光的同时，他们希望看到英国喷火式战斗机与德国梅塞施米特式战斗机在空中厮杀的一幕。然而，蓝天上却一片宁静。他们把车停下，从一个农民手里买了些苹果。三人懒洋洋地躺在地上吃着苹果，听着蟋蟀和蜜蜂的声音，战争好像离他们十分遥远。然而，几分钟之后，空中传来刺耳的飞机发动机轰鸣声，三个美国人抬头望去，天空中，一波波绘饰着卐字图案的轰炸机呼啸而过，然而，这次目标不再是英国海防设施和南部的皇家空军基地。沿着泰晤士河，德国轰炸机直扑伦敦。

短短几分钟后，伦敦就陷入一片火海，滚滚黑烟翻腾而上，遮天蔽日。防空火炮发射的榴霰弹片雨点般落在美国记者身旁，吓得他们赶紧躲进附近的沟渠。空中，络绎不绝的敌机不断飞向北方。"伦敦陷入火海"，罗伯逊不停重复着这句话。回城后，他们看到大火从伦敦东区一直向前蔓延，吞噬了造船厂、油罐、工厂、住宅和沿途的一切。成百上千的人在轰炸中丧生，更多的人负伤，或失去家园。在血红色的月光下，女人们推着婴儿车，上面堆满了抢救出来的财物。

伦敦大轰炸就此拉开帷幕。从9月7日开始，伦敦连续57天遭受无情轰炸，情况之惨烈堪称史无前例。"二战"初期，华沙和鹿特丹也曾遭到德国轰炸，但远没有伦敦大轰炸持续时间那么长。

不仅劳动阶级聚集的伦敦东区在那个秋冬季节不断遭受重创，伦敦其他地区也难逃此劫。时尚购物区邦德大街和摄政大街满目疮痍，街道两旁百货商店上掉落下来的玻璃碎片就像厚厚的积雪一样铺在人行道上。牛津街上，约翰·刘易斯百货商店在大火中成为一片废墟。唐宁街10号、殖民地部、财政部、皇家骑兵卫队大楼都在轰炸中损失惨重。在一次空袭过后，英国战争部大楼几乎没剩下一块完整的玻璃。白金汉宫更是多次遭受空中打击。加拿大外交官查尔斯·里奇（Charles Ritchie）在日记中写道，伦敦所有百姓，不论居住在哪个区域，"都像丛林中的动物一样，对危险有着敏感的嗅觉"。

其中就包括美国战地记者们，他们已不再是中立的旁观者，亲临前线采访后，他们回到后方发稿。美国非常自信不会受到外国攻击，导致有些美国记者很难接受人身安全受到威胁这个事实。在伦敦大轰炸开始的那个夜晚，埃里克·塞瓦雷德心里想，"不能这样对我，我是美国人"，随后他又宽慰自己说，"还好，轰炸很快就结束了"。

美国记者在伦敦大轰炸期间的亲身经历也反映在新闻报道中。与伦敦居民一样，他们的生命在炸弹的淫威下瑟瑟发抖，这加深了他们对伦敦市民感受的体验。炸弹在空中划过，传来尖锐的呼啸声，他们被六神无主的恐惧感攫住。听到炸弹在远处炸响，又长舒一口气。"和大家一样，我也深切体会到人类生存之脆弱，"本·罗伯逊写道，"我们的神经都绷得紧紧的，不知道死神将在何时降临。"

然而，对于那些美国记者来说，他们的生命安全相比大部分伦敦人更有保障。由于经费充足，他们可以住在现代化的奢侈酒店和公寓楼里，其钢筋结构比伦敦大部分建筑物更为坚实。本·罗伯逊住在凯莱奇酒店，文森特·希恩住在多切斯特酒店，昆汀·雷诺兹住在伯克利广场上兰斯德尼浩斯公寓楼里。雷诺兹在浴桶里养了三条金鱼，还和另一位美国记者共用一个男仆。

1940年11月，《纽约时报》和《纽约先驱论坛报》的记者将办公室搬到萨伏伊酒店，其他报社的记者也随之而来。萨伏伊酒店不仅是伦敦最好的酒店之一，还有全伦敦最奢侈、最深的防空庇护所。在地下河景房里，厚重的窗帘和舞厅乐队将外面连续不断的炮火声隔离开来。穿过酒店旋转玻璃门，人们就暂时远离了战争的残酷摧残，来到"与纽约高级酒店相媲美的奢华、亮丽和涌动的人潮"中，专栏记者厄尼·派尔（Ernie Pyle）写道。"前台接待都穿晚礼服，男侍应身着灰色制服，电梯操作员则穿着硬翻领外套，"一名战时的酒店住客说，"住到萨伏伊酒店后，你很难意识到自己还身处战争之中。"酒店里面的美国酒吧成为美国新闻记者最爱光顾的地方，信息部官员道格拉斯·威廉姆斯（Douglas Williams）就把为美国听众做的《夜间简报》栏目放到了酒吧里，他一手端着鸡尾酒杯，嘴里滔滔不绝地播送简报。

尽管默罗有时也到萨伏伊酒店喝酒或用餐，但他并未随大流把家搬过去。他和珍妮特仍旧住在哈勒姆大街上的公寓楼里，除了他们夫妇和另一个租客外，其他人都已搬离。他们旁边的建筑物，包括广播大楼附近考究的摄政时期别墅和小巧的公寓楼，都是德国空袭的主要目标，尽管默罗所住的公寓楼从未被击中过，但旁边的很多建筑和商店都已被夷为平地。英国广播公司附近的哥伦比亚广播公司在空袭之初就挨过炸弹，搬家后又再次被轰炸。

比起他的大部分同行，默罗在伦敦居住的时间更长，也更加了解和热爱这座城市。当德国空袭、炸弹倾泻而下时，他更愿意在外面奔走，而不是泡在宾馆酒吧，或者去采访国会议员和白厅官员。的确，他也报道政府活动，但更多时候，他还是无法控制走向街头的冲动。在轰炸最厉害的日子里，他通常奔走在伦敦街头，了解伦敦市民的际遇。英国广播公司的朋友们把默罗叫作"来自地狱的信使",他衣冠不整,身上布满灰尘,"走起路来摇摇晃晃",每天晚上都回到广播大楼向大家讲述在外面的所见所闻,然后再把这一切告诉美国的听众们。

一次,默罗说道:"语言是最孱弱无力的,眼下发生的一切,已经无法用语言来描述。"但是,在他的广播中,默罗总是能够找到合适的词汇。他是语言艺术大师,善于用精妙的词语、以画像的手法来描述对众多美国人来说遥远的、难以理解的场景。他认为,只有让美国听众切身感受到别人的思想和内心,才能让他们真切地理解这场战争。"他把一切都具体化了,"埃里克·塞瓦雷德回忆说,"他揭示了事物的内在本质"。英国广播公司的戈弗雷·塔尔博特(Godfrey Talbot)认为,通过他的广播,默罗"描述了战争场景,再现了人们的心理感受,空气中的味道,熊熊燃烧的大火……听众觉得自己仿佛站在伦敦街头,身旁就是默罗"。

一次广播中,默罗描述救援人员如何弯腰穿行在被炸弹击中的房屋残骸里,轻手轻脚地抬起的那些软软的身体,就像"破损的、被抛弃的、落满灰尘的玩具娃娃一样"。还有一次,他来到伦敦地铁站下面一处临时防空庇护所,随后在广播中讲道,"寒冷的、令人窒息的雾气渗进庇护所",访问结束后,他爬上楼梯,走到"潮湿的夜里,身后是人们连串的咳嗽声"。在另一次报道时,他给听众介绍了一个战斗中的伦敦高射炮连,"他们穿着衬衫,笑骂着将炮弹推进炮膛。负责侦察敌机的战士坐在倾斜的炮架上,缓慢转动着炮身。炮身上的夜视镜就像身材肥硕的猫头鹰的眼睛,在高射炮炮口喷出的橙蓝色焰火中熠熠发光"。

对自己在广播中提到的伦敦人,默罗始终钦佩不已。尽管他津津乐道于结识权贵阶层,却对首当其冲承受大轰炸的英国中产阶级和工人阶级备感亲切。"他们是住在小房子里的小人物,既没有制服,也没有矫饰的勇气",然而,他们却"异常勇敢、坚强、审慎"。在伦敦空战中,冲在前线的士兵不是来自伦敦西区权贵人家的公子哥,而是消防员、看门人、医生、护士、牧师、电话修理工和其他工人,他们每夜冒着生命危险救助伤员、搬离尸体,让这座满目疮痍的城市恢复正常运转。在广播里,默罗不停地关注这些"无名英雄",炸弹在身旁落下,而他们从未放弃工作:"面目漆黑、满眼血丝的男人在灭火,女人怀里揽着方向盘,开着笨重的救护车,警察守护在未引爆的炸弹旁。"

在那些恐怖日子里,伦敦人表现出来的镇定、刚毅和讽刺性的幽默给默罗和他的美国同行们留下深刻印象。他乐此不疲地给朋友们讲:一个伦敦居民曾问过他,纳粹德国空军空袭时的飞行高度是多少?他说:"你认为我们真的勇敢吗,还是缺乏想象力?"埃里克·塞瓦雷德说:"他就喜欢英国人的这些特点,从容不迫、无所畏惧、喜怒不形于色。"

10月中旬,一颗炸弹落入英国广播公司,炸毁了乐库和几个播音室,七名编辑不幸遇难,其中几人是默罗的朋友。爆炸发生时,播音员布鲁斯·贝尔弗雷奇(Bruce Belfrage)正在播送九点新闻。听众听到砰的一声巨响,接下来是短暂的停顿,有人低声问道:"你没事吧?"随后,布鲁斯轻轻吹去稿子上的尘土,继续进行播音。当时默罗也在英国广播公司,他对听众说:"在这座城市中,我看到过一些可怕的场景……但我从未听过男人、女人或者孩子说:我们投降吧!"

尽管轰炸造成巨大破坏,多数伦敦市民却展现出顽强决心,拼尽全力保持正常的生活,以此向希特勒表示最大的蔑视。每天清晨,伦敦数以百万的人从庇护所或地下室走出,火车和地铁运行已完全打乱,人们搭便车,甚至步行十几英里,仍然照常上班工作。由于人们需要绕开倒塌的建筑、无路可通的街道和未爆炸的炸弹,通勤时间可能需要几个小时。一次异常猛烈的轰炸过后,本·罗伯逊注意到凯莱奇酒店的员工"个个眼睛通红,疲惫不堪,但大家都在岗位上"。领班的家昨晚被炸塌了,但他仍准时上班;给罗伯逊打扫房间的女佣"昨晚被困在地下室里三个钟头",另一名女佣告诉罗伯逊:"三个钟头!今早,她正常来上班了。"

尽管大轰炸带来恐惧、伤痛和破坏,但很多人认为,在那个特殊时期,伦敦表现出前所未有的精神饱满、斗志昂扬。死亡的威胁进一步提升了生存的愉悦。"在街上行走时……你会发现遇到的每个人都充满生机和活力",昆汀·雷诺兹在日记中写道。本·罗伯逊也说:"危机中的伦敦重新认识了自己;焕发出从未有过的蓬勃生机……黎明时分,人们走向街头,感觉自己正在为拯救世界贡献力量。"

起初,那些回国或前往中立国作短暂休整的美国记者们带着迫切心情逃离这无情的恐惧。然而,抵达目的地后不久,他们就期盼着早日返回伦敦,因为他们发现,自己和当地人有着格格不入的疏离感,那里的人们不了解在战场上生活是怎样的滋味。罗伯逊曾在中立的爱尔兰住过几天,他的经历颇具典型意义,"从伦敦抵达都柏林的那一刻,我感觉如同来到天堂一般,战争带来的压力一扫而空,到处灯火通明,轻松愉快,逍遥自在,突然间觉得自己放松了"。但是,接下来他又说道,很快就"觉得心神不宁,美好生活实在让人焦躁不安。当远离伦敦……我反倒无比担心,担心伦敦,担心那里认识的每个人"。

那些离开后再未回到伦敦的记者们则有着深深的失落感。10月中旬,精疲力竭、病体缠身的埃里克·塞瓦雷德被哥伦比亚广播公司调回华盛顿。四个月前,当法国沦陷时,这位来自明尼苏达州、年仅27岁的美国记者带着愤愤不平的心情抵达英国,和很多美国人一样,他对英国文化不以为然,不喜欢英国"古板的贵妇人、职业军官、高级公务员们",认为他们傲慢、优越感十足的做派令人内心不快。看到自命不凡的法国军队迅速溃败,他开始怀疑自负的英国岛民是否有能力抵挡住希特勒的攻势。

进入10月,他的疑虑和抵触情绪烟消云散。从起初的伦敦"陌生客",他逐渐成为这座战火四起的城市中的一分子。多年以后,他写道,英国和伦敦"向世界展示出一副全新面目,在明亮的白昼,在青灰色的暗夜,英国人的精神将其他国家从绝望中唤起……这种精神和榜样的力量让美国国内的失败论者黯然失色……美国人认为自己在拯救英国,但英国的精神和榜样也在拯救美国"。

回到美国后,塞瓦雷德大肆宣传援助英国的重要性,留在伦敦的美国记者也在奋力进行亲英宣传。充分认识到默罗和其他记者对美国公众的影响力，白厅官员全力利用记者对英国的同情和认同感。1940年5月，罗纳德·特里加入信息部，他写道："他们非常友好，只要我们提供及时、准确的信息，他们总会朝有利于我们的方向进行报道。"

一些美国记者，包括默罗在内，同意在英国专门为美国人拍摄的新闻纪录片中担任旁白，这些纪录片强调英国人对德国进攻的坚决抵抗。最有名的一部电影是《伦敦，坚持到底！》。这部十分钟的短片介绍了伦敦市民如何应对德国大轰炸，昆汀·雷诺兹担任旁白。起初，信息部建议由伦敦《时代》与《生活》杂志记者玛丽·韦尔什（Mary Welsh），后来成为欧内斯特·海明威的妻子负责解说。然而，电影导演哈里·瓦特不喜欢使用女声旁白，这才选择了昆汀·雷诺兹。

然而，在和《科里尔》杂志的昆汀·雷诺兹打交道时，制片公司却颇费了一番周折。尽管雷诺兹在世界其他地方做过多次战地报道，也证实了自己不乏勇气，但他却坚持在萨伏伊酒店地下室的美国酒吧里报道德国的夜间空袭，后来，他也承认自己"痛恨且害怕"德国空袭。此外，雷诺兹此前没有广播经验，起初，他几乎用"大声喊叫"的方式来录制旁白。他自己也写道，"就像露天市场的叫卖者"。最后没办法，瓦特和他的团队只好在萨伏伊酒店的地下室录制了雷诺兹的旁白，将"话筒放在他的喉咙下面"，这样录制的低沉声音符合美国人的口味。"作为一名中立记者，我见过伦敦市民历经生死，我敢说，伦敦没有恐惧、担心和绝望。"

1940年11月，负责在美国发行《伦敦，坚持到底！》的华纳兄弟公司匆匆赶制出600个拷贝。起初，影片仅在纽约市中心的8个剧院放映，获得巨大成功后，在全美12000多个剧院放映。演职员名单中只有雷诺兹一个人的名字，这让美国人深信，这的确是美国记者毫无偏见的报道，"昆汀毫不费力就做到了这点"，瓦特回忆道。

雷诺兹亲自回美国宣传影片，再次返回伦敦时，他已成为"国际名人"。瓦特补充说："他经常用低沉的声音说话，借此娱乐我们。"但是，真正让英国影片制作团队和雷诺兹的美国同胞捧腹的是他带回来的一幅影片宣传海报：他戴着钢盔，桀骜不驯的目光看向空中；手臂伸出，试图拨开500磅重的一颗炸弹。"萨伏伊酒店的日子可能要比我们想象的更为艰苦"，瓦特说。

当雷诺兹忙着为《伦敦，坚持到底！》录制旁白之时，默罗也在给影片《这里是英国》撰写并录制解说词。影片记录了英国对德国大轰炸的抵抗，其详尽程度远超《伦敦，坚持到底！》。据说，丘吉尔看了以后潸然泪下，美国总统罗斯福也在白宫放映了这部轰动一时的影片。

毫无疑问，在为英国摇旗呐喊的同时，默罗和其他美国记者模糊了新闻与宣传的界线。至少，他们违背了新闻的客观性原则，即不带任何个人偏见、观点和立场进行新闻报道。自新闻问世以来，其客观性一直是争论的焦点。很多人认为，新闻客观性是无法实现的标准，因为新闻记者不是机器人，他们的思想也不是白纸一张。

"二战"伊始，哥伦比亚广播公司就一直标榜自己的客观性与中立性。然而，罗斯福上台后，由于担心广播网络会在听众中掀起参战狂潮，美国政府放出风声，打算将广播网络纳入政府管控之下。白宫新闻秘书斯特芬·厄尔利（Stephen Early）认为广播电台在处理战争新闻时"手法不娴熟"，警告他们要"做个听话的乖孩子"。

战争打响时，哥伦比亚广播公司董事长威廉·佩利下令，做新闻时只准进行分析，不许夹带个人观点。默罗始终反对这个政策。尽管公司不时敲打他一下，却很少真正阻止他。"他从不标榜自己的中立或客观立场，"埃里克·塞瓦雷德说，"作为一名新闻记者，他一门心思都放在'抵抗事业'上，认为美国必须参战。"1941年年初，默罗在给自己弟弟的信中写道，"我并不想在播音室里乐享太平，但是我认为有必要进行坦率的交流，即使被人戴上'战争贩子'的大帽子也在所不惜……其实现在参战已经有些晚了。"

几年后，英国广播公司主管休·卡尔顿·格林（Hugh Carleton Greene）爵士表示，只有在"事关基本生命真相的情况下，英国广播公司才会保持客观性。

英国广播公司对待不公、偏狭或侵害不能采取客观立场"，默罗对此双手赞成。他对妻子说，在欧洲，"生命已如草芥，千年历史和文明正惨遭荼毒"，而美国却还在袖手旁观。这种局面下，如何让人保持客观中立？"他希望美国人直面自身责任，"英国广播公司记者托马斯·巴曼（Thomas Barman）说道，"要么目睹整个西方世界沦陷……要么奋起反抗。"

1940年9月30日，正值《慕尼黑协定》签署两周年之际，伦敦大轰炸已持续近一个月的时间。默罗以辛辣的口吻对听众说道："各位也和《慕尼黑协定》签订者一样，以为万事无忧吗？请回顾一下过去两年的遭遇，再想想未来两年的境况。"不满足于通过这种公开的支持来影响美国公众舆论，默罗还在广播中大肆描述战争中的英国人。"默罗和他的同事使用戏剧手法描述自己在英国的所见所闻，"广播历史学家埃里克·巴尔诺（Erik Barnouw）说，"听众有种身临其境的真实感，这是影响民意的最好办法。"

尽管默罗在广播中对英国人赞誉有加，他也毫不客气地指出英国及其领导者的不足之处。例如，针对英国政府出于保密需要而对新闻严格审查、对战争新闻讳莫如深的做法，默罗是公开的批评者之一。他还尖锐批评英国政府，指责政府未能给伦敦东区和其他劳动阶层聚集区的居民提供像样的空袭避难所。默罗妻子在给家人的信中写道，"那里的每个避难所都臭气熏天"。

终于熬到了1940年年底，默罗与大多数伦敦市民一样，已经精疲力竭。大轰炸期间，没人可以安安稳稳地睡一宿好觉，连续睡上三四个小时已经算是幸运。小说家伊丽莎白·鲍恩（Elizabeth Bowen）写道，随着轰炸持续进行，伦敦的居民疲劳至极，脑中早已空空荡荡。"已逝之夜与将至之夜在正午的压抑氛围中交替。工作或思考却让人痛苦。"

进入11月，德国空军的轰炸开始减弱。四个月的时间，默罗体重减轻了30磅，工作和生活已进入魔怔状态。哥伦比亚广播公司的一位同事回忆说："他面色苍白，走路摇晃，我以为他马上就要摔倒。"他的脾气也越来越暴躁，很少有时间陪伴妻子。默罗夫人后来写道："有些时候，他好像根本没有精力理我。"默罗的一个朋友也说:"他心心念念着世界局势。英国沦陷对他来说,就好像失去自己的孩子一样。"

12月底,珍妮特·默罗利用轰炸停歇,说服丈夫在家过了一个相对轻松的圣诞假期。然而,12月29日,德国轰炸机对伦敦最古老的金融商业区进行了10小时的狂轰滥炸,打破了圣诞假期的平静。这次轰炸引发的火灾席卷整个地区,造成1666年伦敦大火以来的最大损坏。火灾摧毁了克里斯托弗·雷恩(Christopher Wren)设计的八座教堂,将伦敦市政厅大部分化为乌有,后者自征服者威廉时期起一直是伦敦市政府所在地。令人称奇的是,在轰炸区中心高高矗立的圣保罗大教堂居然安然无恙。第二天一大早,默罗在回家路上看到"伦敦东区的窗户上映着通红的火光,窗格玻璃上的雨水水珠好似鲜血一般"。

两天后的晚上,压抑着自己的沮丧和愤怒之情,默罗为听众对比了美国庆祝新年前夜的祥和景象与多数伦敦居民的凄惨经历。"你们不会在破晓时分遭遇轰炸,而如果天气适合,我们则要面临轰炸;你们可以在灯火通明的夜间散步,你们的家庭没有在战争中四分五裂,只要有足够的时间和金钱,你们完全可以驱车出游。"

最后,他说:"你们不一定会遭遇鲜血、辛劳、眼泪与汗水。但是,几乎所有看过伦敦惨状的人都认为,你们作出的抉择将成为几小时前刚刚开始的新的一年里最重要的一个决定。"

他非常清楚,英国的命运将取决于美国作何抉择。

第 3 章

千载良机

默罗的新年前夜广播六周后，富兰克林·罗斯福将埃夫里尔·哈里曼召到总统椭圆形办公室。两个人漫无目的地聊着，总统突然说道，他打算派哈里曼到伦敦工作，负责监督英国对美国援助的使用情况。经过艰苦卓绝的努力，《租借法案》即将获得国会批准。

时年 49 岁的哈里曼家里经营着美国最大的铁路公司之一。他与总统的这次谈话古怪得令人不安。总统说话的口气好像几个月前就已经决定了他的任职，然而，就在几周前，白宫刚刚拒绝了他出任公职的申请。此前，罗斯福总统对委以哈里曼重任一直了无兴趣。两人已经结识 35 年，对于办公桌对面坐着的这个黑头发、方下巴的男人，总统始终不太相信他的智商和人格可以胜任公职。

两人其实有着很深的渊源。他们都在哈德逊河沿岸长大，埃莉诺·罗斯福（Eleanor Roosevelt）的弟弟豪尔是哈里曼的朋友，两人的母亲是多年的老熟人。哈里曼的姐姐玛丽·拉姆齐（Mary Rumsey）热心社会改革，拥护新政，担任美国政府消费者咨询委员会主席，和罗斯福总统夫人有着紧密的工作关系。

尽管两家渊源颇深，但是罗斯福家族作为哈德逊谷最显赫的贵族家庭之一，从未真正接受过靠不义之财发家的暴发户哈里曼家族。埃夫里尔·哈里曼的父亲 E. H. 哈里曼将联合太平洋铁路建成美国最重要的铁路之一，但他本人却声名不佳，被称作美国最大的强盗资本家之一。西奥多·罗斯福总统曾经说过，老哈里曼是美国历史上最恶名昭彰的"为富不仁者"。

富兰克林选择进入政界，而埃夫里尔·哈里曼则步父亲的后尘成为一名锱铢必较的商人。他没有富兰克林的个人魅力、社交能力和生活情趣，痛恨家长里短式的交流方式，缺少幽默感，讲话喜欢直来直去，缺少耐心，即使和最好的朋友在一起也是如此。给他做过多年助理的罗伯特·米克尔约翰（Robert Meiklejohn）说："哈里曼不善交往。我在他的公司工作多年，从未听说过他个人生活的趣事逸闻。"

其实在这次白宫会面之前，哈里曼已经经营着几家公司，并且担任着联合太平洋公司董事长。然而，罗斯福还是把他看作一个半吊子运动员外加纨绔子弟。经过一年时间的努力，哈里曼曾在 20 世纪 20 年代后期获得过马球比赛冠军；20 世纪 30 年代，他把爱达荷州的太阳谷打造成美国最高级的一个滑雪胜地。尽管个性沉闷，经历过两次婚姻的哈里曼却很受女人喜欢，他的桃色新闻不止一次闹得沸沸扬扬，满城皆知。哈里曼彬彬有礼，带着一些羞涩甚至脆弱，因此很有女人缘。尽管外界盛传他为人吝啬，但对女友却舍得大把花钱。罗斯福总统的助理，战争部长约翰·麦克洛伊回忆说："他相貌俊朗、多金、有高冷范儿，颇受女人欢迎。"华尔街律师出身的约翰·麦克洛伊曾在联合太平洋公司董事会任职。

此外，哈里曼对政界人士也舍得金钱上的投入。"他曾资助过政客……积累了政界人脉"，麦克洛伊评价说。同怀南特一样，为支持罗斯福竞选总统，哈里曼也毅然脱离共和党。不同的是，哈里曼对新政的支持不是为了普通大众的福祉，而是为帮助美国经济摆脱萧条。另外，与怀南特不同的是，哈里曼懂得两边下注。1940 年大选后，罗斯福向他的共和党竞争对手温德尔·威尔基（Wendell Willkie）提到，哈里曼为他提供了 25000 美元的竞选资金。威尔基反唇相讥："富兰克林，他也偷偷给我捐了 25000 美元。"选举前，哈里曼曾对一个朋友提起，如果威尔基获胜，他愿意在政府中担任公职。

1933年罗斯福新政启动后，哈里曼一直处于权力边缘，但迫切希望在罗斯福团队中获得更重要的位置。虽然总统对他的野心、忠诚和目的都持怀疑态度，但是在总统顾问哈里·霍普金斯的一再举荐下，罗斯福最终决定给这位富商一个机会。他将作为罗斯福总统的联络官，赴伦敦与丘吉尔首相和英国政府商议《租借法案》。

这份公职正是哈里曼求之不得的。激动之余，他认为总统对待《租借法案》的态度有些冷淡，这让他困惑不解。尽管他渴望进入权力核心，但哈里曼求得这个职务却另有原因：他强烈认为美国有义务出手，以免英国战败。在与总统会面前几天，他在纽约的耶鲁俱乐部发表讲话："我们愿意面对一个希特勒统治下的世界吗？如果不愿意，我们还有时间援助英国。最致命的错误就是三心二意，摇摆不定，那样无法提供足够的帮助。"

和总统在椭圆形办公室会面后，哈里曼不太确定总统是否也认识到局势的紧迫性。罗斯福对于《租借法案》究竟在什么范围内实施语焉不详，对哈里曼的工作职责也含糊不清，没有明确给出指导或者指示，只是让他在英国四处转转，"提出建议，除了参战，美国应该怎样做才能保证不列颠群岛不沦陷"。会面结束后，哈里曼在备忘录里写道，总统"对于我该和政府中的哪些人共事一头雾水，因为他尚未成立《租借法案》的相关机构。他说，如果有重要事情，可以和他直接联系"。

当天稍晚，在向白宫新闻记者宣布哈里曼的任命时，总统仍然含糊其词。"一旦《租借法案》下的防御计划得以完善，哈里曼就立刻赴伦敦就任。大家可能想知道他究竟担任什么职务，我真得想出一个头衔……我们认为还是叫'稽查员'吧。这就是你的新头衔。"罗斯福笑着说。

"总统先生，"一名记者高喊，"哈里曼先生与我驻英使馆有何关系？他可以直接代表您吗？"总统大笑："我不知道，这无所谓！"另一位记者接着问："哈里曼向谁汇报？"总统回复："我不知道，这无所谓。"

哈里曼认为，尽管罗斯福的这种模糊态度让人感到不踏实，但从另一个方面看，这何尝不是千载良机呢？哈里曼的新工作少有掣肘，如果一切顺利，他完全可以将其发展成总统心中最重要、最有意义的工作。如果做到这一点，他将完全从 E. H. 哈里曼那无所不在的庇荫中走出。

少年时期，埃夫里尔·哈里曼的个头已经远超他身材矮小的父亲，但在其他方面，他却自愧弗如。商界巨头老哈里曼被很多人奉若神明，从铁路业竞争对手，到亡命徒布奇·卡西迪（Butch Cassidy）和日舞小子（The Sundance Kid），都对他敬畏有加。布奇·卡西迪和日舞小子经常打劫他的列车，后来老哈里曼雇用了平克顿侦探公司的一帮侦探，这些歹徒方偃旗息鼓。

为了满足父亲的期望，少年埃夫里尔颇感压力巨大。传记作家鲁迪·艾布拉姆森（Rudy Abramson）写道："E. H. 哈里曼不断教育他要自律、努力、自我提高。"他的继女也说："埃夫里尔的童年毫无乐趣可言，从未学会如何表达情感。"父母很少给予他温暖、亲情与鼓励，埃夫里尔终其一生都需要"不断强化自尊"，一个朋友说道。

埃夫里尔·哈里曼进入马萨诸塞州北部的预科学校——格罗顿中学就读。同圣保罗中学一样，格罗顿中学也采取伊顿公学的模式。尽管成绩一般，哈里曼还是顺利升入耶鲁大学，并被吸纳进骷髅会——耶鲁大学最负盛名的秘密社团，还成为新生赛艇队的教练。他决心帮助耶鲁大学赛艇队再次击败哈佛大学，大二时曾请假六个星期前往英国，向牛津大学赛艇高手取经。这说明哈里曼有着典型的不服输性格和竞争意识。"他全身心地投入比赛，"前国防部长罗伯特·洛维特（Robert Lovett）回忆说，洛维特的父亲与 E. H. 哈里曼是同事，很小的时候就认识埃夫里尔·哈里曼，"生活中，他想要什么就有什么——最好的马、教练、设备，自己的保龄球场、门球场，为了比赛取胜，他可以拼命训练。"

在耶鲁大学，哈里曼的成绩和他在格罗顿中学时一样，不见起色。尽管如此，这两所学校的教育履历使他获得巨大优势。同伊顿公学和牛津大学毕业的英国实业家子女一样，哈里曼也进入本国的精英阶层，他们掌管着美国的政商各界。格里曼的校友包括洛维特和迪安·艾奇逊（Dean Acheson）。包括哈里曼在内，这些人将走上时代的舞台，为美国在20世纪四五十年代崛起为世界超级大国发挥重大作用。

哈里曼从耶鲁大学毕业四年后，美国参加第一次世界大战，他的大部分大学同学都参加了"一战"，其中不包括哈里曼。在母亲的资助下，哈里曼在宾夕法尼亚州的切斯特买下一个造船厂，希望趁着战争导致的商船运输需求大增而狠赚一笔。他母亲说："埃夫里尔希望通过经营商船运输比肩父亲在铁路上的成就。"最后，他控制了世界上最大的运输船队之一。然而，战争结束后，公司很快将所有盈利亏掉，1925年，他将船队出售给一家德国公司。

20世纪20年代的大部分时间，哈里曼跑遍整个欧洲寻找项目：在苏联获得锰矿特许权，在西里西亚开采煤矿，在科隆经营自来水厂和有轨电车线路，在波兰开办钢铁厂和发电厂。他见过英国和欧洲的很多重量级人物，包括列宁、贝尼托·墨索里尼、温斯顿·丘吉尔，当时丘吉尔还是英国财政大臣。哈里曼一生都钟情于结交权势人物，小E. J. 卡恩（E. J. Kahn）在《纽约客》杂志撰文写道：他到处结交权贵，就像集邮者搜集珍贵邮票一样。

"埃夫里尔喜欢攀附权贵。"一名生意搭档给了他如此的评价，"他的态度就是：无论在任何场合，只有一个人值得交往——那就是拥有最大权力的那个人——而他就要做那个与权贵交往的人。"

"哈里曼事务所"是埃夫里尔·哈里曼的家族企业，而他则担任事务所的主席。不过，他管理企业的成就，可远不及他拉拢权贵的业绩。每每成功拉拢一笔生意，他都会立即失去兴趣。公司的具体运作，他几乎从不费心过问。正因如此，他的大多数经营活动都以失败告终。而且，哈里曼的花花公子形象实在过于深入人心。生意伙伴们都觉得：如果长期滞留国外的哈里曼少一点功夫寻欢作乐，多一些心思努力经营，"哈里曼事务所"的状况不知道要比现状好上多少。

大家心目中哈里曼那随心所欲的既有印象，又在1928年加重了一层：这个时候，哈里曼决定从商业活动中暂时抽身，他要把无穷无尽的精力，投入到自己新的爱好——也就是马球之中。经过一番奋斗，埃夫里尔·哈里曼跻身美国国内马球运动员的顶尖行列。这时的他方才回归商场，成为联合太平洋公司主席。接下来的几年之内，哈里曼一直在为太阳谷（Sun Valley）竭力鼓吹和宣传。在他的努力之下，此地终于成为全美最受欢迎的滑雪度假胜地。

太阳谷的成功，并未改变美国商界和政坛里一众精英人物对于哈里曼的鄙夷态度。他旗下的度假村，也被大家一并嫌弃。毕竟，哈里曼不愿意投身第一次世界大战，却从那场战争当中捞取了不少利益。他的种种行径，自然不受欢迎。好些耶鲁校友甚至觉得哈里曼的举动有些可鄙可憎。有些人甚至和他绝交，对他不理不睬多年。鲍勃·洛维特（Bob Lovett）和怀南特有着同样的"一战"经历。作为一位飞行员，他谈到了哈里曼在当年的风评："在那个年代，哈里曼这种人距离大家心中的完美模范实在有些远。"众人的指责一直让哈里曼耿耿于怀。多年过去，哈里曼对当年的选择也有一番点评："理智上说，我觉得自己在'一战'中的选择毫无错误。毕竟，运输才是战争的瓶颈所在。但是情感上，我还是因为未能参战而有些难以心安。"

哈里曼是个闲不住的人。时时刻刻，他总想开启新的挑战。30年代初期，他的注意力转移到了华盛顿的政局以及新经济政策方面。由于罗斯福政府的作为，华尔街不再是美国的权力中枢。宾夕法尼亚大道（美国政府所在地）重新执掌国家大局。此前从未参与政事的哈里曼也对首都的各种事务来了兴致。对此，他甚至显得有点急不可待。

其实，哈里曼对于罗斯福新政的关注很是偏颇。新政提倡的经济和社会改革可不在他的兴趣范畴，罗斯福改革带来的商机，才是哈里曼参与政治的主要动机。经过一番努力，哈里曼终于当上了休·约翰逊（Hugh Johnson）的特别顾问。约翰逊在国家振兴委员会出任主管，其主要职责在于重塑商机。这一点，和哈里曼的想法完全吻合。1934年，哈里曼被任命为"国家产业复兴委员会"的首席官员。除却这个职务外，一年多的华盛顿生涯并未能够让他更近一步。既然无望获得政府高位，哈里曼也选择辞去官职回归联合太平洋公司。不过，他仍和政府保持了密切往来。隔三岔五，罗斯福就能收到哈里曼的问候和种种礼物——比如，特使会把自己在纽约州郊野别墅附近打到的野鸡给总统捎去一些。有时候，他又会献上红酒表示敬意。殷勤的哈里曼，倒也获得了进入商务顾问委员会的机会。"委员会"的成员都是工商界的大人物（一些新经济政策的批评者，则会把这些人称作"罗斯福驯化的百万富翁"）。他们身居政府和产业界之间，充当双方的联系纽带。

1940年春天，美国政府不情不愿地开始了战争动员。应总统的号召，许多产业界大亨都聚到了首都。他们的华盛顿之行，自然是为帮助政府开展工作。这一次，哈里曼并未收到邀约。为此，他很是郁闷了一阵子——争权不力，自然让他烦恼；况且，哈里曼一贯认为美国政府应当坚决地和希特勒及墨索里尼斗争到底。"一战"过后，哈里曼等华尔街大人物都在重建的欧洲土地上投入了巨资。他和他的同类，都有一点国际主义情怀。他们觉得：美国应该扶助世界其他国家。对于欧洲，美国更是别有一番责任。1940年初，哈里曼就曾表态："很多人都觉得，我们现在并未被欧洲的战火所殃及。战争的后果似乎也不迫近。但是，在这个世界历史的紧要关头，美国应当担起自己的职责。"一些朋友觉得，哈里曼如此执着于推动美国干预战争，多多少少也出于"一战"中未能投身军旅的愧疚。毕竟，这层经历一直让他苦恼至今。

无论原因如何，哈里曼都成了一个吹鼓手。他多次公开表态，鼓吹美国政、商两界应当竭尽所能为英法提供一切援助。他相信，如此作为十分必要。不过，哈里曼也向朋友去信表示：自己为了生意四处奔波。每到一处，都能发现大家其实满腔热忱地想要援助海外。人民对于援助英国及其盟友法国的支持态度，远远超过罗斯福等高官的想象。不过，哈里曼也察觉到了大众的失望情绪。"人民的心中其实有些郁结。"哈里曼表示，"大家想知道，我们国家下一步到底应当做何反应？他们作为一个个的国民，又可以怎样为国尽力？"显然，哈里曼本人，也是这群失望人民中的一员。

1940年6月，哈里曼终于得到了陈情的机会。政府想要向他求教：原材料运输业如何才能和政府的动员令互相配合？其实，哈里曼并不看重原材料运输业。来到华盛顿的第一天开始，他就在寻找机会，想要在引导美国加入战局这个事业当中扮演更为重要的角色。为了达成自己的心头目标，哈里曼必须向一位人物寻求指点。据说，此人有着马基雅维利的才能，又像斯文加利和拉斯普京一般富于蛊惑之术。他，就是哈里·霍普金斯。

当年的霍普金斯已经 51 岁。他对总统的影响力几乎无人可比。更不用说，他还和罗斯福有着一层不同寻常的关系。正因如此，大家都把霍普金斯当成了华盛顿的二号人物。即便守在总统身边，他也敢发泄自己的火气。

这位面色发黄的总统顾问有着棱角分明的脸庞，一双犀利的眼睛似乎可以看穿一切。十几年来，他一直是"新经济政策"运动的干将。自他来到华盛顿开始主持政府的紧急计划和就业政策起来，霍普金斯一直主导着运动的方向。其实，他曾经的主要责任就是花钱。按照一位历史学家的说法，霍普金斯"花掉的钱比世界历史上的任何人都多"——毕竟，经他手中流出的资金达到了 900 亿美元。在他的监察之下，成百上千万的失业人士收到了政府的紧急救济。而后，他们又一步一步地重新获得了工作。从修筑道路到防治洪水，从撰写书籍到描绘壁画，所有这些工作岗位都得到了政府方面的资助。

在扶助穷困方面，霍普金斯这个曾经的社工有着极大的热忱。他总想在最短的时间之内制造出最多的工作岗位。而且，他只在乎最后的结果，却不大关心结果达成的具体过程。罗斯福政府的预算部长哈罗德·史密斯（Harold Smith）认为，霍普金斯其人"从不被既有观念束缚，也不大考虑法律这个禁忌……其实，他对传统一向都缺乏尊重"。许多批评者还指出：霍普金斯在施行管理责任的时候一贯粗心大意。新政效率低下、腐败横行、浪费成灾等等现象，都和他的无能息息相关。一位曾和霍普金斯在 20 年代共事的纽约慈善机构负责人表示："对于金钱的价值，哈里·霍普金斯这个人连一点最基本的认识都没有。"

霍普金斯面临的批评声浪之中，那些反对总统新政的保守人士表现得最是活跃。不过，总统的好些拥趸也对罗斯福身边的这位亲密顾问很不感冒。

内政部长哈罗德·伊克斯（Harold Ickes）曾经多次和霍普金斯进行官

场斗法。而且，每一次都会以伊克斯落败而落幕。自然而然，内政部长觉得霍普金斯和总统走得有点太近。而且，他随时可能给罗斯福带来负面影响并成为总统的负担。持有类似观点的政府官员，可远远不止伊克斯一人。1938年，民主党内的保守派议员差一点集体遭到罢黜，事件的背后，正有霍普金斯的积极活动。而且，他作为罗斯福的政治顾问，又为总统和亨利·华莱士在1940年大选中得到提名立下了汗马功劳。如上种种作为，足以给霍普金斯招来更多的仇和怨。（罗斯福打破先例寻求第三次连任的举动，让民主党内的众多铁杆粉丝也有些不大舒服。同时，罗斯福还坚持让前任农业部长华莱士出任竞选搭档。这一举动，更是在党内掀起了一股反对的声浪。要知道，华莱士其人在民主党党内人缘差到了极点。）

霍普金斯睿智敏感，而且"舌尖嘴利，脾气大得像个野蛮人"。面对批评之声，他一向报以傲慢的态度。这种态度，更刺激了这些对他不恭的人。很多时候，他都会把这些人唤进他那间破破烂烂纸屑遍地的办公室，自己舒舒服服陷在椅子当中，双脚还无拘无束地放了桌子上。按照《圣路易斯邮报》记者马奎斯·蔡尔兹（Marquis Childs）的回忆，霍普金斯"会突然爆发，朝着批评者们大喊大叫……他从不会注意言辞，很少拐弯抹角。只需一点点刺激，他就能变成一头怒兽而扑向所有的敌人"。

在发泄怒气方面，霍普金斯显得毫无顾忌。他很清楚，总统就是欣赏自己这种强硬的性格。霍普金斯的才干和忠诚，也让那个他引为主公的人离不开。作为白宫的局内人，他从1939年起就在总统官邸的一个房间当中栖身和居住。要知道，这个房间曾经是林肯的书房。而且，它还处于罗斯福卧室的下方。霍普金斯的尊贵地位，他本人也很清楚。而且，他也肯定没人能对自己发起挑战。

有那么一阵，霍普金斯甚至有了自己的政治雄心。如果罗斯福遵循传统而在两届任期之后选择归隐的话，霍普金斯很愿意跟上主公的脚步而在1940年参与竞选。当然，罗斯福并未停下脚步，而霍普金斯也没有继续追逐自己的总统梦。即便罗斯福有意让贤，恐怕霍普金斯也无法如愿。1937年，他的第二任妻子不幸离世，而霍普金斯本人也因为胃癌而接受了手术。手术尽管取得了成功，却也切除了他的大半个胃。而后不长的人生历程之中，霍普金斯一直在忍受着营养不良症的折磨。他常常虚弱得不能视事。

不过，霍普金斯仍然坚持继续工作。接下来的八年时间之内，他忍着病痛，为美国总统提供了最有价值的服务与意见。至于埃夫里尔·哈里曼，则成了霍普金斯的主要助手。

霍普金斯能和哈里曼缔结友情，还和他的一个爱好脱不了关系。对于生活品质，总统的密友一贯很是讲究。同时，他还喜欢结交有钱有名的朋友。霍普金斯生在艾奥瓦州的格林奈尔。当年来到纽约的时候，他还只是个年纪轻轻的社工。从那时候开始，他就在为了改善贫苦阶级的生活而尽心尽力。不过，他也热爱贵重礼物，喜欢出风头和泡夜店。20多年后，他成为参与罗斯福新政的中心人物之一。那个时候，霍普金斯就和不少纽约商界中的进步人士搭上了关系——当年，对方愿意和他交好，自然也有其目的。此外，纽约的文化艺术界当中也不乏霍普金斯的朋友。就这样，每到周末，霍普金斯或是前往哈里曼那座位于哈德逊湾的40间房间的大宅，或是来到著名报人赫伯特·巴雅尔德·斯沃普的长岛别墅。在这里，他可以呼朋唤友，和伯纳德·巴鲁克、威廉·佩利、乔治·考夫曼和约翰·海·惠特尼（John Hay Whitney，昵称乔克）等人一起玩玩扑克，打打门球。

霍普金斯的长相难言英俊潇洒。不过，只要乐意，他可以展现出足够的机智和魅力——他总爱追求漂亮女性，而这些特性又在追逐之中格外管用。"有些怀有敌意的报纸总说他是个花花公子。对此评价，霍普金斯一概是受之泰然。有时候，他甚至乐在其中引以为荣。"剧作家罗伯特·舍伍德表示，"如此的描述让他自觉魅力非凡"。

1933年，霍普金斯和哈里曼成了朋友。不过，直到1938年底，两人才真正变得亲密起来。当时，罗斯福刚刚把商务部长一职授予霍普金斯。总统心知，霍普金斯可不是美国商界喜欢的领导人物，参议院商务委员会的一干成员更不可能对他表示欢迎。而且，霍普金斯要想上任，还必须经过委员会的批准。就这样，罗斯福要求哈里曼帮霍普金斯一把。联合太平洋公司的董事长立即行动起来，他劝说自己担任主席的总统商务顾问委员会亲自出面为霍普金斯背书保证。而后，哈里曼又从其他商界巨亨那里搜集了不少赞颂霍普金斯的信件。哈里曼的努力没有白费。霍普金斯正式上任之后不久，便邀请哈里曼陪同自己前往得梅因（Des Moine）访问。在那里，霍普金斯第一次以部长的身份发表演讲。由此，他抛下了社会改革家的身份，转而誓言要用"全副的热忱和能量"促进美国商业的再度繁荣。回忆起那副场景，哈罗德·伊克斯还有些语带酸味。按照内政部长的说法，哈里曼"一直在努力扶住哈里·霍普金斯，而霍普金斯的手也总把哈里曼攥得很紧"。

反复发作的病痛，让霍普金斯不得不缩短了自己的任期。一段时间的入院治疗过后，他在1940年11月回到了总统身边。这一次，霍普金斯成了罗斯福的主要战时顾问。整个国家的战备活动和武备进程，都要服从霍普金斯的监管。其实，他并没有正式的官职和头衔，却能守在白宫自己寝室的一张方桌边上发号施令。他不知疲倦，总在催促、激励和鼓舞工商界人士尽快达成各项生产任务。尽管相关的目标，事前都被人们看作不可能的任务。

1941年1月，《租借法案》已经成了美国国会必须讨论的一件大事。此时，霍普金斯也得到了罗斯福的新任务。他即将前往伦敦，确定英国国防需求的同时，还得完成一个更为重要的任务——霍普金斯需要判断一个问题：英国到底能不能抵御德方的猛烈攻势。准备出访期间，霍普金斯公开表示：自己一定做好准备而不会为温斯顿·丘吉尔如簧巧舌所蒙蔽。按照霍普金斯的看法，丘吉尔的能力远远抵不上他的个性。"我觉得，丘吉尔很可能会以世界头号伟人而自居！"霍普金斯告诉朋友。对此，朋友表示："哈里，如果你带着这样的想法去伦敦，那又和一个小地方来的沙文主义者有什么区别呢？那样一来你还不如立即取消行程好了。"

在伦敦，丘吉尔也得到了霍普金斯即将代表总统到访的消息。对此，首相只是表示："这人是谁？"顾问们看出丘吉尔不是很在意，立即提醒首相小心应付。这个霍普金斯和罗斯福的亲密关系,首相随后也有所知晓。顾问们还告诉首相:霍普金斯一向觉得丘吉尔有些"反罗斯福"的倾向。因此,首相必须为自己洗脱冤屈。他需要向美国特使表示,自己一向对于罗斯福拥有最高的敬意。

各位顾问的种种吩咐,首相都一一照办。而且,他做得相当卖力。在首相的授意下,一辆列车来到特使降落的机场。由此,霍普金斯乘坐专列前往伦敦,并在唐宁街和位于白金汉郡的首相乡间官邸接受丘吉尔的款待。各位部长高官也遵从首相的吩咐,对于美国客人的问题几乎是知无不言。首相还亲自陪同特使走遍了满目疮痍的英国大地。其间,丘吉尔面对每个人,都竭力引荐身边这位"美国总统的私人使节"。

五周的访英行程,让霍普金斯和英国领导人成了亲密朋友。虽然历史学家更加关注英国首相和美国总统的关系,其实,霍普金斯和丘吉尔之间才显得更为真挚和温暖。虽然两人在出身背景方面差别很大,丘吉尔还是在罗斯福的特使身上发现了可亲可敬之处。首相本身就是个好斗分子,美国特使的尖刻、语言中的机锋和直言不讳的说话方式都让他颇为欣赏。对方的责任心和坚定作风同样吸引了英国首相,更别提霍普金斯正在经受病痛折磨却无惧英国那严酷的寒冬。每到一地,特使都显得活力满满。其实,他只是依靠随身携带的各种药片强撑病体。首相在自己的回忆录中曾经提及霍普金斯。丘吉尔觉得,此人"非同寻常……他就是海边伟岸的灯塔,放射出的光芒能够引导舰队顺利归航"。

一场旅行未完,霍普金斯已经成了首相的铁杆仰慕者。这时他才发现,首相并不反美,对于美国总统也并无意见。这些发现,霍普金斯都在信中向总统做了汇报。他还表示:"丘吉尔就是英国政府,这一点毫不夸张……我必须提醒您注意:您在和英方人员交往谈判的时候,唯一一个能够推心置腹的人就是这位首相。"

霍普金斯为人机智,总不忘记阐发一些尖酸的议论。可是,这一次的英国之旅,他却始终心怀敬畏——无论在首相别墅还是在罗纳德·特里的迪奇雷宅邸度周末，还是回到自己位于克拉里奇酒店的房间，或是前往白金汉宫与国王和王后共进午餐，霍普金斯都有些不大自在。其实在这些地方，他的地位都很崇高，要么被英国首相待若上宾，要么就和王后平起平坐。但是，优厚礼遇也无法改变出身，他终究只是个来自爱荷华州的乡巴佬，父亲不过以售卖马具为生。隐隐约约的不安感觉，又开始袭扰他的心灵。后来，霍普金斯前往莫斯科觐见斯大林。其间，他把自己的旅英感受告诉了专栏作家马奎斯·蔡尔兹。"在我看来，那段回忆有些悲戚……也有些酸楚，对于霍普金斯个人如此，对于美国也如此。"蔡尔兹表示，"这也是对美国的世界责任和领袖能力的一种讽刺。毕竟，在那个时候我们还没有做好担当领袖的准备。身为世界领袖，又怎么会为了自己的出身而变得缩手缩脚呢？"

随着旅程的展开，霍普金斯对于丘吉尔和英国的感情也愈发加深。1941年1月中旬，英方在苏格兰组织了一场宴会，对霍普金斯的到来表示欢迎。席间，霍普金斯表现得尤其激动。"我很清楚，大家对我回程之后面对总统的汇报内容很感兴趣。"面对宾客，特使如此表态。而后，他转向丘吉尔并开始引用《圣经》中的词句，"你走到哪里，我就行到哪里；你在哪里停下，我就在哪里安居。你的人民就是我的人民，你的上帝就是我的上帝。"说到这里，霍普金斯还略微沉吟，随后加上一句："直到永远。"此时的丘吉尔，也是眼眶泛泪。霍普金斯的真情流露，给了首相和他的同胞以崭新的希望。显然，美国已经到了放弃中立的边缘——可惜，他们燃起的这点希望却和事实的发展并不相符。

回到美国的霍普金斯"好像完完全全换了个人"。此时，他已经"满心都是紧迫感"——在专栏作家约瑟夫·阿尔索普和罗伯特·金特纳看来，霍普金斯就是如此。2月中旬，特使准备启程回国的时候，就曾通过电报向总统先行表示："总统先生，这个岛国非常需要我们的帮助。我国应当向他们提供一切可能的东西……我们必须立即作出决定。这个决定，关乎英国在战争中的结局。是胜是败皆在此一举。"

1941年2月，霍普金斯搭乘的船艇驶入了纽约港口。甲板上，吉尔伯特·怀南特已在恭候他的到来。那个时候,怀南特刚刚收到赴英履职的任命状。除了这位新任的驻英大使,埃夫里尔·哈里曼也在迎接的人群之中。其实,霍普金斯出发之前,还曾接到了哈里曼的一桩请求。"哈里,让我一起去吧。我宁愿给你拎包。"商人曾经如此表达愿望,"我和丘吉尔见过很多次面,伦敦这个地方我再熟悉不过。"朋友的哀求,霍普金斯没有应允。不过,特使还是暗示:总统会有"一些安排"等待哈里曼去履行。如此机会,哈里曼当然不想错过。自然而然,他一定要和归国的霍普金斯见上一面。

霍普金斯回到华盛顿的第二天,就已经把朋友交代的事情办妥。在特使的劝说之下,罗斯福下了决心要在伦敦派驻一名专员,以便对租借援助事宜进行监管。霍普金斯还向总统建议:埃夫里尔·哈里曼最是适合当此大任。罗斯福虽然有些犹豫,到底还是应允了这个任命。隔天,哈里曼就得到了前往白宫的邀请函。

3月8日,参议院终于(很是勉强地)通过了《租借法案》。而后,总统向新闻界表示:"现在,在华盛顿,我们都在考虑一个速度问题。加紧速度,就在当下。我希望'速度,加紧速度,就在当下'的口号能为千家万户所铭记,从而成为国家的行动箴言。"

总统的话语固然恳切,准备履职的哈里曼却发现:罗斯福的号召并未得到真心诚意的响应,也没有一点付诸实施的基础。1941年初的华盛顿刚刚恢复了元气,可是,"加紧速度"的重要程度并未得到众人的认可。从英国人民绝望求存的战争之中脱身而出的各位记者,尤其感觉到了华盛顿的倦怠和缓慢。他们甚至认为,美国首都仿佛处身在一片自得其乐的孤立境地——"见过伦敦历经轰炸留下的片片瓦砾场,现在的华盛顿看起来也太过清洁有序了。"

1940年秋天,《纽约时报》的詹姆斯·赖斯顿遵从上级的调令而从伦敦来到了华盛顿。同一时间,埃里克·塞瓦雷德的工作路线几乎和赖斯顿一模一样。对于自己的新驻地,赖斯顿觉得"非常舒适"。当然,"你必须得住在'合适'的街区,而且没有阅读和思考的习惯才行"。在塞瓦雷德看来,华盛顿是一个"树木茂密的梦幻公园",而且"就是这个国家的郊区"。这里"干净清洁又围着篱笆",与外界的喧嚣完全隔离开来。身处此地,自然难以觉察到世界乱局的严重程度。大卫·布林克利带着北卡罗来纳一家媒体的任命来到华盛顿,后来,他曾把华盛顿比作"一个毫无准备的城市和一个毫无准备的政府。面对突然降临的世界责任,它完全手足无措"。

当然,华盛顿正在前行,它积蓄能量,朝着一座世界都市而迅速变身。其间,全城似乎都陷入了一阵忽然而来的疯狂当中。"那一阵,华盛顿处处弥漫着狂热和混乱,一切事情都不可预料。那种情绪一点也不用夸张。"罗伯特·舍伍德如是说。1940年末,舍伍德放弃了剧作生涯,转而为罗斯福撰写演讲稿。同一时期,华盛顿方面正在为了兑现承诺而忙忙碌碌,相关的紧要事宜一件接着一件:政府需要控制物价,同时兼顾原材料的分配。为了满足战时生产的需要,旧的工厂需要转向,而一些新的生产机构也亟须建立起来。毕竟,援英方案已经通过,而美国也需要面对可能来临的战争。

许多人都觉得,监督战时生产和动员的工作应当交由单一的政府部门来完成,负责这一部门的人也要具备让生产企业和商业企业表示臣服和统一行动的能力。需要这样一位"经济沙皇"的观点,得到了亨利·史汀生、亨利·摩根索和伯纳德·巴鲁克等人的鼎力支持。他们甚至联起手来,催促总统赶快设置这样一个职位。可是,总统自己却另有想法。罗斯福从来不想把权力交给他人,这次也不例外,总统一心只想加强行政管制。1941年1月初,他主持建立了生产管理办公室(OPM)。而后,又有许多类似功能的政府机构相继成立并运行。它们的职责,都在于管理战时经济。可是,生产管理办公室其实并无实权,它无法逼迫企业转入战时生产,也不能下令把原材料从民营企业调到战备部门。当时,美国经济的复苏形势一片大好,面对民众的旺盛消费需求,企业自然不想拒绝生产那些大众求之若渴的东西——比如汽车。毕竟,放弃这些订单等于放弃利润。如此情况之下,生产管理办公室只能跛足前行。为了督促企业完成总统下达的那些急迫的生产任务,生产管理办公室也使出了一切可能的手段。"政府的生产计划和现实一点也不合拍。"回到美国的文森特·希恩在信中向爱德华·默罗表示,"关于'国防'和'援助英国'的大话倒是说了不少,却完全不能满足现实需要……可是,大家仍然没有认识到……这个历史时刻的严肃意义。"

有了《租借法案》的授权,罗斯福也下了新的命令:美国生产的战争物资将会五五分,分别交由英美两军分别处置。不过,作为和军方一线进行接触的负责人,哈里曼发现美军参谋部的各位高官并不想把有限的武器和其他资源拱手让给他人。而且,高官们的反对态度还相当强硬。毕竟,对于这些东西,美军自己也是求之不得。还好,陆军司令乔治·马歇尔和海军司令哈罗德·斯塔克(Harold Stark)认识到了援助英国的必要性。几个月来,两人一直催促总统加大援英工作的力度。他们的要求,远远超出了罗斯福的意愿。可是,美军的战备状况太过苍白,而美国的战备和动员工作又来得过于迟缓。两位司令最终也转变了态度。他们一口咬定:美国自身国防需要的各种资源,绝对不能交给英国方面。

1941年早期,美国的军事力量在全球范围只能位居五位。相较其他世界强国,美国陆军在规模方面仅仅居于世界第17位。当时,德国陆军的兵员超过400万,英军也有160万之众。嗷嗷待哺、巴望议会拨款的美国陆军的总人数不超过30万人(而且,其中大部分也只是刚刚入伍)。军中甚至连一个装甲师都还未能整备成形。受训期间,新兵们只能拿着扫帚当步枪,并把锯木架想象成反坦克炮台。一名研究军事历史的学者觉得,当时的美国陆军实在太过不堪。如果"墨西哥的强盗土匪跨过里奥格兰德河入境劫掠",恐怕美国陆军也不是对手。海军的状况虽然好上一些,但是,大多数船艇的历史差不多都能追溯到第一次世界大战。至于空军方面,能够参战的飞机也只有2000架。

经过与军方和政府高层人物的数轮会谈,哈里曼终于认识到了一点:"我们的军事能力目前还相当有限。陆军海军为了凑出目前这些援助物资,几乎已经大伤元气。接下来,他们已经是捐无可捐了。起码在好几个月的时间之内,英国人都收不到任何捐助了。"哈里·霍普金斯倒是一直在为英方急切求助。

可是，他并未能够打动美国高层，反倒有好些高官觉得霍普金斯如此热情只是着了丘吉尔的道而已。"深更半夜从港口递来一封信函，我们怎么可能严肃对待呢？"这是一位高官抱怨的话语。其中的一字一句，都在指责总统顾问和英国首相之间那场出了名的彻夜深谈。

美国军队当中不乏对英国观感不佳的人士。他们觉得：英国的国运已经不可避免地走向衰竭。美军的悉心援助，最终只能成为德国人的战利品。正是由于这股反英情绪，援助事务也变得更为复杂。1940年底，海军部长弗兰克·诺克斯（Frank Knox）曾向一名副官坦承：自己面对"美国海军当中甚嚣尘上的失败主义情绪，真是有些身心俱疲"。在诺克斯看来，这种情绪的兴起"很大程度上要归因于肯尼迪大使归国之后发表的那出演讲"。

上任之后不过几天，哈里曼就意识到了自己这份工作的难度和意义。他很清楚一点：要想劝服美国军方领袖，让他们将武备和援助心甘情愿地交到英国人手里，自己必须先让丘吉尔和英国方面拿出更有说服力的证据。英方必须证明，他们索求的资源可以得到立即运用，而且有着急切的必要性。为此，英国人必须把己方的所有机密一一道出。他们的库存和生产能力，也要向美国人完全袒露。"如果我们不知道首相对于战争的规划与策略，"哈里曼在备忘录中告诫自己，"我们的军方人士只会拖他的后腿"。

更重要的一点在于，哈里曼还得说服美国总统，让他在租借协议之外为英国提供更多的帮助。没有几个月的等待时间，这些物资根本不会登上英国的海岸。跨越大西洋的航路漫长而又充满危险。哈里曼觉得，美方军舰应该为途中的英国商船提供护航服务。他的这个观点，得到了亨利·史汀生、哈罗德·斯塔克和多名美国政府官员的认同。不过，罗斯福对一切形式的护航活动都抱有反对态度。他的政府已向人民和议会作了保证：所谓租借援助条款，其实就是美国避免战争的一种保证。唯有如此，美国才能在不卷入战事的情况下阻止纳粹的扩张（国会当中，佛罗里达州议员克劳德·佩珀是《租借法案》少有的几个支持者之一。在这方面，佩珀的态度相当坚定。不过，他的理由也来得颇为粗鲁——有了美国的援助，英国人可以"像雇佣兵一样为我们而战")。美方一旦加入护航,就有和德国的海空力量擦枪走火的可能。这一点,罗斯福当然心知肚明。要知道,面对这种冲突,当时的美国总统可还没有做好准备。

前往伦敦之前,哈里曼和罗斯福进行了临别会谈。3月初的这次见面,反倒让哈里曼开始思索一个问题。隐约间他仿佛觉得:其实总统对于英国的生死存续并不特别上心。"我总有一种感觉:总统并未认识到我心目中的现实处境。要知道,我觉得德国很有可能……在英国支撑不住之前就将其完全击倒。"赴任途中,哈里曼写下了如此的感想。"总统并不想要引导民意,也不愿意推进参战的过程。他只是想当然地觉得:只要我们的援助能够到位,英国人自己就能把事情搞定。我很担心:如果英国突遭变故,我方的各项援助可能都会来得太迟。"

3月15日,哈里曼抵达了布里斯托尔。在这里,丘吉尔的海军大臣接见了他。随后,特使和大臣登上军机,前往首相郊野别墅附近的一处军用机场。此地距离伦敦北部大约50英里。几小时过后,美国方面负责租借援助事务的特使已在英国首相用于乡间度假的卧室里安下了身。当时,丘吉尔正因为感冒而卧床休养,可是他还是挣扎起身并和哈里曼见了一面。"私下里,首相和我谈到了战争的方方面面。"稍后,哈里曼向留守纽约的妻子玛丽写信,"大西洋海战和商船的保护工作就是他心目中战争的决胜关键。"哈里曼告诉首相:自己必须对英国的战备情况和相关需求知根知底。即便最为绝密的信息,英方也不得有所隐瞒。他的意见,得到了首相的全力应允。丘吉尔给予哈里曼的回答,几乎和早前面对怀南特的话语一模一样。而且,首相还表示:"我们不会对您有任何隐瞒。"

总体而言,丘吉尔还算兑现了自己的承诺。在许多方面,两名美国外宾都成了首相求教的重要高参。按照首相秘书约翰·科尔维尔的看法,美国大使馆"几乎成了唐宁街10号的一处延伸"。科尔维尔还表示,"我和我的许多同事一样,都经常造访格罗夫纳广场1号(去和怀南特商谈事情)。"秘书甚至不止一次带着首相的文稿，前往大使官邸请怀南特审阅和斧正。他还记得，有那么一次，大使"阐述了四点重要的观察所得。这些所得，都和美国方面的支援脱不开干系。他的洞见和敏锐让我深表叹服。而后，我向首相汇报了大使的意见，也得到了他的接受"。

怀南特和唐宁街 10 号接触频繁，同样也与外交部和安东尼·伊登来往密切。1941 年，伊登取代哈利法克斯勋爵成为外交大臣。交往之中，美国大使和外交大臣变得非常亲密。他们的许多交流，甚至没有经过外交文件的正式记录——这一点，在国际交往的历史上可是前所未见。伊登觉得，自己和大使"一开始就意识到了一点：如果我们之间的对话需要事无巨细的记录——要知道，我们每天很可能有两到三次交流的机会——那么一切事情可能都无法达成"。他们的会面地点，通常选在伊登那"洞穴一般"的办公室。对话开始之前，大使还会习惯地对着大臣书桌上方悬着的乔治三世画像戏谑一番。他们的话题相当广泛，从美国的援助一路聊到英美对待法国维希政府的态度，几乎无所不包。"我和大臣的关系不算正式甚至有些奇怪，"怀南特表示，"它基于个人友情，又和我们国家之间的邦谊息息相关。"

关于怀南特的人缘，哈里曼也曾向总统提及。上任一月有余的特使给罗斯福去信表示："您的大使赢得了英国各个阶层人士的一致信任和尊敬。我觉得，他在离任之前就会变成英国历史之上最受爱戴的美国人。他富于热情和悲悯，又具备献身精神和敏锐的判断力。"

供职社会安全署期间，怀南特的行政能力一直为人诟病。到了大使任上，这个缺陷也没有丝毫改善。按照使馆里政务参赞西奥多·阿基利斯（Theodore Achilles）的看法，大使"简直就是世界上最糟糕的行政人员之一"。他常常忘记约谈的时间，还会把英方要员晾在办公室外面长达好几个小时。而且，大使总是把各种机密文件揣进兜里，而后毫无顾忌地游来逛去。在他的住所里，馆员们可以轻易搜出各种机密电报，这些文件通常四散在公寓的书桌乃至地板之上。对于大使的这点习惯，安保人员当然十分恼火。有一次，他甚至忘记首相即将前来共进晚餐，而他的管家也没有得到任何通知。待到丘吉尔大驾光临，大使却拿不出任何东西可供款待。

除却这种种缺点，怀南特仍不失为一位富于感染力的上司。在华盛顿，他的这个优势已经体现得淋漓尽致。他上任时间虽然不长，但使馆工作人员的面貌已经焕然一新，前任大使给他们留下的反感和厌恶，由此一扫而空。通过使馆，华盛顿方面收到了不少有效情报。英国的战争准备和战事发展，对于美方的相关工作自然大有裨益。怀南特等人提供的情报涉猎广泛——从英军处理伤员和轰炸残迹的工作进展，到英国国产坦克的踏板缺陷，都在报告当中能够找到踪迹。后一类的信息，更是让美国军方在坦克装备当中避免了许多走弯路的可能。

1941年5月，爱德华·默罗给纽约的一位朋友去了一封信："你肯定很想知道一点，怀南特和哈里曼在这边的工作实在堪称一流。美国使馆的工作速度和效率也叫我刮目相看。"不过，丘吉尔虽然很是尊重怀南特，却在哈里曼的身上花去了更多的时间。首相觉得，哈里曼的存在对于本国的战争前途更为关键。时光流转，哈里曼的重要性还在逐日增加：愈来愈多的英国商船遇袭沉没，而希特勒对于希腊的觊觎也在公开化。要知道，希腊一向都是英方的保护国。在北非，德军已有援助意大利盟友的动作。先前，英军已经在意大利军队身上取得了胜绩。当时，丘吉尔只想美国人提供更多的舰船、飞机、武器和装备。要达成这个目标，哈里曼这个新来乍到的美国客人可是必须伺候得当。不过，首相曾经成功降服了霍普金斯和怀南特，这一次，他自然要为了自己的需求而故技重施。

哈里曼甫上任，英方就为他在海军本部安排了一间办公室，英国军方的秘密电报和文件，美国特使都可以随意调看。战时内阁就大西洋海战召开小组委员会的时候，哈里曼也列席旁听。关于运输、补给、飞机制造和食品、战时经济等各部大臣更是要和美国特使时时展开会谈。哈里曼自己也表示："每位大臣……都对我把最为敏感的信息和盘托出。面对他们的坦诚，我有时候倒显得局促起来。毕竟，他们的许多问题我都只能虚与委蛇。美国具体可以提供什么样的帮助，其实我也答不上来。"哈里曼还觉得，英方人员并不把自己当成一只"守着美国援助物资的看门狗",相反,他更像一位"大型企业派来的生意伙伴"。在一封写给联合太平洋公司总裁的信件中,哈里曼坦承:"我现在基本就是英国内阁的一位编外成员了。"面对妻子,他更是骄傲地宣称:"每一周,我都会和首相共度一天。到了周末,我们更是常常形影不离。"这番炫耀确非虚言。哈里曼在英国的最初八个周末当中,七个周末都在首相的乡间别墅度过。他可是丘吉尔热情款待的一位座上客。"我真是兴奋透了。"数年之后,哈里曼回想往事也是兴奋不已,"就像一个闯入了战争中央的乡下仔一样。"

英国的礼遇,让哈里曼产生了大权在手的兴奋感觉。而后,他立即着手建立自己的地盘,格罗夫纳广场3号,成了他的"租借援助使团"在伦敦的所在地。楼宇共有27个房间,而使团总共不过八个工作人员。哈里曼自己的办公室当然宽敞豪奢。按照助手的看法,特使的这个办公地点"让人嗅出了一点墨索里尼的感觉"。这也难怪,房间本来就是由一处豪华公寓改建而来。

怀南特却不喜欢肯辛顿宫的那处堂皇的官方寓所。于是,他也选择成为格罗夫纳广场3号的一个住客。在大使看来,栖居之地的首要要求在于接近使馆。于是,他租下了一处装修简单的三居室。而且,他坚决要求和英国国民同甘共苦——对方必须遵守的配给制度,他也要一体遵行。大使的高风亮节,还让他的管家大失所望。

哈里曼的身家,在美国也能居于最前列,他自然不想效仿怀南特那种斯巴达式的生活方式。多切斯特酒店底楼的一处豪华套间,是哈里曼在伦敦选好的住所。十年之前,酒店刚刚落成。纵观整个伦敦,大家都觉得这所酒店在面对德国空袭的时候最是安全。而且,此地的隔音效果也特别有名:卧室的地板和墙壁当中都塞进了压缩海草,外墙则有软木塞隔音。位于梅菲尔的这间酒店不乏尊贵的客人——其中包括英国内阁的各位大臣,也有欧洲各国流寓此地的王族和要员以及世界各国的将军和元帅。当然,轰炸的阴影下,家资饶富的伦敦人也是这里的常客。著名作家萨默塞特·毛姆(Somerset Maugham)就觉得自家的砖石结构不甚牢靠,于是搬进酒店以避难。伦敦交际圈的一位红人认为，多切斯特酒店就是"专供富人入住的一处金光闪闪的避难所"。至于"现代巴比伦"和"挤满了阔佬的城堡"之类的名头，也是不一而足。

国难期间，大多数伦敦人都在承受食物匮乏的痛苦。多切斯特酒店的各位住客可没有这样的烦恼，他们享用的草莓、熏鱼和牡蛎完全供应充足——其实，伦敦的其他著名食府也是如此。用餐的时候，酒店的乐队还会在一旁演奏助兴。某位保守党成员曾在大轰炸期间来到酒店吃过一次饭。而后，他发出了这样的感想："我是没见过比今天这场宴会更为铺张浪费的场合，更加销金的事情大概也不会有了。大家吃掉的食物、舞池的拥挤程度堪称世界之最。屋内的灯光和欢乐，与屋外的黑暗与枪炮声形成了鲜明对比，真让人不寒而栗。"

在死亡和毁灭的陪伴下，如此的奢侈生活自然不可能符合每个人的胃口。"身处萨伏伊和多切斯特的餐厅当中，我总觉得自己内心难安。毕竟，轰炸方才过去而已。"本·罗伯逊写道，"音乐和食物，就像是对良心的拷问。要知道，成千上万的人正在防空掩体中栖身，还有更多的人已经失去了生命。"战火当前，伦敦竟然出现了如此对比强烈的生活场景，爱德华·默罗同样也为此深感揪心。广播中，他曾提起某处避难所里污糟而危险的环境。而且，这家防空洞就位于多切斯特酒店的对面。当然，默罗也说起了酒店自带的防空设施，设施就在酒店的地下室，那里的简易床上也铺好了舒适的鸭绒被和蓬松洁白的枕头。

当然，哈里曼可没有类似的愧疚之情，对于自己的新住处和新生活，他怀有满满的激情。作为城中最新的一位"美国VIP"，他沉浸在他人的关注与邀约之中。"最近我收到的信件实在太多。"特使致信妻子表示，"我还不知道，自己能在英国拥有这么多知交与朋友……共度周末的邀请，可以让我的档期一直排到世界末日。晚餐、午餐、鸡尾酒会，各种邀约数不胜数。"哈里曼结交天下的爱好得到了充分的发挥，他几乎有些应接不暇。他告诉妻子："有一天，澳大利亚的总理突然闯进我的房间。他这人真不错——这可不是吹嘘——第二次相见的时候,我就开始叫他的昵称'鲍勃'了。"

为社交生活乐而不疲之余,哈里曼也得适时收敛爱好。每到工作日,他实在有太多急于处理的烦人事务。和怀南特一样,哈里曼初来乍到就要为英美关系中的种种疙瘩而烦恼不已。随着时间推移,美方的一项要求也愈发坚定:为了抵偿美国的援助,英国人必须出售相应的资产。对此,英方自然大为光火。罗斯福当然也有自己的理由。总统希望丘吉尔能用金钱表达诚意,同时减轻国内的孤立主义情绪——毕竟,有些孤立主义者担心,英国人会利用租借援助条款而吃白食。1941年初,总统命令一艘驱逐舰前往南非。在那里,美国人收获了价值五千万美元的黄金并将其搬运回国。而且,罗斯福政府还强迫英方将国有企业美洲黏胶公司出售给了一个美国财团。而后,财团又把公司以更高的价格抛售出去并大行牟利。

美国人的如上行动"就像一个苛刻的治安官,正在对债台高筑、孤苦无依的人进行最后的搜刮"。——愤怒的丘吉尔在给罗斯福的电报当中如此发泄情绪。只是这封电报,首相从来也没敢发送出去。"我敢肯定,你们如果不想用参战之外的一切方式向我们表示支持,你们肯定也不愿意和我们战斗在一起。如此一来,我们也就没法断言自己一定能够击败纳粹。而你们能否获得整装待战的时机,我就更不清楚了。"面对内阁的一位下属,首相干脆地把自己对于美方的怨气一吐殆尽,"因为据我的估计,德国人不但会剥了我们的皮,还会把我们的肉也剔得一干二净。"美国方面那一板一眼的生意经,让英国人简直怒不可遏。尽管哈里曼等人竭力灭火,这股怒气也一直存在,直至战争结束也未能散去。"对于美国的援助,英国人真是怨愤不已。"加拿大外交官查尔斯·里奇在日记中表示,"不过,他们必须吞下对方递来的善果。可是,上帝啊,这枚果子实在让人如鲠在喉。"

哈里曼忙于处理英方的资产。与此同时,他和怀南特还有另一重艰辛的工作:丘吉尔首相也好,一般的英国民众也罢,大家对于美援的期待都在不断上升。他们甚至觉得,美国会在1941年的暮春或者初夏加入战局。如此错误的认识，倒也有着好几个立论基础——霍普金斯"至死追随"的演讲打动了不少人。温戴尔·威尔基（Wendell Willkie）的一番评论也吊起了英国人的胃口。威尔基觉得：如果罗斯福能在1940年连任总统，美国就会在4月之前正式参战。哈里曼代表的"租借援助"，也是英国方面的一颗定心丸。其实，霍普金斯倒是几次想给首相和他的人民浇点冷水。哈里曼和怀南特，也在试图安定大家的情绪。

《租借法案》的敲定，代表美国朝着参战迈出了一大步。不过，哈里曼和怀南特都指出：此等协议并不具有决定性。有那么几次，他俩都在向英国公众介绍本国国内的孤立主义运动的巨大能量。美国政治的一些特性——比如三权分立的权力格局，哈里曼和怀南特也希望英国公众能有相应的认知。丘吉尔的母亲是美国人，首相因此觉得自己对于美国政治制度了如指掌。其实，他和他的阁员都不知道英美体制之间存在巨大差异。毕竟，在英国的代议制度当中，行政权和立法权紧密结合，而所谓的党争其实也相当有限。

正因如此，怀南特和哈里曼不得不反复告诉首相：虽然他可以掌控英国上下两院，罗斯福却没有这种权力。根据美国宪法，宣战是国会的权责，而总统对此并无发言权。1941年春天的那个时候，国会当中的大部分议席还被孤立主义者所把持。他们可没有一点参与战争的意愿。

第 4 章

有我们陪在身边，他好像更有信心了

1941年4月16号是个好日子——温暖和煦的天气，珍妮特·默罗可不想白白浪费。在妻子的要求之下，爱德华·默罗终于抛下工作，抽出时间和妻子一起前往"星星小筑"共进晚餐。苏荷区的这家法国小馆，乃是默罗夫妇在伦敦的最爱。

趁着这美丽的时光，伦敦的其他居民也纷纷涌上了街头。严冬终于过完，水仙花和风信子四处盛放开来。当然，德国轰炸机无影无踪，才是大家重拾好心情的真正原因。最近的一个多月，伦敦上空都没出现过什么像样的敌情。日记中，一位女士表示："每个人的脸上又有了血色，疲惫与惊惶一扫而空。不眠之夜和忡忡忧心带来的血红眼眶，也开始恢复正常。"恐惧曾经随着黄昏而来，侵扰着大家的神经。如今，这种感觉如云飘散。就连爱德华·默罗也都放松了下来。用餐期间，他一直和妻子谈天说地，话题从朋友转到书籍，又扯到了电影。讲来讲去，两人都没讲到战争。临走之前，默罗夫妇还在邻桌的一旁驻足，去和英国广播公司的熟人打招呼——这些朋友聚到"星星小筑"，也是为了消遣放松。春天的空气分外软润，满月高挂，照亮了回家的行程。停电带来的困扰也因为月光而减轻了些。路旁的房屋墙面斑驳，但却仍然坚挺未倒。偶然间，默罗夫妇也会走过几处砖石乱布的废墟——想来，那本该是挺立的建筑。

公寓就在眼前,默罗的耳边却蹿起了熟识的响动:警报又来了,远方也传来飞机引擎的呼号。伦敦的南部模模糊糊,似有炸弹爆裂的声音。如此这般的动静,仍然不能破坏这一夜的美好。默罗向妻子提议,想去住家附近的"德文郡武器吧"小坐一下。那个酒吧也是英国广播公司员工的聚会胜地。对此,珍妮特却有点不放心,月圆之夜总有大轰炸——每个伦敦市民都清楚这一点,珍妮特也不例外。而且,据默罗夫人回忆,那一晚她确有不好的预感。她觉得自己和丈夫绝不该去酒吧一游。"我真的很害怕。"妻子告诉丈夫,"我觉得你还是和我一道回家比较好。"丈夫虽然不情不愿,最后还是答应了妻子的要求。

几乎就在打开屋门的一刻,夫妻两人听到了震耳欲聋的飞机轰鸣声——珍妮特觉得他们头顶上空至少也掠过了好几百架战机——不久,高射炮展开了雷霆一般的还击,随之而来的还有起起伏伏的轰炸声响起。待到默罗夫妇爬上天台,看到伦敦已陷入火海:燃烧棒多如雨点,仿佛是罗马式的蜡烛;天幕之上,探照灯的光柱四周乱晃;熊熊的火焰更是无处不在、四下乱窜,卷成了一片又一片的火圈。

突然,一声巨响袭来,仿佛带着不祥的预兆。果然,一枚炸弹呼啸而来,目标似乎就在默罗夫妇所在的地点。两人急急冲回房内,他们双手护头、在楼梯井蜷了好一阵。炸弹爆响的动静差点就让默罗和珍妮特失聪。随着楼房的震颤,两人的身体也重重砸在了墙面之上。"办公室被击中了!"默罗惊叫起来。他和妻子重新爬上顶楼,四处眺望,地狱般的景象出现在两人眼前:哥伦比亚广播公司办事处所在的公爵夫人街已是火光冲天,邻近的街区也几乎无一幸免。一声闷响过后,办事处大楼倒向地面,充溢着石膏味道的灰土,瞬间盈满了整片空气。"德文郡武器吧"已被夷为平地。一枚炸弹恰恰掠过了默罗的住家,却不偏不倚击中了酒吧。爆炸过后,酒吧的原址只剩下一道巨大的黑色裂痕,烟雾、尘埃、碎片和火花冲天而起,形成了一道高耸的巨柱。

抓上自己的安全帽,默罗朝着楼下奔去。他的妻子则守在窗边,观看着屋外这个火的世界。那一刻,也是珍妮特平生中最为恐惧的一瞬。"我们的许多朋友就这样失去了生命。"默罗夫人在日记中写道。而且,她觉得整个世界"已经倒了个个儿"。

  轰炸发生的那一刻,怀南特身在几英里外的格罗夫纳广场,警报嘶吼的那一刻,他还在处理公务。没过多久,怀南特就听到了炸弹的嚣叫以及随之而来的惊天响动。接下来,玻璃碎裂的声音震彻四周:办公楼的窗户没有一副能够保存下来。

  终于,大使从地面上直起了身。在两名随员的陪同下,他来到楼顶审看空袭带来的损失。刚刚来到伦敦省亲的怀南特夫人也伴在丈夫的身边。他们发现,空空如也的意大利大使馆旧址被一枚燃烧弹拖入了火海。一旁,美国大使馆的工作人员奔忙着想要扑灭火灾。街对面本有一座乔治时代的建筑,可惜,漂亮的它已经面目全非,约翰·亚当斯曾经的居所横遭炸穿。邻近的牛津街上也是一片混乱。伦敦最大的百货公司没入火海,被焚毁殆尽。摄政公园梅菲尔街那边的情况,一点不比怀南特等人身处的地区更好。其实,伦敦的大部分区域都成了人间炼狱。

  空袭还在继续,怀南特叫上大使馆的政务参赞西奥多·阿基利斯,两人准备上街走上一走,估量一下这次灾祸的具体损失。戴上他那顶破破烂烂的帽子,大使就和参赞出了门。远处的轰炸声也好,身边溅起的迫击炮弹片也罢,似乎都不能阻止怀南特的决心。他和阿基利斯迎着烟尘走了好几英里。四周的能见度实在有限,他俩只能看清眼前几英尺的环境。路过一处废墟的时候,还有好几个年轻护士正被人从冒着浓烟的断垣残壁中抬出来。一切就发生在怀南特两人的眼皮底下。他们走访了不少防空洞和避难所。一位身在高梯上和楼顶火焰搏斗的消防员,也让怀南特和阿基利斯驻足了好些时间。那一刻,大使仿佛忘记了周边的枪林弹雨。而且,他总会拉住每一个人——空袭防御官、消防员、救援队员,还有防空洞里的民众——因为他想知道,他到底可以为他们帮点什么忙。

有我们陪在身边,他好像更有信心了

那一刻，大使真情流露——回忆这段往事的阿基利斯给出了这样的评价。参赞记得，自己刚到伦敦的那一阵，也接到过大使类似的问候："现在我来了，有什么可以为你效劳的呢？"按照阿基利斯的说法，怀南特从事大使职业的全副激情"都源于对人的关心"。"别人把有关英国时局的经济报告呈给他过目的时候，他总是说：'麻烦把中间的数字换算成鞋和衣服……'空袭这回事，他也要从普通人的角度去看待。他的眼中只有夜间轰炸带来的人间惨剧。"

怀南特和阿基利斯就这样一路走着，直到清晨，时间已是早上5点。最后一声警笛鸣响，持续了整整八个小时的轰炸宣告结束。抬头仰望，大家已经可以看到白云和蓝天。但是，假若放平视线，浓烟笼罩全城的景象就会刺入眼帘。拖着倦体，大使和参赞回到了使馆。那时候，消防队员还在朝着楼宇的遗迹喷射水柱。有幸家宅无损的人们也行动起来——说是"无损"，其实也可能有些摇摇晃晃——他们拿上扫帚和铁铲走到屋外，开始清理满地的碎玻璃和建筑残骸。

怀南特在办公室坐定之后，立即给自己的每位朋友和认识的人打去了电话。无论这些人来自美国还是英国，都得到了大使确认平安的问候。默罗夫妇自然也在问候之列。对此，珍妮特表示一切安好，只是默罗的办公室被夷为了平地。旅英以来，爱德华·默罗已经先后三次遭遇被战火夺走办公场所的命运。这次，他所熟悉的酒吧也在轰炸中化为了烟尘。30多人因此丧生，其中还有不少默罗夫妇的友人。轰炸过去的第二天，珍妮特·默罗给母亲去了封信。信中，她说起了昨夜的惨境："轰炸之下，似乎应该是无人生还才对。"

走街串巷的过程中，怀南特被不少人认了出来。因此，他夜访西区很快成了全英皆知的新闻。一开始，大家对于他的这番事迹还限于口耳相传，后来，报纸也开始登载大使的故事。最终，怀南特成了英国广播公司节目的主角。他和前任之间的巨大反差，成了不少文章的报道重点。要知道，每有空袭来临，前一任美国驻英大使就会躲进温莎附近的乡村防空洞。大轰炸未及高峰，此人干脆逃回了美国。怀南特能在"4·16"之夜走上伦敦大街，让不少英国人第一次确信了美方的诚意。美国记者弗吉尼亚·考尔斯曾在伦敦和怀南特短暂共事，提到曾经的上司，考尔斯表示："他用人格折服了一个国家。现代社会中，还没有哪个大使能有可以与之匹敌的成就。对于英国人民而言，他就是一个象征……他的所作所为，也让美国大使办公室的名声传扬开来。"航运部副部长阿瑟·萨尔特爵士是怀南特的朋友。考尔斯的看法，爵士表示完全同意。在萨尔特看来，大使"代表了英国人民心中美国形象最为良好的一面……他的行为，显示他和英国心心相印，也展示了他对于英国抗击纳粹和希特勒的同仇敌忾。英国参与战斗的理由，他也能够完全理解和认同"。正因如此，萨尔特觉得，许多英国人"生出了一种坚定的信念"，他们相信英美关系在战前战后的重要性，而这一点正是大使反复强调的内容。

"4·16"空袭中，约有1100名伦敦市民失去了生命——大空袭开始以来，要数这次轰炸造成的伤亡最为惨烈。不过，这个血腥的纪录仅仅维持了三天。4月19日，德国战机再次来袭，并导致1200人死亡。相隔不久的两次空袭，差不多让50万伦敦人无家可归。

那个春天，首都伦敦并非英国境内唯一承受严重损害的城市。德国方面的战略在于破坏英国的补给线、摧毁战争物资的生产供给。由此，英国的主要工业城市和港口都经受了德国空军的狂轰滥炸——曼彻斯特、朴次茅斯、加的夫、普利茅斯、利物浦和布里斯托尔都在此列。六个夜晚的连续空袭，几乎让利物浦港中半数的码头完全损毁。驶入港内的船舶无法正常卸货，军需设备的供应量下降到不足正常水平的四分之一。

大轰炸之下，伦敦以外的英国国民又过着怎样的生活？对此，丘吉尔很是牵挂。首相的大部分时间，都在各个受难城市巡视考察。他要向当地居民发表演讲，为他们加油打气。大多数时候，哈里曼和怀南特都会陪同丘吉尔一起出行。"有我们陪在身边，他好像更有信心了。"哈里曼向罗斯福报告了这一情况。不过，特使也指出：丘吉尔坚持带上美方人员还有其他原因。每每来到外地，首相总不忘记把哈里曼和怀南特介绍给各位听众——"借此，他可以让大众确信：美国方面确实和他站在一起。"伦敦遭遇4月的第一场大空袭之前不久，两位美国特使才陪同首相去过英格兰南部以及威尔士的一些港口。其间，怀南特还被丘吉尔授予了布里斯托尔大学荣誉博士学位，其校长一职正是由首相担任。

一次，首相一行离开斯旺西并赶往布里斯托尔。刚刚来到目的地，他们就和一场严重空袭遇个正着。过去的五个月来，这个繁忙的港口已经先后六次遭到空袭。首相的专列停在城外的铁路桥下。透过车窗，他和他的随员眼睁睁看着炸弹将布里斯托尔的大片城区化为废墟。从港口到市中心，都没能逃过这场劫难。第二天天刚微亮，首相专列开进了满目疮痍的城市。四周余火仍在燃烧，自来水管早已爆开，街道变成了一片泽国。人们爬进废墟，找寻着或死或活的受难者。约翰·科尔维尔在日记中表示，这样的损坏程度"我从来也不曾预料得到"。

可是，灾民们的愁绪似乎突然消散了。因为那个熟悉的身影进入了他们的视线。他总是叼着雪茄，带着手杖。至少在那一瞬间，大家都轻松了些，并朝着他蜂拥而来。每到一地，首相总能收获同样的欢迎。如此场景，怀南特也在信函中向罗斯福作了描述："首相来临的消息，很快就会在人群当中传播开来。他的身边，总围着密密麻麻的人群。大家都在和他打招呼，说着：'温尼你好！''老温尼真是好人''你从来不会让我们失望''你就是真正的男子汉'。"

丘吉尔在布里斯托尔的场景，也被哈里曼记在了自己的日记之中："他检阅了地方志愿军——他们个个专心致志。但他走过的时候，他们却又难掩喜色。他们的奖章引发了他的好奇——'这是你上次战役的成果吗？'他问道。而后，空袭警报官、志愿消防员和参与救援的女性依次接受了他的致意。"首相的表现可谓大无畏。不过，哈里曼更要为布里斯托尔市民的勇气表示赞叹。一位年迈的女性的房舍惨遭炸毁，她自己也刚刚被人从废墟当中救出。面对前来慰问的首相一行，她只是匆匆寒暄了一阵便道了别："不好意思，我要失陪一会儿。家里还需要我去清扫呢。"

布里斯托尔居民和首相的对话并未占据哈里曼日记的太多篇幅。不过，这位曾经喜怒不形于色的商人，这次却显露出了强烈的感情。字里行间，哈里曼的语气甚至有点夸张："他们还身处战场、舔舐着战火的滋味……却仍然尽忠职守……自豪而无畏。'看看这些野蛮人的作为吧，'他们表示，'他们还会来袭，但我们的小伙子一定会打败他们！''战争一定会以我们胜利而告终，对不对？'"

到了布里斯托尔大学，哈里曼也发现了同样的勇敢行为。那一次，轰炸就发生在前夜，直接威胁到了学校的大楼和其他建筑。不过校方仍然坚持举行典礼，把荣誉学位授给了怀南特等三人。参与仪式的所有教员与学生都在昨天参与了护校行动，他们要么面对火灾熬夜奋战，要么从事其他救援。走进小小礼堂的那一刻，全校师生个个眼睛充血，一张张憔悴的面容也遍布灰尘。学士服早已湿漉一片，五颜六色的帽檐甚至还散发着浓烟。

刺鼻的火焰透过破碎的窗户，在礼堂内外进了又出。就在几百码之外，消防队员还没有停止忙碌。附近的大楼还在燃烧，需要他们奋力扑灭。每隔那么几分钟，会场中的各位就能听到几声闷响——轰炸中没有爆破的炸弹，终于完成了自己的使命。首相开始颁发学位的时候，布里斯托尔市长的夫人甚至昏厥了过去——在怀南特看来，这起事故"简直就是几个小时以来梦魇的缩影"。

当天下午，首相准备离开布里斯托尔。几百名市民来到车站为他送行。车行渐远，人们却还在欢呼雀跃。眼见此景的丘吉尔不得不举起报纸，掩住自己哭泣的面孔。"他们有这样的信念。"首相告诉哈里曼，"这是一种严肃的责任。"

布里斯托尔市民的勇气深深触动了哈里曼。为此，他特地捐出一笔钱，并请克莱门蒂娜转交给布里斯托尔的市长，他希望无家可归的人可以得到一点帮助。首相夫人回信感谢了他的好意。克莱门蒂娜还希望"所有这些苦难……能够永远巩固两国的友谊，并促进我们之间的相互了解。无论如何，我们不再是孤军奋战"。

怀南特和哈里曼寄给罗斯福与霍普金斯的不少信件当中，都强调了英国人民的坚忍与决绝。而且，两位公使还反复提及这些普普通通老百姓在抗敌斗争中的关键作用，"人民的战争"这个概念在他们的笔下重复多次，几乎到了泛滥的地步。不过，英国人民作为志愿者的踊跃表现，是第二次世界大战中的其他参战国家难以匹敌的。

战争之中，地方政府常会力有不逮，而国家也有照顾不周的时候。每每遇到这样的时刻，志愿者都会挺身而出。空袭之下，伦敦地铁的各大站点都被改为了防空躲避设施，这样的藏身之地往往环境逼仄而叫人难以忍受。正是志愿者的服务，给防空洞里的人们带来了一丝慰藉。大多数防空躲避地点都没有食品供应，也缺乏供暖、床铺、浴室和盥洗设施。"那里面的恶臭实在太骇人了——屎尿混在一起，还掺杂了炭味、汗味和脏兮兮的体臭味。"大轰炸早期的防空洞，就像目击者描述的这般不堪。

还好，志愿者很快赶来了。在他们的努力之下，防空洞里终于有了浴室，所用的材料全都是从轰炸现场抢救而来；同时，志愿者还带了食物；避难的人们得到了煤炉和床铺，一些防空洞甚至装备了扶手椅和无线电。志愿者的功绩，让伦敦地方政府的疏漏和迟缓暴露无遗。羞愧之下，官方力量很快加入了整改防空洞的运动之中。大轰炸结束之前，大多数防空洞已经焕然一新，人们可以在这里安然守望，度过漫长而恐怖的空袭之夜。

与此同时，一些临时避难所的环境也得到了升级和整改。暂时失去家园的人们，由此得到了可以依靠的栖身之地。持续的大轰炸，迫使政府必须打开大门迎接大批的无家可归者。仅在伦敦一地，就有140万人涌进了政府设施避难。也就是说，六位伦敦居民之中就有一位在1941年春天之前遭遇了家园被毁的厄运。还好，他们得到了志愿者的帮助，志愿者提供的暖炉、餐食、临时居所，可以解决他们的燃眉之急。

救济解困的志愿者之中，妇女占据了主力地位。如此情形让哈里曼等人大为惊讶。"正是英国女性的精神感召，扶持着整个国家度过这场可怕的灾难。"

哈里曼写信告诉朋友。面对自己的妻子，特使则表示："女性是英国抗敌活动的中坚。"财政部长亨利·摩根索曾在战争末期来访伦敦。而后，摩根索在日记中感叹："英国女性的种种功绩让人惊讶……如果不是她们辛勤奋战，这个国家已经退化到洞穴时代了。"

哈里曼和摩根索提到的这些女性，大多隶属于"妇女志愿服务队"。服务队的发起人是马尔克斯·雷丁勋爵的遗孀。这位贵妇也是20世纪最受尊敬的英国女性之一。她的丈夫曾经担任驻美大使，还在印度担任过殖民当局的总督。雷丁一向认为：世界要想进入民主时代，英美两国之间的互信必不可少。这一点，他的夫人也同样坚信。1935年，雷丁与世长辞。其后的几年，雷丁夫人一直在美国居住。她以"雷丁夫人"的名义周游美国。为了了解美国劳工阶级的日常生活，她不惜下榻一美元就能过夜的鸡毛店，甚至还曾经当过洗碗工。由此，她结交了不少美国朋友。罗斯福的夫人埃莉诺·罗斯福正是其中之一。回到伦敦后，雷丁夫人又和默罗夫妇以及怀南特建立了友好关系。

1938年，英国国防部向雷丁夫人发出请求，官方希望她能组建一个机构并把妇女们组织起来，由此，她们可以参与到国民警卫队的国防活动之中。雷丁夫人接受了任务，但也提出了自己的要求。她认为，"妇女志愿服务队"的职责范围不应限于战争事务。按照雷丁夫人的想法，一切任务都可以交给她的组织。

1939年，战争正式开始，"妇女志愿服务队"也忙碌起来。战场上，服务队那标志性的绿色便装外套和红色毛衣格外显眼。在雷丁夫人和队员们的帮助下，大批孩子从伦敦和其他城市疏散到了乡下。几个月后，当英国子弟兵从敦刻尔克港口匆匆撤离、辗转准备登上故土的时候，志愿服务队的人员已经守在码头和车站，准备迎接疲惫的他们回到祖国。也因为服务队的帮助，士兵们可以喝上一口热茶并有三明治可以果腹。后来，欧洲的大部分地区都陷入了希特勒的控制，大批的难民不得不离开家乡来到英国避难。这时，正是雷丁夫人这一群"孤独无助的伟大女性"奔走忙碌，为他们提供了容身的场所。大轰炸来临了，志愿服务队又成了本国同胞的保护者。她们辟出了无数处避难所、旅社、移动房屋和餐厅。同时，雷丁夫人等人还赶制了上万件衣衫。美国和海外殖民地提供的各种援助，也经过她们的手而分发到了有需要的人们那里。

大多数的英国女性都以自己的方式参与到了抗敌斗争当中，当然，她们中的有些人直接参军上阵，或是成了国民警卫队的成员。还有些女性工作的工厂与商店也和战争有着直接关系。即便没有从事以上工作，她们也在妇女志愿服务队（由于"妇女志愿服务队"的卓越贡献，雷丁夫人也成为第一位进入上议院任职的女性并发光发热）中服务。

虽然英国国民表现得异常英勇，但是，他们能够作出的贡献始终有限。任他们如何努力，敌军的 U 型潜艇也还在对各色商船发起攻击。1941 年春天的其他危机，也不会因为他们的坚忍奋斗而自行散去。当时的英国正处于最为脆弱的一段时期——那也是战争最为残酷的时期，生活在那个当口，就好像"活在噩梦之中，而且总有不幸的事情会袭扰人的思绪"——在给哈里·霍普金斯的信件中，哈里曼不禁感叹。

日子还在继续，大西洋上沉没的商船也已经达到了天文数字。除却 U 型潜艇，德国方面还派出了新型的"格奈森瑙"和"沙恩霍斯特"号两艘巡洋舰。在它们的追逐下，英国商船就像猎枪下的野鸭一般无助。仅在 4 月，就有近 70 万吨物资没入大海。比起前两个月，损失足足多了两倍。相关的惨剧实在太过骇人，丘吉尔不得不向情报部下了命令：停止发布损失公报。毕竟，巨大的损失很可能会打击全国军民的士气。

那个时候，英国人民的饥馑程度也达到了开战以来的顶点。食物配给制几乎到了苛刻的地步，每个人只能分到极少的口粮。人们的每周食谱只能由一盎司奶酪和极少量的肉类组成。每个月，他们只能领到八盎司的果酱和人造奶油。至于番茄、洋葱、鸡蛋、橘子一类的食品，则根本从商店的货架上没了踪影。除食物之外，衣料也必须由政府限量供给。从平底锅到手表，所有的其他消费产品几乎都已绝迹。"毫无疑问，当时英国的食物环境已经糟得不能再糟，"雷蒙德·李将军表示。将军在美国驻英大使馆担任武官。1941年4月，他刚刚结束三个月的国内公干回到伦敦。"不过，比起1月份的时候，人们的精神反而更加庄重了。"

同一时间回到英国的美国人，还有记者文森特·希恩。空袭给伦敦带来的巨大伤亡让希恩深感震动。美国新闻同行的遭遇，更是叫希恩十分惊骇。一天晚上，希恩和爱德华·默罗、本·罗伯逊和比尔·斯通曼一起喝酒谈天。他发现，同行的四人无不是脸色憔悴、眼光无神。其中又数默罗最为颓唐。他的面容，看上去比他33岁的实际年纪要老上许多。"去年那种昂扬的士气、大家都能感到的精神，现在你肯定是找不到了。"默罗告诉希恩，"人们……的处境实在悲惨。战争带来的新奇感觉荡然无存，史诗般的阶段也已成往事。也许，这一切都和食品短缺脱不了干系——这里的每个人，多多少少都有点没吃饱。"

当然，英国人民还是那样英勇无畏。这点精神，仍是处处可见。不过，八个月的轰炸与苦难，也给人民的坚强心性带来了不小的裂痕。诚然，英国人可能天性勇敢，可是他们毕竟还是肉体凡胎。那么，他们到底还能坚持多久？尤其伦敦之外的国民的精神状态，正在经受考验。这样的问题，一直萦绕在丘吉尔和其他决策者的心间。5月初，情报部的副部长哈罗德·尼科尔森曾在日记当中透露，内政大臣赫伯特·莫里森（Herbert Morrison）很是担心"德军对于英国各地的轰炸可能大大削弱士气"。而且，"大臣一再强调：在如此的轰炸之下，人民迟早都会彻底崩溃，其他城市的士气将由此消散殆尽"。虽然朴次茅斯、普利茅斯和布里斯托尔一类的小城市并未遭遇夜间空袭，但是他们所承受的损失，远比幅员广大的首都要深重得多。伦敦毕竟地域绵延，很多地方借此躲过了德军的空中攻势而保持了完璧。而且，小城市不像伦敦一般拥有广阔的资源。那里没有地铁可供改造成为防空洞，也没有足够多的救援人员发放食物、衣料和其他救济品——这些东西，在伦敦倒还能够得到供应。

怀南特认为，英国人民的士气正在一点一点慢慢散去。究其原因，空袭

有我们陪在身边，他好像更有信心了

自然要负上主要责任。日常生活的艰苦万状，也在消磨大家的抵抗意志。"每一天都是如此令人疲劳和千篇一律……交通一片混乱……城中灰尘四起……破破烂烂的衣衫几乎磨穿了……窗户坏了，也没有玻璃可以修补……停电之余还没有供暖——心性最为坚定的人，面对这幅图景恐怕也会渐渐难以忍受。"

开战的日子已经过去了 20 个月，停战的那一天却还遥遥无期。眼中的场景，不能带来哪怕一点慰藉。"全国上下想要索求的，不过一点确保战争一定能够胜利的证据而已。"哈罗德·尼科尔森写道，"政府大谈特谈战争的正义性，又反复强调我们一定能够打赢。这些论调，人民已经厌烦。他们很想知道，我们到底怎样才能击败德国。根据现在的状况，该如何说服民众？反正我是没有一点办法。"

尼科尔森毫无办法，丘吉尔和其他政府官员同样一筹莫展。他们面对的，只有英国军队面临的一堆灾难——连连被围、连连撤退、连连失败。当年 4 月，德军横扫了整个巴尔干半岛。希腊已经无险可守。而后，德军给驻守当地的英军带来了巨大的伤亡损失，后来又把英国势力驱逐了出去。英军先是退到了克里特岛，后来又在 5 月把这片阵地放弃给了德国——这一次，已是英国军队在战事当中第四次被迫撤离。这次撤离，也是最让英方感觉大丢面子的一次。"大量的伤亡严重挫伤了英国的士气。"罗伯特·舍伍德表示，"更糟糕的是，三军之间也产生了巨大的矛盾和争论。"英国远征军期盼实施"每周五天工作制"的苦涩笑话，也在英国本土流传开来。

与此同时，英军在北非战场也陷入了苦战。早期对意大利军队取得的胜利，被德国的埃尔温·隆美尔（Erwin Rommel）将军及其麾下的"非洲军团"抹去了不少。后者对意大利军队的增援，几乎抵消了英军的战绩。仅仅十天之内，德军便把英国人三个月来占领的领土收复完毕。英国人不得不向东撤离，退回了埃及。在丘吉尔看来，隆美尔的这一击堪称"最大震级的灾难"。由此，英方的战略也开始坎坷起来。北非局势的摇摆不定，中东的石油恐怕难以安全运输，苏伊士运河的控制权也有易手的风险。要知道，运河可是通往印度和远东的重要水道。

对于英国军队的战斗力和士气，政府的各位官员愈发生疑。就此情况，丘吉尔等人在私下都曾反复谈及。"撤退行动还算非常成功——看来，且战且败才是我军的真正长项！"日记中，亚历山大·卡多根对于英军撤离希腊的行动作出了如此评论。"我们的战士就是最为畏畏缩缩的业余人士，却要和职业军人殊死斗争……局势叫人疲惫、抑郁、充满失败！"

苦涩的时局，让丘吉尔也陷入了议员们的围攻之中。大家觉得他的指挥艺术值得商榷。当年4月，首相要求中东地区的英军部队开往希腊进行增援。这一决策更是各位议员的攻击目标。5月的一次众议院辩论中，好些议员直接对首相的领导能力大加挞伐。他们举出了好些例子，指证丘吉尔治军无方。对此，丘吉尔十分恼怒。而且，他还嗅到了国内正有一股"挫败和气馁"的气氛正在四散开来。于是，他告诉各位议员："每一个日子，每一个小时，我觉得我们都在为了生活和生存而战。"

英国唯一的胜机，在于美国能够参战助阵。丘吉尔痛苦地认识到了这一点，由此也向怀南特和哈里曼展开了更加强劲的攻势。首相一再希望美方能够加大援助的力度，他苦苦劝说，几乎到了痴狂的程度。为此，怀南特都对自己每周的首相官邸之行生出了一点惧意——首相会当着他的面高谈阔论，而不给自己一点还嘴的余地。待到丘吉尔去小睡的时候，另一位内阁成员则将对着大使继续喋喋不休。一个小时的休息之后，养足精神的首相即将展开新一轮的讲话，而大使则早就疲惫不堪。丘吉尔反复要求：美国方面拟定的"平等租借货物"必须平安送达英国，否则一切都没有意义。为此，首相希望美国海军能为商船船队保驾护航。而且，他还有一个希望：美国能够加入己方，参与这场战争。

3月末，英美两国领袖在华盛顿碰了头。双方商谈了合作事宜，也说起了美国是否参战的前景。两位领袖都觉得对德战争的主战场在大西洋和欧洲。根据英国一方事先拟好的计划，美国应当派出大队海军，为英方商船提供保护。而且，至少应有30艘美军潜艇应对德方的船艇发起攻击。相关的计划让英方非常满意，不过，面对毫无兴趣实施计划的罗斯福，英方却没能取得任何进展。

有我们陪在身边，他好像更有信心了

5月3日，灰心丧气的丘吉尔终于不再掩饰自己的真正目的。此前他曾表示，英国需要美国提供的东西不过是"驱逐舰、战机和护航编队"，现在，他直截了当地请求美国政府对德宣战。这可是1940年6月以来的第一次。"总统先生，我相信您不会误解我的意思。我所说的话语，就将是我真正的心事，"电话中，丘吉尔告诉白宫方面，"战争局势要想真正稳定下来，唯有一个因素……只有美国立即投身战场，并和我们并肩作战。"

　　那么，总统会接受首相的请求吗？或者，首相发出的信息只会得到华盛顿的忽视，就好似漂流瓶被抛入大海一般？这样的忧虑，不但沉淀在英国领导人的心里，同样也让旅居伦敦的几位美国人惴惴不安。"整件事情就像在和时间赛跑，"驻英大使馆的武官李将军在日记中写道，"目前，英国的败象已在慢慢显露。我国的援助能不能及时送到，这还是一个问题"。

　　一周之后，罗斯福终于作出了回应。回音抵达唐宁街的那一刻，大家失望地发现：直到那一刻，总统还没有真正地急英方之所急——其实，那个时候，总统的不少同僚和手下都已经感受到了事情的紧迫性。至少，美国内阁的大部分成员和军队的高级将领都觉得：美方应立即向英国船队提供护航，以降低敌军袭扰带来的损失。面对同僚，哈罗德·斯塔克上将表示："大西洋的局势实在非常关键。在我看来，除非我们能够出手，否则情况毫无改善的余地可言。"演讲中，海军部长弗兰克·诺克斯也宣布："我们不能眼看着自己的货物就那样沉入大洋。"好些要员联合起来向总统施加压力，他们希望罗斯福速速作出决断，而诺克斯、亨利·史汀生、亨利·摩根索和哈里·霍普金斯都在此列。可是，面对下属的请愿，罗斯福仍然没有回应的意愿。丘吉尔对于盟约的请求，也未曾得到总统的应允。罗斯福只是再三告诉首相：美国的援助很快就到。这样的承诺，总统已经做过不知道多少次。

　　毫无疑问，英国那岌岌可危的国势正是总统在那个春天的一大关切点。不过，罗斯福只愿意在以往的援助之上增加少许。在哈里曼的催促之下，总统签发了一道命令。由此一来，美国的供应物资可以直接送往中东的英军阵地，而无须在英国再行卸货和装船。同时，总统还允许英国战舰进入美方船坞进行检修——这一点,又是来自哈里曼的建议——同时美国空军基地也会敞开大门,欢迎英军飞行员前去接受培训。

除此之外,罗斯福还把美方自定的安全区扩大到了大西洋上方。这样一来,美军舰艇和战机的巡逻范围可以覆盖英美之间这片水域的三分之二。1939 年战争爆发的时候,美国曾将离岸 300 英里内的海区划作非交战领域,而美国军队将对领域进行监察和保护。1941 年,罗斯福的新决定大大扩充了美军海、空力量的保护范围。由此,他们最远可以到达格陵兰岛。一旦发现德军 U 型潜艇或水面战舰的踪迹,美方也可以立即向英国商船发出警告。当然,罗斯福有言在先:敌方如果没有率先开火,美国军队也不得主动出击。

美军监控范围的扩张对于英国方面大有裨益。不过,罗斯福的举措并不足以阻碍 U 型潜艇的频频出击。毕竟,总统决不允许美国舰船和战机挑战德国船队。要想保障船队安全无虞,英国方面只得自己努力。相关的损失并未得到遏制,相反还有继续上升的趋势。仅在 5 月的前三个星期,德国潜艇就击沉了 20 艘英国商船。事发地点,无一例外地位于美方划出的安全区中。对此,总统身边的高官与幕僚深感不安和焦躁。他们愈发觉得,那个时候美国应该勇敢出击。前驻英大使威廉·普利德致信哈里曼表示:"总统还在等待民意的推动,而人民却也盼望总统早日下令。"总统的内阁下属和亲信人士之中,不少人都觉得所谓"除却战争的大量援助"并不足以拯救英国。普利德正持有这样的观点,而最高法官菲利克斯·法兰克福特也表示赞同。"我告诉霍普金斯……如果我们还想救英国一命,美国就必须投身这场战争,"亨利·摩根索在日记中表示,"我们需要英国方面坚持下去。不说其他的理由,这个国家至少可以为轰炸德国的飞机提供基地"。美国财长还觉得:"我认为,总统和霍普金斯都在探索下一步的行动方案……霍普金斯觉得,总统尚不愿意直接参战。相反,他期待舆论起到推动作用,从而把自己拉入战争。"和总统身边的其他高官一样,摩根索也觉得罗斯福是在等候时机,总统期待一场意外的发生,由此,罗斯福可以卸下肩头的重担,而得到一个可以放手对英方船队实施保护的理由。甚至总统可以借此理由对德国宣战。

4月，史汀生、诺克斯、内政部长哈罗德·伊克斯和总参谋长罗伯特·杰克逊进行了一次秘密会面。四人想要商量出一项对策，以便向总统进一步施加压力。他们希望罗斯福不再犹疑，而是果断地控制整个局面。"我很清楚，方方面面都有人对于总统这种不肯负起责任的态度很是不满。"伊克斯表示，"如果他能担负责任，作出领导的表率，他还不至于失去人民的信任。但是，现在的他已经渐渐没了威信。唯有做出成绩，他才能挽回局面。"

当时的史汀生已经73岁。为官期间，他一共两次担任战争部长，还曾负起国务卿的职责。危机当前，史汀生决定身先士卒，向总统提出自己的意见。作为华盛顿最有名望的人物之一，史汀生的道德和政治高度自然无人企及。内阁成员之中，也只有他敢于对总统直言相谏，告诉罗斯福担负职责的重要性。当着罗斯福的面，史汀生表示：总统不该依赖舆论推动政策，而应该主动引导舆论的走向。"我向他发出了警告。"史汀生事后回忆，"……没有他的领导，人民不可能自行向总统表达他们的意愿。他们是不是想要追随他，他根本无法了解。"

史汀生的劝诫，并未让罗斯福生出多少触动，总统甚至显得毫无反应。罗斯福一心想要维护国家的团结，因此，任何违背大部分人民意愿的决定都不可能出自总统的决定。希特勒主动冒犯，总统才会予以回应。事到后来，哈罗德·斯塔克禁不住对同僚抱怨起来："我们的民主生活是不是完全要靠盖洛普民意测验来运行啊？"

那么，1941年那个春天，美国人民到底又怀有怎样的意见呢？这个问题实在难觅答案。根据盖洛普民意测验，绝大多数美国人都和英国站到了一边。不过，他们虽然支持援助英国，但被问及是否愿意派出海军进行护航的时候，美国人民却又分为了意见相反的两个阵营。对于出兵参战的提议，超过80%的受访者表示反对。但是，同等比例的人们也觉得美德之间迟早会有一战。"事实就是，大多数人仍对战争漠不关心"，弗朗西斯·珀金斯表示，这场战争"和美国实在相隔遥远。大多数人都无法想象其中的样貌。他们并未感觉到事件的急迫和逼人。他们甚至根本不太关心这回事情"。

在支持美国参战的人们看来，民意调查的低落恰好说明了罗斯福的无能。总统引导无方，而美国公众也没有因此意识到战争对于他们生活的关键作用：毕竟，德国对于美国的威胁已然迫在眉睫，而不是一种远在天边的事情。"作为整体，美国人民并未明白一点：希特勒一旦控制了欧洲、亚洲、非洲及其附近的重要海域，我们所需资源的25%都可能落入敌人的手中"，切特·威廉斯如此表示。此人既是联邦政府的官员，还和默罗交往密切。他给自己的朋友去了一封信，"如此种种的事实，政府却未能解释给人民听"。

蓓儿·罗斯福的丈夫和总统互为表亲，这对夫妇也是埃莉诺·罗斯福一家的密友。面对总统，蓓儿直言不讳地提到了他在教育人民方面的疏失。"为什么您就不能对美国公众据实相告呢？虽然事实可能相当残酷。"蓓儿表示，"但是，您必须知道我们能不能接受这些事实。如果不能，我们这个国家应不应该把面对事实作为最基本的目标呢？让国民了解这些事实，又是不是您的职责所在呢？"

在罗斯福看来，蓓儿这些支持参战的人忽视了一点——所谓事实，可不像他们想象的那般简单。他面临的环境相当复杂和凶险。面对战争，美国公众的意见可能比较复杂也难以捉摸。可是，国会方面的看法相当一致。比如，近八成的议员对派出军队护航商船的提议投了反对票。即便"如此举措有助于英国方面挫败希特勒的阴谋"，这些议员仍然坚持己见。虽然政府内部几乎一致要求总统拿出更为强硬的举措，仍有不少人在怀疑英国方面的战斗能力。英军节节退败的战绩，更加剧了有关人士的疑虑。他们觉得，美国总统已经给了英国方面太多的帮助，由此可能难以抽身。这些人士当中，国务卿赫尔及其助手——比如阿道夫·伯利和布雷肯里奇·朗——都在向总统建言。"世界各国已经觉得，我们可能对于英国方面过于殷勤。"日记中，朗如此表示，"南美、远东和西非等地的人士，都表达了这样的意见。"

战争部门之中，也有不少人觉得扶助英国一事值得商榷，虽然有些文官——比如史汀生和诺克斯——以及部分将领——像马歇尔和哈罗德·斯塔克——一再要求总统采取更为激进的政策并向英国提供更多帮助，他们的想法,仍在遭到不少同僚的反对。面对史汀生,诺克斯抱怨不断,因为他"必须要和某些将领对于激进政策的胆怯态度作斗争。而且,这些同僚的想法和观点全都基于英国即将战败的假设之上"。

史汀生本人也面临着相同的烦恼,他和军队同样存在一些分歧。马歇尔的观点可能在海军中占了上风,不过,将军的好几位高级幕僚都对支持英国一事持反对态度。同时,他们也不支持美国立即参战。毕竟,美军当时的装备并不齐全,人员也有待充实。就连马歇尔本人也同意这些下属的意见,觉得出兵一事不妨待到准备完善后再行商谈。雷蒙德·李的一位武官同僚曾经返回国内待过几个星期。再临伦敦的时候,这位同僚告诉李,自己在国内"发现不少高级将领竟然怀着失败主义的态度,对于支援英国一事也显得十分的消极"。

对于旅居伦敦的美国人而言,1941年春夏实在是一段让人羞恼的时光。毕竟,华盛顿方面并未做好和英国同仇敌忾共克时艰的准备。祖国首都的氛围,和他们的想法完全就像在两个星球一般。"华盛顿那边有许多人都一厢情愿,都怀有不切实际的乐观和对于幸运的过分依赖。民主政治中的'行动迟缓与保守'的痼疾也是暴露无遗。"雷蒙德·李抱怨道。美国驻英使馆的诸位官员当中,雷蒙德·李对于英国抵抗运动的支持态度也算坚定。他表示:"只有到达前线,才能理解危机的迫近并知晓事实的全貌。"

对于国内的懒怠态度,埃夫里尔·哈里曼表现得更为愤怒。"美国政府的鸵鸟姿态,本人丝毫也不能理解。"在给朋友的信件当中,哈里曼如此表示。"不管我们对于这场战争的结果是关心或是漠然……如果我们还抱有一丝期待,那么美国方面的行动已经有些为时过晚……我们正在面临巨大的风险。战争可能以失败告终。由于我们的耽搁,胜机也在随着时间的流逝渐渐溜走。"哈里曼甚至向自己的妻子表达了对于罗斯福某些作为的蔑视态度。在他看来,总统扩大安全区的行为只是"利用战舰实施间谍行为,而并非直接投入战争"。"美国难道一点廉耻都没有吗?就连英国的妇女也在奋起抗敌,我们还要在她们的裙裾之下躲避多久？……我本人并不郁闷，我只是感觉愤怒而已。"

一次又一次，哈里曼和怀南特向总统及其他高官反复陈情，请求他们采取更为直接的行动并介入到这场战争当中。"英国已经有些失血过多，"4月的时候，哈里曼在电报中对总统表示，"出于国家利益，我觉得我们的海军应当行动起来。要不然，我们的盟友有力竭而亡的危险。"作为援助事务代表，哈里曼可谓尽心尽力，他已经使出了浑身解数，保证各项物资能够尽快抵达英国。比如，他曾亲自出面劝说美国商船人员改变堆放货物的方式。哈里曼如此用心，只是为了英方人员装卸货物能够迅速一些。而且，哈里曼还提出了许多其他建议。英国商船能够得到进入美国船坞接受检修的机会，正是出自他的努力。由此，哈里曼也算推动了援助的进程，虽然这向前的一步迈得相当有限。

在唐宁街和白厅其他部门看来，怀南特和哈里曼推动美国参战的热忱已经不用怀疑。每一天，他们都会和丘吉尔保持联系。首相曾经告诉阁员，两位美国友人的态度"深深激励"了自己。"这两位绅士显然希望德国方面能够采取一些贸然的行动，"丘吉尔说，"以促使总统和他那些手下……能够下达最终参战的决心。"

无论是怀南特还是哈里曼，都必须掌握工作中的平衡。做到这一点实在困难。当时的他们，同时在为两国政府效命。一方面，两人都是美国政府派驻英国的最高级代表。另一方面，他们又将作为丘吉尔的信使，把英方的种种需求反馈给美国政府。不过，两人都向英方表明了心志——他们的首要任务，仍然在于自己的国家赋予的职责并向总统负责。按照约翰·科尔维尔的说法，两人"不但用高超的专业技能为自己的国家尽心服务，还成了丘吉尔的密友。首相的家人与随员也和他们十分亲近。与此同时，两人也没有失去一分一毫的独立性和行动力"。

在丘吉尔面前，哈里曼和怀南特都是竭尽全力。首相的想法与心意，被两人传达给了总统以及其他美国高官。对于华盛顿官场的生态以及个中的各种人物，两位特使再是熟悉不过。借此，丘吉尔和英国政府高层可以更好地

有我们陪在身边，他好像更有信心了

解析罗斯福等人的种种回应。英方在拟订公报和其他呈给美方的文件之时，也可以做到更有针对性。随着时间推移，首相发给罗斯福的电报愈发增多，措辞也显得急切和怒气难掩。对此，哈里曼和怀南特都在努力规劝。有一次，哈里曼表达了请首相在电报中慎言的意见，却直接引爆了丘吉尔的脾气。尽管对方已经勃然大怒，可特使仍然坚持己见。最终，丘吉尔不得不勉强表示同意。第二天早晨，首相将修改过的电报稿递给了哈里曼，其中的种种说法，都已经缓和了不少。

提到英方船只损失情况的时候，丘吉尔一度想要加以隐瞒。首相的这一举动，再次招来了哈里曼和怀南特的劝诫。两人请首相不要试图掩盖情况。在他俩看来，要想劝服美国公众支持参战，英国方面必须将自己的惨重损失完全展示开来。无论是商船的沉没数量，还是前线军人遭遇的种种败绩，都必须得到展现。"我们美国需要的不是文过饰非的宣传手段，而是事实的呈现。"一次演讲中，怀南特直言不讳地表示。可是，这一次两人的意见到底没有说服丘吉尔。

与此同时，怀南特两人也想帮助首相去除政治方面的阻碍。因此，面对美国上下丘吉尔的反对者，怀南特花了不少口舌功夫。好些不满的议员在向首相持续施压，要求他立即辞去国防大臣的职务（此前，英国尚无首相兼任国防大臣的先例）。这时，怀南特出面解释了首相身兼两职的必要性。大使表示：只有在一肩双挑的情况下，丘吉尔才能得到一个和罗斯福平等谈判的平台；假若国防大臣交由他人担任，英美双方的谈判则可能失去平衡。新来伦敦的美国记者也常常口出怨言。毕竟，首相不像美国总统那样愿意举办新闻发布会。这时，怀南特再次挺身而出为丘吉尔辩护。大使告诉同胞：英国的议会制度之中，首相每周都会通过下议院的听证程序向公众阐释自己的意见。而且，即便首相愿意直接面对群众和媒体，各位议员也会对他的行为表示强烈不满，这等情况，怀南特也向美国记者作了说明。

5月10日，也就是罗斯福回绝丘吉尔战争请求的当天，德军战机再次回到了伦敦上空。这一次空袭带来的损失和野蛮程度，甚至超过了已往所有的轰炸。要知道，此前的轰炸行动已经造成了深重的灾难。一夜过后，伦敦各地出现的火灾灾情多达两千余起，而且几乎都处于不可控制的状态。从西部的哈默史密斯到东城的罗姆福德，灾祸整整绵延了近20英里。

这一次空袭，甚至给伦敦的地标性建筑带来了严重损害。城中最为重要的音乐场所"女王厅"就此毁于一旦。大英博物馆的几个展厅也遭到毁坏，近25万册图书毁于轰炸引起的火灾。同样，圣詹姆斯宫、威斯敏斯特大教堂、大本钟和议会大厦都成了轰炸的目标。还好，这些建筑虽然受损严重，却最终得以保存下来。不过，作为英国现代史上好些重要事件的见证场所，众议院大楼可就没了这种幸运。小小的建筑几乎完全被火焰包围。最终，木质的穹顶烧毁殆尽，整个建筑成了无遮无盖的废墟。

由于轰炸的破坏，城里的不少火车站都被迫停止运营。地铁的线路和站点当中，也有许多遭遇了同样的命运。大伦敦地区有三分之一的街道都已经不能通行，近一百万人陷入了没有电、没有供水和天然气的窘境。

死亡的人数同样叫人心惊：1336名市民在那一夜因为轰炸丧生。伦敦建城以来，还没有在一个晚上死过这么多人。死者当中，甚至包括默罗夫妇的一对熟人——英国广播公司本土部的外国新闻编辑艾伦·韦尔斯（Alan Wells）和他的太太克莱尔。韦尔斯夫妇的住所就在默罗和珍妮特·默罗的隔壁。他们两人都是志愿的消防队员，一枚高爆炸弹降临到韦尔斯两人身边的时候，这对夫妻正在试图扑灭住所附近的一场火灾。

大轰炸开始以来，已有4.3万名英国公民在空袭之中失去了生命。受害者当中半数来自伦敦。1941年的那个春天，英国本土妇女儿童的死伤人数甚至超过了战死的军人。此外，还有200万座房屋遭到损毁。在伦敦中部地区，仅有十分之一的屋舍能够保持完璧。

空袭过后的几天，默罗夫妇来到了一家小小的社区教堂，这里就是韦尔斯夫妻两人葬礼的举办地。近几个月，爱德华·默罗和珍妮特·默罗已经出席过不少类似的活动。几乎在同一时刻，众议院大楼的前方，温斯顿·丘吉尔正面对一片废墟表达哀思。这一次，首相的身边没有任何议员，他完全可以把这里当作自己的私人领地。40多年前，他曾是这里的一名新晋议员；30年代的时候，他曾在此地痛陈绥靖政策可能给国家带来的灾难。1940年5月，众议院见证了丘吉尔和张伯伦之间的唇枪舌剑。正在那次交锋之后，前者成了国家的首相。英国孤军奋战期间，丘吉尔也曾多次来到议院。他发表了许多慷慨的演讲，对德军的威胁表示蔑视。最后一次来到故地，首相的眼光扫过了整片瓦砾场，此时，眼泪已经禁不住淌满了他的脸庞。

5月15日，怀南特出席伦敦"英语联盟"的一次例会。其间，大使发表了演讲并指出：议会和威斯敏斯特大教堂那条大街的对面，一位英雄的塑像仍然屹立不倒——这位英雄正是林肯。"看到林肯站在那里，就像一名哨兵和朋友，在提醒我们为自由而战的意义。他静静等待着增援，等待有人能为他守护的价值而战。"怀南特表示，"我作为美国人感到非常骄傲。"

对比了英国人民和林肯之后，大使又作出了一番更为精妙的比喻。他隐约地表示：自己这个大使将和英国人民坚定地站在一起——他还觉得，自己的祖国也该采取同样的姿态。"恶魔在发动袭击的时候，我们却在沉睡。"怀南特说，"美国人都在劝说自己，我们不是兄弟国家的保护人，但是我们必须认识到，我们需要兄弟国家的帮助，兄弟国家也需要我们伸出援手。"

演讲当中，怀南特反复提到了一个字眼——"我们"。按照《纽约时报》和《泰晤士报》的共同看法，大使的呼唤不但指向自己的祖国，同时也在对英国致意。"我们今天乐于从事的事情，正是我们昨天有所疏忽的东西。由于疏忽，我们的任务将更为艰巨。"怀南特宣布，"继续拖延，只能让战争久而不决，相关的牺牲也将更为不可估量。请大家都停止疑虑，不要再去计算得失。我们只需要问自己：今天需要做些什么，明天才能避免更多的损失。"

第 5 章
一家人

伦敦"5·10"大轰炸发生的那个周末,温斯顿·丘吉尔夫妇正身处迪奇雷。这里邻近牛津,也是罗纳德·特里和南希·特里的乡间别墅的所在地。七个月前,特里一家曾经提议:周末月圆之夜,首相不妨来到迪奇雷的这处居所躲避。毕竟,首相官邸——那座寒冷透风的伊丽莎白式建筑——很可能成为敌机攻击的首要目标。主人家的待客之道,很得丘吉尔的欢心。特里的建议,他自是欣然接受。此后的两年之内,丘吉尔先后十三次光临此地。

那个周末,特里一家的慷慨好客让首相的随从乐得享受。应首相夫人的热切要求,埃夫里尔·哈里曼也来到了迪奇雷。近来的一件家事让首相夫妇颇感震惊:他们那18岁的女儿玛丽和贝斯伯勒伯爵家的继承人订了婚。未来女婿时年28岁,不久之前还和克莱门蒂娜见过一次面。对于此人,首相夫人并无恶感,不过,她觉得自己的女儿与他并非真心相爱。而且,克莱门蒂娜认为玛丽年纪轻轻、不通世事,订下婚约只是"出于一时兴奋而冲昏了头"。母亲要求女儿三思而后行,玛丽却把克莱门蒂娜的话当成了耳旁风。首相夫人请丈夫出面和女儿好好谈谈,丘吉尔也表示答应。可是战事紧急,首相始终没能抽出时间。失望之下,克莱门蒂娜只好向哈里曼求助。哈里曼家里有两个女儿。首相夫人觉得,他应该最了解年轻女孩的心思。所以,他也许能够劝服玛丽。

这可不是一个简简单单的求助。首相夫人的求助说明了一个事实：短短几周之内，哈里曼和怀南特不但进入了首相的施政圈子并变身其中的核心人物，他俩甚至和他成了一家人。来到英国之后的每个周末，他们几乎都和首相及其家人一起共度。地点不在官邸，就在迪奇雷。克莱门蒂娜觉得，周末度假应当安宁祥和，丈夫不妨借此从伦敦的战事中解脱片刻。可是，丘吉尔让她失望了，首相从来不愿分清工作与家庭生活。战争期间，他总在自家位于肯特的查特维尔别墅接见政、军两界的访客，而且还乐此不疲。即便到了周末，首相的身边也簇拥着陆、海、空军将领和内阁成员，外国政府的领导人也是常常造访。丘吉尔家的亲戚，倒是零零星星犹如点缀。有时候，家中的来客可以分为三类：一类仅为了午餐而来，一类的目的则是晚餐，第三类人则会陪伴首相度过整个周末。

无论在官邸或是在迪奇雷，有了丘吉尔的存在，生活总显得有些乱糟糟的。卫队人员觉得，陪伴首相这档子事"乱得就像森林火灾和飓风来临的时候"。秘书们急急地穿梭来去，电话声响个不停；一辆辆政府公车通过岗哨来到官邸，而后又纷纷离开；邮差带着官方文件，也总在进进出出；如果不用参加绝密会议，来宾也不会闲着：他们要么打打网球或门球，要么就像查尔斯·波塔尔爵士那样自得其乐——为迪奇雷庄园清除杂草，这就是空军司令的放松方式。烟不离手的首相总是各类活动的中心人物。如果不用主持会议，他也要把大家召集一起共进午餐或者晚餐。首相传记的执笔人罗伊·詹金斯指出，首相吃饭的时候"总喜欢有人围观作陪"。詹金斯表示："一对一谈话可不是首相的专长。如果餐桌边满是宾客，他才会表现得神采飞扬。他不但可以逗乐身边的人，还能给他们带来启迪……身边的客人，也能振奋他的精神和士气。"

哈里曼和怀南特总陪在丘吉尔的身边。但是，和一般的客人不同，他们还融入了首相一家的生活之中。最终，两人都成了丘吉尔一家的朋友。约翰·科尔维尔指出：两位美国人"一方面在完成政治任务，他们的陪伴也让首相觉得其乐融融"。

虽然已和首相亲如一家，首相夫人的求助还是让哈里曼觉得有些棘手。劝说玛丽·丘吉尔（Mary Churchill）放弃婚约，无异于一个巨大的挑战。没错，哈里曼有两个女儿。可是，他和妻子早就离婚了，而她们也是在母亲的养育之下长大的。此间，父亲一直没有多少工夫能够陪伴女儿。当然，近来哈里曼倒也不乏接触年轻女性的机会——只是，他的角色乃是她们的爱侣，而不是一个谆谆教诲的长辈。尽管如此，哈里曼还是揽下了克莱门蒂娜布置的任务。他和玛丽谈了一次心。对方一吐为快，而哈里曼则在默默倾听。而后，美国人告诉玛丽：战争之中万事难料，她随时有可能变成寡妇；结婚这种可能带来人生转折的大事，也不该如此轻易定夺。终于，玛丽的态度转变了——对这起婚约，她生出了疑虑。谈话之后不久，玛丽决定推迟婚期；又一段时间过去，她终于决定结束这段关系。玛丽特地致信哈里曼："我想向您表示感激，谢谢您的帮助和热心。您在公务缠身忙得不可开交之际还能抽出时间听我絮叨那些愚蠢的心事，让我尤为感觉贴心。您对我的帮助实在太大，如今我终于可以解脱了——这真是太好啦！"

这份父亲一般的责任，自然有些别扭。但是，眼见首相夫人对于自己如此信任，哈里曼还是深感欣喜。未能加入罗斯福新政团队的懊丧，也因为接近丘吉尔一家而被冲淡了些。他，终于站到了政要身边，成了一个举足轻重的人物——虽然这位政要并非美国总统而是英国首相。不过，哈里曼好歹也算一偿夙愿。

为了和丘吉尔一家拉近距离，哈里曼付出了很多的心血。他几乎把自己对于马球和其他爱好的热情，都转移到了结交首相及其家人的努力之中。刚刚来到伦敦，哈里曼就特地找到克莱门蒂娜，并把一小袋柑橘送给首相夫人。英国国内食品短缺的窘境，善于审时度势的美国人自然不难发现。严苛的时局，甚至威胁到了首相一家的食物供应。而后，哈里曼差不多成了丘吉尔一家的圣诞老人。他总能变出许多英国商店里已经不见踪迹的礼物——比如弗吉尼亚火腿、新鲜水果、手帕、丝袜和哈瓦那雪茄——送给丘吉尔一家。

丘吉尔喜爱奢侈品，也喜欢结交生活阔绰的朋友。这两点，哈里曼恰恰能够满足。此外，首相需要交谈和倾诉的时候，哈里曼也能随叫随到——无论何时，也不管地点。通常情况下，哈里曼收到的邀约都发自午夜时分，可他总能按时赶到唐宁街10号或者丘吉尔的官邸。首相叫上哈里曼，往往是请他参与贝兹克纸牌游戏——游戏很是复杂，也是首相最为中意的消遣方式。这样的对局通常持续到凌晨两三点。牌局中运势的起起落落，叫丘吉尔十分着迷。借此机会，首相也会向美国客人们谈起自己在1929年华尔街股灾中大蚀其本的经历。往事虽不愉快，首相却仍对哈里曼表示"当个投机者其实也不错"。对于丘吉尔而言，哈里曼就像一块共鸣板，首相对于战争走势与英美关系的判断可以在对方那里得到验证。两人之间都在互相试探：哈里曼想猜透首相的心思，首相也要借哈里曼的话语来分析罗斯福政府的各种举动。有趣的是，雄心勃勃的哈里曼刚刚攀上英国首相一家，就差一点亲手毁掉这段珍贵的关系——当时，他正好勾搭上了21岁的帕梅拉·丘吉尔（Pamela Churchill），而此人正是首相的儿媳。

两人初次相识是在1941年的3月末。当时，哈里曼调任英国才不过两个星期。帕梅拉褐发碧眼，和哈里曼有着一样的爱好——结交权贵、痴迷政治权力。就这样，她很快爱上了这位美国商人，虽然他足足比自己大了快30岁。毕竟，有朋友告诉帕梅拉，这个哈里曼"就是伦敦最有权势的美国人"。一起就餐期间，他曾向她套话，问到了丘吉尔和媒体巨子比弗布鲁克的相关情况。这位比弗布鲁克和丘吉尔私交甚笃，还是首相身边的高参。英国国内最具权势、最有争议的人物之中，比弗布鲁克也可以占据一席之地。事后，帕梅拉曾经表示，这个哈里曼"就是个美国来的乡巴佬"，他对于英国政坛"一无所知"。但是，她也记得哈里曼其人"长得很符合自己的标准"。这个美国人"体格很好，肤色很黑，也很健康"。于是，她双眼放光，几乎是死死地盯住了他。按照朋友的话说，她很快进入了"跳求偶舞的模式"——她不停地提问，并对他的解答表现得全神贯注。他的妙语和笑话，马上就能引发她会心的笑声。

曾经，她用同样的行为模式——温情脉脉，而又略显挑逗——征服了自己的公公，就这样，帕梅拉变成了首相最为亲密的伙伴之一。她的丈夫伦道夫·丘吉尔远在中东，刚刚六个月大的儿子温斯顿则被托付给了乡下的一位保姆。因此，她可以把大多数时间消磨在唐宁街或者首相官邸，陪着公公一起打牌消遣，听他谈古论今。他有什么愁绪忧思，也能得到她第一时间的慰藉。

从一开始，帕梅拉和公婆的关系就很亲近，亲近程度甚至超出了她对自己那位27岁老公的感情。她的父亲迪格比勋爵来自多赛特，家道早已衰落。战争爆发之后不久，帕梅拉和伦道夫结识。帕梅拉曾经表示，此前她一直担心"自己这辈子都可能被困在多赛特这个地方"，因此"特别向往新的空间、新的挑战……不管前路需要经历什么事情，我都想去经历一番"。相识第二天，伦道夫就向帕梅拉求婚了。几周之后，两人的婚礼正式举行。对于双方而言，这场婚姻都"充满冷酷和算计，就好像一笔生意一般"——提到此事，帕梅拉的传记作者萨利·贝德尔·史密斯表示。史密斯还写道："他不过是需要一位贵族女子，而她也渴求名誉与地位。"这一次，两人都算得偿所愿。他们的婚姻转化为感情上的灾难，也是毫不为奇。伦道夫从小就被父亲宠溺坏了，兴头之上的他倒也是风趣机警、很有魅力；不过，更多的时候，他滥饮好赌而且酷爱拈花惹草。为此，首相夫妇也是头疼不已。按照玛丽的说法，这位兄弟"性情叫人不安——他很吵，而且喜欢与人争辩。只要来了兴致，他甚至可以和一把椅子较上嘴劲"。约翰·科尔维尔对于首相家公子的评价就更是不堪："他是我结交过的人物中最为讨厌的那一种，叽叽喳喳、刚愎自用，总在怨天尤人、惹人心烦……就餐的时候，人人都受不了他。唯有温斯顿对他很是宠爱。"1941年2月，伦道夫所在的连队整装开赴埃及。丈夫的离开，叫帕梅拉大大地松了口气。战争中的伦敦充满着招蜂引蝶的机会，而她终于可以投身其中享受一番。

"今朝有酒今朝醉"——战争电影当中，类似的情形实在多得有点泛滥。不过，1941年的伦敦确实就是那样一副场面，情欲的狂潮从酒店泛滥到了夜店，卷过吧台和宫殿，也冲进了战况室和卧室里面。"空气里都有风流的味道，弥漫着求偶的气息。"一位作家如是说,"国内一度传言,伦敦的每个人都恋爱了。"带有宿命和享乐意味的浪漫潮流,也困住了好些身居伦敦的美国人,他们迷醉其中不能自拔。不仅美国人如此,当地人和流亡伦敦的欧洲人也都放下了道德的束缚,大家都想要借此歇息一下——"过去寻觅情人的那些障碍都被抛到了风中"。哥伦比亚广播公司的主席威廉·佩利曾在战时的伦敦度过几个月的时光,那段日子,让他产生了如此的感想,"只要你情我愿、大家高兴,婚外情好像也不打紧"。

年青一代英国女性追求独立自主的新生意识,又为本已自由的风气增加了一层无拘无束的色彩。她们成长的这个国度之中,很少有女人能够走出家门去追求事业和接受教育。英国社会只希望她们安守本分、好好地相夫教子。随着英国对德宣战,这种一成不变的状况开始松动,成千上万的女人要么前往工厂上班为抵抗事业出力;要么直接应征入伍,变身女子空勤辅助团或者其他部队的一分子。就连帕梅拉这种连鸡蛋都没煮过几个的新人,也加入了时代洪流。回忆起这段岁月,一位英国女性不禁感叹:"那是一次解放,让我获得了自由。"打那以后,女人也开始穿上了宽松的工装裤,而不是以长筒袜加身的形象示人。她们可以抽烟、饮酒,可以和丈夫之外的男人欢爱——至少,她们在投身这样的活动的时候,不必像自己的祖辈那样良心不安。城中为数不多的几个美国女性,也被这样的氛围所感染。"那时的伦敦,就是女人的伊甸园。"《时代》和《生活》杂志派驻伦敦的女记者玛丽·韦尔什写道,"大蛇就藏在每棵树、每座路灯的后面,随时在向大家分发诱人的禁果,让她们陷入温存却并不长久的伴侣关系。"

这就是一场轰轰烈烈的早期女性解放运动。置身其中的帕梅拉·丘吉尔,堪称一位先锋。她的工作地点位于供给部,自己则在多切斯特酒店栖身。多年之后,她还记得自己一面在酒店长廊踱步、一面思来想去的情形。"当年我才20岁,无拘无束。我一直在想,到底是谁即将走进我的生活?"埃夫里尔·哈里曼,似乎就是她的真命天子,相遇之后不久,帕梅拉立即展开了攻势。她的这场战役实在赢得轻松——哈里曼本来就喜欢逢场作戏,即便伦敦城中没有刮起及时行乐的风气，他也会毫不犹豫地去寻欢作乐。20年代的很长一段时间之内，他一直和泰迪·杰拉德保持着密切关系——哈里曼的这位情人既是演员也是夜总会的歌手，齐格飞的富丽秀当中，常常能见到她的身影。那些年里，哈里曼身边的女性远远不止这一位。前往伦敦赴任之前，他还曾与和芭蕾演员、日后成为乔治·巴兰钦妻子的薇拉·索丽娜纠缠不清。

哈里曼和帕梅拉·丘吉尔的这段情，很可能始于1941年的4月16日，正是在那一天，德国空军对伦敦实施了惨烈的大轰炸。恋情萌芽的时候，两人相识不过两周，他们的第一次约会，还是在多切斯特的一次晚宴上面。晚宴专为阿黛尔·阿斯泰尔·卡文迪什（此人是弗雷德·阿斯泰尔的妹妹，而其夫婿则是德文郡卡文迪什公爵的九世继承人查尔斯·卡文迪什）而设，哈里曼和帕梅拉同是应邀出席的宾客。空袭来临的那一晚，吉尔伯特·怀南特还在伦敦街头巡视，而爱德华·默罗更是亲眼见证了自己的办公室和最喜欢的酒吧被摧毁的过程。与此同时，哈里曼和其他宾客身在多切斯特的八楼宴会厅。正是在这里，他们发现伦敦正在陷入一场烽火之灾。随后，大家都转移到了哈里曼的套房之中。毕竟，套房位于底层，相对安全。后来，客人渐渐散去，帕梅拉却留了下来。第二天一早，约翰·科尔维尔见到了手挽着手的哈里曼和帕梅拉，两人在皇家骑兵队的游行方阵中往来穿梭，像是在检视昨晚的受损情况。那天晚些时候，哈里曼给妻子去了一封家信："昨天晚上真是一场'闪电战'——开战以来，要数这次空袭最为惨烈……炸弹无处不在。不用说，我肯定没有休息好。"信中，哈里曼谈到了晚宴的种种细节，巨细靡遗。宾客的姓名，他也是一一提及。当然，其中自然有一个例外，那就是帕梅拉·丘吉尔。

最开始，哈里曼和帕梅拉表现得很是低调。两人都不想把这段关系闹得满城风雨。他们的一位朋友表示：如有他人在场，这对情人总是克制守礼，就像"普通朋友一般"。不过，大家终归还是慢慢察觉到两人的关系并不一般，一些流言也在渐渐传开。作为丘吉尔大女儿戴安娜的夫婿，邓肯·桑蒂斯似乎"捕捉到了哈里曼和帕梅拉之间的眼波交换"，还发现"两人之间似乎很来电"。谣言甚至声称：哈里曼趁着夜色摸进首相官邸的一个房间，而且还被抓了现行。

不少人都在猜疑两人的这段关系，而比弗布鲁克勋爵正是其中的热心人物之一。打一开始，勋爵就怀疑首相的儿媳和哈里曼可能有染。作为三家主要报纸的所有者，比弗布鲁克曾是希特勒在英国的热心追随者，1940年的时候，勋爵还曾经如此表态；英德开战过后，比弗布鲁克却又成了坚定的抵抗运动支持者——虽然曾是这一运动的反对者，时过境迁，勋爵对于战事也投入了同样的热情。

首相夫人对比弗布鲁克的印象相当糟糕。在她看来，此人就是个"渺小的怪物"。克莱门蒂娜甚至多次规劝丈夫，要首相减少和勋爵的会面次数。"很多人都觉得勋爵是个坏人。"美联社派驻伦敦的记者德鲁·米德尔顿（Drew Middleton）表示，"个人觉得，比弗布鲁克确实缺乏道德，而且冷酷多计；他精力充沛，心性凉薄，对于阴谋暗算很有热忱（有时候，他简直沉迷此道、如痴如醉）。当然，他倒也非常慷慨。"一次，威廉·佩利应邀前往勋爵的府邸参加晚宴。行前，爱德华·默罗特地送来了警告：这位媒体大亨特别"喜欢把宾客灌得昏昏沉沉，然后再从他们的口中套取信息"。

作为丘吉尔内阁的军需部长，比弗布鲁克掌管着英国的战时经济生产。面对女性友人，他总是特别大方。帕梅拉自然也是勋爵的座上宾客。对方为首相的儿媳提供了多重的方便，他曾给了她许多人生建议，伦道夫的赌债，他也帮忙填上了不少。勋爵还把自己位于萨里的切克利乡村别墅腾了出来，让首相的孙子及其保姆住了进去。英国对于"美援"的依赖程度，勋爵自然一清二楚。哈里曼在英美关系中扮演的重要角色，比弗布鲁克同样知晓。因此，帕梅拉和美国人的这段关系得到了媒体大亨的大力支持。和首相一样，比弗布鲁克也在竭力把美国拉入战争。哈里曼勾搭帕梅拉的秘事，自然可能成为可资利用的把柄。反正，勋爵觉得这件事情说不定能够推动美国参战的进程。比弗布鲁克一向认为，情报就是权力。因此，他总在搜集美国方面的一举一动，并由此猜测对方的所思所想——勋爵认为，帕梅拉可以和他一起完成这项任务。于是乎，这对情人很快成了切克利的常客，而首相的儿媳也源源不断地把格罗夫纳方面的信息通报给了报业大亨。"面对比弗布鲁克，她简直是知无不言、言无不尽。"美国记者特克斯·麦克拉里表示。这段情缘也给哈里曼带来了不少好处，"有这样一位身边人……他自然是如虎添翼。"帕梅拉日后回忆说，"一切好像都变得不一样了。"

当然，哈里曼和帕梅拉肯定要让这段关系显得毫无痕迹。特使女儿的到来，倒是帮了两人一个大忙。凯思林·哈里曼当时23岁，来到英国是为了陪伴父亲。此前，特使的千金刚从本宁顿大学毕业。在父亲的帮助下，凯思林找到了一份临时的差事。由此她来到伦敦，在威廉·伦道夫·赫斯特的《国际新闻服务报》伦敦分部担任记者。一开始，女儿并未意识到父亲和首相儿媳的亲密关系，她和帕梅拉甚至建立起了一段友谊。哈里曼等人把家安在一个更大的套间之后，凯思林也跟着搬了进去。直到那年夏天，两位年轻女人得到了哈里曼的金钱资助并在萨里租下了一间小屋。每到周末，她们可以在那里消磨时光，而哈里曼也常常加入其中。凯思林心思细密，父亲和好友之间的这层纠葛当然没有瞒过她的眼睛。不过，她不以为意也并未声张。从小到大，凯思林·哈里曼生活的俗世环境当中到处可见如此这般的婚外关系。而且，她和自己的继母并不亲近。对她而言，就连埃夫里尔·哈里曼都像一位慷慨仗义的朋友，而不是什么爸爸。察觉父亲出轨的事实之后，凯思林更是坚定了在伦敦长居的决心。由此一来，她能够打着工作的幌子为父亲做个掩护。

虽然有人小心维护，哈里曼和首相儿媳的这段关系还是露了馅，伦敦和华盛顿的不少人都对此有所察觉。相关消息，也被哈里·霍普金斯捅给了罗斯福。按照霍普金斯的说法，总统当时简直"吓了一大跳"，至于霍普金斯本人也是心思烦乱。按照帕梅拉本人对历史学家小阿瑟·史莱辛格的陈述，他"很是担心总统特使插足首相公子婚姻带来的可怕后果"。

这段关系就像是在玩火，帕梅拉和哈里曼都心知肚明。首相儿媳觉得，她的婚外情"很可能诱发可怕后果"，由此而来的丑闻足以击倒他俩身边的一大群人。那么，帕梅拉和美国特使两相勾搭的最初几个星期，首相和首相夫人知不知道自己屋檐下的这桩奇事呢？对此，我们一无所知。按照丘吉尔二女儿萨拉的说法，她的父母对于个人隐私十分看重，"我们几乎很少问及对方的个人生活，对于相互的情感世界也没有窥探之意。"萨拉·丘吉尔表示，"我们热衷于保护自己的隐私，对于他人的私事也十分尊重。"

当然，要说首相夫妇对于这起关系毫无察觉，同样也难以令人相信。为了这个任性的儿子，克莱门蒂娜几乎心力交瘁。伦道夫的家庭变故，母亲倒是可以接受。不过，父亲一向宠溺儿子，帕梅拉红杏出墙，对于首相本人应该是个重大打击。无论如何，哈里曼及其身后的美国，都是丘吉尔必须依赖的力量。首相由此抛开了个人情感，不让个人因素影响了国家利益。况且，帕梅拉可以作为他和哈里曼之间的沟通信使。有了她这层关系，哈里曼那里一旦有了什么风吹草动，很快就能传递到首相这里。

帕梅拉本人倒是一贯坚信：丘吉尔一家一早就发现自己和美国特使有染这个事实。不过她也再三强调，公公婆婆从未因此和自己有过直接交锋。有那么一次，首相倒是旁敲侧击："你知道吗？外面到处都有关于埃夫里尔和你之间的种种传言。"儿媳回应道："好吧，战争期间无事可做只能嚼嚼舌根的人倒也不少。""这个观点我同意。"丘吉尔表示附和——此后，他再也没有提及相关话题。

哈里曼和帕梅拉纠缠不清的时候，怀南特也同首相一家的好些成员萌生了友好关系。按照密友菲利克斯·法兰克福特的说法，大使"有一种特别的能力，可以让他面前的每个人生出自矜自贵的感觉"——这样的才能，无疑有助于他博得丘吉尔及其家人的欢心。"吉尔是个沉默而极有魅力的人，他很快就成了我们全家人的亲密好友。"玛丽·丘吉尔表示，"他参与我们的生活，见证我们的欢笑、忧愁、乐趣和争执（通常情况下，他都能起到和平使者的作用）。"

怀南特生性羞怯，有时候，他还显得笨手笨脚。不过，公务场合下每个人都对他印象不错。约翰·科尔维尔觉得大使"是个温文尔雅的理想主义者"，而且"身边的男男女女都很喜欢他"——同时代的许多英国人也在自己的日记和信函中表达了同样的感觉。他们的话语，恰能佐证怀南特的好人缘。"怀南特一走进房间，"一位和大使有过接触的妇女表示，"在场每个人的情绪似乎都能变得高昂一点。"另一位朋友觉得"他身上有一种魔力"。保守党籍议员奇普斯·钱农（Chips Channon）曾经提到过大使的一桩轶事：首相官邸的某次宴会上，怀南特和肯特公爵夫人比邻而坐。一餐下来，年轻美丽的夫人已被大使迷得神魂颠倒。在哈罗德·尼科尔森看来，怀南特属于"我认识的人中最有魅力的那一类"，而且有着"坚定的性格特征"。作为首相的保健医生，莫兰（Moran）勋爵也在日记里对大使大唱赞歌："其他人为了赢取人心作出的种种努力，怀南特完全无须担心。只消吐出一个音节，大家就能对他倾慕不已。"

怀南特的魅力，甚至征服了挑剔的艾伦·布鲁克（Alan Brooke）将军。这位皇家军队的参谋长一向尖酸刻薄、嘴不饶人，提到大使却也是称颂连连。某天晚上的一次官方会议期间，莫兰勋爵还发觉了一幕奇景：布鲁克在和大使交谈甚欢。将军热爱观鸟活动，那一次，他与怀南特的谈话主题也围绕着"在自然中寻求慰藉"这个话题而展开。战争期间，这份慰藉似乎特别珍贵。"那天怀南特显得特别热忱……至于布鲁克——在我看来他就像变了个人——也显得兴致勃勃。"日记中，莫兰记述了自己的见闻。按照医生的说法，大使话音虽落，"他的言语却好像仍然萦绕耳边"。正是从那个时候起，将军和大使成了莫逆至交。待到战争结束多年，已经升任陆军元帅的艾伦·布鲁克勋爵表明了对于友人的看法。他觉得自己和怀南特的这份友谊"堪称战争为我提供的收获之一"，而且"能够抵消战事带来的所有痛苦"。

在大使的魅力面前，有那么一位大人物却似乎不为所动。这位人物正是首相丘吉尔。其实，他对怀南特的印象倒也不错，不止一次，首相提到自己对于美国大使的尊重与仰慕："每一次与怀南特相见，我都会变得活力满满。"话虽如此，首相却并不喜欢与大使为伴。相形之下，还是哈里曼和哈里·霍普金斯更叫丘吉尔觉得自在。"怀南特的乐观态度吸引了首相。不过……丘吉尔还是更欣赏霍普金斯的尖刻与机智。出于同一原因，首相和比弗布鲁克关系也相当不错。"莫兰如是说。其实，丘吉尔的这些朋友在性格上几乎都是比弗布鲁克的翻版，他们行事高调、脑筋灵活而且都有一点"冒险的倾向"，赌博、饮酒是他们的共同爱好，一路畅谈直至深夜同样深受几人的欢迎。对于首相的交友情况，罗伊·詹金斯有过一番确切评价：丘吉尔就"喜欢不守规矩的人"。偏偏怀南特其人生性最是循规蹈矩。

说到对怀南特和哈里曼的态度，克莱门蒂娜·丘吉尔和丈夫正好相反。相比特使，首相夫人更为欣赏大使的为人。哈里曼帮忙劝服了女儿，克莱门蒂娜对此感激不尽。而且，首相夫人也喜欢和特使一起参加门球比赛——在这方面，她和哈里曼都是高手。不过，按照作家克里斯托弗·奥格登的说法，克莱门蒂娜·丘吉尔眼中的哈里曼不过是个"很有钱的生意人"，而且"冷静、雄心勃勃而精于算计"。丈夫的身边，永远不缺哈里曼这般富裕而又打着自己算盘的朋友，克莱门蒂娜觉得哈里曼和他们一样"只会让丈夫和自己更加疏远"。至于怀南特，则被首相夫人引为真正的知己。克莱门蒂娜认为，大使和自己才是真正的心心相印。玛丽·丘吉尔觉得，怀南特对于自己母亲那复杂的内心世界"有着精确的了解"。首相夫人生活中的种种压力和苦闷，也得到了大使的知晓和宽慰。正是因为这个原因，一向不和身边人分享秘密的首相夫人，总会找到美国大使吐露自己的心声。

在造访唐宁街首相官邸、首相别墅或迪奇雷的各位来宾看来，克莱门蒂娜·丘吉尔是一位优雅得体、机智聪明而又善解人意的女主人。她待客十分周到，总在给大家营造宾至如归的氛围。提到她的时候，不少人都用上了"亲切"这个字眼。哈里·霍普金斯觉得首相夫人"在亲切和善的程度方面"冠绝他在英国认识的一切人；珍妮特·默罗表示，克莱门蒂娜其人"真是亲切、有活力又有魅力"；埃莉诺·罗斯福的评价也几乎如出一辙——"首相夫人富有魅力，年轻有活力而且十分亲切"。

不过，罗斯福太太也有自己的一点疑心：克莱门蒂娜·丘吉尔那沉静自制的外表之下，似乎隐藏着另一个截然不同的人格。"大家应该感受得到：公共场合之下的丘吉尔夫人似乎是在扮演某种角色，而表演这种活动，似乎也成了她生命的一部分。不过，角色之下的那个她才叫我们最是好奇。"身为美国总统的妻子，埃莉诺·罗斯福对于公众形象与真实人格的对立再是熟悉不过。第一夫人对于英国"同行"的猜测只是出于直觉，却又正好命中事实。没错，克莱门蒂娜·丘吉尔呈给世人一副泰然安详的面孔，卸下这层面具，她的内心其实激情满满。脆弱、孤独甚至有些抑郁的情绪，也时时困扰着首相夫人。

30多年的婚姻生活中，克莱门蒂娜已经把自己的丈夫当成了终生的事业。不过，时不时她也会转移自己的感情，把爱献给丈夫之外的其他人——他们也许是她的孩子，也许是某位满足她欲望与需要的人士。首相夫人曾经告诉儿媳帕梅拉，她"与温斯顿结婚之后就决定把整个生命托付于他……她只为温斯顿而活"。妻子投之以桃，丈夫却没有回报以李。毫无疑问，他很爱她而且对她很是依赖——这份感情，他曾用数以千计的温存信函予以表明。不过，曾为丘吉尔一家立传的约翰·皮尔森觉得，首相"彻头彻尾非常自我"。对于妻子，他从未付出太多时间。相比妻子和儿女，丘吉尔首先更热衷于追逐政治权力和自己的各种爱好。"内心里，他还是爱她的。不过，她需要的爱可不止这么一点，而他从来也不打算多给。"帕梅拉如此评价公婆之间的感情。儿媳还表示："丘吉尔一家的男人都是这样：他们希望妻子了解自己，却又不打算花些功夫去了解妻子的心思。"

结婚之后，克莱门蒂娜一直在为家庭的经济状况而烦恼不堪。妻子的烦忧，主要来自丈夫对于奢侈生活的大力追求，偏偏他热衷的生活方式，他们的家庭往往难以负担。"我这人其实很容易满足，"首相常常把这句话挂在嘴边。当然，说完之后他也会沉吟片刻，而后不无调侃地接下自己的话茬，"我是说我这人很容易满足于最好的生活啦。"丈夫对于赌博的喜爱、对于股票投机的追求，更是加重了家中的经济负担。1922年，他又自作主张买下了一幢乡间别墅。这座叫作"查特维尔"的房子位于伦敦南郊，距离城市20英里，房屋由红砖砌成，属于维多利亚时代式样。它巍然挺立在肯特郡的乡野之中，显得蔚为壮观。丘吉尔买下它，是想要给家人和孩子一个度假地点。丈夫的这个举动，却让妻子十分恼怒。克莱门蒂娜认为，这栋建筑只会给家庭带来更多的经济困难。很不幸，她的想法是对的。玛丽·丘吉尔记得，母亲曾经因为"孩子们忘记关掉别墅房间的一盏灯"而对自己和姐妹大发雷霆。毕竟，"这座别墅只是她心头的负担"。

首相和首相夫人同样出身贵族家庭，却也一样没能继承族产。早年间，丘吉尔从议会领到的薪水又相对微薄。为了撑起奢侈的生活，首相不得不奋力笔耕。在写作这方面，丘吉尔算得上相当多产，他的书籍和文章也很受欢迎。可是，由此而来的收入仍然不足以抵去巨大的开支。有一次，克莱门蒂娜为了缴清上月的账单而不得不卖掉了一枚红宝石和一条钻石项链。这两件首饰，可都是温斯顿送给妻子的结婚礼物。多年以后，有人曾和首相夫人提起她丈夫的种种功绩，他竟然能把写作、绘画和处理政务结合得如此之好，让他们不禁感叹。不过，首相夫人只是略带酸楚地表示，自己"从未做过任何让丈夫感到不满的事情，而且总在为丈夫清理各种残局和垃圾"。

战争期间，丘吉尔比以往更加受人瞩目。当时的他，就是所有人的关注中心。无论在首相别墅还是在迪奇雷，一切事物都要围着他转。首相夫人也十分忙碌，丈夫的所有官方客人，都需要她周到接待。对于这位女主人，客人们却是少有关心。其实，首相官邸举办的周末晚宴之上，女宾的身影很少见，各位男士自然也不会留意到她们的存在。"这个地方的周末聚会实在大不一样。"1941年夏天，凯思林·哈里曼致信胞妹并提到了自己在首相官邸的周末经历，"大家谈来谈去，话题始终不曾离开战争……至于女宾，似乎显得有些多余。吃罢晚饭，她们无不选择匆匆离去。在这个男人聚集的场合，女士都不是主人想要长留的客人。有的时候，男士们甚至会一直倾谈直至午夜。"

凯思林眼中的克莱门蒂娜作风优雅。而且，首相夫人总是"安然居于丈夫的身后"。凯思林告诉自己的妹妹："丘吉尔家中的每个成员都把首相当作上帝一样膜拜。至于首相夫人则是一贯低调。如果有人能够注意到她,她就已经有些感激涕零了……不过,可不要以为她是个唯唯诺诺的人,那可不是她的个性,她很有主见。在家中,她拥有超然的地位。不劳首相夫人吩咐什么,首相自会照着她的心意去办。"

克莱门蒂娜·丘吉尔的直觉非常敏锐,对于大多数的事务都有着坚定的看法。可是到了餐桌旁,当她的丈夫和各位宾客纵论时事、阐发观点的时候,女主人却很少提出自己的意见。偶然的情况下,首相夫人倒也想要转移话题,不过她的努力总是收效甚微。随着战事的深入,克莱门蒂娜在晚餐期间躲进卧室闭门不出的情况也愈发增多。作为聚会中为数不多的女宾,帕梅拉常常在婆婆的要求下担起了女主人的职责。在儿媳看来,克莱门蒂娜守在自己房间捧着餐盘进食的次数,远比陪伴丘吉尔一干人共餐的机会要多得多。帕梅拉觉得,婆婆百分之八十的时间都在孤独中度过。

如此情形之下,首相夫人对于新任美国大使的感情也就不足为怪。毕竟,怀南特公开表示自己喜欢与她为伴,她的话语也能得到他的共鸣。大使来到伦敦之后不久,克莱门蒂娜便向他提出前往唐宁街进餐的邀请。可是,首相夫人总是不忘补充:进餐期间,男主人很可能不在场。"听起来好像我在阻挠您和温斯顿相聚!"克莱门蒂娜表示,"这并非出自本人的刻意安排。不过,我仍然觉得:如果温斯顿不在这里吸引您的注意,我会更享受您的陪伴。"

在许多方面,大使和首相夫人都有着相同的志趣。两人的个性都有些羞怯内敛,很少有人能够窥见他们外表之下的内心。理想主义的感觉,怀南特和克莱门蒂娜也都有那么一些。他们都还坚信一种观念:政府应该大力帮扶底层人民。克莱门蒂娜·丘吉尔打年轻时就倾心于一些激进思想。这一点,又和大使是一模一样。幼年的克莱门蒂娜喜欢学习,并一直希望能够攻读大学学位。那个时候的上层社会青年女性之中,很少有人怀抱这样的志趣。克莱门蒂娜的母亲就对女儿的愿望很不赞同。终其一生,首相夫人都对女性追求财政独立的举动大加赞赏(虽然她本人从来未曾享受过那样的自由)。而且,她还一直强烈主张妇女应当获得投票权,虽然女性参政的事,只是很久之后才变得普遍起来。

1924年,丘吉尔改换门庭,从自由党转投保守党。作为自由党的忠心拥护者,克莱门蒂娜对此深感挫败。不过,在表面上她也跟随丘吉尔一起加入了保守党,私底下的克莱门蒂娜却没有失去往日的情怀和志趣,她仍是一心想要提升英国底层人民的生活。丈夫的托利党同事之中有不少人都反对社会改革,对于他们,首相夫人的厌恶从来难以掩饰。至于比弗布鲁克和丈夫的那些有钱朋友,也都没有得到首相夫人的欢心。这些人放荡空虚的生活方式让克莱门蒂娜觉得不适,他们对于英国低下阶层的冷漠态度更叫她感到气愤。"不要被那种浮华虚荣的氛围迷了双眼。"一次,克莱门蒂娜致信自己的丈夫表示,"你今天结交那些朋友……无知、粗俗而又偏见满怀。低下阶层的独立自由,从来得不到他们的认可。"

面对那些冒犯自己的人,克莱门蒂娜表达厌恶的时候可是从不害羞。布兰赫姆宫的一次周末聚会上,丘吉尔的表兄,同时也是这座宫殿的所有者马尔堡公爵曾向她建议:作为首相夫人,她一定不要和前首相大卫·劳合·乔治保持书信往来——要知道,她的信纸上还带着布兰赫姆的家族纹章。毕竟,劳合·乔治来自自由党,而且是保守党最大的政敌。听罢此言,首相夫人放下手中的笔,而后,她不顾公爵的苦苦挽留,径自走回房间开始收拾行李,随后头也不转地回了伦敦。另一次,克莱门蒂娜甚至公然与丈夫的一位客人反目相向。妻子的表现,让丘吉尔觉得有几分骄傲。首相提及此事甚至有些惧怕:"面对他,她咄咄逼人得就像一只跳下树枝的美洲狮!"

两次世界大战期间,克莱门蒂娜对于社会改革的兴趣都转化成了实践的热忱。她努力工作,致力于改变国内劳工阶层的生活环境。大战降临,首相夫人为军需工人开办的九座食堂也在伦敦北部相继开张。每天,这些食堂都能接纳近五千名男女工人。大轰炸来临的时候,她又利用影响力四处游说,最终为伦敦的本土护卫队队员争取到了政府的补贴。还要知道,首相夫人在提升伦敦防空洞的生存环境方面居功至伟。此前,克莱门蒂娜·丘吉尔收到了大量信件,信中人们反映了防空设施恶劣的情况。在未曾提前通知的情况下，首相夫人对城中不同地点的多座防空洞和避难所进行了暗访。她想知道，那里到底糟糕到何种地步。克莱门蒂娜的见闻，最终变成了丘吉尔手中的一份报告。借此，首相夫人描述了防空场所的种种触目惊心之景：卫生状况恶劣至极，而各类基本生活设施则是一应俱缺。在很大程度上，正是首相夫人的悉心奔走，最终促成了政府下定加以改善的决心。随着影响力的加大，克莱门蒂娜也渐渐听闻了政府在其他方面的懒惰和疏忽。议员、神职人员、社工和医生成了首相夫人了解民生疾苦的信息源，她和他们经常接触，一起讨论可行的解决方案。通常情况下，克莱门蒂娜·丘吉尔都要把这些问题告诉怀南特，并和他先行磋商一番。

对于美国大使而言，与丘吉尔一家的相处就像放松的机会，他可以借此暂时放下肩上的重担。而且，这种关系还给了怀南特一种归属感。成年以来，大使一直寄情工作，就连自己的家人都很少陪伴。无论是作为美国大使、州长，还是国际劳工组织的干事，怀南特的忙碌可谓一以贯之。来到伦敦的时候，他的女儿康丝坦斯已经结婚，大儿子约翰在普林斯顿求学，小儿子狄文顿也进入了马萨诸塞州西部的蒂尔福德预科学校。时不时地，大使夫人会来到伦敦省亲，不过，夫妻之间的关系甚是疏离。作为怀南特一家的老朋友，阿比·罗林思·卡佛利觉得大使"就是我认识最为孤独的人之一"。卡佛利觉得，"怀南特需要有人作为倾诉衷肠的对象。可是，家中没人愿意听他说话。"

有克莱门蒂娜陪在身边，怀南特觉得很是高兴。丘吉尔家其他成员的出现也让他十分受用。不过，唯有 27 岁的萨拉最叫怀南特感到牵挂。首相的几位千金当中，要数萨拉最得父亲宠爱。和首相一样，红发碧眼的萨拉性格独立、意志坚强，因为性格因素，家人甚至把她叫作"骡子"。丘吉尔的女儿们都很依恋父亲，萨拉自然也不例外。但是，唯有萨拉有独一份的勇气去和首相唱反调。

当然，萨拉也和姐妹们有着同样的早年际遇。其实，英国高层人物的孩子们一般都少有机会和父母相处。在这方面，丘吉尔家可谓登峰造极。"小时候的我们很快就意识到了一点：爸爸妈妈的个人志趣在于一些大事方面。至于我们这些小孩的所思所想，肯定属于鸡毛蒜皮，不值一顾。"玛丽曾经回忆，"学校的戏剧日、颁奖典礼和体育比赛，我们从来不指望他俩能够出席……当然，我们的母亲倒是还能抽出时间，出席一些活动。那些时候，我们可都是感激不尽。"

养育孩子的职责，被丘吉尔完全托付给了妻子。首相本人则一头扎进了事业和其他的追求之中。学校节庆也好，其他的典礼也罢，孩子从来没看到过父亲的身影出现，需要独自一人抚育孩子的克莱门蒂娜也会常常抛下做母亲的职责。诚然，她很喜欢这几个孩子，并把他们都视若珍宝。可是，为人父母这种职责实在不是克莱门蒂娜的专长所在。根据一位友人的描述，克莱门蒂娜其人"首先是个妻子，而远远不算是个母亲"。她甚至向玛丽坦承："和温斯顿相处已经耗尽了全副精力，我已经没有处理其他事务的力气了。"孕育生命、生下孩子的全过程，给克莱门蒂娜留下了巨大的身心劳累——到了1918年她的第四个孩子即将出生的时候，克莱门蒂娜甚至动起了心思，想要把新生儿送给没有子嗣的朋友。除却劳累，金钱方面也是她考虑的另一大原因。那位朋友本来已经准备应允，可是克莱门蒂娜却又收回了这个古怪又骇俗的想法。

两年过后的1921年8月，丘吉尔夫妇再次抛下了四个子女，克莱门蒂娜急切想要送掉的玛丽格尔德也在其列。一名保姆带着孩子们住在英国南部，夫妇两人则各自忙碌——克莱门蒂娜忙着参加一项网球比赛，而温斯顿也在伦敦处理公务。那个夏天，玛丽格尔德不过两岁。暑假开始她就染上了喉部炎症，并在后来发展成为败血症。丘吉尔夫妇匆匆赶到病床之前，孩子只剩下了一周的寿命。在萨拉看来，母亲从未真正摆脱玛丽格尔德夭折带来的种种痛苦，由此而生的负罪感，也一直伴随克莱门蒂娜，没有散去。

不过，克莱门蒂娜并未停止自己的"休假"历程。结婚早期，她就时不时抛下家庭而自顾自去玩乐。欧洲大陆的各家减肥温泉疗养地，倒是时时能够找到她的身影。只有到了那些地方，她才能摆脱养育孩子带来的烦恼，还有那个咄咄逼人的丈夫。积蓄了足够的精力过后，克莱门蒂娜才有重新投入家庭的勇气。每当结束休假回到家庭，她就像个"温柔和严厉的结合体"——这是萨拉的看法。萨拉还觉得，那个时候的母亲"俨然一位独裁君主，让人根本不能与之争辩"。

进入少女时代的萨拉和玛丽，都和母亲变得更加亲近。家中最大的孩子戴安娜却与克莱门蒂娜一直关系不睦，这点纠葛，一直陪伴着丘吉尔家的大女儿。玛丽曾经执笔过一本传记并深情地回忆了母亲的生平，提到母亲和子女的关系。她表示："我们这些孩子都很爱戴和尊崇自己的母亲。不过，对我们来说她从来不是个温馨有趣的人，也并非最好的伙伴。"

和妻子相反，温斯顿·丘吉尔不但温馨有趣，而且还是个上好的伙伴。他虽然很少和孩子相处，但是父亲一旦陪在子女身边，就会显露出放松、逗趣和温情脉脉的一面。那个时候的首相与其说是一位慈父，毋庸说更像一个顽童。他和他们一起游戏，还带上他们出外玩耍或者远行。查特维尔的一面撞墙，就是由首相和孩子们共同堆砌而成。温斯顿·丘吉尔的女儿们都很喜爱自己的父亲。不过，伦道夫才是父亲最为喜爱的那个人。对于自己的这个儿子，丘吉尔宠溺非常，儿子的一切作为，都能得到他的原谅。首相觉得，伦道夫可以进入政坛成为自己的继承人。就餐期间，父子二人常常陷入大声而热烈的争论之中，此时其他的宾客往往插不上嘴，萨拉和戴安娜也只能静静围观。想到那幅场景，首相的侄子佩里格林·丘吉尔（Peregrine Churchill）表示："丘吉尔家里满是一些自高自大的人，充斥着无穷无尽关于政治的谈话！到了某个年纪，我终于下定决心要和这个家庭保持疏远，要不然，他们真有可能把我撕得粉碎。"堂兄弟的话，得到了戴安娜的认可。多年以后，首相的大女儿告诉自己的女儿：当年之所以匆匆缔结第一段婚姻，只是为了"逃离查特维尔桌边那些永无休止的政治话题"。

幼年的萨拉·丘吉尔体弱多病，性格孤僻的她喜欢沉溺幻想。她崇拜父亲，却又常常因为父亲的智慧和一心一意的工作热情而感到困扰。"如果我有些什么事情需要向爸爸通报，我总觉得自己很难开口。因此，我只能写下条子告诉爸爸。"日后，萨拉曾经提到自己当年的感受，"这才是父女最好的交流方式。他可以借此节省时间，休养精力。"甜美而害羞的外表之下，萨拉的性格之中却有着坚忍乃至叛逆的底色。这种个性，戴安娜和玛丽可是毫无沾染。

18岁那年的萨拉·丘吉尔开始有了"不合作主义分子"的名声。这时候，她常常对于父亲身边的朋友品头论足。在她的眼中，这些人的那种生活方式"肤浅而奢靡"。女儿的评价和母亲几乎如出一辙，也同样让父亲感到厌烦。而且，女儿的另一件事情更是刺激了父亲的神经，在伦敦的一家著名剧院中，萨拉·丘吉尔找到了一份舞蹈演员的工作。那一年，萨拉刚刚年过20。其实，她自幼就对艺术活动兴趣非凡。对于政治活动，她可没有这样的兴趣，虽然她的生长环境有着浓郁的政治气氛。进入青少年时期，萨拉开始撰写诗歌——这点爱好，还被她贯彻终生。为了早早地在创作中有所作为，她还缠着父母给自己报了舞蹈课，这样的经历让萨拉十分欣喜。她还记得，自己在收到《追逐太阳》剧组合唱团入职邀请的时候是有多么自豪。"我走出剧院，感觉自己好像高大了一英尺多。而且，生活突然间似乎有了意义……我们的冒险也终于开始了。"

温斯顿和克莱门蒂娜可不想自己的女儿在舞台上抛头露面。其实，不少人都觉得萨拉在表演和舞蹈方面很有才华，首相的另一个女儿玛丽也抱有这样的观点。可是，做父母的仍然坚持己见。在上司的影响之下，约翰·科尔维尔原本也对萨拉的才能有所怀疑，一个偶然机会，科尔维尔去伦敦西区的一家剧院亲眼看到了萨拉的表现，此时，他才发现"其实她的表演相当不错"。

21岁那年，萨拉的另一个举动进一步惹恼了父母。当时，她宣布要和38岁的维克·奥利弗（Vic Oliver）结婚。这位奥利弗是奥地利籍犹太人，也是《追逐太阳》的明星演员。对于女儿的婚约，丘吉尔十分不满，第一次和维克·奥利弗见面的时候，他甚至拒绝同对方握手。在首相看来，这位喜剧演员"就和灰尘一样不起眼"，做父亲的当然想要劝说女儿收回成命。萨拉还记得，那一次爸爸"就像在召开公开会议一般"来应对"这个流浪艺人带来的种种威胁"。

对于这段爱情,萨拉有着坚定的决心。于是,她追随奥利弗到了纽约,在那里,他们展开了新一轮的巡演。父亲立即委派伦道夫坐上最近的一班跨洋邮轮,前往美国寻找萨拉的下落。伦敦和纽约的各大媒体,都把首相的女儿描绘成了"逃亡中的贵族千金"。她的故事,自然引发了一众报纸的集体狂欢,它们争相让出头版,报道丘吉尔家的这桩爱情故事。标题从"私奔跨大洋"到"兄长追爱神",简直不一而足。丘吉尔甚至雇用了私家侦探和律师,想要阻挠女儿和奥利弗之间的婚事。可是,丘吉尔的努力以失败告终。1936年底,萨拉和维克最终成婚。而后夫妻两人返回英国进行巡演,他们先是同台演出,后来又分别参与各自的剧目。他们的足迹不限于伦敦西区,甚至遍布英国各地。

虽然和父母一度闹得很不愉快,萨拉却在后来成了家中矛盾的调解人。善解人意的她总是试图平息争吵,并把所有家庭成员团结在一起。萨拉和两个姐妹都关系亲近。戴安娜的两位幼女——艾德文娜·桑蒂斯和西莉亚·桑蒂斯——也喜爱这位姨妈。按照艾德文娜的说法,萨拉"对于童年的我而言就是个有魔力的人",她"就是一只彩蝶,在我们的平俗生活中飞进飞出"。艾德文娜觉得,萨拉姨妈"非常美丽,有着绝顶的魅力"。

萨拉·丘吉尔那"粗糙无礼的咯咯笑声"很是有名,她有着相当的幽默感。"我人生当中最有意思的几个瞬间都和她有关。"艾德文娜表示,"那几次,我们真是笑得眼泪都出来了。"一位记者也对萨拉有着自己的看法:"我采访过的所有人当中,要数萨拉·丘吉尔最富于生命活力。她可以让身边的一切事物显得更为可爱、更为愉快和更加迷人。与此同时,她也是个脆弱的人。她希望获得别人的喜爱,一旦对她显露善意,她会显得非常感动。"

30年代后期,萨拉在舞台上的形象愈发多变,由此,她的演员生涯更显光彩。这个时候,她对自己那个迷人却又富于控制力的丈夫也失去了几分依恋。同一时间,奥利弗和其他女性的秘密关系也被妻子所发现。1941年遇到怀南特的那个时候，萨拉·丘吉尔的这段婚姻已经走到尽头。凯思林·哈里曼曾对自己的妹妹表示："萨拉真是个好姑娘。至于她那个丈夫维克，在我看来可不是什么值得托付、值得信任的人。"哈里曼的女儿还察觉"萨拉·丘吉尔显得很不快乐。不过，能够反抗父亲的意志而和维克在一起，已经需要巨大的勇气。而且，登台演出也能让她避免陷入疯狂"。

凯思林不知道，其实萨拉还有另一重慰藉：她和怀南特之间日渐增长的友情，也能够帮忙排遣郁结。在伦敦、在首相别墅，两人一同度过了不少时间。接下来的几个月，两人的关系更加亲近起来。这时，萨拉·丘吉尔才向美国大使吐露了自己的烦恼，同时她也聊起了自己对于未来的希望和期许。她的温暖、智慧和体贴感染了怀南特，由此他卸下了阿兰·布鲁克口中的"那条保守的铁幕"。他对于她变得很是信赖，甚至生出了一种情感。这种情感，怀南特从来未曾托付他人。

英国正面临有史以来最大的一场危机，身处危机之中的美国大使，却发现自己爱上了首相的女儿。

第 6 章

哈里曼先生很欣赏我的自信

1941 年 5 月 30 日，纽约的拉瓜迪亚机场，几百人在观望台上排列整齐，向还乡的吉尔伯特·怀南特表示欢迎。当天的《纽约时报》在头版刊登了大使归国的惊人消息。报道还表示，怀南特此行将与总统和政府高层人士商谈重要事宜。正是因为听闻了类似的新闻，大家才会前来为他接风。人群的热情让怀南特颇为困窘，走下舷梯的他怯生生地脱下帽子，向欢呼叫好的人群致意。与此同时，相机快门齐齐闪烁。大家都想知道，大使为什么要在这个当儿回国一趟。面对如此追问，怀南特礼貌而坚定地表示无可奉告。而后，他还轻轻吐出一句："这个场景简直比空袭还可怕。"

对于大使归国的真正原因，英美两国的媒体都在第一时间作出了自己的猜测。"很显然，怀南特先生这次匆匆回国是为了通报英国方面的种种急需。他要表明事情的严重性……战争，已然演化成了一场灾难。"《纽约时报》的专栏中，安妮·奥哈拉·麦克米克如是说。伦敦《每日邮报》的记者则表示自己得到了"华盛顿某高官"的密报——高官表示，"怀南特和罗斯福的会面极其重要，几乎可以和总统面见丘吉尔先生等量齐观。这次会面，有着战略意义。"

逗留伦敦期间，怀南特和哈里曼有着共同的感觉：华盛顿和美国国内的局势，正和自己渐行渐远愈发隔膜。罗斯福和霍普金斯传来的电报毕竟内容有限，而美国的来信则通常要耽搁近一个月的时间。当然，信件丢失，在信件传送的过程中也不少见（当时，英美之间的邮政通信常常因为商船沉没而被迫中断）。对于这种情况，哈里曼忍不住对总统大加抱怨，认为伦敦和华盛顿之间简直树起了一座静悄悄的"长城"。"目前，我只能从英国各部门获取国内的有效信息，"他向罗斯福表示，"只有完全知晓华盛顿方面的动态，我在这边的工作才能开展下去。"

哈里曼和怀南特对于国内情势的陌生，让英国的前途蒙上了一层阴影。根据最新民调显示，愿意投身战争、扶助英国的美国人数还在不断降低。第一批租借交换物资在 5 月底随船运抵英国，其中的货物包括蛋粉、炼乳、培根、豆子和罐装肉食。这些东西，多多少少给这个国家带来了一些帮助，除此之外，美国方面却没有提供其他帮助。武器、战机、坦克和其他战争物资并未进行大规模生产，刚刚走下生产线的各类武器装备，也没有足够的舰艇运送。虽然政府已经三令五申，美国国内的企业仍对大规模的战时转产十分抵触。汽车巨子亨利·福特一类的工业大亨本来就是坚定的孤立主义者，英国人的订单，自然遭到了他们的冷遇。参议院的调查报告指出：政府下达的生产指标并未得到完成，有许多拒收政府合同的企业则有贪污浪费的嫌疑。"我们等于是在昭告全球……美国的情况就是一团糟"，一位民主党籍参议员在当年 8 月表示。虽然总统加大了动员力度，政府也发出了警告，美国在当年的战时军火生产能力仍被英国和加拿大远远抛下。

1941 年夏天，"平等租借"陷入了巨大的困境。由于美方援助不得力，哈里曼的得力助手威廉·惠特利不得不选择辞职。"我们欺骗了大西洋两岸人民的感情。他们可能觉得，一场轰轰烈烈的援助战争正在进行之中，其实，所谓的援助根本没有到位。"辞职信中，惠特利写下了这样的文字，"个人觉得，政府应当……向国会和人民说明一个事实：虽然我们已和英国达成盟约并共同抗击纳粹，但是我们对于盟友的付出实在少得可怜。"

大使回国之前三天，总统曾经释出了一个信号。看来，援助事宜有可能就此发生重大转机。总统表示,美国将竭力阻止纳粹控制大西洋海域的图谋。而且,美方还启动了无限期的紧急状态。美国舰船参与运送物资的时代,似乎马上就要到来。

"向英国提供物资一事十分必要。我们有能力完成这个任务,也必须完成这个任务。"罗斯福如此表示。他的话语传到许多美国人耳朵里,几乎等于"号召大家拿起武器"。罗伯特·舍伍德认为,罗斯福的演讲"被人看作了一番庄严宣誓。如此一来,美国对德宣战几乎不可逆转甚至迫在眉睫"。不过,演讲第二天的新闻发布会上,罗斯福却又变回了老样子。对于与英结盟的种种问题,他都选择避而不谈。总统表示,美国船队不会参与运输物资——至少现在不会。至于战争准备更是无从谈起。

日后出任国务卿助理的迪恩·阿奇森觉得,那个时候的罗斯福及其政府成员似乎已经陷于"瘫痪状态",他们的"思想和行动脱了节"。

英国的危险境地,怀南特有着充分的认知。在雷蒙德·李看来,大使为了劝说美国加入战局几乎"调动了全副神经,求助了一切可能的力量"。面对罗斯福等人,怀南特的态度自然愈发坚决。在给外交部属下的备忘录中,安东尼·伊登曾经写道:"今天,怀南特向我发问:除了战争,美国还可以给我们提供什么帮助……我总觉得,他也不知道美国方面是否愿意参与战争。"

回到华盛顿之后,怀南特应总统之邀来到白宫下榻。其间,他和罗斯福等政府高官进行了多次会谈。英国政府及人民的糟糕前景,大使自然没有少谈。怀南特表示,英方十分需要美国的军事援助,而各类战机和坦克尤其处于紧缺状态, 美国海军的护航行动也是势在必行。至于英国方面向希特勒提出有条件媾和的传闻,则是纯粹的无稽之谈。不过,大使同时表示:假若美国迟迟不肯伸出援手,英方虽然还会坚持抗战,但抵抗的力度有可能因为实力不济而大为削弱。大使的言论,促成了罗斯福的表态,总统告诉大使:"我们不能继续等待了。"总统一声令下, 美军的四千多艘潜艇立即开赴冰岛。临近地区的防务,也从英军手中移交给了美国方面。如此一来,即便英国本土遭遇攻击,美军也会在附近待命增援。根据总统的最新命令,美国海军也会为本国的商船船队提供巡航保护。这一次，护航路线一路延伸到了冰岛，一旦出现敌情，海军有权开火迎敌。至于英国方面的民用船艇，仍然处于无人保护的状态。如此一来，大使的争取其实并未起到作用。

为了迎接大使回到英国，丘吉尔特地派出战机。怀南特先是乘机来到了苏格兰的一处空军基地，而后又直接奔赴首相官邸。就这样，美国方面的第一手动态消息就被大使转告给了英国首相。事情的发展，让丘吉尔非常揪心。看来，英国面临的危机还远远没到解除的时候。"慕尼黑协定最是让英国蒙羞，1941年中期的种种情况同样也是美国最丢面子的时候。"一位英国史学家事后如此评价。

回到伦敦，怀南特的麻烦可还不止于此。他和哈里曼的关系大有恶化的趋势。哈里曼的职责范围本就十分模糊——按照哈里曼本人的说法，这份工作"简直完美，根本无法束住我的手脚"——而特使本人也将这个特点充分利用起来。雄心勃勃的哈里曼参与的事务越来越多，其中好些都和"租借交换"毫无关联。哈里曼经商出身，还是个运动健将，他的行事作风从来都是出了名的咄咄逼人、六亲不认。20年代的一次马球锦标赛之前，运动员哈里曼随队参与热身赛。那场比赛期间，他曾经多次向交战对手阵营中的队员马努埃尔·安德拉德发号施令，哈里曼竟然希望这位对手和自己的队友拉迪·桑福德纠缠起来。那个时候，哈里曼正和这位桑福德为了球队参赛名单的头把交椅而争得不可开交。"拉迪可不算是个有种的男子汉，而安德拉德则是勇气非凡。"事后，哈里曼曾经回忆，"结果呢？安德拉德把拉迪一下撞翻下马，然后扬长而去。拉迪的球技是不是高于我，我并不知道，但是我只能说他那天的表现很不怎样。他俩的这次纠葛还挺有意思，不过无论如何我都该得到参加锦标赛的机会。输给拉迪让我觉得不可想象，毕竟你也知道，这人就是个软蛋。"

多年以后，哈里曼怀着劝服罗斯福政府的任务来到华盛顿，他希望总统能在原材料运输问题上松口。其实那一次的哈里曼根本忘了自己的本分——

作为商人，他本该就铁路和运输业问题向政府提供建议。变身特使之后，他仍在越俎代庖并一脚踏进了怀南特的职权范围。备忘录中，哈里曼倒是向罗斯福信誓旦旦，表示自己和怀南特"合作得亲密无间"，甚至声称"我从来没有过这么意气相投的同事。为此，我得感谢怀南特慷慨的性格"。其实，哈里曼根本没把大使放在眼里。雷蒙德·李曾在日记中抱怨，哈里曼多次利用权势"干预任何可能的事务"。而且，武官还觉得大使对此有些"过分宽容"。雇请手下的时候，哈里曼从不会请示怀南特。他甚至自行搭设了专门的联络方式，直接与罗斯福和霍普金斯保持通信。哈里曼甚至敞开自己的办公室大门，接待华盛顿方面派往伦敦的各级官员。虽然这些人的职责和"租借"毫无关系可言。渐渐地，哈里曼的住所成了不少美国官员在伦敦的活动基地。他们还可以从特使那里获取建议，以便和英方人士更好地打交道。

当然，哈里曼和英国首相的莫逆关系，才是他扩张权势的最有力武器。当年6月，怀南特还在华盛顿做着罗斯福的工作，挫折不断的丘吉尔首相则向哈里曼发出了邀请。后者带着首相的委托前往北非和中东，在那里，哈里曼一方面视察英军的士气和装备，一方面估算美国应该向英方提供何种援助。要知道，美国并未参与战争，而哈里曼也没有任何正式的外交头衔。丘吉尔如此委以重任，实在称得上礼遇非凡。首相甚至嘱托前线军官，哈里曼就是自己的化身，军队应当待以首相一般的礼仪。这位美国客人甚至得到了战时内阁成员的特权，可以视察各地驻守的英国军队。丘吉尔告诉军中的各位手下："我对哈里曼先生有着完全的信任。而且，他和美国总统及哈里·霍普金斯先生关系亲密。除了他，恐怕你们找不到更可以托付信任的人。因此，我要把他推荐给各位，而大家一定也要给他最高的礼遇。"毫不奇怪，哈里曼对于首相给予的待遇十分受用。"我从没见他为其他的事情有这么高兴过。"凯思林·哈里曼对自己的姐妹说。

这一次，哈里曼一去就是五个星期。旅程中，他走过了整整16000英里（约2.58万公里），足迹遍布整个中东和非洲的许多地区。他一路检查了不少港口、空军基地和船坞，又和几十名曾经参与对德抗战的英国士兵、飞行员、公务员、技术工人和其他人士谈心交流。在开罗,他还遇上了一件趣事。当地负责接待他的英国军官,正是那个被他戴上了绿帽子的人。当时,首相的公子正在英军总部负责情报事务。丘吉尔特地委派儿子陪同哈里曼,在后者巡视埃及首都及其附近的英军设施的过程中充当助手。在给伦道夫的信件当中,父亲还特地提到了哈里曼:"我和他之间的友谊十分深切,对他有着极度的尊重。为了帮助我们,他真可谓倾其所有。"

哈里曼是个冷静的人,他从不会让感情凌驾于理智之上。面对伦道夫的这种场景多少有些令人尴尬,不过哈里曼仍是面沉如水。就这样,哈里曼和首相的公子谈到了帕梅拉,也说起了伦敦的种种新闻。几天之后,伦道夫给自己的妻子去了一封信。当时,作为丈夫的他还不知道帕梅拉已经红杏出墙。因此,他毫不避讳自己对于哈里曼的好感:"我觉得他特别有魅力,而且,我还能从他那里听到一些关于你和所有其他朋友的消息,这一点真是不错……他提起你时的口气可相当愉快,我觉得自己可能遇到一个强劲的情敌啦!"给父亲的信件中,伦道夫谈及哈里曼的言辞就更是热忱:"他现在已经成了我最为喜爱的美国人了……他简直把自己当成了您的忠实仆役,而不是罗斯福的手下。我还觉得,他就是您身边那个最为客观、最为精明的人。"

人在开罗的哈里曼写好了一份措辞严厉的报告,他向首相一五一十地介绍了英国军队在中东的种种过失——包括浪费设备、缺乏经过训练的坦克人员、情报工作不力、陆海空三军之间少有协作等。而且,哈里曼还觉得开罗参谋部的英军高层"相当自满而缺乏紧迫感"。当然,特使主要提及了各种军需物资和武器的短缺情况——当时的英军没有坦克、没有船舶、没有燃料和交通工具。即便是相应的配件,也都时常难以求得。其他的种种不足丘吉尔能够处理,不过装备的问题只有美国方面可以解决。

视察本身十分劳累,美国特使工作起来却仍是勤勤恳恳。而且,他看出了许多许多的问题,哈里曼的这种态度,赢得了英国方面的尊重,虽然不少见识过他严格检查的英国人其实只是虚与委蛇、不情不愿。两位白厅官员的对话,曾被一位英国朋友传到哈里曼的耳朵里。那位朋友听见他们说:"一个人问：'哈里曼先生很能干，对不对？'另一个人回答：'我觉得他还行吧。''他问的那些问题相当有力而且让人难堪。''噢，他会吗？''千真万确，他总在打破砂锅问到底。'"

丘吉尔本人也被哈里曼的努力所感染。不过，比起中东的乱局，还有其他事情更让首相感到忧心。7月初回到伦敦的哈里曼，也察觉到首相关注点的改变。原来，希特勒在6月22日撕毁了1939年与约瑟夫·斯大林签署的"互不侵犯条约"，两百多万德军入侵苏联。当天晚上，丘吉尔对全国发表广播讲话，首相呼吁英国人民全心全力支持苏联的抗战活动。要知道，他一向觉得苏联政府领导人"就是文明自由的死敌"。虽然首相对于斯大林的"邪恶政权"很是不屑，但他仍然需要俄罗斯人面对德国冲击的时候能够坚持下来。由此一来，英国人双肩上的负担也可以减轻一些，首相和他那饱经摧残的国家方能有一丝喘息之机。

德军开始进攻苏联的几天之后，哈里·霍普金斯带着罗斯福的邀请来到伦敦访问。按照总统的安排，首相和总统将在下个月在纽芬兰海岸一边的军舰上碰个头——自1918年格雷酒店那次不愉快的会面之后，丘吉尔和罗斯福还是第一次再会。哈里曼一听到这个消息，就立即打起了与首相同去的主意。急于给总统留下良好印象的丘吉尔，显然不反对哈里曼守在身边，毕竟此人精于世故，可以给自己不少有益的建议。因此，特使一开口，便得到了丘吉尔的应允。但是，到了7月底，哈里曼回到华盛顿去向上司递交中东之行的相关报告的时候，却听到了让他丧气的消息：总统并不希望他列席会议，罗斯福只希望和丘吉尔好好倾谈一次。因此，除了极为亲近的顾问外，两位领导人身边不会有更多的人。对此要求，丘吉尔也提出了自己的意见并坚持要双方的军队高层一同出席。首相的坚持，勉强得到了总统方面的认可。不过，哈里曼可不在总统认可之列。哈里·霍普金斯曾为特使向总统说情，而哈里曼自己也进行了争取——哈里曼告诉总统，首相很想在那样的场合下能有自己作陪。临到最后，会议的参与人员变得愈来愈多，丘吉尔把外交部的亚历山大·卡多根爵士也加入了随员名单，而罗斯福也终于松了口。由此，哈里

哈里曼先生很欣赏我的自信

曼和副国务卿威尔斯将有机会进入美方与会的宾客名单。

8月9日，英军"威尔士亲王"号战舰驶入了纽芬兰的普拉森舍湾。舰身之上，印迹斑斑——毕竟，"威尔士亲王"号最近和德国方面的海上巨兽"俾斯麦"号有过摩擦。首相立在舰桥的桥头，显得很是坚定。雾气遮盖了海面，但丘吉尔的目光仍在那上面投来射去。他想看见，罗斯福及其团队乘坐的美方舰船有没有出现。

在首相看来，这次与罗斯福的会面堪称他一生之中最为重大的事件。从英国到纽芬兰的行程一共五天。在这五天期间，丘吉尔一直显得惴惴不安，却又兴致勃勃。首相的一位警卫甚至觉得，他"自打中学时代以来还没有这样兴奋过"；另一位警卫则认为："1940年以来，丘吉尔就一直在坚定表示，他和总统之间的友谊无人能挡。而他对于这种友谊也是极为依赖。"

那一次，哈里·霍普金斯也陪丘吉尔一起回到了美国。他的情绪，一点也不比首相安宁。霍普金斯曾经告诉默罗，首相和总统都是那种"绝对主角"，两位大人物都习惯了众星捧月的感觉，也都愿意各行其是、不顾他人。因此，霍普金斯自感有责"保持两人的亲密关系，让他俩相敬如宾"。经过伪装的"威尔士亲王"号在驱逐舰的陪伴下驶入美国军港的时候，丘吉尔终于发现了总统舰船的模糊身影——美方舰队包括五艘驱逐舰，旗舰则由重型巡洋舰"奥古斯塔"号担任。随着首相登上旗舰，美国海军陆战队军乐团开始演奏英国国歌《天佑女王》。而后，喜气洋洋的罗斯福紧紧地挽着儿子艾略特的手来到了首相面前。"我们终于见面了。"总统表示。丘吉尔绽开了一个大大的笑容，点头道："没错，终于见面了。"

会议一开就是四天。其间，哈里曼一直在加紧活动，他似乎就是首相的顾问，总在为丘吉尔出谋划策。至于罗斯福和其他的美方代表，他则很少予以关注。当时的首相并不知道总统对于自己的第一印象。就此问题，丘吉尔反反复复向哈里曼求教。"埃夫里尔，你觉得他对我印象如何？他对我的印象还不错吧？"哈里曼自然给出了肯定的答案，而事实也是如此。其实，总统这一次在见到首相的时候还有些生气。毕竟几个月的电报往来和通话之后，丘吉尔竟然表示"终于有机会能够和总统面对面谈话了"。那个时候，总统的面色不禁一暗。而后，罗斯福提醒对方：1933年之前在格雷假日酒店，两人曾有一面之缘。"我爸爸已经把这件事情忘了"玛丽·丘吉尔曾经回忆，"而且没人就这件事情提醒过他，所以这段往事并未引起他的重视。"首相的疏忽，在总统看来就是轻慢。其实，罗斯福一直有些耿耿于怀。不过和首相一样，总统也希望这次会议能够圆满，面对丘吉尔的失言，他最终也是一笑了之。

其实，两位领袖那一次都在竭力克制自己。会议期间，他们都小心翼翼地不露出自我中心的性子。30岁的艾略特·罗斯福已经见惯了父亲"凡是出席会议必要纵览全局"的模样。这一次，总统竟然耐下心来认真倾听对方的意见，这可叫他有些惊讶。至于丘吉尔更是一直谦恭异常，首相甚至多次自命为"总统的副官"。第一天的午饭还没吃完，总统和首相就已经亲近到了以"富兰克林"和"温斯顿"互相称呼的地步。

按照丘吉尔的吹嘘，他和总统似乎有着深刻的友谊，但其实两人的关系从来没有那么紧密。不过，罗伯特·舍伍德觉得，美英两国的领导人在纽芬兰会议期间相处得相当"亲密加轻松"。他俩可以"互开玩笑……而且还能吐露自己的真心话"。两人的这种友谊，还将延续足足四年多。

最后一次会谈结束了，罗斯福特地嘱咐首相的警卫多多担待："把他照顾好，他可是世界上的头号伟人。无论从哪个方面，他都堪称世界上最伟大的。"事后，罗斯福还告诉自己的妻子，纽芬兰的这次会议"就是一次破冰之旅"。而且罗斯福"如今知道丘吉尔的为人了，他就是典型的约翰牛性格。有了他，我们一定能够取胜"。提到罗斯福，首相也不吝称赞，多年以后他曾表示："那一次，我的印象非常不错。随着时间流逝，这点印象还在步步加深。"

两人的第一次见面相当和睦，临到末了，丘吉尔还不惜言辞地大加感谢。但是，会议的结果却让英方大失所望。出发赴会之前，首相曾经告诉一些主管：罗斯福召集这次会议，一定是想速速参战。要不然，他大可不必如此大费周章。"我情愿美国现在就参战而断绝六个月的援助，而不要他们增加一倍援助却依然袖手旁观。"这样的想法，首相曾透露给各位同事。英美两国首领第一次会面期间，丘吉尔曾经公开向总统发出参战请求。他的话语，艾略特·罗斯福记得一清二楚，"首相说：'现在你们终于和我们站到一起了！如果您不在对方发起下一波攻击之前对其宣战，那么我们可能已经力竭亡国了。到时候，对方只消一波攻击就可能取得最后胜利！……因此，你们必须参战。唯有这样我们才能生存下去！'"

可是，总统却拒绝了丘吉尔的请求。罗斯福表示：国会和美国公众目前都不愿意介入争端。其实，就在普拉森舍湾会议的同一个星期，1940年签署的有限军事协议刚刚得到了一年的续约，但续约议案差一点就遭到否决。支持的一方能够胜出，也仅仅依靠了一票的优势。

为了缓解首相的失落情绪，罗斯福也作出了一些承诺：美国将在大西洋航线上采取"更为主动"的策略，可以向英方商船提供护航，前往英国的美国船队也能得到同等的待遇，护航线路可以一直延伸到冰岛。总统甚至公开声言，他"其实正在等待一次'危机'以便向敌人正式宣战"。除此之外，总统还准备向国会申请50亿美元的借贷。然后，他会把美金和大量的战机与坦克援助英国。作为回报，总统请首相与自己发表联合声明，一起承认战后世界的各项原则与目标——比如，各个国家都有自决前途的权力。就这样，所谓的《大西洋宪章》得以出炉。而这份针对战后世界前途的文稿，竟然是这次会谈唯一的公开成果。

回国之后，闷闷不乐的丘吉尔给儿子去了一封信："总统相当好心，而且也有帮扶我们的良好愿望。但是，在许多崇拜者的影响之下，他一心想要追随民意，而不是对人民加以引导与劝服。"因为希望破灭而生出失望，并不仅限于丘吉尔，许多其他的英国人也显得有些失望。"洪水滔滔……美国的援助却只有一点干衣，而且还需要我们自行游水上岸去取。"《泰晤士报》不禁感叹："我们理解美国的情绪……但是，我们觉得它至少可以为我们慷慨解囊。不好意思，我们如此措辞，是因为我们对于美国方面的援助实在不太满意。"

而后，罗斯福召开了一次记者招待会。他向公众表示：纽芬兰会议并未加快美国参战的脚步。此时的丘吉尔匆匆写好一纸电文并传给了霍普金斯。信中，他表达了总统的宣言给英国公众和议会带来的巨大失望情绪："时间快要进入1942年，英国到时候难道还要孤军奋战？如果是那样，我实在无法预料相关的结局。"首相的电报，有着如此一番结束语。

这次会议对于丘吉尔而言，无疑是一场失败。但是，哈里曼却从中收获良多。由于霍普金斯的运作，哈里曼又被委派了一件差事：他即将作为美国政府英美联盟的高级代表而踏上英国最新盟友的土地——他的目的地，就是苏联。

德军入侵苏联过后不久，罗斯福对丘吉尔主张的全力援苏计划产生了疑虑。没错，苏联方面确实需要帮助：开战之后的几周，德国陆军就像横扫波兰和西欧一般席卷了苏联的大片领土。不到8月，苏军似乎行将灭亡。从坦克到飞机，从步枪到军靴，苏联无一不缺。这些情况，罗斯福自然知晓，可是美国国内的反对意见仍然高涨。天主教团体尤其反对政府出资援助一个社会主义政权。好些美国人甚至觉得，国家应当放任纳粹和苏联政权互相撕咬。马歇尔等军官也向总统提出警告：一旦开启援苏行动，美国自身和英国所用的资源可能受到大大的影响。

尽管如此，苏联方面如若坚持下去——假若他们能够坚持抵抗一段时间，而这段时间又超出了西方的预计——英国面临的轰炸和入侵风险都会因此大大降低。"5·10"大轰炸之所以成为1941年英国境内的最后一场空袭，还要感谢德军的"一心二用"。毕竟，德国空军已经在苏联找到了新的攻击目标。如果在当时漫步伦敦东区，会发现公寓和店铺的窗户上早就被亲苏标语所覆盖，标语告诉路人："正是他们，给了我们安宁的夜晚。"罗斯福也有自己的算盘，扶助英国之外，美国也该向苏联伸出援手。如此一来，美国亲自参战的风险可能进一步降低。

8月份那次会谈之前，总统已经下了决心要对斯大林进行全力援助。普拉森舍湾会谈过后，英美两国更是达成协议：他们将派出联合使团前往莫斯科，并和苏方商谈援助的具体事宜。在哈里曼的请求之下，霍普金斯特地把美方代表一职委托给了他。为了给朋友开路，霍普金斯还特地向上司提到了哈里曼的一段经历：20多年前，特使就和苏联人谈过生意，那一次，哈里曼与苏联从事锰矿石的交易。按照霍普金斯的描述，这位来自纽约的商界人物擅长谈判技巧，对于苏联的情况也十分熟悉。可惜这番描述有些离谱，哈里曼对于苏联政府及其人民并无了解。那一次他就是被新生的苏联政府要得团团转，对方占据了最好的锰矿，还在不久之后把哈里曼踢出了局。而且，苏联方面当时还欠哈里曼100万美元，其中的50万美元，对方还是以夺取哈里曼锰矿的理由而欠下的——这些情况特使未曾向霍普金斯或其他任何人提起。正是由于这些私人原因，哈里曼才希望西方国家对苏联全力援助、倾其所有。

那一次，英方使团的代表则是比弗布鲁克爵士。此人和哈里曼一样不谙外交谈判。可是抵达莫斯科之后，哈里曼和比弗布鲁克却把两国驻苏大使和其他有关专家排除在了局外。英美两国和斯大林之间的谈判，完全在他俩的掌控之中。要知道，斯大林也是一位算计深沉、铁石心肠的谈判高手。作为驻扎苏联的使节，美国外交家劳伦斯·施泰因哈特和他的英国同行斯塔福德·克里普斯爵士有着与苏联领导层长期打交道的经验，对于苏方的合作意愿，两位大使都没有太多期待。因此，他们一直催促哈里曼和比弗布鲁克，请他们一定要逼迫斯大林作出一点相应的承诺——比如，苏联方面应该提供本国生产情况的详细数据，苏方的防御计划也不能继续藏着掖着（美方向英国提供援助之前，英方就已把国防计划和盘托出）。只有满足了这些条件，英美的各项援助和武器才能逐步到位。

大使们的建议，却遭到了两位代表的拒绝，哈里曼曾把这次谈判的目标转告给施泰因哈特。原来，爵士和特使想要"倾其所有，而不对回报有所期待"。谈判的情况毫不意外——面对哈里曼和比弗布鲁克，斯大林一点也不掩饰自己的轻蔑，苏联领袖觉得，西方提供的援助实在太过寒酸。但是，苏联还是接受了两人提出的条件。而后，苏联领袖得到了他索求的一切物品——武器、卡车、战机和原材料——而且，他不用付出任何回报。

离开莫斯科之前，哈里曼显得异常高兴。他满心以为，自己这趟出使已经消除了"英美两国和苏联政府之间的一切猜忌"。对于这个目标，使团当中的其他人员却不大认同，而绰号"巴哥犬"的黑斯廷斯·易思迈将军就是其中之一。作为英国战时内阁的副国防大臣，黑斯廷斯的职责是在参谋部和首相之间传递信息。他曾在日后表示："我们给予苏联方面全力援助，是为了保卫自己的国家利益。这一点，没人会否认……但是，以如今这种方式提供援助，让对方可以随意捉弄我们，似乎并非完全必要。"

要将援助顺利送达苏联，无疑需要付出巨大的牺牲，对于英国而言，尤其如此。无论如何，丘吉尔和罗斯福还是批准了这一方案。德军入侵的第一周，斯大林就提出了一系列的要求。比如，英军应在法国北部开启一条新的战线，同时向苏联派出 25~30 个师团等，如此种种要求，英方根本无法做到。如果相关的武器和援助无法及时到位，也许斯大林可能和希特勒单独媾和。对此，英美两国的领袖都十分担心，要知道，斯大林此前就曾和希特勒达成过相关的协议。

关于这次莫斯科之旅，哈里曼也撰写了相关的报告，借此他向总统表示：施泰因哈特大使已经不能胜任这个职位，此人对于苏联过于猜疑。因此，哈里曼觉得总统不妨换个人，他的意见得到了总统的应允。施泰因哈特去职之后，哈里曼自告奋勇，想要担任白宫、唐宁街和克里姆林宫之间的非官方联系使者，他成功了。这个角色可是哈里曼一生的权力巅峰，接下来四年多的时间里，他一直在为此操心费力。

第 7 章

我想和你们在一开始就并肩作战

伦敦，圣保罗大教堂，一场追悼仪式即将在此举行。死者是一名美国青年。虽然美国政府并未下定参战的决心，这位美国青年却已经在战争中失去了生命。因为轰炸，教堂遍体鳞伤。当天的宾客有好几百人，而怀南特正是其中之一。那是 1941 年 7 月 4 日，威廉·菲斯克三世（William Fiske III）的墓前即将立起一块铭牌。牌上写着的文字"他的死，可能换来英国的新生"正是死者的写照。

菲斯克是第一名加入英国皇家空军服役的美国公民，也是第一位在欧战中死去的美国飞行员。菲斯克生在纽约，童年和青少年却在欧洲度过，他出身富裕的股票经纪人家庭，他的座驾是一台马力强劲的宾利车。10 多岁的时候，菲斯克曾经参加奥运会并两次夺得金牌，他参与的项目，乃是极为危险的雪橇竞赛。一位朋友觉得，菲斯克"就是个金童——他英俊多金，富于魅力与智慧——所有这些元素，都汇聚到了他的身上"。作为剑桥大学的毕业生，菲斯克曾向自己的英国朋友宣称："我将和你们并肩作战——从一开始就不离不弃。"那时候，还是 20 世纪 30 年代。1939 年 9 月，战争正式爆发，29 岁的菲斯克自觉到了兑现诺言的时候。不过，这样一来，他很有可能在祖国沦为罪犯。当时，美国政府正在竭尽全力避免参战，由此，华盛顿当局下了一系列的命令：如果美国公民加入参战国的武装力量、搭乘参战国的船艇，或者利用美国护照进入其他国家并辗转参战，相关人员将会面临一万美元的罚款和数年的牢狱之灾。而且，他们的公民权也会遭到剥夺。

不过，菲斯克仍然打着"加拿大公民"的幌子加入了皇家空军。当时，距离开战仅仅三个星期。他所在的601空军中队被称为"百万富翁连"，队中的同袍都是家境优渥的富家子弟，其中好几个人都是菲斯克在战前便已经结交的朋友。"百万富翁"们的制服经过红绸装点，而大衣则是貂皮制成。等候任务期间，他们经常玩牌取乐，相关的赌注动辄达到数百英镑。"他们骄傲自大，而且看起来气势汹汹，其他中队的人很有可能对他们相当讨厌。"这是菲斯克的妻子罗丝（Rose）的猜测。不过，所有这些"百万富翁"也都是王牌飞行员，菲斯克的飞行时间不过90小时，但是他很快赶了上来，飞行技艺不久就可以和同胞们媲美。"他的才干简直让人惊叹，"中队的指挥官阿齐博尔德·霍普爵士称赞道，"他以惊人的速度达到了惊人的水平，他就是个天生的战斗机飞行员。"

1940年8月16日，德国空军再一次向皇家空军基地发起猛攻。不列颠战役爆发以来，这是对手最为疯狂的一次进攻。危急之下，菲斯克驾着战机呼啸而至。那一次，菲斯克驾乘的飞机损毁严重，他本人也遭遇严重烧伤，不过他仍然驾机成功返回基地。两天过后，菲斯克因为伤势过重而与世长辞。"他本没有为这个国家战斗的义务，"英国航空部长阿齐博尔德·辛克莱尔爵士在菲斯克的葬礼上表示，"他不是英国公民……他为朋友献出了生命，而牺牲的名义，就是自由——这个全世界自由人追求的东西。"那一天前来吊唁的人群中，还有许多身着蓝色皇家空军制服的美国年轻人。菲斯克丧生的那场战斗里，还有七位美籍飞行员也在为英国作战。美籍飞行员之外，还有多达五百余人的外籍飞行员团队，个中成员来自波兰、捷克、比利时、法国、新西兰和南非。不过，在这支"多国部队"之中，唯有这些美国年轻人是冒着违反本国法律的风险在与英国人民并肩作战。

菲斯克的事迹传扬开来之前，已有数千名美国人不惜违背美国法律参与了英国的抵抗运动，其中有 300 多人成为皇家空军的飞行员，更多的美国青年则加入了英国陆军。驻英加拿大部队之中，共有 5000 多名美籍官兵。他们中的大部分人是青年人，热爱冒险，不过也有几十位大腹便便、发色灰白的富裕中年人士。他们或是从事银行投资工作，或是法律或者建筑业方面的专家。这些人都在伦敦长期居留，也是英国地方志愿军中唯一一个美国连的成员。他们和其他志愿军人士团结在一起，为了抗击德国入侵而努力斗争。

1940 年 6 月，法国沦陷，英军也从敦刻尔克撤回本土。这个时候，地方志愿军正式成军。响应号召而入伍的 100 多万人当中，包括 70 多位旅居伦敦的美国商人和专业人士。"这里就是我们的家园，我们要用实际行动昭告世界：我们已经准备好了要和英国人共患难。保家卫国的职责，我们会和他们一起分担。""美国连"的连长韦德·海斯（Wade Hayes）如是说。海斯是一位银行投资家，他表示："而且，我们也要为国内的同胞作出表率。"

不过，海斯等人的热忱却在一开始就遭遇了英国和本国两股势力的强烈反对。根据英国的规定，地方志愿军不得接纳外籍成员。约瑟夫·肯尼迪也对这帮同胞十分生气：他们不但拒绝回国，甚至矢志要代表英国投入战斗。为此，大使不得不向海斯提出了警告，面对这位曾在第一次世界大战期间加入约翰·潘兴（John Pershing）部队的老兵，肯尼迪表示：美国接连的行为可能"导致敌人把所有的美国公民当作游击队员，德国人占领伦敦之后，当地的美国人都将面临危险"。大使的这番话语并未让海斯知难而退，对于自己公民身份被剥夺的风险，"美国连"成员似乎也置若罔闻。最终，还是乔治五世亲自出面给海斯等人解了围，国王的一纸特令，为这些美国人加入地方志愿军开了绿灯。

和其他地方志愿军成员一样，海斯等人都是利用业余时间参加军事训练——他们在下班之后坚持军训，而周末也是他们的受训时间。不过，在装备方面，这些美国人却又和英国同胞有着明显区别。训练当中，大部分英国志愿军只能把干草叉当作武器，或是扫帚柄绑上餐刀，就成了他们的训练工具。海斯等人则可以自掏腰包，从美国本土为美国连采购并装备了温切斯特自动步枪、榴弹和汤普森轻型机关枪。"美国连"让英国同胞艳羡不已的东西还不止于此——连队的18台防弹汽车，同样也叫英国人眼红。正是因为这样的心态，再加上美国连配备的汤普森机关枪，海斯等人多了一个"匪徒团伙"的外号。

对于海斯这一干美国志愿者，英国军方人士抱有普遍的怀疑。婉转点说，英方并不觉得这帮训练时间不长的美国人真能在抵抗德国侵略的过程中发挥太多作用。但是，海斯等人在1940年7月一次演习中的表现，终于让英军人士觉得他和他的同胞们不可小看。演习期间，美国商人带领着一众手下夺取了一座陆军旅的司令部，司令部里的驻军共有五百来人，配备了布朗式轻机枪和一些重机枪。邻近的一处空军要地，也在他们的保卫之下。海斯等人先是冲破了外围的岗哨，而后又向司令部中投掷了大量的瓦斯弹，最后他们破门而入，拆除电话线路之后，又俘虏了好几名英国军官。对方的一些秘密地图和文件，成了海斯和"美国连"的战利品。对于此等战绩，英方并非毫无异议，一些军官表示，"美国连"的进攻时间似乎有取巧之嫌。美国人不得不作出回应——海斯指出：他们发起总攻的时间确实有些太早，不过正在规则允许的范围之内。"而且要知道，"美国人还表示，"德国军队可不会等到你们列阵完毕方才展开进攻。"

法国的投降，也掀起了美国飞行员投奔英国军队的第一股风潮。1940年6月，三名美国人来到了伦敦的美国驻英大使馆，当时他们并不知道自己的行为可能招致美国政府的何种惩罚。对于他们，肯尼迪的措辞已经足够严厉——这些青年可能"妨害美国的中立地位"。而且，他还要求他们立即搭乘下一艘船艇返回美国。可是青年们并未听话，他们仍然执意奔赴前线，成了皇家空军的成员。他们入伍的时间，正好保证他们能够参加不列颠保卫战。

加入皇家空军的这些美国年轻人，大多在查尔斯·林德伯格的熏陶之下长大成人。那个时候，飞行员几乎是每个青少年梦寐以求的一份职业，他们中的大部分都拥有丰富的飞行经验。其中有些人驾驶农用飞机进行播种并以此为生，有的人则在特技飞行表演队中工作，甚至有一名成员在洛杉矶的米高梅公司工作，他这份工作的内容就是给好莱坞各位影星和大亨提供专机服务，载着他们四处奔波。他们来到英国的理由也是千差万别，不过有一点追求却又是那么统一：他们都喜爱冒险、刺激和急速的感觉，好些成员都曾经投考过美国空军，可惜美方的标准实在太过严格。大敌当前，皇家空军可来不得如此的挑三拣四，因此他们幸运地获得了入伍的机会。"飓风"和"火山"一类知名战斗机的名声，已经在他们之间传得神乎其神，于是他们早就摩拳擦掌，想要亲身驾驭一番。

对于浪漫和冒险的向往，也是各位美国青年跨过大洋参军的一大原因。第一次世界大战期间，他们的好些前辈加入了著名的"拉法耶特飞行中队"帮助法国空军作战。前人的足迹，后来者自然也想踏足和追赶。霍华德·休斯（Howard Hughes）执导的著名影片《地狱天使》，也把皇家空军中的不少美国成员迷得神魂颠倒。片中的那群美国飞行员，正是在1914—1918年的世界大战之中投靠了英国空军。电影的故事，似乎正印证了各位美国年轻人在第二次世界大战中的现实经历。他们满心以为，这场战事可以提供一次天赐良机，"以便遇上电影里珍·哈露那样的金发美人"——这是詹姆斯·奇尔德斯（James Childers）的看法。作为美军中的一位上校，奇尔德斯曾在战争期间撰写书籍，专门讲述皇家空军中美国成员的人生故事。上校觉得，各位美国成员"觉得战争就是一场大戏……他们就像所有的男性青年一样想要成为这场戏剧的观众，甚至登上舞台亲自表演。总之，他们不愿意错过任何的好戏"。

当然，也有不少美国成员怀着远大理想而选择为英国而战。一些人记得，正是爱德华·默罗的广播节目，让自己下定了奔赴战场的决心。"我总觉得，这场战争不仅关乎英国、法国，同样也与美国息息相关，"一名参加过不列颠保卫战的美国老兵表示。1939年9月，英国定期客船"雅典娜"号遭到德国潜艇的鱼雷袭击。当时，船艇正准备前往纽约，而船上也有一名美国青年。这场经历，让这名青年"愤怒异常"，毕竟德军的暴行夺去了一百多名美国人的生命，而后他径自返回英国并加入了皇家空军。德国入侵荷兰的过程中，曾有一对老夫妇惨遭杀害，他俩正是一位美国公民的祖父母。为了报仇，这位青年也选择从军对德作战。

无论理由如何，所有选择入伍的美国青年都很清楚一点：他们的行为已经触犯了美国法律。为此，联邦调查局在美加边境设立了好些检查站，以防止本国公民越过边界投奔英加军队。不过，大多数飞行员仍然顺利穿越边境。在加拿大，他们又搭上了前往英国的船，即便旅程遭遇到阻挠，他们仍然愿意再次以身试法。

渡过大洋来到英国之后，这些美国青年都会得到三个星期的训练期，而后他们各自投奔不同的飞行中队。对于这些新伙伴，英军飞行员的态度可谓热情而又带着一些困惑，在英军同行看来，美国志愿者都是自高自大、趾高气扬、性情急躁之辈。不过他们大多数也相当惹人喜爱。一位英国飞行员曾经谈到了中队里的两名美国同行，他觉得他俩"就是典型的美国人……他们随时可能吐出一两句极具杀伤力的俏皮话（通常情况下，他们都在权威面前展示这种幽默）"。后来，这位英军飞行员又提到了美国同行给予中队的极大贡献，毕竟他们的"面貌、性格和词汇"都是如此鲜明。

英国的本土保卫战尚未结束，所有的美国志愿飞行员被整编进入了同一支部队。这支部队被称为"鹰中队"。"鹰中队"能够成军，还要感谢查尔斯·斯维尼（Charles Sweeny）。28岁的查尔斯·斯维尼是一位旅居伦敦的美国富商，此人还曾经加入美国民兵担任领导职位。斯维尼在英国长大，从耶鲁大学毕业之后，他又回到了儿时成长的地方。此时的斯维尼既对祖国有着一番忠诚，又很眷恋英国这个第二故乡，由此他坚信"如果美方不伸出援手，这场战争绝无胜算"。当时的英国败象明显，而德军正准备发起更大的空中攻势，危机当前，斯维尼觉得美国人应当伸出援手。在叔父、兄弟以及其他旅英美国富翁的帮助下，斯维尼搭起了一个招募网络。借此，他可以从美国招揽飞行人才，并为他们前往英国提供方便。

1940年6月，斯维尼和两位英国高官进行了接触。此时这个美国青年心中有了一个主意：他要参照"拉法耶特飞行中队"的先例，在英国空军之中为美国同胞拓出一片独立空间。为此，他必须争取比弗布鲁克爵士和布兰登·布拉肯（Brendan Bracken）的支持，后一位先生乃是丘吉尔最为信任的助理和臂膀。经由布拉肯的引荐，斯维尼的主意传到了丘吉尔的耳朵里。一支美国人组成的飞行中队，自然有着无与伦比的宣传意义，对此，丘吉尔再是清楚不过。美国虽然仍未参战，一群美国青年却在为了英国的存亡而拼死作战，这样一来，美国政府自诩的超然地位当然无法保全，斯维尼的热忱，得到了首相的大力支持。1940年10月，皇家空军一共设立了71个飞行中队，其中美国人就占据了整整两个中队的配额。他们的中队在1941年正式成军，接下来的两年内，共有244名美国人加入三个飞行中队，为了英国而浴血奋战。

正是皇家空军的努力与奋斗，不列颠保卫战中德国人的气焰才能被压制下去。可以说，自1940年夏天以来投身战场的每位皇家空军都是英雄，他们自然享受了英雄一般的待遇，美国志愿者自然也概莫能外。巴士司机总是乐意让他们免费搭车，酒吧的老板和侍者也常常对他们免单。一位飞行员在家信中告诉自己远在明尼苏达的父母："这里的人们对于皇家空军的飞行员简直万分膜拜……常有老百姓对我表示：'言语已经不能表达我们对各位小伙子的感谢''你们太棒了''你们就是我们遇到过最伟大的英雄'。"

而且，英国老百姓对于这帮志愿参战的美国佬有着额外的好感。"他们总对我们说：'感谢上帝，你们来了。感谢上帝，你们能够帮助我们。'"一位"鹰中队"的成员如此表示。另一名成员则说："总感觉他们一直想要为我们做点什么，总要为我们提供最好的东西。他们可以分享最好的食物、最好的一切。"这些美国志愿者就是伦敦的宠儿。人们邀请他们看戏、饮茶、参加舞会，乡间别墅的周末晚会，也是志愿者们时时踏足的场所。

乔治五世的兄长格洛切斯特公爵曾向几位美国飞行员敞开了自己的昂贵包厢。由此，他们可以和公爵一起置身皇家阿尔伯特大厅，共同聆听伦敦交响乐团的音乐会。旅居英国的美国人士也给了这群同胞以名流一般的待遇，但凡各位飞行员在享受假期，他们都会被请到萨伏伊一类的高级餐厅享受美食。昆汀·雷诺兹位于伯克利广场的那座豪华公寓，也提供给各位飞行员通宵达旦消遣娱乐。诺曼底登陆之前，也有大批美军登陆英国大地，不过他们的名声实在太过糟糕。早期的这批飞行员可没有这样的烦恼，他们已经融入了英国军队，也得到了英国社会的接纳。"钱太多、性太多、这里那里去得太多"之类的讥诮之词也未曾被用在他们身上，各位英国同行真心张开怀抱，把美国志愿者当成了亲密战友。当然，英美飞行员之间，倒也存在一种良性的"敌对"关系。在一次令人难忘的派对当中，两国的飞行员都因为主人的盛情而灌下了大量的香槟酒，而后一支美国中队和一队英国同行发生了纠葛。两组人马几乎重演了1781年康沃利斯将军在约克镇战役中的经典战局——美国人用上了灭火器，而英国方面则报之以苏打水瓶。结果呢？一名英军飞行员表示："历史再次重演……美国人又一次占了上风。"

美国飞行员的表现，无疑有点精力过剩乃至粗暴无礼，有人觉得，他们就像"一群狂野粗蛮的西部牛仔"。不过，大多数英国公众都对他们宽容以待。要知道，这些人此前完全没有和美国人打交道的经历。提到这些美国志愿者，一本英国杂志曾经表示："在他们的驻地附近，人们提及他们的时候总是语带尊敬。"有那么一次，一位志愿老兵迎娶了一名年轻的英国富家女，婚礼期间，他的美国同袍几乎踏平了新娘家的花园，邻近的埃平小镇也遭到了不小的骚扰。当地人虽有一些零星怨言，不过埃平的市长仍然出面为客人作了辩护："看一看，他们就是为我们冒着生命危险的人。他们要庆祝同胞的婚礼，实在没有什么值得抱怨的。"

无拘无束的美国志愿飞行员得到了英国方面的盛情宠爱。与此同时，飞行员也给了英国以同等的回报。其实，有好些美国飞行员开始加入皇家空军，并非是出于对英国抗战斗争的支持。但是，英国公民面对纳粹进攻之时表现出的勇气与决心，最终打动了这些美国青年。"他们没有一丝的犹疑，他们就是世界上最勇敢的人民。"一位美国志愿者表示，"他们的城市已经残破不堪，但没有一个英国人因此丧失斗志。"另一位志愿者则认为："能和这样一群人并肩作战，简直就是莫大的荣幸。"

战争过后，美国志愿飞行员比尔·盖格尔曾经回忆了当年的战斗岁月。这位帕萨迪纳城市大学的学生还记得自己被英国人民抗敌决心感染的那一刻，当时，他刚刚离开伦敦的一家裁缝铺。在那里，他定制了自己的空军制服。街道上的一处巨大裂缝引发了盖格尔的注意。一名工作人员蜷身其中正在辛苦忙碌。裂缝的四周已经设满路障。"他在忙什么？"盖格尔向一名警官发问。"先生，"警察表示，"他在拆弹。"盖格尔还记得在那一刻，"警官也好、路人也好、拆弹专家也好，他们都是如此冷静、如此沉稳、如此镇定自若"。比尔·盖尔格非常感慨："如果你有机会和这样一群大无畏的人为伴，很快你就会受到感染。我当时就告诉自己：'我也要成为其中之一，我要和这样的人一起并肩奋斗，我要成为我眼中的风景、我感受的氛围。'"

温斯顿·丘吉尔希望，1940年10月"鹰中队"的成军能够掀起一阵媒体报道狂潮。这一次，首相果然心想事成。基尔顿·林德赛的"鹰中队"基地之外，英美两国的记者蜂拥而至。对于这群胆敢违背国法也要为英国而战的年轻人，各位媒体人都想了解更多一些。带着热度的一篇篇报道很快新鲜出炉。各位官方访客，也在第一时间就让各位美国志愿者应接不暇。他们相继迎接了阿齐博尔德·辛克莱尔、荷兰王子贝恩纳德、著名剧作家科瓦尔德以及皇家空军的司令道格拉斯爵士。每一周，英国广播公司都要播出一个对美特别节目，其中的主人公自然就是"鹰中队"的成员。爱德华·默罗也代表哥伦比亚广播公司对多名志愿者进行了采访。对于一个随时可能面临战斗的团体，采访这类让人头脑昏沉、注意力分散的事务其实并非总那么招人欢迎。"鹰中队"期盼的"火山"迟迟未能配发到位。即便飞机已准备好了，各位飞行员却也没有立即驾驶的能力。加入皇家空军之前，大多数美国志愿者都没有军旅经历。军中的种种规矩，也叫他们大为不适应。"鹰中队"的一位英籍主管表示，自己这群曾经的属下"就是军旅传统的破坏者"。而且，主管还指出："他们当中，达不到飞行员道德要求的不止一个。"

要把一群我行我素的个人主义青年锻造成精诚团结的集体，英国方面花了整整三个月的时间。1941年1月，71中队终于迎来了自己的第一次任务。而后，121中队的各位美国人也飞上蓝天进行驰援。几个月过去了，所有的美国中队全部投入了战争。这个时候，好莱坞也注意到了他们的故事。

作为电影制片人，华特·万格（Walter Wanger）曾经推出过《驿马车》和《外国记者》等一系列名片。这一次，他主动接近了曾经掌镜《伦敦不会屈服》的英国纪录片导演哈里·瓦特（Harry Watt）。两人一番合计，决定拍摄一部关于71飞行中队的影片，片中的角色将由各位飞行官亲自饰演。当时，瓦特的最新作品《今晚目标》曾把纪录镜头和后期拍摄巧妙地结合在一起。这部影片讲述了一队英国战斗机对德国轰炸行动进行反击的过程。无论是评论界还是观众，都给了《今晚目标》极大的赞誉。万格找上瓦特，就是希望对方利用同样的手法重现"鹰中队"的故事。

其实，瓦特从未执导过真正的长篇故事片。面对万格开出的巨大价码——每周一百美元的酬劳，导演当然相当心动。在当时满目疮痍的英国，这笔收入实在可观。况且，执掌导演职务的他还可以在萨伏伊酒店免费享用一个房间。就这样，瓦特欣然接下了这份任务。不承想，导演的好心情很快落到了谷底——原来，万格特地委派了一名监制驻守伦敦，时时刻刻注意影片的拍摄细节。同一时段，71中队也正在执行一次低空轰炸任务，任务地点位于法国和低地国家，志愿者的伤亡率也开始逐渐攀升。就此问题，瓦特不得不向监制表示：自己的这部电影绝对不能太过关注"鹰中队"里的某个个体，毕竟任务当前，任何队员都可能在拍摄期间遭遇伤亡的厄运。没过多久，制片人便想出了一个解决方案，万格竟然直接联系了英国空军并提出一个要求：影片制作期间，能不能不要委派"鹰中队"参与任何战斗任务？空军方面的回应实在不难预料，按照瓦特的说法，他们只是"礼貌地告诉万格哪里凉快就去哪里"。

瓦特还记得，接下来的四个星期"简直就是本人曾经卷入的最大灾祸"。其间，他一直和制片人争执不休，双方在剧本方面大有分歧，对于影片的其他细节也看法不一。一起悲剧的突然降临，倒是弥合了他们的矛盾。一个星期天的下午，正在法国执行任务的 71 中队遭遇了一场惨剧。那一次，从基尔顿·林德赛出发的九架飞机之中有三架被敌军击落。牺牲的飞行员包括绰号"雷德"的尤金·托宾。此人热爱享乐也深受大众喜爱，不列颠保卫战期间，他就已经投身皇家空军。而且，他还是瓦特本人的好友。昆汀·雷诺兹以及多位旅英美国人士也和托宾交好。托宾死后，瓦特宣布放弃《鹰中队》的拍摄工作。

1942 年 7 月，《鹰中队》终于拍摄完成并在好莱坞上映。影片面对的评论几乎是清一色的责难。"这部电影的内容和皇家空军中美国飞行员的生活实在相差太远。"《纽约时报》的影评家博斯利·克罗塞写道。克罗塞觉得，《鹰中队》"就是一部冠冕堂皇的战争呼吁。影片对于英美军人勇气的描写实在是矫情而令人尴尬"。年轻的罗伯特·斯塔克成了这部影片的主演。片中，他就是个意志消沉的美国志愿飞行员。故事到了最后，志愿者终于证实了自己的价值：他不但缴获了一台崭新的德国战机，还单枪匹马地把英国人曾经办砸的任务引回了正轨。按照克罗塞的看法，《鹰中队》最值得称道的一点在于序章——瓦特镜头下"鹰中队"努力拼搏的场面，而昆汀·雷诺兹也为这一段情节配音。

《鹰中队》在伦敦的首映仪式上，数名真正的"鹰中队"成员也前去捧了场。银幕上夸张的英雄传奇，引发了几位志愿者一致的喝倒彩和讥嘲。"你知道吗？他们一直在影片中制造各种泪点，然后企图引诱我们上当。"一位观看了影片的飞行员告诉朋友，"这些关于英雄的滥俗传说，影片也在喋喋不休说个不停。仿佛这样下去，我们就能信以为真。"片子还没放完，大多数志愿者就已经急不可待地逃离了首映礼。

《鹰中队》上映之前，美国已经正式介入第二次世界大战。而后的几个月内，皇家空军中所有的美籍飞行员都集体转到美国航空兵团。到了这个时候，34 中队的原成员之中，只剩下四人还在执行任务，其他的飞行员要么战死沙场，要么成了俘虏。总共 244 名参与"鹰中队"的美国飞行员之中，四成多人员没能从战争当中生还。三个志愿中队的皇家空军存续时间不过短短19个月，战绩却堪称辉煌。他们一共击落了70多架德军战机，两名志愿飞行员则获得英方"杰出飞行勋章"的嘉奖。这一个荣誉，乃是皇家空军对于勇士的最高嘉奖。当然，志愿者牛顿·安德森得到的奖励更为引人注目。皇家空军直接把222中队的指挥权交给了这位美国人。要知道，安德森的所有下属都来自英国本土。这份荣誉，还是第一次授予美国公民。

怀南特返回英国之后，美国政府也下达了新的命令：进入英国和加拿大武装部队服役的美国人将不会再遭到起诉，不过此等行为仍然违背法律。可是，大使可不单单想要睁一只眼闭一只眼对美国人到英加部队服役放任自流，从回到伦敦的第一天起，他就积极投入当地的志愿活动。他探访了本土警卫团中的美国成员，又来到"鹰中队"的基地进行慰问，一个美国中队还邀请他出席了感恩节的餐会。威廉·菲斯克的悼念仪式，大使也没有缺席。在"鹰中队"的一次午餐会上，道格拉斯爵士追忆了一件往事。第一次世界大战期间，一名"平平无奇毫不起眼的美国飞行员"曾经来到道格拉斯所在的部队机场。"他要向我借一架飞机。对此我只是说：'借就借吧，但是不要弄坏了。'后来，他再次出现而且将飞机完璧归赵。"说到这里，皇家空军的作战部长将头转向了怀南特。而后，道格拉斯面带微笑地表示，"那也是我和现任美国驻英大使某次谋面的情形。直到六个月前，我才和这位故人再次有缘相聚。"

没错，怀南特自己也曾经驾驶飞机参与战斗。这段经历也让他对于美国志愿者的命运万分牵挂。不过，那些加入英国和加拿大陆军部队的同胞青年，同样得到了大使的关怀。要知道，比起空军，陆军部队的生活远远没有那么受人瞩目。英国的名人、美国的记者不会向他们献酒，好莱坞的电影也不会讲述他们的战斗历程。偶然的情况下，某位记者可能提及他们的故事。可是，他们未及成名就不得不投入一件又一件全新的困难任务。记者本·罗伯逊曾经撰写过一篇报道——150名美国公民加入了一支加拿大步兵团。登陆英国之后，罗伯逊对他们进行了探访。按照记者的说法，这些人中"有卡车司机、矿业工人、一位曾在西班牙林肯旅中服役的老兵、一位密歇根州的州议员、好些屠宰工人和冷饮售货员",他们在行李中塞着棒球棒和班卓琴,个个显得"精神焕发,轻松愉快,神采奕奕"。而且,他们"各有各的个性,面貌也是丰富多彩"。当记者问及他们来到英国的理由,这些志愿者"乐开了花,并对各自的理由大开玩笑。直到一位叫作弗朗西斯·麦耶斯的得克萨斯人告诉我:'我们私下都觉得该是时候伸出援手了。'此时,每个人都变得严肃起来"。

履职伦敦的五年期间,怀南特结交的美国士兵不下几百人,其中有那么五个小伙和他尤为亲密。1941年7月,这五个小伙加入了英国陆军,这些达特茅斯和哈佛大学的高才生,就此成为国王皇家来复枪兵团第60团的成员。这支部队主要执行步兵任务。它的成军历史可以追溯到英国殖民北美大陆的那个时期。法印战争期间,部队的名称还叫作"第62皇家美国人团"。

几名青年与怀南特相遇的时候,正是他们训练期间的第一次休假。当时,几位新兵都是囊中羞涩,而大使立即邀请他们住进了自己的公寓。青年们的结业典礼上,也出现了大使的身影。作为第一次世界大战期间第60团的老兵,安东尼·伊登在同一场合现了身。典礼开始之后不久,大使就得知了一件事情:为了成为军团的成员,几位美国青年必须向英国国王宣誓效忠。如此一来,他们等于自动放弃了美国国籍。相关的争议立即如尘土一般纷飞泛起。

争吵之中,怀南特给出了一个解决方案。此后的一系列英美危机当中,大使也曾如这次一般辗转腾挪、小心对待。通过寻访查证,怀南特知道乔治五世本人曾经也在同一支部队服役并担任过部队的指挥官。因此,大使巧妙地指出:几位青年的誓词只是为了听从曾经的长官,而并非要投效异国。这样的说法,得到英美双方的共同承认,一场小小的国际危机,由此得到了平定。

接下来的几个月内,怀南特好像成了这五位常青藤学校学子的父亲一般。他们时时给他写信,来到伦敦度假的时候也会待在他的公寓里。1942年秋天埃及北部爆发的阿拉曼战役,他们全都以不同方式参与了。那场战役英国军队第一次在对德战场上取得重大胜利。几名美国青年当中,三人严重受伤,一个甚至失去了生命。死讯传进怀南特的耳朵，大使立即着手写了一封信并寄给了青年的父亲。怀南特表示："节哀顺变……结识几位青年，也坚定了我对于美国的信心——这种信心，在于美国人面对牺牲和战斗的坚持。"而后，大使也曾提及这几名年轻人。在他看来，他们"就是一个英勇的集体，他们的行为让我深以作为美国人而感到荣耀"。

第 8 章

珍珠港遇袭了？

1941 年 11 月初，布里斯托尔的一家酒店，即将踏上归国航班的爱德华·默罗匆匆留下一张字条，他告诉怀南特："在这个时间离开这个国家，实在非常艰难。甚至比我预料之中还要难受。"默罗此去，将会踏上一条历时三个月的演说之旅。他觉得，自己好像在历史的紧要关头抛弃了英国。为此，他曾向另外一位朋友倾诉："和国内的看法不同，我觉得自己这次回去已经有些为时过晚。"

当时，德军已经进逼到莫斯科近郊，苏联覆亡的那一天似乎已经不远——即使不在几天之内，也就是几个星期的事情。紧急之下，英国方面应当立即给苏军以强援。可是，英军的主力部队却还受困中东。另一边的日本正蠢蠢欲动，三个月前他们就已经占领中南半岛，并要求泰国让出通道。英国和荷兰那些位于远东的殖民财产——马来亚、缅甸、新加坡、中国香港以及荷属东印度群岛——已经面临直接的威胁了。

美国总统的全部心力都灌注到了大西洋战事和苏联战场之上。为此，他一直避免与日方发生正面冲突，美方就这样和日本人周旋了一年有余。罗斯福曾经告诉幕僚：自己的计划在于"把倭国人宠坏"。总统觉得，对日开战无异于"在错误的时间、错误的地点开启一次错误的战争"。乔治·马歇尔和哈罗德·斯塔克这两位军中要人的看法，让总统坚定了自己的信念。斯塔克反复告诉罗斯福：美国的战争准备还不完善，而且同一时间跨入两条战线也会是一场灾难。

日军占领中南半岛的法属殖民地，引来了美国政府的经济报复。借此，罗斯福希望一方面束住日本的手脚，一方面又避免与之发生军事冲突。于是，美方冻结了日本在美国境内的所有财产，又限制石油、钢铁等制品流入日本政府的控制——如此举动并未起到遏制效果，只是惹得日方大为光火。相关的危机还在步步升级。

纽芬兰会晤期间，丘吉尔成功劝服了罗斯福，让后者与英方一起对日本发出警告：日军若继续侵略，英美两国一定联合起来予以武力回应。当时的英国已经无法独自抵御日本的侵攻：他们的武库空空如也，新加坡和马来亚并未增加守备，邻近的海域也没有更多的军舰进行巡逻。陆军元帅约翰·迪尔（John Diu）爵士接替艾伦·布鲁克成为皇家军队参谋部的主管。对于前任，迪尔坦承英国"面对威胁几乎毫无作为……我军在各条战线上都孱弱不堪，战备程度已经低到不能再低"。不过，罗斯福虽然口头答应了丘吉尔，却又拒绝向日本方面下达最后通牒。远东局势日益紧张，丘吉尔的担心也愈发急切——大英帝国很有可能和日、德两线同时作战，而美国则只会袖手旁观。

那么，到底何种事件能将罗斯福和他的国家引入战场呢？对此，首相思索再三。有那么几次，罗斯福几乎已经下了参战的决心，可是每一次总统都在最后一刻收回成命。9月，美国军舰"格里尔"号和德军潜艇在大西洋中部遭遇并爆发冲突，其间双方甚至互相用鱼雷攻击。当时，美国差一点就卷入了纷争，而罗斯福也下令美国军舰对德国U型潜艇实行"见敌必打"的政策。而且，总统还要求海军对大西洋上的所有商船进行护航。护航范围远到冰岛，而保护对象也不仅仅限于美籍舰艇。这样一来，美德双方实际已经进入"商船战"的状态，罗斯福的抉择得到了美国人民的广泛支持。不过，美国国内的民意，似乎还不足以支持总统发出那个不可逆转的终极命令——参战。即便又有两艘美军船艇遭到德方袭击，舆论形势也没有发生真正变化。10月16

日，美军"卡尼"号驱逐舰奉命营救一队遭受德军袭扰的商船船队，战斗当中，"卡尼"号的舰体被对方鱼雷严重破坏。两个星期过后，另一艘美军驱逐舰"鲁本·詹姆斯"号在冰岛海域沉没，共有115名舰上人员因此丧生。一般而言，此等灾难足以激起美国国内的汹汹民意，大家肯定会要求罗斯福为"咱们的小伙子"报仇雪恨。可是，那一次美国公众的反应却出乎预料的沉默和冷淡。

"灾难持续袭来，美国却陷入了僵持不动的状态——总统瞻前顾后、国会踌躇不定，人民也是意见不一、迷惑惘然。"当时的局势，让罗斯福的传记作者詹姆斯·麦克雷格·伯恩斯如此感叹。"现如今，时间已经进入1941年的11月——罗斯福似乎已经好话说尽，眼下的局面却一点也无法改变——他已经号召国民奋勇参战，却并未得到回应。"至于丘吉尔，也快到了耐心耗尽的边缘。面对属下，首相忍不住大肆抱怨，他痛恨美国的无动于衷，也对罗斯福的冷漠反应感到不满。在下议院发表演说的时候，丘吉尔公开宣称："战争中最大的危险莫过于活在盖洛普民意调查带来的氛围之中。一味按照领袖的感觉和意志行事，同样十分不明智……那个时候，唯一的责任、唯一安全的道路就是坚持做正确的事，正确的话一定要勇敢去说，正确的事一定要勇敢去做。"

首相的观点，爱德华·默罗很是赞成。美国政府的犹疑不决让他十分恼火。为此，默罗一度想要辞去哥伦比亚广播公司的职务，全心全意为推动美国参战而努力斗争。他的头脑中甚至冒出过另外一个主意：下次总统选举，不妨怂恿怀南特参与一试。为此，默罗给大使去过一封信函："时局如此不定，将来您如果想要回国从政的话，本人绝对为您'鞍前马后'全力效劳。"

1938年以来，默罗就一直没回过国——这个事实简直不可思议，毕竟1938年的时候，世界大战还未曾爆发。而且，大家反反复复告诉默罗：他在美国已经成了公众人物，每个人都是他的听众，他的讲话，对于公众意见有着巨大影响。透过信件，纽约的比尔·希勒表示："不论我走到哪里，无论老妇还是少女，大家都在向我打听你的消息。他们想要知道你是不是像照片里长得那般英俊，也想知道你早餐吃些什么东西。你回家的时刻，更是每个人的牵挂。"

几千英里之外，好几百万观众都对默罗的节目翘首以待。不过，挤在英国广播公司那棺材大小的直播间、嗅着洋白菜的臭味，默罗可想象不出同胞们的热切心情。他和他们之间相隔太过遥远，远到广播的力量根本无法抵达。他觉得，自己的话语只会消散在空气之中。毕竟，一叶纸船又怎能渡过大洋呢？

33岁的默罗第一次察觉到自己的名声，还要等到他走下泛美航空公司航班的那一刻。威廉·佩利还记得，"当时的爱德华·默罗一下子就成了民族英雄。"他的面前簇拥着成群的报纸记者和新闻影片摄影人员，他们的反应极其热烈，仿佛他是葛丽泰·嘉宝或者克拉克·盖布尔。接下来的几个星期，无论默罗走到纽约的哪一角，总有摄影师和报纸杂志记者如影随形。除却这些哀求采访机会的工作人员，索要签名的粉丝也不少见。但那时的默罗，也和明星一般心绪不宁，毕竟美国政府仍然不愿参战，而他对此变得愈加无法容忍。

回国之后的默罗，发现国内的孤立主义分子仍在兴风作浪：麦迪逊花园广场的"美国第一"集会人头攒动；伯顿·惠勒和查尔斯·林德贝里这两位参议员也加大声浪，要求罗斯福恪守和平。诚然，孤立主义的市场愈来愈小，但他们的领袖人物也越发走向极端。他们鼓唇摇舌，对罗斯福政府展开了凶猛的攻击。作为回击，支持参战的人们组织了同样声势浩大的群众运动。按照一位历史学家的说法，当时就是"美国历史上一段出奇喧嚣的时代"。从英国回来后，许多新闻人都无法接受美国国内那种"平平无奇"的状态——这里的人们，似乎对大洋彼岸的战争和死亡漠不关心，远方的灾难好像和美国毫无关系。他们的冷漠，让默罗也非常寒心。"他走过第五大道、走过麦迪逊广场，发现商店中琳琅满目的漂亮货品，那场景叫他愤怒无比。"一位朋友表示，"面对桌上的饭食，他也会说：'想到英国正在经历的种种艰辛，眼前这桌饭我根本咽不下去。'"默罗曾经写信告诉英国的社会主义者哈罗德·拉斯基，自己在美国的大多数时间"都在竭力克制自己的脾气"。他看到了"太多好衣饱食、洋洋自得的人"，听见"富裕的朋友为了税款的灾难而哀叹连天"。默罗甚至说："大洋两岸，同样的词句可能指向完全不同的

珍珠港遇袭了？

事物……也许，我这次回国就是个错误。"

那么，默罗那些关于"闪电战"中恐怖场景和抵抗者大无畏英雄主义的报道是不是毫无影响？他一直想要引导美国人民去体恤战火中的群众，这种努力会不会已经失败？多年以后，默罗曾在英国广播公司的节目中回忆了这段往事："我要向周身温暖的人们解释寒冷的定义，要让那些只关心奢侈品的人明白什么叫匮乏，这简直太难了……经验的力量、智慧几乎不可取代。"不过，随着演讲之旅的深入，华尔道夫—阿斯托里亚的一场晚宴给了默罗一次机会。就这样，他以一种没人看好的方式，拉近了美英两国的距离。

12月2号的这次宴会出自威廉·佩利的提议。"国内的每个人物都在催促我们，"佩利表示，"要我们引荐他们认识默罗。"宴会当天，出席的嘉宾超过千人。主人公一出场，戴着黑领结的人们齐齐起身，送来了山呼海啸一般的欢呼和掌声。当时，珍妮特·默罗在前排的一张餐桌旁边就座，在她看来，自己的丈夫"简直被那场面吓呆了——这些东西，超出了我俩的生活经验"。英国要想存活、希特勒要得到遏制，美国就必须挺身而出结束这场战争——这些观点，默罗表达得直截了当、毫无掩饰。他还觉得，整场战争的胜负关键都系于"波托马克河的河岸一边（在于美国的态度）"。而且，"代表正义的联军应在宾夕法尼亚大道上安下总部"。

出席宴会的各位嘉宾都对默罗表示了敬意。不过，默罗对于美国参战决心的质疑并未得到他们的认可。宾客们无不认为，美国虽然尚未做好开战的准备，却已经朝着战争迈出了大大的一步。他们还觉得，这样的转变还和默罗在伦敦的新闻报道息息相关。"您好像点燃了整个伦敦，并把火灾的景象呈现在了我们的眼前，由此我们能够感到战祸的可怕。"诗人阿齐博尔德·麦克利什在默罗的节目中发现，"伦敦的种种惨象仿佛只有咫尺之遥，逝去的生命，就像自己的亲人……就是人类的灭亡"。罗斯福也给聚会拍来了祝贺的电报，电报中总统告诉一众宾客："今晚，各位齐聚一起向爱德华·默罗致敬！你们的身后，还有数以百万计同样要向他表示感激的美国人。"为了强调自己对于默罗所作所为的欣赏，罗斯福及夫人专门邀请他前往白宫共进晚餐，时间定于 12 月 7 日，那是一个星期天。

同一个日子，怀南特和哈里曼也收到了邀约，丘吉尔首相想请两位美国特使前往官邸共度周末。开车赴约的路上，大使觉得此行不过是为了放松消遣。这时，日本已经开始行动，袭击随时可能降临。此前一天，罗斯福接到一份宣战声明，声明由日本政府发出，收信人则是该国设在华盛顿的大使馆。美国军队的密码小组截获了这封电报，经过破译，它被呈到了总统的面前。在罗斯福看来，信件内容无异于"宣战"。日军的两个大型战舰编队已经开赴南方，他们的具体目标，当时还无人知晓。不过，情报显示马来亚、新加坡和荷属东印度群岛已经危如累卵。怀南特在下午抵达首相官邸的时候，立即看见了正在室外守候的丘吉尔本人。大使还没来得及钻出汽车，首相已经喊出了声："你觉得我们可能会和日本开战吗？"对此问题，怀南特回答很简单："肯定！"首相立即表明："日方一旦向贵国宣战，我国也会立即对其宣战。"

"这我清楚，首相先生。"怀南特表示，"您此前已经公开表达过这个观点。"

"好吧，如果日本对美宣战，你们会不会予以同等回应呢？"

"首相先生，这个问题我无法回答。根据美国宪法，唯有议会拥有宣布战争的权力。"

怀南特的话已经说完，丘吉尔却陷入了好一阵沉默。首相的心事，大使再是清楚不过：日本一旦进攻亚洲的英国殖民地，英国就将陷入双线作战。而且，远在亚洲战场的英军不可能指望美国为自己搭好生命线。

终于，首相还是回过了神，他转向怀南特，"显得亲切和蔼，类似的态度，他在困难时刻中常常有所展现"——这是大使的回忆。接下来，首相只是告诉大使："时间也不早了，你赶快洗漱一下，咱们先一起去吃午饭吧。"

那个周末，首相官邸举办了一场盛大的聚会，凯思林·哈里曼和帕梅拉·丘吉尔也在出席的来宾之列。那一天阴冷多云，首相的心底满是疲累和怒气，他的抑郁根本掩藏不住。所以，大家见识了一个一反常态的丘吉尔——面对宾客，首相几乎一言未发。星期天那场宴会开始的时候距离 9 点已经不远，而大多数来客已经告辞回家。家事操劳外加战事紧急，让克莱门蒂娜·丘吉尔累得干脆闭门不出。如此一来，餐桌边只剩下了九个人——哈里曼一家、帕梅拉、怀南特、丘吉尔家中的一对职员夫妇以及首相本人。吃饭的时候，丘吉尔的头几乎一直埋在双手之间，显然首相心事重重，按照他的习惯，9点钟应当收听英国广播公司的电台节目。于是，丘吉尔的情绪恢复了些，并把贴身男仆萨耶斯唤到了身前。几个月前，哈里·霍普金斯刚刚送给首相一台拉盖录音机，现在萨耶斯就要把它拿到饭厅里来。

一开始，当天的节目和往日没有什么区别：先是战场新闻，而后又是一组国内消息。临到最后，一个简短而毫无感情的句子钻进了大家的耳朵："根据最新收到的消息，日本战机袭击了美军设在夏威夷的海军基地珍珠港。"那一刻，每个人都没有出声，还是首相的吼叫打破了沉寂。"他刚才在说什么？"丘吉尔的声音很大，"珍珠港遇袭了？"同样震惊的哈里曼重复了新闻的内容："日本军队对珍珠港进行了空袭。"首相的海军大臣、C. R. 汤普森将军打断了美国特使的话头："不对，不对，他说的是珍珠河。"随后，哈里曼和汤普森争论起来。这时，索耶尔走进了餐厅。"消息无误，"助手告诉首相，"我们在外面听到了确切消息，日本军队刚刚对美国发动了袭击。"

听罢这席话，丘吉尔已经站起了身，他一面朝着门边奔去，一面大声宣布："我们要对日本宣战！"大使也把餐巾扔到桌上，追随首相的脚步匆匆离开。"天哪天哪，"大使说道，"您可不能通过电台节目宣战！"大使的话，让首相收住了脚步。丘吉尔回过头来，看向怀南特的眼神带着一点讥嘲："那我应该怎么办？"怀南特表示，自己准备电话请示罗斯福，丘吉尔立即说："我也要和他好好谈一谈。"

几分钟之后，电话就已经接通了。"总统先生，日本那边到底是怎么回事？"丘吉尔如此发问。罗斯福回应道："他们袭击了珍珠港。好吧，现在大家都在一条船上了。"首相显得精神焕发，而他身边的两位美国人也止不住有些兴奋。撰写回忆录期间，丘吉尔曾在初稿之中回忆了怀南特和哈里曼收到珍珠港遇袭信息时候的反应：当时，他们"几乎得意扬扬——因为这件事情让他们兴奋得好像跳起舞来"（其实，按照约翰·科尔维尔的回忆，怀南特和丘吉尔"当时就在房间里好像手舞足蹈一般"）。临到出版之时，首相把两位美国特使的欢乐程度下调了好几个等次："面对自己国家介入战争的消息，他们既没有哀号，也未曾发出一点悲叹的声音……其实，大家可以感觉：他们正从一种长期的痛苦之中抽身而去。"这种如释重负的感觉，首相本人也有所体会。按照丘吉尔的说法，珍珠港遇袭的那一夜，他"怀着解脱而感恩的心情沉沉入睡"。那一刻，他终于可以肯定"这场仗，我们打赢了。英国将生存下去"。

12月7日的华盛顿，清早，天气一反常态地暖意洋洋。趁着晨间的芬芳，爱德华·默罗来到贝塞斯达附近的伯宁特里球场打高尔夫。就在此时，珍珠港遇袭的消息从天而降，回城途中，他的座驾正好驶过日本大使馆。默罗能够看见，使馆人员抱着不少文件，在馆舍和花园中的一簇篝火之间来往奔忙。酒店里的珍妮特·默罗也给总统夫人打去了电话，默罗太太原以为，接下来的白宫之旅可能难以成行，可是埃莉诺·罗斯福表示："饭还是要吃的，我们希望你俩也能参加。"

那天晚上，白宫灯火通明。门外密密麻麻的人群之中，默罗夫妇费力地穿行了半天。围观的人群，都已经堵到了街对面的拉法耶特公园，白宫门口的铁门间隔中，装嵌着不少窥望的面孔。总统官邸内部则弥漫着一股不受控制的纷乱气息，电话高声叫响，办公室之间官员们冲来冲去。总统夫人出现了，她和默罗及其夫人打过丈夫的电话，总统夫人随后又为自己的丈夫道了歉。原来，总统忙于公务，当天无法陪客用餐。从那天下午早些时候开始，他就一直陷于会议而不能脱身。

珍珠港遇袭，让罗斯福一时之间难于接受，那一天见过总统的人，都完全能提供例证。当晚走进书房准备参会的内阁成员，竟然没有引起他的注意。他的一举一动显示——他的眼前似乎无人存在。"他好像魂飞天外，"弗朗西斯·珀金斯表示，"书桌对边的事情也无法叫他回过神来……他的脸拉得老长，嘴唇也一直撇着，脸色则是死一般的灰寂……显然，我觉得罗斯福正在经受煎熬。

海军就那样被敌人摧毁在军港之中的消息,让他难以在一时之间就能够接受。"

那一夜的晚宴很是简单,罗斯福太太和客人们一起享用了煎蛋和布丁。而后,总统夫人告诉默罗:罗斯福想要见他一面。因此,默罗要在白宫逗留一下,于是,珍妮特自己回到了酒店,而默罗则在罗斯福书房之外的凳子上坐了下来。他一边等待,一边吞云吐雾,一支支香烟燃到尽头,内阁成员、国会议员和军方要员在默罗的眼前来回闪过。空气中的紧张气氛实在显而易见:一名参议员跨步走过长廊,而后又向着身边的海军上将大吼大叫:"你这种人,连一艘划艇也不配指挥!"不少人发现了默罗的身影,于是纷纷停下脚步与他交谈。霍普金斯、赫尔和亨利·史汀生等人先后发表了对于当前局势的悲观言论。毕竟,美国刚经历了有史以来最为惨重的一场军事灾难。

时近午夜,富兰克林·罗斯福终于将默罗请进了门,全美最善于与人交际的两位人物,就此开始了面对面的交流。他们两人的声音,可能也最为全美的听众所熟知。可是,那一次他们无法立即就事件展开反思,沉痛当前,任何玩笑无疑有些不合时宜。总统问到了英国国内的士气和其他一些情况,吃下一点三明治、喝了一点啤酒之后,罗斯福方才开始推心置腹,终于把珍珠港的实际损失一五一十完全透露了出来——八艘战舰要么沉没,要么严重受创;几百架战机被毁,数千人因此死亡、受伤或下落不明。谈到那些飞机,罗斯福一直还算平静的情绪终于爆发了出来,"就那样在地面上遭到了摧毁,上帝啊!"总统吼出了声,拳头也重重落上了桌面。"就在地面上!"默罗回忆那次见面的时候,特地提到了这个细节:"这个细节深深地刺痛了他。"

第二天一早,默罗才离开白宫。哥伦比亚广播公司驻华盛顿办公室就在总统官邸的几个街区之外,办公室的负责人埃里克·塞瓦雷德也赶了过来。"白宫外边人山人海,你怎么看?"默罗问道。塞瓦雷德觉得:"好多年前,凯道赛(法国外交部)门口也是这么一幅场景。"默罗不禁点了点头,而后表示:"没错,我也想到了同样的画面,唐宁街的门口,也有过这样的一群人。"

人们的情绪,默罗和塞瓦雷德都很清楚——他们的表情,代表他们已经下了参战的决心。

第9章

结盟

"珍珠港"事件之后的那个早晨,刚从甜梦之中醒来的丘吉尔就发布声明,表示准备立即前往华盛顿。半信半疑之间,伊登提醒首相:美国方面很可能没有这么热切——他说对了,罗斯福听到丘吉尔急于动身的消息之后,立即向已经升任驻美大使的哈利法克斯勋爵提出了自己的观点:首相不妨等上一等,可是丘吉尔已经等不及了。"他就像个按捺不住情绪的孩子,想要立即出现在总统先生的面前。"莫兰勋爵回忆道,"看他那样子,似乎巴不得争分夺秒、立即成行。"美国宣战之后的第四天,丘吉尔和他的军事顾问终于踏上了赴美的行程。"约克公爵"号上的丘吉尔首相精神奕奕,在保健医生的眼中,他似乎比出发的前一天要年轻了几十岁。"伦敦的那个温斯顿让我十分担心,"莫兰在日记中记述道,"仅仅一夜,他好像变成了容光焕发的青年……眼中的疲惫和灰暗一扫而空。他神采奕奕,谈兴很浓,时不时还会大开玩笑、非常风趣。"

12月22日,丘吉尔一行在弗吉尼亚州汉普顿港登陆上岸,随后立即赶往华盛顿。当时,美国发布参战的消息已经过去两周。应罗斯福的要求,国会于12月8号对日宣战。三天后,德国对美宣战,而美方随即还以颜色,宣布对德宣战。即便到了这种境地,华盛顿的夜晚还是灯火灿烂。看来,战争对于绝大多数美国人而言仍很遥远——距离上如此,心理上同样如此。丘吉尔一干人早就习惯了伦敦那死一般漆黑的夜色,飞机窗外的明亮景色,引得他们像小孩一样挤到窗前,发出阵阵赞叹。丘吉尔的私人秘书约翰·马丁(John Martin)觉得,那一晚美国首都的亮色"就是我平生见过的最美的风景"。首相的另一位随员则表示:"霓虹灯闪烁跳跃,整座城市简直就像仙境。"

主人的招待方式,同样让英国来客感受到了殷勤和温暖,罗斯福亲自赶到机场迎接丘吉尔等人,首相的机警预言令总统深感折服。而后,罗斯福将丘吉尔接到白宫,首相的寝室被安排在了总统卧室的正下方。在给副首相克莱门特·阿特利(Clement Attlee)去信的时候,丘吉尔也是喜气洋洋,首相表示:"今天我们和美方领导人亲如一家,毫不拘礼。"

在丘吉尔看来,罗斯福的这处官邸"威严而又宁静"。首相临时到访,倒是给此地带来了一阵骤风,白宫仿佛变成了迪奇雷或者丘吉尔的官邸:四处可见秘书穿梭忙碌的身影,带着红皮急件箱的信使们在不断来了又去,宾主双方同样时不时就会造访对方的住所。首相在门罗大厅摆上了好些地图,而他和总统常常就此展开研究。那一年,丘吉尔和罗斯福一起度过了圣诞节,主人的餐前鸡尾酒会上,丘吉尔也成了常客,到了用餐时间,两人也是形影不离。首相总会拉上总统,一面吮吸雪茄或者品尝白兰地,一面天南海北聊个没完,直到天光大亮,两人才告罢休。对此,总统夫人可是很不满意。

当然,首相的生活习惯到底还是遭到了打破:至少,聊天或者用餐的时候,身为客人的他可没办法像往常那样总是占据主导位置。按照安保人员迈克·莱利的说法,两位领袖活似"两个表演大师"。会议上,他们都不想被对方抢了风头。玛丽·丘吉尔则认为:"陪在他俩身边,就好像坐到了两头咆哮的狮子的中间。"当然,首相面对罗斯福总会让上几分,在普拉森舍湾,他就是如此隐忍,这种态度到了华盛顿也未曾改变。总统夫人的一位朋友觉得,首相是个"有着满肚子话的人",不过"到了用餐时间,他总会找机会和罗斯福搭话,哪怕两人的座位隔着好些距离,对方的节奏总在罗斯福的掌控之下。"莫兰察觉到了这一点并在日记中写道:"我能够感觉,他时时刻刻都要和总统一起现身,这几乎成了他的一大准则。那个时候,丘吉尔简直就是克制和自律的典范。"到了晚上,首相甚至会推着总统的轮椅,把对方从起居室送到电梯门口,在他看来,这是一种"尊重的表现"。在那个时候,丘吉尔觉得自己就像"在伊丽莎白女王面前谦恭异常的沃尔特·罗利(Walter Raleigh)爵士"。

丘吉尔到底还是松了口气,他发现至少罗斯福总统再也没了以往的戒心和犹疑。珍珠港事件之前,对方的态度可不是这样。时过境迁,罗斯福已经誓言"要不惜一切奋战到底"。与此同时,罗伯特·舍伍德似乎也替美国人民发出了心声:"我们要迅速、坚决甚至心怀感激地抛弃孤立政策……虽然可能只是暂时为之。"当然,首相最为看重的一点,在于总统的一则宣言:罗斯福表示,击败德国乃是盟军的首要目标。两人还达成共识,准备立即委派一些美军人员前往英国——两支陆军部队将负责北爱尔兰的防务,空军的一些中队则将借由英国这个基地向德国发起攻击。美英元首甚至作出了一个史无前例的决定:两国将组建联合司令部,以便军队能够同进退。在每个战区,英美两军的海陆空部队都将接受一名将领的指挥,双方共同的参谋部则会坐镇华盛顿,以便协调整体战略。此外,负责军需、船运、原料、食品和生产的英美联合机构也会一一成立。日后,乔治·马歇尔指出,这次同盟也是"有史以来两个盟邦之间最为紧密的关系"。

马歇尔的话很有道理,不过要想达成"完完全全的军事联合",盟约双方都得付出大量的努力,大大小小的摩擦同样不可避免,几乎会一直持续到战争结束。相对英国而言,美国的历史确实较为短暂,短短的历史当中,美国还没有真正和任何势力缔结过盟约。第一次世界大战期间,威尔逊总统更愿意以"协作力量"而不是"盟友"自居,美国远征部队的首领约翰·潘兴将军也总把手下和其他协约国部队隔离开来。至于英国,几个世纪以来结交的盟友几乎遍布全球,虽然这些同盟关系,往往都会以无疾而终乃至反目成仇而告终。

在某些美国人的眼里,英国人还是那样自命不凡,这些人绝不会与美国平等相待，而很有可能把美国人看作行为粗鲁的殖民地人。要知道，美国已经是个独立国家了，而英美早就应该平起平坐，而且英国方面还觉得美国立国不久，就像一个处处需要引导的青少年，应有一位智慧而全知全能的导师辅助它快快长大，教它融入世界的种种方式——这种态度，也令美国人颇为恼火。

30年代中期，罗纳尔·林赛（Ronar Lindsay）爵士曾经担任英国驻美大使，他对于这个国家的态度，正好反映了英国人的某种心态。1937年，林赛曾经致信外交部表示："美国仍然太年轻、太敏感了，她就像一位刚刚步入社交场合的年轻女士，一位年长男士的尊重致意，也可能让她勃然大怒。"这位年长男士自然指代大不列颠。同样的比喻，也常常被丘吉尔挂在嘴边，首相觉得：美国就是个善变的女青年，通过求爱与诱惑，她才能走上思维的正轨。

在华盛顿，双方的参谋将领们将第一次举行会谈。就在这个时候，两国差异开始浮出水面。美方想将两国军队归于统一的指挥体系，并在华盛顿设立联合司令部对两国的战略行动进行统辖和管理。就此提议，英国首相可能会全盘接受，但他那些手下可是异议多多。美国人既然没有做好战争准备，又何以能够指挥联军的行动？既然如此，他们怎么会有指挥战争的能力？"我这辈子还没见过这么多的汽车，但是这么多的汽车里，我就没有见到一辆军车。"陆军元帅约翰·迪尔爵士来到华盛顿数天之后，曾在信件当中如此告诉自己的接班人——新任参谋总长艾伦·布鲁克。"种种的不足之外，普通美国人还有一种错误观念——他们总觉得这场战争可以速胜速决——而且还不用付出太多代价……对于战争，这个国家是没有一点概念，也不曾有所回应，他们的武装力量更没有参战的准备。"12月8日，迪尔更是大吃了一惊，当天所有与会的美军军官必须身着制服汇报工作。可是，他们大多穿着"珍珠港事件"之前军队配发的军便服，于是那个星期一早晨的陆海军大楼里挤满了"身着制服的军官以及身着部分制服的军官，而他们的制服看上去就像1918年的……好些军官都穿着尉官的制服……这就像战争前的清仓大甩卖"。

讽刺的是，虽然一开始迪尔对于新结成的盟友语多不恭，不过他却又是这段脆弱盟约的坚决守护者。在布鲁克的举荐之下，迪尔得以前往华盛顿出任联合参谋部的英方主管。他的机智、魅力、殷勤和口才很快征服了美国的军界领袖，乔治·马歇尔更是和迪尔结下了极好的私谊。富于外交才干的迪尔，也很快找到了平衡英美军方高层之间矛盾的方法。1944年，迪尔因再生障碍贫血症而离世，在马歇尔的坚持下，迪尔如愿以偿地被送入阿灵顿国家公墓安葬。尽管此地一向不对外国人敞开大门，国会仍然发表联合声明，为这位广受欢迎的英国陆军元帅开了绿灯。葬礼之上，迪尔的棺椁旁边挤满了美国军人，一位见证了整个过程的目击者表示："这么多的人同时被忧伤触动，我反正从来没有见识过如此场景，马歇尔的那副表情，称得上伤心欲绝。"

双方结盟的四年当中，美国陆军参谋长和自己的英国同行可完全没有如此亲近。尖酸的布鲁克，一直未曾真正得到马歇尔的亲近。首相在华盛顿与罗斯福磋商期间，布鲁克身处遥远的伦敦，得知英美双方将在美国首都建立联合参谋部的时候，布鲁克显得相当动气。在日记中，布鲁克表示："在这个历史阶段、在美军完全没有做好参战准备的当下，我实在看不出把中央指挥权交给对方的理由。"

围绕指挥权的归属，英美之间有着深深的分歧，可是相对战略方面的异见，这点分歧实在无足挂齿。接下来的七个月里，联军将向德国展开反击，马歇尔等美方人员希望联军渡过英吉利海峡而直扑法国——并由此切断德国的动脉。按照这种计划，大批美军将在英国集结，并于1943年夏天对欧洲大陆展开攻势。如果苏联方面撑不过1942年，法国方面的谨慎攻势也可以确保联军夺取一个滩头阵地。

"美国人就是如此。一旦需要打仗，他们总想制造一种前无古人的宏大场面。"作为诺曼底登陆的英方策划人，陆军少将弗雷德里克·摩根（Frederic Morgan）爵士在多年之后回忆往事仍然不改谐谑。美国人的战争策略，基于他们在美国内战当中形成的基本原则。要知道，"二战"之前，美国经历过的最为惨烈的战事也不过就是南北战争，从中美国人总结出了一套经验——

要用绝对优势兵力和最为迅猛的速度消灭敌人。毕竟面对罗伯特·李（Robert Lee）及其麾下的南方军队的时候，北方军队首领尤利西斯·格兰特（Ulysses Grant）就是那么做的。

在丘吉尔、布鲁克和其他英国军方高层看来，美国人的提议十分鲁莽甚至有些业余。对此，英国方面显得颇为慌乱：这些美国人难道没有意识到，1942年就向欧洲大陆展开攻势纯属一种疯狂之举吗？西欧地区驻有27个德国师，联军如何能够迎敌？要知道，美军当时还是如此疲弱，而英美部队同样面临装备不足的问题，他们甚至找不出足够的船艇把那么多的士兵运过大西洋。至于两栖作战，在当时的情况之下又如何能够付诸实施？"他们难道以为我们可以轻松渡过海峡，去巴黎勒图凯玩纸牌或者某个海滨晒日光浴吗？"对于美国人的天真，布鲁克有些嗤之以鼻。

丘吉尔和他的军方顾问认为，联军向德国发起反击的第一站应在北非，除却法国之外的欧洲大陆其他地点，也可以作为行动的突破口。如此一来，在联军祭出最终的杀招之前，德国方面可能已经疲惫不堪。如此这般的外围敲打，可是几个世纪以来英国武装力量时时实施的战略战术，毕竟英国的陆军兵力一向不足，而海军方面则总是占有绝对的优势。第一次世界大战之中那令人窒息的战壕攻势，英方却也没能逃脱得过惨重伤亡，四年的喋血战事之中，共有75万英军因此丧生。由此，整个英国有了共识：如此的惨祸再也不能重演。在不久的将来展开登陆行动，可能还会让大量英国军人裹挟其中并作为主力，一想到这种前景，丘吉尔和布鲁克都很清楚由此而来的后果。"我们遭遇了一个又一个的灾难，就连牙齿也变得稀疏起来。"弗雷德里克·摩根表示，"如果那些负责决策的人不是那么急于制造一些前所未有的奇迹，这一切也都不足为怪。"

英国人的据理力争，并未能说服马歇尔和他的美国部下。美国人甚至觉得，英方执着于从北非开始反击，不过是想借此保护自己的殖民地——唯有如此，苏伊士运河才能保持通畅，英国在中东的石油和其他利益方可以因此安然无恙。"马歇尔对于丘吉尔心中可能的殖民图谋一向抱有疑虑，这种疑虑一直伴随着整场战事，"历史学家斯坦利·温特劳布（Stanley Weintraub）表示。就连马歇尔本人也在战后承认，美方在战争中"一直怀有强烈的反英情绪，这种情绪，我们本不该如此执着，毕竟美国人总觉得阿尔比恩的这个国家（指英国）有背信弃义的倾向"。

战争期间，马歇尔和布鲁克对于彼此的看法一直不大正面。不过，双方却有着一些共同的优点，在各自的军队高层当中，他俩都被看作出类拔萃的人物；对于各自的政府首脑，他们也最值得被亲近和托付信任；他们都曾经见证自己的军队取得了重大战役的胜利；他们有着许多一致的个人品质——两人都是如此直率、敏感、顽固、内向、不够耐心却又足够坚强。

但是，马歇尔和布鲁克之间也有一个不同点，对此，两位将军本身也有所察觉。布鲁克曾经亲自率军参加战斗，而马歇尔却没有这样的经历——虽然他一直梦寐以求，可也一直未能如愿。第一次世界大战期间，马歇尔倒也作为第一步兵师的司令前往法国作战。而后，他还加入了潘兴将军的参谋部。军队中的每个重要职位，马歇尔几乎都担任过。1939年9月1日，他被正式擢升为参谋总长。同一天，希特勒的军队侵入了波兰。接下来的两年之内，马歇尔一直在对整个陆军进行整顿，他凭借独断之力，清洗了几百名被他认为是无能的将领。那些冉冉升起的军中新星，则得到了马歇尔的提拔。此外，马歇尔提升了军队的训练水准，组织了大型的演习；一支装甲师在他的关注之下组建成军，大规模的军工生产启动之后，一批新武器也相继上线。如上的这些成就，都是马歇尔在国会的阻挠之下得以完成的。奉行孤立政策的人可不仅仅集中在议院之中，总统身边的新政分子也给马歇尔设置了不少障碍。不过，这位"现代军队管理者的典范"仍然克服了种种的困难，"即便总统本人也吓不倒他，只要马歇尔觉得手下受了委屈，就一定不会向总统服软"。

即便是布鲁克也得承认，马歇尔"是个大人物，也是个了不起的绅士"。这位美国同事的身上"有着巨大的魅力和人格"，并对自己"深有触动"。但是，在英方主帅看来，虽然马歇尔有着种种优点，这些优点却又因为两重缺陷而有些黯然——马歇尔缺乏战争经验，而且也没有作为战略家的眼光。

直到 1941 年，布鲁克还对战争有些厌烦，这种心理，和英方主帅曾经的经历有关。1916 年，年轻的中尉布鲁克参与了惨烈的索姆河战役，那场战役据说有 42 万英国官兵因此受伤或死亡。仅在战事开打的第一天，就有 7 万英军伤亡。1939 年对德宣战之后，布鲁克曾在法国指挥一支远征军，次年 6 月的敦刻尔克大撤退也被看作他最为辉煌的一次战绩。战争部的终生领导詹姆斯·格里格（James Grigg）爵士认为："我们甚至可以断言：布鲁克的坚定与才干不但挽救了他自己的部队，也给整个驻法英军带来了福音，借此全体英军才能挨过德国的闪电战并安然撤退。"在那之后不久，布鲁克还会领受丘吉尔的命令而再赴旧地，当时法国西部还有大量滞留的英军部队。法国政府已向德方投降，而整个战局已经无法逆转，困境之中的布鲁克重演了敦刻尔克的撤退奇迹，带领手下逃出生天。1940 年 7 月，布鲁克负责重整军队并组织英国本土的防务力量，毕竟德军随时可能踏上这个岛屿。

作为"闪电战"的见证者，布鲁克深知一点：倘若联军贸然反攻欧洲大陆，迎接他们的将是多么可怕的场景。可是，1942 年春天英美联军领导人第一次开会的时候，布鲁克又惧然发现：马歇尔等人几乎对此毫无认识。"我觉得，他（马歇尔）根本没有开始考虑计划的详细步骤。至于登陆之后的敌情，更不在他们的思维之中。"后来，布鲁克如此回忆，"此后的战争岁月里，我还见识了马歇尔的种种作为。见得越多，我就越是肯定，此人的战略能力真是差得可怜。"

若论刻薄程度，上面的这番评点还不算登峰造极，冷静沉着的外表之下，布鲁克其实有着火热沸腾的内心。对于马歇尔，布鲁克还有过如下酷评，"自高自大几乎到了病态程度"，这是布鲁克在日记中对马歇尔的看法之一。此外，他还觉得这位美国同事"在很多方面其实都算是个危险分子"。诚然，马歇尔眼中的布鲁克同样很是不堪。可是，美方司令倒还没有太过公然表现出对于布鲁克的轻蔑。唯有那么少数几次，马歇尔也谈到了布鲁克，他曾告诉哈里·霍普金斯："布鲁克此人可能战斗能力还不错，却没有迪尔那种智力。"

1942 年初，英美双方的军事高层正在商讨未来的军事计划，几乎在同一时候，英美军队遭遇到一连串的败绩。美国加入战局，而联军的败仗却是一个接着一个。美方发现，珍珠港惨败、美国舰队折损大半过后，日军又先后攻占了关岛、复活岛和菲律宾。英国人面临的困局更为骇人：他们先是在法国、希腊和克里特岛被德军驱灭殆尽，后来远东和太平洋地区的噩耗又相继传来，日军一波攻势之后，英国在当地的殖民领地完全沦于日本之手。其间，英军还遭遇了历史上前所未有的耻辱性大败。

12 月 9 日，英国海军两艘最大、最先进的战斗舰艇在中国南海遭遇日本战机袭击。其中，"威尔士亲王"号曾经陪伴丘吉尔出航普拉森舍湾，在那里，首相曾和罗斯福有过会面；另一艘舰艇则是巡洋舰"驱逐"号（Repulse）。空袭之下，两舰双双沉入大海。事发地点就在马来亚海岸附近，650 多名官兵因此丧生。"在我的整个施政治军生涯中，"丘吉尔表示，"还从未听闻过如此惨重的一次灾难。"

圣诞节当日，中国香港沦陷，而后不久新加坡、缅甸和马来亚也相继被占领。"每过一天，帝国的领土就会减少几分。"与朋友的通信之中，布鲁克郁闷地表示，"一个又一个噩梦般的消息飞一般地传来。"新加坡本该是"远东一座不可攻克的英国堡垒"，却也不得不向敌人打开城门。对此，整个英国都感到了震惊。大家都不明白，8.5 万多名驻新英军怎么会输得如此容易和彻底？面对众议院的各位代表，丘吉尔也把这场败绩当成了"英国军队的第一号灾难"而且"历史将为之铭记"。无独有偶，马来亚也在英军未经一战的情况下便宣告易手。

灾难还远远没有结束。在北非，隆美尔的部队在利比亚化解了英国援军的新一波攻势，英军不得不因此败走，而班加西和贾扎拉重新落入德国人之手。6 月，利比亚东部的海港城市托布鲁克也向德军投降，此地乃是英军的关键要塞。历经长期的围城之后，要塞仍然没能守住，投降的英军多达 3 万人，而受降的德军可远远没到这个数。托布鲁克一败，比新加坡沦陷更为惨痛。由此，德军前往开罗和苏伊士运河的道路被基本扫清，就连中东的英军也危在旦夕。对于托布鲁克之战，丘吉尔有着这样一番评论："失败是一回事，而失去尊严则是另一回事。"（托布鲁克投降之时，丘吉尔正在美国出席会议。其间，首相收获的唯一好消息只是罗斯福和马歇尔表露出的同情。在首相的要求之下，两位美国高官终于答应给中东前线的英国军队300辆坦克的支援。这一次，布鲁克一反常态不再烦恼易怒，他认识到，正是因为美方在这段黑暗时期的慷慨大度，英美双方在交战期间"的友谊和互信才能打好基础"。——丹切夫，托德曼，《战争日记》第269页）

1942年，从头到尾都有吃败仗的消息传回英国。对此，国民的士气自然大受打击，失望而酸楚的情绪也在不断滋长。无论是在街头巷尾还是议员会堂，批评政府督战不力的言论传得越来越多、越来越广，不少人甚至要求首相辞去国防大臣的职务，丘吉尔擅长的雄辩，也无法抹去这种不满情绪。"可以听一听大家的呼声……他们已经受够了政府的豪言壮语。"《纽约客》杂志上，记者莫莉·潘特-唐斯（Mollie Panter-Downes）表示，"他们只希望看到行动，也希望看到丘吉尔先生的表态，首相必须知道全国上下处于深深的焦虑之中。"

1月和7月，丘吉尔不得不两次前往下议院，在那里，议员们对他的战争策略大加责难。虽然两次质询都以首相的胜利而完结，但是面对鼓点一般密集而来的各种非议——以及英军节节败退的困难局势，一向活力满满的首相也承受了巨大的打击。"自打1921年以来，我一直陪在他的身旁充任随扈，可以说，我从没见到他像如今这般情绪低落。"就在那个时候，警卫沃尔特·汤普森（Walter Thompson）也察觉到了丘吉尔的异常，"他肯定是遭遇了最为严厉的打击……这段苦涩的日子，他基本上是夜不能寐、日不能食。"日记中，玛丽·丘吉尔也表示自己的父亲"正处于人生的低潮期，他的身体状况不是很好，接连而至的压力和事务使他筋疲力尽"。

军事上的失利看起来永无结束之日，丘吉尔必须加紧应付，大西洋的种种争端，也正有愈演愈烈的趋势，后一层威胁同样需要首相的悉心应对。当时，德国潜艇已经现身美国东海岸，并在当地对商船进行袭击。岸上灯火通明，把商船的剪影映得一清二楚，自然它们轻而易举地成了敌人的靶子。按照美国海军的报道，"1942年，U型潜艇在我国大西洋沿岸击沉了大量船艇，灾难的后果，基本上可以和数十家最大的战争工厂遭到破坏的严重性等量齐观"。对此结论，马歇尔也表示认同。美方将领认为："敌方潜艇在我国大西洋沿岸以及加勒比海域对船艇造成的破坏已经影响到了战争准备的全局。"1942年上半年，联军运输舰艇的损失高达一百多万吨吨位——这个数字，超过了前一年同一时期的相关数据。敌人的潜艇攻击，则是造成损失的主要原因。

某天唐宁街10号官邸内，莫兰勋爵发现了身处地图室内的首相，只见丘吉尔眼神直勾勾地，盯着一方大西洋海图出神，海图之上密密麻麻的黑钉，正代表了神出鬼没的德方潜艇。"真是太糟糕了。"首相一面喃喃自语，一面突然调转脚步朝着保健医生走去，途中丘吉尔只是埋着头一声不吭。"当时的他非常清楚，这场海战可能会让我们在几个月内彻底输掉，而他也无能为力。"日记中莫兰如此写道，"我祈愿上帝，希望自己能浇灭他心中的这团火焰，他已经为此受累太多了。"

运输线损失惨重，也意味着英国人的生活水准必须进一步降低，食品进口的贸易量，跌到了不到战争前的一半。日本在远东的攻城略地，更是加重了英国的负担。英国人的茶、糖、米和其他基础物资的供给线被截断，如此一来，英国境内的所有货品似乎都进入了短缺状态。煤炭自然也不例外，面临历史上难得一遇的寒冷冬日，英国百姓的日子自然又凄苦了几分。

困境重重压来，英国百姓对于美国参战的反应也就可想而知。虽然他们对此曾经久久期盼，可期盼成真之后，却并未带来任何如释重负的解脱感觉。"有了美国人的帮忙，这场仗我们不可能输，"哈罗德·尼科尔森向妻子写信倾诉，"不过有一点很是奇怪，如此伟大的历史事件应该得到记录，人们应该大大地庆祝一番，可是整个伦敦就连一面美国国旗都很难找到。"

根据民意调查，某些英国人对于美国参战"怀有一种幸灾乐祸的情绪，他们觉得，美国佬总算可以尝一尝战争的滋味了"。不少英国公民觉得"美国应当在战争一开始就向我们提供全力资助，加拿大人和澳大利亚人不就是这样么？"如上想法，记载于一份政府公报当中。

加拿大驻英外交官查尔斯·里奇发现，珍珠港遇袭一事"几乎激起了每个人的讽刺和讥笑"。而且他还表示，"我遇到的每个人几乎都抱有这样的态度……美国方面因为对手背弃信义而生出的愤怒，似乎没有英国人愿意体恤。我们的反应，就好像铁石心肠的老婊子听到少女因为遭到欺骗的哭声一般，毕竟我们遭受的背弃何止一次两次……现在该是美国人领受一下类似的遭遇，然后看看他们又能做何反应了。"

某些英国人幸灾乐祸的态度，反映了他们的国家与美国之间的一道鸿沟。鸿沟存在于联盟形成的初期，正好关乎双方对于彼此的了解。信息部对此表示："总体而言，我们的人们对于美国的成就和美国政府都缺乏正面认知。"

英美两国人民之间有着极深的误解，这一点毋庸置疑，根据一位美国历史学家的说法，美国人对于英国的看法全然脱胎于历史课本：那就是一个身着红衣的恶魔，它处心积虑，要把新生的美利坚扼杀在襁褓之中。即将前往北非与欧洲担任盟军领导工作的德怀特·艾森豪威尔对于这种说法十分赞成。1943年，他在写给马歇尔的信件中表示："我们和英国盟友之间不信任的种子早已播下，自打我们幼年翻开那些小小的红色历史课本的时候，种子便已经开始萌芽。"

没错，美国人对于英国历史确有扭曲误读之嫌，但是美国学校至少还把英国历史当作了教学内容，英国的文学，美国学生多少也有所听闻；可是提起美国的历史与文学，大多数英国人在求学期间可都是两眼一抹黑。

"波士顿倾茶事件到底事出何因，那个时候，没有一个20来岁的英国人能够说出个究竟。"一位英国历史学家表示，"至于50来岁那一辈英国人，可能根本不了解罗斯福的任何一位前任——当然，林肯除外。"情报部进行了一次大规模调查，意在了解英国公众对于友邦的知晓程度。结果，一位调查员表示："太多人向我表示'毫不了解'，对此我自己都有点羞愧了。"很多英国老百姓在生活中从未遇到过任何美国人，有过赴美经历的人就更是少得可怜。他们对于美国这个国家及其人民的认知,悉数来自好莱坞的影片。就连白厅的一位年轻官员也觉得,美国不过就是个"南方有奴隶、芝加哥有黑手党、弗雷德·阿斯泰尔在拍音乐剧电影的地方"。罗伯特·阿尔比布(Robert Arbib)是名美军士官,从军之前,他曾在纽约从事广告业,1942年,阿尔比布随军来到英国。而后,他立即被英国人各种疑问包围,当地人很想知道,他"是不是来自得克萨斯","有没有见过黑社会"或者"是不是住在高楼公寓里"?

英国公众对于美国文化的误解和无知,怀南特自然有所了解;美军与英国百姓的紧张关系,他当然也十分敏感。大使觉得,自己的使命就是在战争期间缓解种种矛盾。曾经有过历史老师经历的怀南特觉得,教育才是达成了解的主要手段,但凡能从格罗夫纳广场的繁杂事务中抽身出来那么一到两天,大使总会在英国各地往来巡访。面对英国听众,他会大谈特谈美国的历史和文化,而且大使总在强调美英的纽带关系。"我希望大家能够帮助自己的国家去了解我的祖国,"怀南特曾向一群教师真诚呼吁,"旅英岁月教给了我一点基本常识,我们两国人民拥有共同的文化底色。"巡访期间,大使还常常邀请珍妮特·默罗和其他旅英美国人一同出行,他们可以一同为了促进双边了解而努力。当时正在牛津大学担任访问学者的美国历史巨擘艾伦·内文斯(Allen Nevins)也在大使的恳求之下,写了一本简要介绍美国历史的书,他的著作很快成了英国学校介绍美国历史的指定教科书。

在美联社驻伦敦分社的前社长华莱士·卡罗尔(Wallace Carroll)看来,怀南特希望"英国人民对于美国的了解能和自己对英国的了解相对称;他想要他们了解康科德或新罕布什尔附近的农户,了解磨坊、纺织工厂或者煤矿、铁路与船坞里的员工,他为了这些农人和工人的福利殚精竭虑了大半辈子。怀南特希望他们了解的美国并不在电影当中,而是他在田纳西河谷管理局与社会保障署里创造出来的那个形象"。

伦敦大轰炸期间,卡罗尔正在伦敦担任驻外记者。1942年他接受大使的委派,成了一家美国信息服务机构的驻英代表。卡罗尔所属机构"美国战争情报办公室"旨在利用新闻与宣传工具,对美国的战备工作进行支持。由此,卡罗尔等人制造的新闻不但面向国内，也要针对海外读者；他领导的驻英分支机构主要致力于搜集客观报道，而不是营造一种宣传氛围。卡罗尔面向的读者也是英国大众，在他和他的同事的努力下，不少有关美国的报道被分享给了全英多家报纸，政府官员、士兵和一般百姓也在卡罗尔报道范围之中。

"我们要用一切可以采用的合法手段告知（英国）民众关于美国的种种消息，而不是提供任何经过筛选的新闻。"卡罗尔表示，"我们达成了一个共识：对于那些不愉快的事实也不能加以掩饰。"到了1942年底，由于卡罗尔等人的努力，"英国报纸刊印的美国新闻比战争之前多了许多"，《纽约时报》伦敦办公室的主管雷蒙德·丹尼尔（Raymond Daniell）说。

战事愈发深入，英国人民对于新盟友的各种信息也是愈加好奇。为了满足大众需要，怀南特在美国驻英大使馆的底楼建起了一座图书馆。这座图书馆主要面向记者、作家、教育工作者、编辑、学生和其他有意接触美国书籍、杂志与报纸的英国公众。图书馆取得了巨大的成功，"二战"之后，世界各地的美国使馆都建立了同样的设施。作为美国情报协会主席的夫人，珍妮特·默罗将在20余年之后成为这些设施的管理者。1942年，默罗夫人就向父母提及：图书，可以治疗旅居伦敦美国人心灵上的"饥饿"，由此他们可以时时跟进并追踪祖国的各类信息，"我可以把所有时间都泡在图书馆里"。

怀南特的努力自然是为了促进英国人民对于美国的了解。怀有同样目的的，可远远不止大使一个。而且，他们都取得了巨大的成绩。菲利克斯·法兰克福特的一位朋友去过伦敦回到华盛顿之后，曾经告诉最高法官"一件惊人的事情"，原来，他发现"英国人对于美国生出了一种崭新而深刻的兴趣，相形之下，我们对于了解英国事务的兴致可没有那么高"。法兰克福特由此觉得，英国政府也应当做些努力，唤起美国人对于英国的各项认知。毕竟，当时不少美国人都把英国人看作"一群压迫者，一群活在猎狐、老式领结、白金汉宫和乔治三世时期的怪人"。

法兰克福特说得没错，美国人民对于大洋彼岸那个盟友的认知，一点也不比某些英国民众更多。至少,双方在一开始都对对方不太感冒。1942年的一起民意调查当中,仅有一半的美国人觉得"英国人会竭尽全力去打赢这场战争"。美国一些政客和军人对于英国战争动机的怀疑,在美国百姓中也很有市场,超过一半的美国人都在指责英国的殖民政策。不过,调查显示,美国人"对于英国的实际知识实在少得可怜"。

1942年3月,默罗结束了四个月的故国之行并启程再赴伦敦。这时的他,发现自己的祖国弥漫着一股"浓烈"的反英气息,这点发现被默罗转告给了哈罗德·尼科尔森。尼科尔森觉得,美国人对于英国的厌恶"部分源自真情实感,另一部分只是战争捷报久久不见而生出的厌烦",特别是"英国军队在新加坡的拙劣表现也是一个重要原因。而且,战争当中的每一方,容易觉得盟友寸功未立而应予指责"。

默罗离开故国之前,哈里·霍普金斯和已经出任美国战争情报办公室海外行动主管的罗伯特·舍伍德找到了默罗。他们想请他留在华盛顿,出任美国政府"美国之音"英语新闻广播节目的主持人。"美国之音"由战争情报办公室负责制作,默罗仍然可以向欧洲人民献声。思来想去,默罗拒绝了这份邀请。他曾站在英国人民一边,为了推动美国参战而费尽心血,他仍打算留守英国,为了促进祖国和那片他度过五年光阴的土地达成互相理解而继续努力。"留在美国,我个人也感觉愉快一些,"电话中默罗告诉霍普金斯,"但是,眼见英美联盟可能出现波折和问题,我觉得还是应该去英国继续战斗。"

接下来的三年内,默罗仍在伦敦主持哥伦比亚广播公司的新闻节目。同时,他还是英国广播公司的座上宾。利用这些露脸的机会,他一直在向英美观众解释对方国家的政治局势、民族性格和独特心理。"只有让英美人民之间坦诚交流,他们才能达到相互理解。"英国广播公司的一次节目中,默罗有了这样的感悟,"我们美国人必须在心里认识到一点:相对贵国人民,总体而言,我们的情感更为外露,更为喧闹,也更缺乏耐性。我们会到棒球或者美式足球的比赛场地,朝着裁判大吼大叫。有时候,我们甚至会把啤酒瓶投向他们。在美国,争论时的用词也更加露骨,而且还会对对方直呼其名——简而言之,我们美国人更愿意心里想什么嘴上就说什么,我们并不是很喜欢'思考'这个词语。"他也提到了两个国家的共同点:"我们和你们一样,都是任性和易怒的人,我们的性格也是千奇百怪林林总总,我们也不喜欢发号施令或者听命于人。但是,到了家庭当中,我们又都想成为真正的主宰。"

为了促进相互了解,默罗参加了好些特别节目,其中有些由哥伦比亚方面制作,有的则出自英国广播公司之手。双方都希望,这些节目能够帮助英美听众更好地理解这段同盟关系,两家广播公司都为此出力良多。前一周的节目由美方制作,下一周就换成英方制作,所有的节目都在两国同期开播。此外,由默罗主持、英国广播公司制作的八集系列节目《一个英国人在美国》也通过哥伦比亚广播公司而在美国得到传播。

在英国广播公司,默罗还开辟了一个新节目——《拜见山姆大叔》。按照一名历史学家的回忆,这个节目"就是针对英国听众的一堂美国常识速成课"。课堂上,默罗亲自扮演了一个角色,艾伦·内文斯和正在美国居住的英国广播公司记者阿利斯泰尔·库克(Alistair Cooke)等人也在节目之中时常献声。面对听众,默罗坦承自己并非要为祖国辩解或者鸣冤。初次发声的时候,默罗就已经开宗明义——"各位听众将对罗斯福新政、美国的种族问题得到一定了解。迄今为止,为什么三分之一的美国人仍处于衣食无靠、无处栖身的境地,你们也能找到答案。当然,节目也将介绍美国取得的一些成就。"默罗的大胆言辞,震惊了英国广播公司的一位发言人。待到《拜见山姆大叔》节目播出完毕,这位发言人表示默罗"对于美国的批评实在太过辛辣","假如这番话出自英国人士之口,那后果可完全不堪设想"。

如此的直率,一向是默罗新闻思想的核心。"真诚与耿直只可能妨害英美关系,"默罗说,"但是,假惺惺的礼貌和矫饰一定会让两国愈发疏远。"

第 10 章

一个英国人在格罗夫纳广场侃侃而谈

为了促进英美双方的相互理解，怀南特和默罗付出了不少努力。1942 年春，两人的工作第一次遭遇到了真正挑战。那个时候，美国陆军的先头部队刚刚抵达北爱尔兰，美国空军第八师的战机和舰船也在英格兰东部安顿下来。还有大批美军工程兵进入英国领土，承担建设基地、仓库等设施的修建任务。如今的英国不但是同盟国武装部队的核心总部，还是欧洲战场的最前线。盟军将从这里出发，对德占欧洲大陆发起空袭；终有一天，他们还将离开英国，踏上欧洲大陆的土地。

那一年夏天未到，伦敦街头已经满是前来休假的美国军人，格罗夫纳广场附近的大多数建筑也被美国军方和政府部门的派出机构所占用。这一地区的美籍人士，也像雨后春笋一般地多了起来——有感于如此现象，一位好事者特地谱写了一篇歌词并利用流行金曲的旋律传唱开来，歌曲的名称也从"一只夜莺在伯克利广场吟唱"变成了"一个英国人在格罗夫纳广场侃侃而谈"。

美国人的到来，让伦敦中部"几乎陷入狂乱"——这是一位当地居民的看法。美国军队的高官们坐着他们那橄榄绿色的配车，在格罗夫纳广场和英国战时办公室之间穿梭来往；带着政府公文的邮差们，也得在两地间反复穿行。他们发现，这段路程变得拥堵起来，其拥堵程度一点不低于战前时光；

同一地区的酒店和公寓也变得紧俏了许多（有那么一次，美军参谋部一下子就在克拉里奇酒店订下了不低于 16 个房间），有的时候，很多酒店变得一房难求。

美国的宪兵，也开始出现在伦敦的街头。他们头戴白色帽盔、脚穿同样雪白的靴子，正因如此，他们被叫作"雪点子"。从皮卡迪利到其他城中大道，都有他们来往巡逻的身影。很快，各位宪兵就把伦敦的地理情况摸得烂熟，不但前来旅游的美国大兵要向他们问路，英国人也开始找到他们求救问路。夏天的午后，各位大兵总要聚在格林公园玩棒球，这总能吸引大量的观众，人们甚至会带上毯子和躺椅，坐下来、躺下来欣赏这种体育竞技。棒球对于大多数英国人是如此陌生，美国人看到板球，不也是感到同样的好奇吗？

很快，格罗夫纳广场及其周边区域已经有点太过美国化了。按照一位美国记者的说法，这些地区"楼宇之间偶尔出现的英国国旗都显得有点突兀"。南奥德利路几乎就是"缩小版的第五大道"，斯坦霍普门对面的一所公寓，被美军高级军官改为了俱乐部；寇松街那座惨遭轰炸破坏的华盛顿酒店则经过翻修，改头换面为美军官兵提供消遣服务——外墙上饰有描绘美国西部和南部风情的招贴画。只要来到此地，就能吃到裹着糖粉的甜甜圈。一位《每日电讯报》记者觉得，这家"华盛顿俱乐部"的擦鞋间、理发屋和塞满鲜花的花瓶，都让人仿佛置身于"百万富翁俱乐部"。这个地方一点不像"给爱吃甜甜圈那种人"——这个单词自第一次世界大战时流传下来，代指"美国大兵"——开办的场所。

对于伦敦格罗夫纳广场附近的店主和其他小业主而言，美国人的蜂拥而至就是一次黄金般的商机。"我家附近的每一个裁缝、鞋匠、洗衣店主和清洁工都在通宵达旦地工作，只因为美国人来了。"一位伦敦市民表示，"遥想 18 个月之前，这些人忙于躲避空袭，跟着命令四处躲来躲去，如今他们又都走了财运。他们或是缝或是补，或是洗或是熨，就这样从夜晚忙到天明。"

格罗夫纳广场已经有了"小美国"的绰号，艾森豪威尔的到来，又给这里带来一个"艾森豪威尔广场"的第二别名。当年 6 月，将军带着指挥欧洲战区美军行动的任务降临伦敦。初看来，51 岁的艾森豪威尔能够上任，还显得颇为怪异。他的笑容富于感染力，性格也很随和幽默，可是他的名声并不是很响。他从未指挥过营级以上单位，也没有打过哪怕一场战争，最令将军本人苦恼的一点在于他从来只是一个参谋人员。和乔治·马歇尔一样，艾森豪威尔也没有亲临战场的经历，来到伦敦之前，他一直担任战争计划部的主管，并在为美军进攻欧洲大陆制作各种计划。

艾森豪威尔喜好社交，为人十分亲切随和，可是他在内心里却有着敏感的直觉、勃勃雄心以及坚定、易怒的性格。作为马歇尔的一名亲信，艾森豪威尔善于组织人事，工作也十分努力勤恳。美军的高级将领当中，他也是少有的一个非"仇英派"。从一开始，他就决心要和祖国的新盟友建立良好的工作关系，在这方面，他甚至以"狂热"而自居。"各位先生，"初来伦敦的艾森豪威尔就曾告诉部下，"我们只有一次机会能够赢得这场战争，胜机就在和英国的全面无条件的合作之中……我在这方面要谨言慎行，希望各位也能遵循同一标准。"

信誓旦旦和新盟友建立良好的关系的将军，却在和英国上流阶层的最初接触之中屡屡碰壁，英国同行的自命不凡和他们的生活环境都让艾森豪威尔很不适应。将军的老家远在堪萨斯州的阿比林农村，他的童年家居远离繁华，外无流水灌溉，屋里也缺乏自来水设施。"显然，"一位传记作家表示，"贫穷刺激了德怀特的幼年雄心，激励他努力奋进，一心出人头地。"最终，将军得偿所愿。但是，贫寒的出身仍然让他时时都有不安全的感觉，艾森豪威尔总在担心，觉得身边的人会把自己看作一个"乡下南瓜"——其他的美国人在和英方上流人物接触期间，也会萌生这种感觉。"将军最怕的事情就是抛头露面，"一位助手表示。

一次，艾森豪威尔来到联盟英方指挥官蒙巴顿勋爵的乡间别墅探访。其间，一位老年男仆负责收拾将军的行李，旅行箱中寒酸的衣物，叫男仆简直难以掩饰轻慢。大感面子受损的将军，不得不作出了一点报复——他给了这位男仆一张大大的支票作为小费,而后才感觉好了一些。克拉里奇酒店专门为他配备的那位男性管家,同样刺痛了将军的神经,艾森豪威尔的谦逊作风,一向是管家公然蔑视的方面。至于克拉里奇这家酒店的方方面面,也几乎属于将军讨厌的对象,艾森豪威尔甚至不喜欢这里的房间,那种黑配金为主色调的客厅,让将军"仿佛感觉是在赎罪";这里的卧室,在将军看来"粉红一片,活像妓院"(于是,他很快搬到了多切斯特酒店,不过他的感觉也没能变得更好一点)。伦敦的社交生活也叫将军感到头疼。

年轻的爱尔兰女性凯·萨默斯比(Kay Summersby)曾在伦敦为将军开车。根据她的回忆,将军"虽然常常受到伦敦各界主人的邀请,却像葛丽泰·嘉宝一样更愿意选择隐居。对于一切和战争无关的东西,他都显得很不耐烦"。一次社交活动之后,将军曾向司机吐露了一腔怨气:"刚才,一个女人叫我'卿爱的将军'(此处有模仿英国口音之意),我觉得自己的血压水平受不了她的这种口气。我不是任何人的'卿爱的',我打仗也不是靠吃吃喝喝。"刚到伦敦,艾森豪威尔就下达了一周七天工作制的命令,他的军中部下必须遵行。对此,将军表示:"这毕竟是战争期间,我们必须战斗,而不是喝酒赴宴。"

伦敦的各种高级社交场合,艾森豪威尔都不愿出席,其他的活动,他也是推却了不少。在这一点上,他和怀南特十分相像。按照将军此后的说法,他和大使在伦敦建立了紧密的联系和良好的私谊,两人都有着含蓄诚实的个性;他们不喜欢聚光灯的感觉,而更愿意全心投入工作;虽然都不大去教堂,他们却有着如出一辙的宗教情结;两人都愿意付出一切,只为保证美英联盟的胜利和完整。"将军几乎把英美友谊当成了宗教一般在悉心维护,"作为英国参谋部与丘吉尔之间的联络人,绰号"巴哥犬"的黑斯廷斯·易思迈将军如此评价艾森豪威尔。

战争期间,艾森豪威尔一直在呼吁团结与和解,即便英美之间爆发了严重的分歧,将军的论调也是一直不变。他对于合作的强调,甚至引发了不少手下的反感,这些人甚至觉得:相比同胞,艾森豪威尔对于英国人更为偏袒。

初来伦敦的艾森豪威尔，面对着一片充满"地雷"的社交和政治领地，默罗和怀南特都给了他不少帮助。作为将军的私人助理，哈里·布彻（Harry Butcher）曾在日记中写道："很多时候，将军搞不清楚这些英国官员之中谁才更具分量，而谁才是小角色，谁应该非见不可，谁的邀约又该推托？"将军表示："我常常请默罗来帮我做判断。"

与此同时，将军也和怀南特关系不错。艾森豪威尔强烈的烟瘾，因为大使而得到了解脱。生命里的大多数时间内，艾森豪威尔都是个著名的烟鬼，随着工作压力的增大，他吞云吐雾的次数也愈发增多。为此，大使不得不总是提醒艾森豪威尔：未到宴会行将结束之时和致祝酒词的时候，将军一定不能抽烟。对于这个禁令，将军却是常常抛到脑后。为了避免英美关系因此受损，也为了将军能够舒服一点，大使特地作了一番安排：但凡有艾森豪威尔出席，宴会的祝酒词环节就在第一道菜上毕之后进行。

将军的驻地就在格罗夫纳广场20号，正好和大使馆对角相望。艾森豪威尔常常迈步过街，就许多问题向怀南特提出咨询，怀南特也是将军官邸的常客。按照布彻的观察，两人在大多数问题上"很是看得对眼"。大使也觉得，自己的观点和态度与将军甚是合拍，因此，怀南特常常以"艾克的另一个副官"自居。面对"上司"，他总在寻求支持，对于"电告华盛顿当局时应当注意何种措辞"一类的问题，大使常来请教将军。将军也时常询问怀南特，了解美军与当地居民之间的相处情况。

其实，怀南特在伦敦的职权和艾森豪威尔几乎完全相似。大使馆的职员要听从怀南特的差遣，他还得管理战争期间愈来愈多的美国民间驻英机构。如果把这些机构和军方派出机构加以统计，得到的数字实在高得惊人：仅在1942年，就有3000多人在伦敦为美国政府工作。此前两年，这个数字就像火箭一般在飙升。

当时，美国驻英大使馆就是欧洲战场上美国外交的中枢所在。同时，它对于英美联盟也有着重要的作用。使馆馆员共有675人，在全球各地美国使团当中位列第一；每天接进使馆的电话多达6000余起，由此需要24个接线员进行工作。至于驻英大使这个职位,"早在怀南特来到之前就已经十分重要,待他上任之后,更是一步一步愈显重要"——《纽约先驱论坛报》这样描述:"大使的职责、手段和环境让他活像一个巨型企业的董事长。"自然而然,怀南特的"责任也非同一般地沉重"——这是某位英国官员的看法。此人还以为,"几乎每件事情都要形成文件呈献给大使让他审阅或者批复"。

在怀南特监管的新机构中,有战争信息办公室的伦敦分部、战时经济署和战略情报局,这是美国第一个官方情报机构。战略情报局相当于英国的军情六处和特别行动处,有两个主要职能:搜集敌方情报,以及破坏敌人的武装、设施和打击敌军士气。他们的总部戒备森严,位于格罗夫纳广场70号。特工在此受训之后,将会被送往敌占区开展工作。法国和其他被占领土是他们的活动场所。需要的时候,他们还得潜入德国本土。

作为领导者,怀南特可谓十分不合格。他常常会忘记约会,也常常把客人晾在一边。就连下属的名字,他也是常常出口即错。有一次,稍显走神的大使想要口述一封邮件,并要求自己的副手赫舍尔·约翰逊(Herschel Johnson)做好记录。作为使馆内的二号人物,约翰逊自然不愿被吩咐去做这等速记员的工作。不过,他还是拿起笔,把怀南特的要求大致记了下来。过了几天,副大使走进上司的办公室。这时,他发现怀南特又在口述信件。大使说得如此认真,几乎忘了信件内容之外的一切事情。这一次,轮到哈罗德·斯塔克将军这位海军前主管、当时的欧洲战区海军司令拿着钢笔在写写画画了。

尽管发号施令的习惯有些古怪,不过怀南特仍是一位极富感染力的领导人。在华莱士·卡罗尔看来,大使其人"释放着一股神秘的魅力"。他曾向属下强调了艾森豪威尔的命令,并要求使馆内的所有工作人员及驻伦敦各机构的官员都要像团队一般团结工作。大多数情况下,他们都能遵循他的指导。几乎在所有时候,各家美国政府派出机构之间都有着紧密和谐的合作关系。"每个雇员都同意一点:怀南特对于海、陆、国务院、战时经济署、战争情报办公室、战略办公室等机构之间的高效合作发挥了极大的作用。"《纽约先驱论坛报》负责政府事务的记者伯特·安德鲁斯如此报道。战争期间,安德鲁斯一直驻守华盛顿，他的大多数时间，都用于报道各大部门之间及其内部的各种斗争和倾轧之上。每个部门、每个人，几乎都在不遗余力地争取更大的职权。按照助理国务卿迪恩·阿奇森的看法，"我们中的不少人花了海量的时间，只为了在这官僚的世界中求得生存。"这场斗争，也被助理国务卿看作"宾夕法尼亚大道之战"。

安德鲁斯决心去伦敦走上一遭。他此行的目的就是"要看看美国驻英各大机构的各位代表的相处之道"。他想知道，这些人会不会比国内的同行更为融洽，相关的结果，叫他十分满意。为此，安德鲁斯还特地告诉了自己的各位读者，"怀南特的那一套运作得十分有效，"安德鲁斯表示，"与华盛顿各大部门之间的割据状态相比，他们的关系简直太和谐了。"

不过，还是有那么一位重要人物和怀南特等人并不那么合拍。在当时，哈里曼仍在和大使争来斗去，他甚至试图和霍普金斯乃至罗斯福取得直接联系——只有如此，哈里曼才能在美英关系这片怀南特的专属领域中找到栖身之地。更糟糕的是，根据记者哈里森·萨利斯伯里（Harrison Halisbury）的说法，"哈里曼实际上切断了怀南特和丘吉尔的联系渠道"。

珍珠港事件后，丘吉尔曾经赴美访问。那一次，哈里曼不惜伪造文件，攫取了陪同出访的机会。可是，曾在普拉森舍湾对哈里曼轻慢以待的各位美国官员，再一次忽略了他的存在。国务卿赫尔等一众人士都觉得，这个哈里曼的所作所为，完全超出了特使的权限。不过，1942年丘吉尔再度访美，哈里曼再一次成了首相的随团人员；两个月后，丘吉尔下定决心要去莫斯科会一会斯大林，而哈里曼及时说服了首相和伊登，他让首相和他的副手相信：此去苏联，他们必须带上一位美国官员——也就是哈里曼自己。哈里曼要去苏联，罗斯福倒是不想批准。丘吉尔特地打来电话，向总统强调了哈里曼的不可或缺。最后，罗斯福也不得不同意。

上一年，哈里曼曾经把劳伦斯·施泰因哈特从访苏人员的名单中划了出去。如今，他的耳旁风再次起了作用。施泰因哈特的继任者，海军上将威廉·斯坦德利（William Standley）因此失去了参与谈判的机会。哈里曼的专横，让身经百战的斯坦德利十分恼火。在海军上将的口中，前者可恶得就像一只"围着大人物飞来飞去的蛾子"。

作为新任的英国驻苏大使，阿奇博尔德·克拉克·克尔（Archibald Clark Kerr）也对哈里曼缺乏好感。大使觉得，首相之所以对这个美国人如此钟情，不过是被对方的吹捧吹昏了头。日记中，克尔甚至忍不住大吐酸水："最近一段时间，首相总把哈里曼留在身边，他的一举一动都在暗示：'哈里曼，真高兴有你陪在身边，你就是我的能量源泉。'本人可不觉得哈里曼的陪伴有什么好处可言……这个美国人除了拍马屁，也没别的本事。"

回到伦敦之后，哈里曼仍和丘吉尔保持着密切联系。不过，他并未把自己与英国领袖的交往向怀南特交代太多。在公开场合，哈里曼倒是一向对大使表示支持。但他私下里多次毁谤怀南特的性格和人品——在他看来，大使过于理想化，对于身边的人过分溺爱，面对冷酷的战时政治，缺乏实干思想和坚忍品质的怀南特实在难以胜任。

大使常常会把英国政府的高层官员或其他名人晾在办公室外间，自己却在里面和一群大兵或小人物相谈甚欢，如此作为，哈里曼实在无法理解。而且，特使更加迷惑的一点在于：美国大使很少在肯辛顿的官方住所举办像样的招待活动。偶尔几次敞开官邸大门，怀南特似乎也更为关心各位看门人、女佣和其他普通雇员，他竟然邀请这些人参加聚会，而对其他要客不闻不问。多年以后，哈里曼曾向自己的传记合作者、新闻人埃利耶·阿贝尔提起了这段往事。直到那个时候，哈里曼也觉得自己才应该被罗斯福任命为驻英大使，"我觉得我能把大使和租借事务兼顾起来会做得更好"。

哈里曼对怀南特的轻视，感染了自己的女儿，同时又影响了帕梅拉·丘吉尔。在写给姐妹的信件中，凯思林·哈里曼谈到了大使的性格："他不擅长演讲，也不是个好的写作者。不过尽管如此，伦敦的每个人都觉得他是个伟人——相当伟大的人物哦。昨天，安东尼·伊登把他当作'可以影响世界潮流的一位人物'。天哪，麻烦放过世界潮流吧。"

1942年夏天，怀南特致信罗斯福和霍普金斯并要求述职。按照《泰晤士报》日后的说法，他很可能就是英美联盟当中的"黏合剂"。不过，大使却觉得自己好像被排除在了两国政府的高层会谈和决策过程之外。这一点，哈里曼自然有所察觉。特使告诉埃利耶·阿贝尔："本人在联系首相方面发挥了主要作用，这一点让怀南特感觉很是不快。"对于大使那种"愚蠢的妒意"，哈里曼大加嘲笑，不过他也表示，"我对此也毫不在意"。

怀南特遭到排斥，哈里曼自然发挥了重要作用。可是，丘吉尔和罗斯福也有着直接联系的习惯。两位领袖时常绕过国务院、外交部和驻外使馆而自行交流。而且面对外国元首，罗斯福也总会委派一位私人特使去和对方直接联系，虽然已有一位官方人员会担起同样的责任，但总统也会不予理会。为此，怀南特曾经电告哈里·霍普金斯：自己在和英国政府多个部门就某一个问题展开接触的时候，对方总会告知——已有一位美方特使正在负责处理这些问题。

罗斯福政府的各位官僚当中，怀南特显然不是唯一一个自感遭到轻视的人，许多要员——比如深孚众望的战争部长亨利·史汀生——都觉得自己的权力遭到了剥夺，他们甚至无法对手下直接发号施令。不过，这就是罗斯福的执政风格：总统会把权柄牢牢掌握在自己手中。对于那些他觉得对于自己和国家特别重要的决策和计划，罗斯福总会事必躬亲。"罗斯福喜欢亲力亲为，他才是一切事物的最终法官和裁判。"一名历史学家如是说。

一众高官当中，要数赫尔对于罗斯福的专断最为反感。赫尔已在国务卿的位子上服务了整整11年，如今却被排挤在外，对于美国的外交事务毫无发言权。一头银发的他风度卓然，来自田纳西州，好像刚从维多利亚时代的银版相片中走出来一般。怀南特曾告诉一位英国官员，赫尔和罗斯福"每月必定会面一次，他俩的关系可谓相当密切"。作为曾经的参议员和民主国家委员会的负责人，赫尔能够成为国务卿倒不是因为自己的外交经验——在这方面，他根本毫无经验可言，赫尔在国会山的权势和人脉，才是罗斯福钟情于他的原因。"二战"前后的一段时间之内，罗斯福一直把国务卿的工作揽到了自己的身上，不但赫尔横遭无视，整个国务院也都没了存在感。总统的如此作为让各位驻外大使都异常反感。对此，怀南特也概莫能外。

战争期间，詹姆斯·赖斯顿曾经短期离开《纽约时报》而来到美国驻英大使馆服务。在他看来，白宫方面对于怀南特及其手下的外交事务办公室人员有所慢待，这种作为无异于"政治上的羞辱"。赖斯顿在回忆录中表示："任命一位毫无经验的国务卿，绕过外交事务办公室直接通过白宫下达命令——如此种种的不合常规，在美国的外交史上堪称史无前例。"

其实，罗斯福只是想要简化与丘吉尔和英国政府的联系渠道。对于怀南特在伦敦的种种作为，总统还是给出了高度评价："世界上很少有人是做总统的料，而怀南特就有这种罕见的才能。"怀南特郁郁寡欢，罗斯福也试图给出安慰，在一封有些前言不搭后语的信件里，总统向大使表示："您的工作有着非凡的意义——我这样说并非只是代表自己，所有的美国人都应该对此毫无异议。其实，华盛顿这边也有许多重要工作，而大家都在向我举荐您回国承担……不过，我告诉他们：自己也好，其他人也罢，有谁能想出一个更好的人选接替您出任英国大使呢？"

除此之外，罗斯福还给哈里·霍普金斯下达了指示。后者访问伦敦期间曾经告诉丘吉尔和哈里曼：哈里曼先生的工作职责限于租借事务，而不是参与政策制定或者干预政策制定。面对使馆的武官雷蒙德·李，霍普金斯说："我给哈里曼划下了一道最为严格、最为精确的红线，红线之外，任何涉及政治的事务他都万万不能触碰，这些事务都是大使的工作也只有大使本人能够处理。我还告诉丘吉尔，目前这位驻英大使是我方能够选派的最好、最优秀和最有能力的人选……只要涉及政治的一切事务，首相先生都必须和怀南特直接接触。"

可是，霍普金斯传达这些指示的同时，却又给哈里曼留下了操作的余地。每次与丘吉尔和其他英国军事高层进行会谈的时候，霍普金斯总会带上哈里曼随行，显然他并不希望断了朋友在政治圈子当中的种种联系。而且，他还提醒哈里曼要"小心一些",毕竟怀南特"无论如何都还是美国驻英大使"。霍普金斯的弦外之音,丘吉尔自然有所体察,因此,首相并未理会总统的种种规矩。

1942年秋天,埃莉诺·罗斯福对英国进行了访问。其间,霍普金斯公开表示:哈里曼才是伦敦城中最为重要的那个美国人,他甚至告诉第一夫人:访英期间,她大可不必叨扰怀南特,而可以直接联系哈里曼。对此,总统的妻子有些动气,"我和怀南特先生是故交老友,对于他,我抱有万分的尊敬!我的丈夫也怀有同样的感受。"埃莉诺在日记中写道,"因此,我并未理会霍普金斯的提议,我只是告诉他:哈里曼这个人还是小男孩的时候,我就已经结识了怀南特。"当然,埃莉诺对于哈里曼的轻慢态度并未有所表现,"霍普金斯总是喜欢依赖自己的朋友圈子……我觉得,他对于怀南特先生从来都缺乏了解。"

在伦敦,罗斯福夫人完全未曾联系过哈里曼,她的每一步行程,都交给了怀南特进行安排。访问白金汉宫觐见国王王后之前,她也向怀南特求助。艾森豪威尔觉得和英国贵族打交道总有一种惊惧和"不适的感觉",在国王本人面前,将军更是不适。对此,第一夫人也深有同感。面对乔治六世夫妇,罗斯福太太显得十分局促,当时她甚至自问"为什么我要参与这档子事"。怀南特的建议,些许缓解了她的忧虑。不过,第一夫人和艾森豪威尔一样,都对自己的寒酸行头感觉丢脸。她甚至想:当自己打开行李箱露出区区几件衣衫的时候,白金汉宫的仆役心里应该涌出了何种念头?回到美国之后的埃莉诺,曾在多年以后记述了当时的心境,她的语气之中实在不乏嘲讽:"为了摆脱国王统治,美国曾经浴血奋战,没想到当时的我面对王权及其周边的堂皇装饰却仍是那么畏畏缩缩。"

写作回忆录期间,总统夫人也回忆了那段旅程。她发觉,正是这段经历加深了自己和怀南特的友谊,她由此对这个害羞的人又多了几分崇敬,怀南特"很少把自身的舒适置之度内,他更关心朋友……他的帮助我不胜感激。而且我能感到:他的温暖为许多地方拂去了黑暗"。

对于身边的官僚作为,怀南特已经颇感倦怠。一名助手觉得:"大使是把官僚的轻慢当作了侮辱,"但他仍然没有停下工作。无论是在新罕布什尔、华盛顿还是日内瓦,怀南特从来如此。连续的工作,几乎耗尽了怀南特的精力。"他把整个世界都扛到了自己的肩上,"使馆里的政务参赞西奥多·阿基利斯说,"他甚至发现,要想彻底放松下来都是如此困难。"大使唯一的消遣,只不过是偶尔走进伦敦的随便一处公园并徜徉其间,漫步几圈。

眼见怀南特如此痴迷工作,不少朋友都觉得有些担心,英国劳工部的副大臣弗朗西斯·珀金斯和美国驻爱尔兰大使、第一夫人埃莉诺的叔父大卫·格雷都怀抱着这样的担心。副大臣还给怀南特寄去了好些维他命补剂片,以供后者保养精力。格雷也给了怀南特一些贴心忠告:"假如您失去健康,又会带来怎样的后果呢?您的人格和价值观才是真正重要的东西。可能的话,您真不该花去好几个星期在英国各地来去奔忙而劳累身体,而应是被小心翼翼地收藏在玻璃柜里。"

格雷和珀金斯的意见,安东尼·伊登也表示认同,这位后来的英国首相形容怀南特"对于工作最为在意,对于党派政治则关心不多,对于他自己的身体,则基本漠然不理"。其实,伊登和怀南特差不多算得上同类——他们都有工作狂的倾向,当年的伊登只有43岁,还在外交部担任一把手。每一天,他基本都守在办公室里,从清晨一直忙到夜半。在此之后,伊登才会回到位于办公地点的一间小公寓里去休息。所谓休息,也不过小睡片刻而已。作为一个纯熟的谈判老手和外交专家(在这方面,怀南特把伊登归于"本人遇到过的最好的外交官"之列),伊登其实和自己这位美国友人同病相怜,两人的工作都罩在上司的阴影之中。他们的任内事情,顶头上司也都乐于插手——伊登的热心上司,自然就是丘吉尔。对于本国的外交事务,首相时常也有独自统揽的意向和举动。

30年代的伊登,可是英国政坛的一位金童——他外貌俊朗、举止优雅,还曾立下赫赫战功,享有很高的国际声望——这一切的名誉获得的时候,伊登只不过35岁。在英国人的心中,他实在是太受欢迎。1938年,伊登本有机会角逐首相职位,可是他对内维尔·张伯伦曲意逢迎墨索里尼的绥靖政策十分不满,并因此辞去了外相职务,如此一来,他自然没能接上张伯伦的班。谈及此事,伊登只是谦称:"我还没有当首相的才能。"最终,首相职位被丘吉尔接任。战争期间,伊登对于丘吉尔插手外交事务可没少抱怨,但经过一番巧妙的经营,外交大臣一直没让权力彻底旁落他人。

在伦敦,怀南特结识了许多朋友,其中安东尼·伊登大概是最为重要的那一位——当然,可能外交大臣还得排在萨拉·丘吉尔之后。大使和外相几乎每天都要联系,要么面见、要么电话传音。伊登的办公地点设有一部私人电梯,持有电梯钥匙的人,可以直接奔往外交大臣的办公室,如此的幸运儿自然不多,而怀南特就是其中一个。在许多个周末,伊登都会带上怀南特前往苏塞克斯郡的乡间别墅,到了那里两位外交官常常聚在花园当中阅读和谈论各自的外交公报。园艺之事,让伊登甚是着迷,怀南特对于好友的爱好也有一番回忆:"他是我见过的人之中对于花、草、蔬菜和果树最为关切的一个。风吹麦田的景象,苏塞克斯乡间的片片绿野,也叫他分外着迷。"休息的时候,怀南特和伊登会放下手中的文件去花园除草。"园地两边会放上文件箱,其中都是有待阅读的文件。"怀南特回忆说,"一畦荒草清除干净,我们就会走到文件箱的边上,阅读文件、撰写有关的回复,而后又继续拔草。"

虽然和伊登关系莫逆,不过怀南特还是发现:萨拉·丘吉尔才最让自己感到慰藉,随着时间流去,两人走得越来越近。1941年底,萨拉终于和维克·奥利弗分手。不久之后,首相的千金就和美国大使正式开始了一段婚外情。离婚后的萨拉放弃了舞台生涯,转而加入女子防空队,此时的她仍是自立如故。父亲本来为萨拉在皇家空军的控制室中安排了一份差事,却遭到了她的回绝。而后,萨拉来到伯克夏郡的一家空军基地当起了情报分析员,她的职责在于审看各类情报图片。这份工作要求很严而且压力重重,况且属于机密岗位,而萨拉却还干得得心应手,这一点连她本人也是十分诧异。工作期间除了处理一些杂务,萨拉要和同事们一起研判德国运输设施的空中影像,并由此判断德国空军可能的行动方向。

1942年底，联军即将出征北非之前的某一天，萨拉的父亲找到了女儿。首相的语气当中带着少有的欣喜："你知道吗？我们马上就要派出542艘舰艇前往北非进行登陆作战，行动迫在眉睫，舰队将会摸黑通过直布罗陀海峡。"

可是，萨拉却纠正了父亲："参与行动的船艇共有543艘。"

首相盯着女儿，眼神有如铁石一般："你怎么知道？"

"三个月以来我都在为这次行动做着准备。"

"那你为什么不告诉我呢？"

"我觉得自己必须遵守安全条例。"

那一刻，首相的面孔上堆起了阴云，萨拉担心，自己的出言不慎可能会招来父亲的一顿斥责。没想到，温斯顿·丘吉尔只是一笑了之。当晚首相官邸的饭桌上，首相颇为自得地谈起了女儿在情报方面过人一等的才能和表现。

战争期间，萨拉的生活总有两面：周一到周五，她都守在伯克夏郡，干着紧张而全情投入的情报工作；周末，她会回到首相官邸或者自己位于帕克巷的小公寓。这处居所距离美国大使馆不过五分钟脚程，一有机会，怀南特总是尽量陪在萨拉的身边。哈里曼和首相儿媳的事情在伦敦街知巷闻，萨拉和怀南特的关系却是隐蔽至极。对于这种关系，两位当事人也怀有万分的审慎，除却家人和密友，没人知道萨拉·丘吉尔已经和丈夫分居。有时候，萨拉甚至还会和奥利弗在公众场合出双入对，如此作为只不过是为了掩人耳目，毕竟她并未离婚，而怀南特有妻子和家庭。虽然心怀不满，萨拉却不想招惹任何绯闻。在她看来，关系暴露只会害了怀南特，同时还会贻祸于自己的父亲。

萨拉和怀南特都很小心，但这段关系却不可能不走漏一点风声。首相身旁的许多人，已经知晓了大使的秘密，约翰·科尔维尔就是其中之一。至于丘吉尔，同样也对女儿的动态心知肚明，这一点连萨拉也很肯定。多年以后，她提到这段往事的时候说道"这是一段父亲有些察觉，但却又从不说破的爱情"。

第 11 章

他永远不会让我们失望

1942年，从春天到夏天，怀南特一直麻烦缠身，其中既有工作问题，也有个人事务方面的困扰。就在这个时候，怀南特接到了克莱门特·阿特利的电话。阿特利当时是工党的领袖，同时身兼英国副首相一职。阿特利表示，自己需要大使伸出援手，帮忙摆平一起棘手的国内危机。而这起危机，和英美两国之间的同盟关系并无关联。

英格兰北部的矿工正在举行罢工，事发于当年的6月初，英国的战时生产和脆弱的国民经济，因此遭遇了严重威胁。那个当口，盟军的战略形势已经跌落谷底，德军不但即将夺取苏伊士运河，在苏联战场似乎也胜利在望。困难当前，煤矿罢工来得实在太不合时宜——当时，阿特利、欧内斯特·贝文和联合政府当中的其他工党阁员曾经费心努力，想要劝说工人放弃游行。但是罢工者并未改变初衷。而后，阿特利方才转向怀南特求援。那么，大使会不会奔赴杜尔汉姆，帮助副首相渡过难关呢？

一场国内的劳资纠纷，却要美国大使参与斡旋，如此做法无疑十分新鲜，甚至像革命一般大胆。不过，阿特利很清楚，怀南特是个深得英国工人喜爱的人物。30年代中期，两人便已相识，作为"国际劳工组织"的一分子，怀南特曾经接受工党方面的邀请而走遍了深受大萧条困扰的英国各地。为了缓解失业带来的矛盾，他还给出了不少建议。出任大使期间，怀南特也多次离开伦敦，拜会了不少矿工和产业工人。"他对劳工阶级的了解简直非同一般。"一位国际劳工组织的同仁如此评价怀南特，"他出身富裕家庭，但是一开口却和贝文一样工人味儿十足。要知道，贝文可是劳工子弟。"

有那么一次，前往威尔士南部巡访的怀南特经人介绍，认识了两位驻足路边的矿工，搭上话之后，双方交谈甚欢。"他很了解这些工人，工人也很了解他。"负责牵线的工党议员阿瑟·詹金斯（Arthur Jenkins）发觉，"打那以后，我还和这些工人打过不少交道，他们真是三句话不离大使。几分钟相处下来，他们就成了怀南特的铁杆朋友。"詹金斯还表示："大部分英国人都觉得：如果我们能在决策机构当中招揽一批怀南特那样的人，一切问题都可以迎刃而解。"

开战之后，战争情报办公室的华莱士·卡罗尔也在全国各地四处奔走，每到一地，他都能感受到大家对于怀南特的热情。"如果你去过威尔士，就会发现当地的矿工总爱说：'你们那个怀南特真是个万事通，'和兰开夏郡的纺织工或者克莱德的船厂工人聊上一聊，也会听到他们表示：'我们知道怀南特——他永远不会让我们失望。'"

罢工一旦持续下去，英国就会陷入险境，无须阿特利专门提醒，怀南特也了解其中的危害。煤炭就是英国工业和生产的血液，一位历史学家曾表示："英国要想赢得战争，（煤炭）生产和战场的捷报同等重要。"不过，矿业工作的危险和艰辛，矿工收入的微薄，却也一如从前，未曾改变。矿业工人必须深入地下半英里，在暗无天日的煤窑之中辛勤劳作；矿坑逼仄，他们却要在那里折腰屈体，一待就是七个小时甚至有可能更久；他们时刻都在吸入有毒尘雾和煤灰，每天都面临着受伤乃至送命的危险。而且，他们获得的薪水却仅能够保证一家老小免受饥饿而已。

大多数矿主只想快快捞钱，至于引入现代化作业手段、改进雇员工作环境这一类事务，他们几乎没有真心留意过。一名观察家甚至觉得，这些煤矿"与其说是现代工业,倒更像是电影里的奴隶工坊"。战前的20多年间,煤矿工人的数量已然大幅下跌,出身矿区的年轻人越来越多地选择逃离家乡、另觅生路。战事一开,他们又都纷纷从军。与此同时,矿区的生产能力大为下降,由此而来的煤炭短缺问题不单单给战时经济带来了麻烦,甚至危及了普通家庭的取暖需要。

随着战争爆发,政府的管控措施也在收紧,矿业工人也收到了"禁止罢工"的命令。不过,政府方面也给出了承诺:工人们的工作环境一定会得到改善,工资也将有所提升。如此这般的承诺,却并非样样都能兑现。1941年,诺森伯兰一处煤矿就爆出了一起管理层出尔反尔的例子,管理层要求工人们加班增产,工人们完成任务后,管理层却又要削减他们的收入。

矿工们觉得,自己正在经受盘剥,加害者不仅是雇主,政府也难辞其咎。在重重盘剥之下,矿工们决心发起一场罢工运动。事发时正值1942年之夏,在这些工人看来,有关方面应该考虑一下自己的诉求了。和所有英国人一样,矿工们忍受着严苛的战时管制以及政府加诸公民身上的种种操控,他们的大多数个人权利也被一并夺走。战争伊始,政府仿佛得到了特权,只要能够维持公共安全、保证战局顺畅,一切政策都可施行。官员的权力大了不少:对于任何被认为有害国家利益的人物,他们可以不经审判随意羁押;此外,官方还能随意制止游行与集会;无论是房屋,还是马匹铁轨等其他物品,官方都能随意征用而无须付出任何金钱代价;农活必须接受官方指导,收获的庄稼也得交由官方处理;官方人员闯入民宅进行搜查,也无须提供任何证件或给出事前警告。

与此同时,绝大多数的英国成年人都在政府的动员之下加入了战局,为了战争的胜利,大家都在努力奋斗。1941年底的一纸命令,让英国女性也必须参与服役,这种现象,在主要的工业国家中尚属首次。爱德华·默罗曾在演讲中表示:"在英国,只要尚存良知的人基本上都被征召入伍了。"政府的管控日趋严密,到了1943年,严密的程度已经有点"透不过气"——历史学家安格斯·卡尔德如此表示:"毫不夸张地说,整个国家都在为了战争而亡命工作。哪怕是一个裁缝、一个铁道工的生活……似乎都和飞机钳工乃至士兵一样具有重要性。"

大多数的英国人都还怀有一点"自由公民的个人尊严观念",那些"打着'政府管控'旗号的繁杂规定,自然叫他们心生厌恶"。不过,大多数人也觉得如此的管治实属必要。自打 1940 年的那个夏天开始,每个英国平民其实已经身处前线,他们的境遇和前线的士兵并无二致。就像从军远征的同胞一样,平民们也在受难,许多人甚至失去了生命。

到了 1943 年那个节骨眼,他们已经认定:政府是时候给出一点回报了。战前那种森严的等级秩序,再也没有存在的必要,政府要还他们一个公正的社会,发家致富的权利应当给予每个人。按照作家 C. P. 斯诺(C. P. Snow)的回忆,战争期间,每个英国人都在关心两件事情:"今天有什么东西可以果腹,到了明天,这个国家又将会是怎样?需要提及的是,虽然战争压力巨大,日子也很艰难,那个时候的每个人却都心怀理想。"

英国民众的理想与希望,也感染了不少在战争时期旅居当地的美国人,怀南特与默罗,正是其中的代表。埃莉诺·罗斯福在 1942 年访问英国期间,也受到了当地民风的感召,她欣然发现英国女性竟然如此团结一心,想要帮助国家赢得战局——虽然她们的阶级出身各有差异、毫不相同。事后,埃莉诺回忆:"我们一直觉得,这个岛国的阶级制度牢不可破,人们都固守自己的阶级本分,阶层流动的事情很少发生。不过,战争却把这里变成了一个紧密团结的社会,旧有的阶级之分,已经消失不见。"

德军的"闪电战"威风犹在的时候,默罗就已经发出预言:旧有的不列颠即将消融,一个全新的国家则会因此出现。他还认为:倘若这场战争真有什么成果,那一定和普通人的福祉与未来有关。战争不仅将以德国的失败而告终,也不只会改变战前的国际格局;战后的世界,还必须和贫困、不公与非正义作斗争。

1940 年的英国,尚在为了独立求存而苦战。那个时候,默罗已经开始询问未来:"英国参战的目的何在?"电台节目中,他曾经提出了这样一个问题:

"待到战争胜利那一天,我们又该如何对待胜果?如果战争的压力离我们远去,我们又当建立一个怎样的欧洲?"对此,默罗告诉美国听众:"我们的炸弹必须带来公平,"英国的工人阶级"也能确信一点:战祸折磨之后,他们可以看到一个更好的人间"。

默罗坚信,战后的英国将是一片崭新的天地,他的看法,得到了许多旅居伦敦的美国记者的认可。"默罗、我和斯科蒂·赖斯顿,还有好些人经常谈起这个问题。"埃里克·塞瓦雷德回忆道,"我们觉得:英国人民正在历经一件幸事——一场道德革命行将到来。革命之后,一个伟大民族将会重生……这场战争,第一次有了点积极意义。"

默罗等人的信念,在丘吉尔看来却和空中楼阁没什么区别,在1942年首相唯一的目标就是战胜轴心国集团。至于那些在他看来无关大局、让人分神甚至可能在联合政府当中造成裂痕的事情,丘吉尔显得十分厌烦。"温斯顿觉得:战争并非是达成目的的手段,战争本身就是目的。"在日记中,莫兰勋爵说,"战争让他着迷,他也喜欢战争的感觉……至于战后的事情,他并不预判,而且也没有一点兴趣。"

那一年,丘吉尔已经67岁,他早已不是当年的那个正值青春岁月的自由派阁僚。想当年,丘吉尔也曾是个社会改革的干将,世纪之交过后不久,他曾和大卫·劳合·乔治协同合作,奠定了英国的基本社会福利制度。他的成果当中,也包括一些志在消灭失业与贫困问题的手段。不过,丘吉尔并非劳合·乔治的同道,他不是——而且永远也不可能成为——一个社会改革方面的激进分子。他对于社会的看法,带有强烈的家长制色彩。按照工党政治人物赫伯特·莫里森的看法,丘吉尔在这方面"颇像一个老派、慈祥的托利党人"。莫里森表示:"丘吉尔可以为人民倾尽一切——当然,人民首先得要认识到他的高贵地位,并且摆正自己的位置。"

有一次,克莱门蒂娜·丘吉尔曾向莫兰勋爵坦承:首相对于普通英国人的生活一无所知,而且他在这方面没有一点求知的兴趣。"他连公交车都没搭过，"克莱门蒂娜说，"就连地铁，他也只坐过区区一次，而且那还是（1926年）大罢工期间的往事了。那一次，我把他带到了南肯辛顿站。结果，他四处转来转去，根本不知道出口何在。没办法，我们只得把他救了出来。"克莱门蒂娜的语气当中，甚至有了些怒气："温斯顿是个自私的人……你看，他总有能力按照他自己的想法来安排生活。"

丘吉尔和他的大多数同胞之间，确实横亘着一条巨大的阶级鸿沟。不过，凭借战争，他倒也和他们有了一层神秘的交集。就任首相之前，他的坚定就成功地感染了英国人。在他的鼓舞之下，大家愿意把代价置之度外，坚决抗敌直到最后。1939年9月到1940年5月，丘吉尔出任海军大臣。此间，他成了全英国最具威望的公众人物，编辑家金斯利·马丁说道："在丘吉尔先生的身上，我们看到了实干家的力量……正是他提醒我们：无论我们如何看待自己的身份，我们都是土生土长的英国人。作为英国人，我们正在经历生死存亡的时刻。"

马丁觉得，英国人拥有的许多品质，在丘吉尔身上也有所体现——比如，他们都顽强坚忍，也都拥有勇气、活力和斗志。德军发动"闪电战"期间，怀南特和埃夫里尔·哈里曼曾经多次跟随首相巡访各地。此间，他们发现了丘吉尔和一般英国人之间的紧密联系，首相走到哪里，哪里就会聚起欢迎的人群。三年过后的胜利日那天，丘吉尔站上白厅的阳台，面对身前欢欣鼓舞的人群，他宣布："这是你们的胜利！"大家的回应高亢嘹亮而且整齐划一："不，这是你的功绩。"

但是，涉及社会政策，丘吉尔和一般民众的共同语言就少得可怜了——首相及其政府对于《贝弗里奇报告》的反应证明了这一点。报告出台于1942年底，因其主要作者威廉·贝弗里奇（William Beveridge）爵士而得名。报告提议：政府应当建立一个社会福利体系，以保证所有的英国人都能享受最低生活保障。福利体系的内容包括家庭津贴、全国性的医疗服务，以及促进就业的政策。

报告一出，公众立即狂热起来，大家都觉得，这份报告就是社会政策方面的《大宪章》，贝弗里奇的作品很快就脱销了。《纽约客》的相关报道当中，莫莉·潘特－唐斯描述了当时的场景——伦敦人愿意大排长龙几个小时，"仿佛在期待天堂掉落的甘露，其实只是为了买到这本厚厚的经济学著作"。从此以后直至战争结束，报告中所提及的改革成了英国政坛的最热话题。不少工党人士都觉得，政府应当马上启动研讨，以便早日把贝弗里奇的蓝图变成现实。对此意见，丘吉尔和他那些保守党同志并不赞同，贝弗里奇的动议只会分散战事准备的精力，首相自然不会欢迎。即便战争结束，经济疲软的英国也无力承担如此代价昂贵的计划。丘吉尔甚至觉得，策划报告的这位伦敦经济学院前任校长也不过是个"烦人的牛皮匠和空想家"。而其他的政府官员也都装作视而不见，既不肯公开谈论贝弗里奇的计划，也不愿给予计划更多的曝光空间。

贝弗里奇的这份计划，怀南特倒是一直在大力鼓吹，丘吉尔对于战后社会改革的轻慢态度，让大使极为不满。怀南特与默罗都和贝弗里奇保持着密切关系，他俩还结交了不少英国国内的左翼知识分子和作家——比如哈罗德·拉斯基、H. G. 威尔斯、R. H. 唐尼和约翰·梅纳德·凯恩斯。大使曾经多次夜访凯恩斯位于布鲁姆斯伯里的地下厨房。作为回礼，他也在格罗夫纳的住所设下宴席，邀请凯恩斯、拉斯基等人光临。其间，他们谈天说地，有关战后世界建设的话题，往往都会持续良久，直至深夜。

几十年来，社会公义一直是怀南特关注的首要问题，他想要为全球各地的男女劳动者谋求更为光明的生活前景。"民主制度赢得战争之后，还必须努力去夺取和平时代的胜利。"就任驻英大使的那天，怀南特已经发出了如此的宣言。几个月后，他和威廉·希勒谈起了战后欧洲的重建。大使想要让世界经济恢复元气，同时避免"上一场世界大战结束之后的政府失序、大量失业、通货膨胀和萧条"。接受英国广播公司采访的时候，怀南特表示："大家已经有了认识，和平与社会公义必须同时到来。"自从来到英国，怀南特但凡发表演讲或者与人聚谈，他的话中之意总在强调"竭力团结人类，而不是制造分歧"的必要性,而且他还决心劝说世界各国接受自己的观点。

罗斯福把怀南特派到英国,正是看重他的人脉关系,毕竟怀南特与英国的左翼知识分子和政治人物关系密切。总统相信:怀南特的这些朋友很有可能成为英国政坛的主人,时机也许就在战争结束之后不久,也有可能在战争期间。不过,在任期间怀南特却和丘吉尔结成了不错的私交。大使一直都劝说首相改变社会政策,怀南特时不时就会提醒丘吉尔,试图引导后者"走上正路"。一次,丘吉尔与雇主和劳工的代表开会对谈,因为战争,英国贸易协会的一些会员放弃了不少利益。他们的行为,引发了首相的称赞,与会的怀南特立即礼貌地向丘吉尔提议,请他不妨对劳工的利益多多关注一些。怀南特觉得,击败纳粹"不仅需要技能、苦干和各类物资",同时"还需要一种理解,这一点对于人民的忠诚十分重要"。

1942年6月6日,美国大使坐上开往英格兰东北部的列车,窗外贫瘠苍凉,这里正是英格兰东北部的煤乡。此前,怀南特答应了克莱门特·阿特利的请求,他来到这里,就是为了平息罢工。怀南特和阿特利一齐奔赴杜尔汉姆,在那里,工会的负责人和400多名代表已在等候他们。这些人,正是成千上万罢工者的代表。

两人一走进脏兮兮的工会大楼,怀南特就受到了煤矿工人的热情欢迎,大使很快开始演讲。他并没有提及罢工,而是把打击法西斯和争取社会民主相提并论。怀南特觉得,矿工和其他的劳动者就像战场上的士兵一样,都身处战争的最前线,继续战斗,是他们的共同责任。"你们,在大萧条时期饱受苦难,应该知道我们必须发起一场社会运动,唯有如此,完全的胜利方可得到保证。这不是一件短期的军事任务,我们只有通过塑造未来秩序、消灭那个带来贫困与战争的经济恶魔,才能达到最终目的。"而后,他还向英国政府提出了婉转的警告,"这可不是为了战争而可以暂时搁置的事务,这就是战争的一部分。"

那是怀南特平生最成功的演讲之一。平时,他一开口说话总有些犹犹豫豫，遣词造句的时候，也会常常停顿、时时哑然。不过，那一次他满怀激情，一直在展望战后的世界秩序，他平时演讲的小小的毛病，也都消失不见。矿工们个个身体前倾，认真听着大使口中吐出的每字每句。

"我们的要求并不复杂，"大使说道，"我们有着足够的专业知识与组织技能……我们拥有足够的勇气，我们必须予以使用。战争结束之后，我们不再追求坦克的产量，而要转而规划房屋；我们准备食物也不再是为了避免饥饿，而是要满足所有国家所有民族的需要。我们对于人力的驱使，也要变作对于工作机会的追求，对于生存与自由的保证……今天，民主制度下的人们团结一心，我相信，大家在未来也会如此互相凝聚，我们要对人民的民主作出承诺。"

眼光扫过听众，怀南特继续演说："我们必须永远记得一点，这种精神所代表的事务，将会成为战争的胜利者，我们要记得爱心的重要性。我们要记得：没有远见，人民只会消沉；我们要记得希望与信念的力量，而且没有慈善，一切美好都无从谈起。我们可以忍受艰苦危险，当然也能变得慷慨大方。我们要相信人性的善良，唯有如此，我们才能响应贵国伟大首相的号召，'怀着勃勃的勇气，向着未知进军'。"

怀南特演讲结束，现场陷入了长时间的沉默。而后，欢呼有如爆炸一般响起，大家的叫喊就像雷霆："听！听！"接下来的一个半小时，到场的矿工抛出了大量的问题，他们的疑问关于美国、关于战争，也和世界局势有着联系。一一回答完毕之后，怀南特掉进了工人们的包围之中，每个人都想和他握手致意、向他表示感激。"先生，我们觉得您就是个伟人！"工会的财政主管表示。几个小时过去了，杜尔汉姆的罢工人群通过投票，下达了复工的决定。兰开夏郡和约克郡的工人，也决心返回工作岗位。

"怀南特开口　罢工即收手"——第二天的《每日邮报》刊出了这样的文章。《每日先驱报》一面指责英国政府，认为他们在奠定战后格局方面过于迟钝；一面觉得怀南特的讲演"号召开启一场全新的伟大全球变革"，几乎可以和林肯的葛底斯堡演讲相比。《先驱报》指出，大使的话语"应当被我们铭记，应该成为学生诵读的文本、教堂吟唱的经典"。《曼彻斯特卫报》则不吝赞赏，认为怀南特"作了战争期间最伟大的演说之一"。

　　大使雄辩滔滔，解了英国政府的燃眉之急。不过，一个更大的问题却仍是悬而未决——这场战争，到底应有何种目的？罢工过去了几个月，英美军队开展"火炬行动"，准备对北非发动突袭。这时候，一场丑闻突然降临，而关于战争目的的争议将会成为争论的中心。怀南特与默罗也再一次被卷入了风波，只不过，他们将会站入互相对垒的两大阵营。默罗要向自己的上司和美国政府发起挑战；至于怀南特，虽然私下里觉得政府严重偏离初衷，却仍然要为之辩护。

第12章

我们是在和纳粹作战，还是同他们睡觉？

将军对指派给自己的这个新任务——领军进入北非——感到万分惊恐。德怀特·艾森豪威尔在1942年6月就被派到了英格兰去监管美军在英国的驻扎情况，并自认为是为盟军在法国登陆做准备。当他在华盛顿担任战争计划部部长时就有了这个法国登陆计划，并在之前的七个月中与乔治·马歇尔一起为之努力。但令这两位将军反感的是，温斯顿·丘吉尔于7月说服了罗斯福，英美盟军的首次突击行动应该于下半年在北非登陆。在艾森豪威尔看来，罗斯福同意丘吉尔之日是"史上最暗淡的日子"。

鉴于盟军在欧洲大陆用来对抗希特勒的资源极其匮乏，丘吉尔认为在非洲大陆边缘登陆能为突袭欧洲赢得最终胜利铺路。在控制法属北非之后，盟军可以向西横扫，袭击隆美尔和非洲军团后方，而英国第八集团军则从西边攻打德军。在丘吉尔看来，把轴心国军队从此地区驱逐出去，不仅能拯救埃及和苏伊士运河，而且将重新打通地中海通道，以便盟军运输供应舰艇和运兵舰航行。而目前，这些舰艇和运兵舰不得不绕行数千英里才能到达中东和印度。根据艾伦·布鲁克的推测，北非战场的胜利至少会节省50万吨的运输量，用来在欧洲大陆发动大规模进攻作战。

与其说罗斯福相信这种运输便利化辩论，毋宁说他更相信美军最终会与德军交战。鉴于斯大林不断要求开辟第二战场，罗斯福总统于5月允诺苏联外交部长，盟军预计将于下半年开辟第二战场。罗斯福也面临着来自美国躁动民众的压力，在珍珠港遇袭后，他们认为日本才是美国的头号敌人而非德国。除非立刻把美军派往欧洲战区，否则迫于国会和民众的压力，美国战争资源可能会被转移用来对抗日本。"只有发挥聪明才智，"亨利·史汀生在写给丘吉尔的书信中说道，"才能让美国人相信德国是他们最危险的敌人，必须在干掉日本之前干掉它。"

罗斯福坚持大部分地面作战计划要由自己制定，以作为允诺北非登陆行动的交换条件。他说道，最重要的是美国必须主导作战，由美国人担任盟军总司令，劝阻在北非的维希法军停止抵抗。法国于1940年6月向德国投降，希特勒同意在新元首菲利浦·贝当（Philippe Pétain）元帅领导下的法国政府在维希建立政权，维希是法国中心的一个城镇。罗斯福告诉丘吉尔，比起抵抗美军，法国更可能抵抗英军，因为两年前，英军在阿尔及利亚的奥兰港口摧毁了众多法国舰队，并且英军支持法国反叛将军夏尔·戴高乐（Charles de Gaulle）——他已逃至伦敦，旨在集结法国人来对抗维希政府和纳粹德国。

不像英国，美国与维希政府维持着外交关系。德军允许维希政府继续控制法属北非和法国的其他殖民地，以及法国的舰队。维希政府与纳粹德国合作密切，并在其控制的法国南部地区实施独裁统治。由于与维希政府打交道，罗斯福政府在国内备受指责。维希政府官员在收到德国的指令之前就早已制定了压迫犹太人的政策，而后协助纳粹分子将被驱逐的犹太人关进死亡集中营。维希警官在被授职时都必须作出如下宣誓："我发誓对抗民主，对抗戴高乐叛乱，对抗犹太麻风病。"然而，罗斯福却认为，撇开他们的所有罪行不论，与维希政府领导者们维持良好关系这一点很重要，希望他们不至于让法属北非和法国舰队落入纳粹之手，希望他们某一天会站到盟军这一边。

与此同时，罗斯福总统极其讨厌这位易怒、难搞的戴高乐，虽然他们素未谋面。美国就"火炬行动"提出的另一个条件就是，把这位将军以及他的自由法国军排除在"火炬行动"外。另外，罗斯福命令不得提前告知戴高乐登陆计划,"不管他如何发脾气"。在赢得了就北非登陆的争论后,丘吉尔对罗斯福的要求欣然接受。"我把自己看作您的中尉,"在他给罗斯福总统的电报中写道,"这是一项美国事业,我们只是您的助手。"

然而,不管从哪个层面来讲,这项美国事业对艾森豪威尔而言都是一个噩梦。他和部下只有几个月的时间来策划这次登陆行动——堪称史上最标新立异的两栖登陆之一,并将带领美国和英国的突击部队到达这个"数世纪以来都未曾经历过任何重大军事行动"的非洲大陆海岸。丘吉尔的军事顾问伊斯梅在其回忆录中叙述道,任何两栖作战的实现都是一项壮举,因为它要求拥有"训练有素的军事人员,种类齐全的各式装备,还要对登陆地点的各个细节了然于心,对敌人的军事力量和军事部署精准掌握。最重要的是,要有严谨周密的计划和准备"。然而,"火炬行动"完全不具备这些条件。

艾森豪威尔和部下非常担忧美国突击部队的备战状态,因为大部分士兵都没有接受过作战训练,或仅学过皮毛。确实如此,一些士兵在被运往北非之前根本没有练过如何给步枪上膛、瞄准和射击。美国司令部也在忧虑,可用的武器、物资和舰船远远不够支撑如此大规模的作战。"我们的军备物资仍然匮乏,"艾森豪威尔后来写道,"所需的一切物资都不充足。"而且,一直到登陆行动开始的前几周,对登陆地点的争议仍悬而未决。

英国人主张军队尽可能地从东边登陆,如此便可以快速进入"火炬行动"的主要目标地突尼斯,从而比德军抢先一步登陆,并攻占突尼斯的关键深水港口城市突尼斯和比塞大。根据英国将军们的设想,隆美尔将会遭受"火炬"盟军和英国第八集团军的夹击。艾森豪威尔支持英国的主张,但却被马歇尔将军和其属下否决了,因为他们认为,如果尽可能从东边登陆,那么德军会穿过中立国西班牙前来攻打盟军后方,从而使其陷入夹击。美国指挥官坚持认为突击部队应该从位于突尼斯市大约1000英里以西,摩洛哥大西洋海岸线上的卡萨布兰卡登陆。虽然英国领导者丘吉尔认为马歇尔太过谨小慎微(艾森豪威尔也这样认为),但他还是再次屈从了。登陆地点的确定就是妥协的结果,盟军将在三个相距甚远的地点登陆:摩洛哥的卡萨布兰卡市、阿尔及利亚的阿尔及尔市和奥兰市。虽然阿尔及尔市离突尼斯市最近,但距离此次作战行动的主要目标地仍有500多英里之远。

艾森豪威尔在那年夏天接到此项任务,最需要发挥军事司令出类拔萃的才能。詹姆斯·麦克雷戈·伯恩斯(James MacGregor Burns)之后描述说,这是一项"匪夷所思、充满疑惑和不可预测"的任务,因为他必须为"火炬行动"的两国盟军创建一个统一指挥总司令部。由于军事历史上从未出现过这样的组织,他根本无章可遵、无轨可循。艾森豪威尔的军中好友们告诉他这是一项不可能完成的任务。他们说,他和"火炬行动"都注定要以失败而告终,而他将会成为这个必然战败结局的替罪羊。"他们不停地告诉我,"艾森豪威尔之后写道,"关于各种联军失败的故事,从公元前500年的希腊人开始,讲到后来某些联军陷入争执不休之中,再到1940年的法英走向对立。"

英国从一开始就反对统一指挥,而对于由这位名不见经传、毫无作战经验的美国将军来指挥英国军队作战更是郁闷不已。艾伦·布鲁克对艾森豪威尔不屑一顾的态度和对马歇尔一样,他们的关系直到战争结束都算得上是冷若冰霜。除了赞誉这位美国人"充满魅力","比我们大多数人更幸运以外",布鲁克对艾森豪威尔担任总司令时的风采基本无甚好评,说他"对战争只有最模糊的概念"。而艾森豪威尔属下的一名英国海军上将评价他为那个时期"最诚挚、率真和谦虚的人",但却"不太自信"。

虽然艾森豪威尔对很多事情都表现得踌躇不定、犹豫不决,但他却坚定地认为英美共同作战需要全面的统一指挥。根据艾森豪威尔和马歇尔的传记作者马克·佩里(Mark Perry)的说法,在艾森豪威尔的同时代军官中,不管是英国人还是美国人,没有任何人"能像他一样,对创建和维持这样一个联盟的重要性有如此深刻的理解"。当英国人争论说,如果他们的战地司令对他的命令不服,他们有权向战争办公室上诉时,这位"火炬行动"总司令称,这样的处理违反了英美就统一指挥所达成的协议。他们协商出了一个折中方案,对命令不服的英国指挥官必须在采取任何行动之前向他咨询。"这是艾森豪威尔的规矩,这一规矩的影响力比他本人最初预见的更加深远,"华莱士·卡罗尔评论道,"到此战区的任何人,无论军人或平民、美国人或英国人,都必须摒弃此前之效忠的上级,绝对服从战区司令的指挥。"

艾森豪威尔统领下的英美统一指挥的策源地是诺福克府,这是一座新乔治亚式砖石建筑,距离位于圣詹姆斯广场的南茜·阿斯特(Nancy Astor)的住宅仅几户远。诺福克府被定为"火炬行动"的盟军总司令部,但一些人对盟军的首个统一指挥部的选址有种莫名的不祥之感。两百多年前,乔治三世正是出生于这个诺福克府,它原属于约克公爵。

艾森豪威尔对乔治三世也颇为在意。他要求属下的美国人和大不列颠人都必须摒弃两国之间时代久远的分歧,权当他们"属于同一个国家"。但是,他不得不承认这个命令说起来容易做起来难。由于美军和英军在两次世界大战中的接触甚少,两军基本上都不了解对方的作战方式。弗雷德里克·摩根将军于1942年秋季被派到艾森豪威尔的盟军总司令部,当阅读从总司令部传达的一份文件时,他感到困惑不解。摩根之后回忆说:"我看不懂我所见到的每个单词。这一大堆单词无疑都是英语单词,但传达给我的却是毫无头绪的信息,最后,我不得不求助于美国资深军事语言翻译。"

艾森豪威尔把属下两国人员之间的初期关系比作"狭路相逢的恶犬与雄猫",因为起初发生了太多性格冲突和误解。一些美国军官对"火炬行动"的整个计划都嗤之以鼻。"很明显,就此而论,"用艾森豪威尔的话来说,"这是一项英国计划,而美国是被生拉硬拽进来的。"虽然这位总司令私下也赞同他们的看法,但却警告自己的同胞们,如果他们不把精力都投入到作战行动中,并学会与英国战友们和平相处,他将把他们遣返回国。最终,他的决心得到回报:他属下的美国人终于承认"英国人并非红衣军般的恶魔",而英国人也承认,美国人有时也会有一两个好点子。

但是,他属下的很多美国与英国作战指挥官并不认同这一点。艾森豪威尔的两位最亲密的朋友马克·克拉克(Mark Clark)和乔治·巴顿(George

Patton），前者是他的副手兼"火炬行动"的总规划师，后者是"火炬行动"中一个特遣部队的将领，他们都有着强烈的仇英心理。1942年夏季，当巴顿去往伦敦作简报时，他在日记中抱怨道："显而易见，这里的大部分美国军官都是亲英派，就连艾克……而我绝不是亲英派。"

虽然艾森豪威尔在大家面前保持着轻松自如、笑容满面的状态，但那些最亲近他的人都深知他为准备"火炬行动"所付出的巨大身心代价。他心存疑虑，如罗斯福所说那样，"通过入侵一个中立国来结交一个朋友"，这样真的可能吗？他疾言厉色，情绪低落，一天得抽四包骆驼牌香烟——凯·萨默斯比称之为"紧张兮兮"的状态。艾森豪威尔属下的一位美国人说："他似乎老了十岁。"尽管筋疲力尽，艾森豪威尔在夜晚却经常失眠。当他失眠的时候，他就会起床坐到窗边，一直凝视着黑夜数小时，内心充满焦虑和恐惧，却从未向任何人透露过。

1942年11月4日，在伯纳德·劳·蒙哥马利（Bernard Law Montgomery）将军率领下的英国第八集团军击败了在阿拉曼的隆美尔部队，德军被赶出埃及，向西匆匆撤退。这是"二战"中英国对抗德军取得的首次重大胜利，这一胜利给丘吉尔及其政府，乃至整个英国都注入了新的活力。

四天后，大约3.3万名美英士兵在北非海岸登陆。在"火炬行动"的最初阶段，组织者和士兵的作战经验不足表现得淋漓尽致。在卡萨布兰卡，一半以上的登陆艇和轻型坦克被波涛汹涌的海浪所吞没或倾覆，许多士兵刚从船舰下来时感到无所适从。率领军队在卡萨布兰卡北边登陆点登陆的司令员卢西恩·特拉斯科特（Lucian Truscott）将军回忆说："士兵们失望透顶，漫无目的地四处走动……相互指责。"

一切都没有按照计划发展，包括法军对登陆的回应。罗斯福坚信法国军队会欢迎美国入侵者的这一判断，主要是基于在美国参战前就已部署在北非的美国非职业间谍组织所提供的情报。1941年3月，罗斯福与维希政府达成了一项秘密交易，解冻了在美国的法国资金；而作为交换条件，美国将在北非部署12名美国副领事,也就是情报员。这12名美国人并非专业间谍,而是包括酿酒师和可口可乐推销员这样一群人。德国军事情报对他们了如指掌并断言说:"敌人选择这样一群情报员,对我们而言真是可喜可贺,他们不会给我们带来任何麻烦。"

这些副领事向白宫担保,法军只会象征性地抵抗美军,因此美军便认为法军会"手舞足蹈地"迎接美军入侵者的到来。但事实上,法军对美军在卡萨布兰卡各个登陆点的登陆都进行了顽强、猛烈的抵抗。一位美国少校后来告诉战争部说:"所有军官和士兵都瞠目结舌,他们首次尝到了战争的滋味。"卢西恩·特拉斯科特提道:"从我目睹的场景来看,海岸上到处是一片混乱。"在巴顿将军看来,如果这些美军所面临的是德军而非法军的话,他们毫无可能登上海岸。

然而更糟糕的是,法军拒绝接受罗斯福政府为在北非创造和平而精心挑选的北非新领导——亨利·吉劳德(Henri Giraud)将军。吉劳德将军于1940年被德军俘虏,当时法国还未向德国投降。最近,他从德国的一座监狱成功逃脱,并到达维希。美国官员把吉劳德看作与戴高乐和贝当相当的人物,于是便说服他协助美军的登陆行动,并通过潜水艇秘密把他从法国送往了直布罗陀。然而刚刚到达那里,吉劳德便要求由他指挥整个行动。艾森豪威尔对此感到错愕不已并拒绝了他的要求,因此吉劳德也拒绝加入第一批登陆部队作战。然而,满怀希望的盟军在广播中对整个北非宣称,吉劳德很快便会接手该地区的法军领导权。但这则广播消息,据艾森豪威尔回忆说,对法军"毫无影响力",他们"完全不当回事"。"火炬行动"总司令承认,法军排斥吉劳德这一事实"真的让我们大失所望"。他在发给罗斯福的一封电报中说道,北非的形势"与最初的预想大相径庭"。

当时,艾森豪威尔的唯一目标就是结束那里的血战,把部队送往突尼斯。能够帮助他实现这一目标的任何人都会获得他的支持,即使这个人是维希最厚颜无耻的纳粹同伙——事实证明确是如此。这个人就是海军上将让·达朗(Jean Darlan),维希武装部队司令兼贝当的得力助手。盟军登陆时,达朗恰好在阿尔及尔看望病危的儿子。达朗在皮埃尔·赖伐尔（Pierre Laval）之后继任了贝当的副手，他是所有维希官员中最受人诟病之人。他把印度支那拱手交给日本，同意处决法国犹太人，下令逮捕众多维希政府反对者，为隆美尔的军队提供食物、卡车和汽油。达朗是一个坚定的反英主义者，在盟军登陆时，他命令法军对盟军开火。

艾森豪威尔对政治毫不关心，所以对法国内政以及法国遭受的创伤所知寥寥，因此对达朗的违约行为不知其所以然。他对这位海军上将提出了一项交易：达朗对盟军停火，而作为交换条件，盟军将任命他为其在北非的高级专员或总督。起初，达朗勉强接受了这一交易，之后便违约了。直到他获悉德国已经于11月11日占领了法国维希，他才下令停火，在北非的战争才最终结束。

对世界上其他大部分国家来说，达朗的违约不难理解。虽然艾森豪威尔与达朗的交易得到了罗斯福的赞同、丘吉尔的勉强认可，但却受到了来自全球特别是美国和英国的强烈反对。"对我们两国来说，达朗是个罪大恶极的人物"，艾森豪威尔对他的属下如是说。

在交易的批评者看来，这项自私自利性质的交易损害了以罗斯福为首的盟军领导们的崇高道德地位，华莱士·卡罗尔评论说："美国表面上说得娓娓动听，坚持崇高的信念，而现在一经诱惑，便把信念搁置一边，与希特勒身后最卑鄙恶劣的外国跟班之一达成交易。"大约60年之后，军事历史学家里克·阿特金森（Rick Atkinson）这样说道："一支乳臭未干、愚蠢笨拙的军队来到北非，他们几乎没有作为世界强国应如何行事的概念。"

达朗担任高级专员时的初期行为更加激起了艾森豪威尔的批评者的愤怒。达朗在北非实行反闪米特人的法律，关押戴高乐的支持者和其他维希政府反对者，以及盟军登陆的一些协助者，恢复了在突击行动最初几天被免职的维希政府官员，并下令封闭了英国广播公司的广播。而艾森豪威尔拒绝卷入他所谓的内政，声称"我们到此并非是为了干涉任何人的事务"。位于阿尔及尔的哥伦比亚广播公司通讯记者查尔斯·科林伍德（Charles Collingwood）对此愤愤不平，在其写给父母的信中评价了美国为达朗掌权所起的推动作用："我们默许并助长了这样一个政权，它和我们现在正奋勇反抗的政权一模一样。我们的借口是我们不得干涉法国内政。我在想，当我们进入德国后，是否同样会说我们不得干涉德国的内政这样的话。"

在阿尔及尔，一些美国批评者对达朗的行为可不只是抱怨。艾森豪威尔总司令部下属的心理战官员发现了维希警察所通缉的戴高乐支持者所在的秘密地点，并帮助一些支持者登上了驶向英国的盟军船舰。还有一两个更胆大妄为的美国人把自由法国的徽章——洛林十字——别在了自己的上衣翻领上。艾森豪威尔后来说，他属下的心理战工作人员给他带来的麻烦比非洲德军所带来的更多。

在伦敦，忧心忡忡的丘吉尔警告罗斯福，对达朗的认可已经在英国乃至整个欧洲大陆引起了轩然大波。他说："我们不能忽视它可能对我们的事业造成的严重政治伤害……造成我们准备与当地卖国贼达成协议的错觉。"莫莉·潘特-唐斯在《纽约客》中写道，许多伦敦人把达朗交易等同于内维尔·张伯伦对希特勒的绥靖政策。潘特-唐斯写道，大不列颠人"认为对维希的这个人和对慕尼黑的那个人采取姑息态度的本质都是一样的，不管说得如何好听"。华莱士·卡罗尔从位于伦敦的美国大使馆写信给在华盛顿的罗斯福和战争信息局的上级说道，我们和英国的"蜜月期已经结束"，"从现在开始，我们不得不为挽留英国人民的尊重和信任而努力"。

丘吉尔自己也陷入了道德与权宜之计的两难困境中。关于达朗交易，虽然罗斯福事先并未咨询过英国政府，但丘吉尔与罗斯福都赞同艾森豪威尔采取任何手段争取北非法军的合作。丘吉尔首相经常把达朗称之为"叛变者"和"卖国贼"，但在登陆行动前不久，他却宣称："虽然我对他恨之入骨，但如果能使他的舰队加入盟军，即使让我匍匐前行一英里，我也欣然接受。"但事实是达朗无法调用他的舰队，因为在德军占领了维希政府控制的法国南部地区之后，这些舰队被德军操控了。另外，他姗姗来迟的停火命令也并未阻止德军大量涌入突尼斯。简而言之，这项交易仅仅换来了此地血战的结束，根本没有达成盟军的任何目标。

鉴于在此项交易中的间接推动作用，丘吉尔感到十分难堪，以至于拒绝公开向下议院解释这项交易，除非召开秘密会议。在秘密会议上，首相表现出了两面性，一方面以盟军的名义支持罗斯福和艾森豪威尔的这一做法，另一方面又强调，这项交易是由美国人独自与达朗达成的。"自1776年以来，我们就已经没有能力决定美国的政策了，"他说道，"不管是军事上还是政治上，我们都没有能力直接控制任何事情的发展。"

与此同时，美国著名的报纸专栏作家和广播评论员以及罗斯福的内阁成员都在声讨这项交易。例如，亨利·摩根索公开谴责达尔朗是卖国贼，谴责其出卖数千同胞致使他们被奴役的行径。他告诉罗斯福说，北非的情况"让我的灵魂备受煎熬"。摩根索联合菲利克斯·法兰克福特一起敦促总统阐明美国对北非及达朗的政策。面对纷至沓来的批评，罗斯福虽然满怀怨恨，但仍然听从了这位财政部部长的建议。

令摩根索感到更加虐心的诱因是，"达朗交易"刚刚公开后，爱德华·默罗发表的一则煽动性的广播。这位美国最负盛名的广播记者，对自己国家在促成这件事中的主导作用感到万分震惊，因而在报道中完全抛开了客观性原则。"这究竟是怎么回事？"他对一个朋友大声吼道，"我们是与纳粹分子顽强斗争还是与其沉瀣一气？"在摩根索听到的这则广播内容中，默罗列举了一系列达朗的罪行：当一名德国军官在南特被杀害后，达朗将30多名法国人作为人质交给了纳粹分子，结果他们全被枪杀；他在北非掌权后，把那里的欧洲政治难民都遣回了其被德军占领的家园。默罗说道，难道这就是我们在与纳粹的斗争中所希望的助手？不管这项交易是否是军事权宜之计，"盟军的战略定位丝毫没有暗示，我们太过强大或太过懦弱，以至于我们可以忽视我们参加这场战争所怀抱的信念"。在听了默罗的广播后，摩根索写下手稿，并把它交了亨利·史汀生和罗斯福本人。

然而，默罗就此事件发表的广播报道远不止这一则。在所有批评"达朗交易"的新闻工作者中,默罗毫无疑问是最直言不讳的,他一次又一次公然挑战政府的政策。"这关乎我们的崇高信念,是我们无法逃避的道德责任,"他告诉听众说,"不管美军到哪儿,他们都会带上粮食、钱财和权力,如果我们允许,卖国贼都会站到我们这一边。"

罗斯福政府对这位广播员吹毛求疵的报道感到既惊愕又气愤,而罗斯福曾把他看作一位好伙伴,在珍珠港遇袭当晚向他倾诉衷肠并准备雇佣他。几个月后,在默罗返回美国作短暂停留期间,他被召到国务院。在那里,怒火中烧的科德尔·赫尔义正词严地谴责了他在报道中诋毁战争努力的行为。默罗感到战战兢兢,后来对一位熟人这样说:"他并未提高嗓门……也未做任何手势,但他的讲话却句句扎心。"

对达朗义愤填膺的报道让默罗遭受到了比以往更多的公开批评。哥伦比亚广播公司的赞助者们、他的一些听众们,以及该公司位于纽约的新闻编辑保罗·怀特(Paul White)都对他怨声载道。"你这样不断地批评美国会威胁到你的好名声,"怀特在发给默罗的电报中说,"最近经常听到人们说,这位顶呱呱的'爱德华·默罗变得越来越像英国人了'。"11月底,国际银器公司——默罗主持的每周一次的分析节目的赞助者——取消了对该节目的赞助,并把默罗的工资减半(该公司显然不会放弃其最受欢迎的新闻广播节目之一,于是一个月后恢复了对该节目的赞助)。

然而在这样一片哗然中,默罗毫无悔改之意。一位听众谴责他的达朗广播报道是反美主义,"非常危险"。默罗写信给这位听众说:"我相信任何政府都会犯错,任何广播员也一样。"在写给家乡的一位友人的信中,他声称:"对于对合理的战后世界满怀希望的任何人来说,北非形势的发展令人心碎。"对另一位友人,默罗说道:"英国人担忧美国会和英国在19世纪的做法一样……我们在北非表现出的政策类似于帝国主义做法。"他坦言说感觉自己与家乡之间越来越遥远,"也许是我离家太久了,我越来越坚信,不管出于什么样的动机,这里的价值观都与家乡的价值观相去甚远"。

与默罗一样,怀南特认为罗斯福政府任命达朗掌权是一个巨大错误。在为怀南特举办的一场鸡尾酒晚宴上，大部分时间怀南特都和默罗以及英国广播公司的一名广播员聚集在一起，对这一事件唉声叹气。他赞同丘吉尔及伊登的观点，认为美国政府必须意识到"达朗交易"在英国非常不得人心这一事实。

但作为美国政府驻英国的首席代表，怀南特觉得有责任公开维护美国立场，并寻求英国重要官员的支持——这些官员中的很多人都私下与他相交甚好。两年来，这位大使一直敦促英国劳动阶级反抗纳粹主义，而现在他却不得不支持与一名主要纳粹同伙所达成的交易。虽然对此感到极其难受，他仍须继续传达美国政府的观点。在一次晚宴上，哈罗德·尼科尔森听到这位大使向他的客人们讲述，"达朗交易"带来的军事利益比其道德瑕疵更重要。"达朗的上台只是个巧合……他会履行诺言，"尼科尔森引用怀南特的话说，"这样做可以节省时间并挽救 5 万美国士兵的性命……这样做是值得的。"对怀南特的讲话作了一番沉思后，尼科尔森在日记中写道："怀南特是个杰出的人物，大家都差点相信了他讲的那番鬼话。"

虽然白宫对"达朗交易"的支持遭到了激烈的围攻指责，但首当其冲的人是艾森豪威尔。哈里·霍普金斯对作家约翰·冈瑟（John Gunther）说："不管艾克取得何种胜利，都无法洗掉这一污点。"在冈瑟看来，这种言论极不公平。他后来写道，艾森豪威尔"完全缺乏政治手腕，他的唯一目标就是快速前进，挽救美国人的性命"。冈瑟认为，最终的责任在于罗斯福。

这场争议终于在 1942 年的圣诞前夜解决了：一名 20 岁的法国保皇党人冲进了位于阿尔及尔的达朗总部，向达朗开了两枪，几个小时后，达朗死了。这名暗杀者在秘密进行的军事审判中被判有罪，并于 12 月 26 日被行刑队处决（当时乃至现在，关于英美特工机关可能与这场暗杀有关的怀疑仍然存在，但没有证据证明这一点）。虽然达朗从政治舞台上消失了，但艾森豪威尔仍然与法国政治阴谋纠缠不清。继达朗掌权后，亨利·吉劳德继续其前任的做法，在北非对犹太人和维希反对者进行迫害。"吉劳德对我们毫无用处，"艾森豪威尔之后写道,"他憎恨政治,不仅仅是憎恨政治中的歪曲与诡计,而是憎恨形成一个有序的、民主的政府所必要的任何工作。"

艾森豪威尔不仅深陷与这个法国人有关的问题中,他还面临着一系列新问题。盟军胸有成竹地认为他们会在几天、最多几周内扫荡北非,向突尼斯进攻。但令盟军大吃一惊的是,在他们向东推进的过程中,希特勒已经把数万士兵派往了突尼斯,声称"不管付出任何代价都必须保住北非"。由于美军和英军训练仓促、装备不良,在与德军最初的接触战中,他们丝毫不是那些久经沙场的德军的对手,而且德军还拥有更精良的盔甲、大炮和空中力量。

在交战的最初几个月,盟军司令官之间经常发生口角,并重复犯同样的战术错误。他们的兵力太过分散,美英部队之间甚至美英两国之间基本没有任何凝聚力。军官们谨小慎微、犹豫不决,导致他们无法集中兵力进行大规模进攻。"德军在作战方面更胜一筹,"美国战争部的一份报告中写道,"敌人被看作客队……我们的官兵们在心理上未做好准备。"鉴于盟军的进攻停滞不前,他们准备打一场持久的包围战。

1943年2月,在阿拉曼战败并向西撤退的隆美尔部队开始发动攻击。德军穿越通往突尼斯市的卡塞林隘口,攻打经验不足、纪律松散的美国第二集团军,并给他们造成了重大伤亡。这是美国参加的首个重大战役,但由于这支美国部队的指挥官的糟糕战术和领导能力,这场战役以他们的溃败而告终。关于卡塞林之战,哈里·布彻在日记中郁闷地写道:"这是我们历史上最惨烈的失败之一,即使现在骄傲自大的美国人都会对此感到羞愧。"

虽然英军自战争开始后的表现远非光辉荣耀,但在卡塞林战役之后,英军士兵和指挥官都对美军嗤之以鼻。英国士兵高唱"我的盟军是菜鸟",一些英国士兵称美国人是"我们的意大利人"。英国将军约翰·克罗克(John Crocker)在写给妻子的信中这样评价美国部队:"就作战经验而言,英国没什么可向他们学习的。"克罗克对美国和英国的记者也是这么说的,把那场春季战役的战败责任完全归结于美国部队。在听了克罗克召开的新闻简报会后,《时代周刊》杂志报道说,这场战役让美国人感到"无地自容",并让英美部队之间形成了鲜明的对比。

大部分英国人都把矛头指向了艾森豪威尔。由于被政治争议搅得心烦意乱,艾森豪威尔没能够发挥战地指挥官应有的权力并履行其应负的责任。"艾森豪威尔是个令人失望的将军,"艾伦·布鲁克在日记中愤怒地写道,"他埋头于政治中,忽视了自己的军事责任,这恐怕在一定程度上是因为他对军事事务知之甚少。"虽然饱受批评,艾森豪威尔却不得不承认情况是这样。"这样来描述我们的作战方式最恰当不过了,"他在给一位友人的信中写道,"他们违反了所有公认的战争原理,与书本记载的所有作战方式和军队后勤学都格格不入,他们整个部队都将被定罪……"

1943年1月,当英美军事领导者们与丘吉尔及罗斯福在卡萨布兰卡会面时,布鲁克提出让艾森豪威尔交出指挥权,让英国将军哈罗德·亚历山大(Harold Alexander)直接指挥盟军地面部队在突尼斯的行动。在阿拉曼战役中,亚历山大是蒙哥马利的上级,并指导了英国第八集团军向西乘胜追击隆美尔的行动。由于英国第八集团军准备与"火炬行动"力量相结合,在布鲁克看来,让亚历山大取代艾森豪威尔的时机现在已经成熟。他后来说道:"我们建议艾森豪威尔提高职务,担任最高司令……而由我们的一位将军接替他之前的职位……从而恢复一直以来严重缺乏的斗志和协调能力。"事实上,亚历山大和其他英国人一样,对美国人的评价非常刻薄。在给布鲁克的信中他写道,美国人"软弱、经验和训练不足"并且"缺乏斗志"。在战争的大部分时期,他都保持着这样的观点,即使之后的一些战役证明他错了。

在"火炬行动"开始前,大部分美国作战指挥官都是反英派,他们极度反感英国指挥官表现出的自视甚高、居高临下的态度。他们指出,蒙哥马利和那位温文尔雅、从容不迫的亚历山大,在阿拉曼战役中让敌军非洲军团的众多士兵从自己手中逃脱;而英国第八集团军并未尽最大努力追击隆美尔部队,从而让德军有机会在卡塞林袭击美军。

"他对英国人深恶痛绝。"另一位美国将军这样评价乔治·巴顿——卡塞林战役失败后,美国第二集团军由巴顿指挥。艾森豪威尔的副手马克·克拉克是个飞扬跋扈、极爱自我宣传之人，他对英国人的"吹毛求疵和辱骂"以及反英主义的冷嘲热讽基本得罪了在盟军总司令部的所有英国军官。克拉克还经常喜欢引用拿破仑一世的警句，"攻打一个盟军比攻打单个军队容易"。当克拉克被降职成为战地将军时，盟军总司令部的其他一些将军对此兴奋不已。

由于英美之间的分歧日益加深，除了要应对其他问题外，艾森豪威尔不得不投入大量精力来实现这些指挥官们之间的和平相处。"目前艾克就改善英美关系所做的努力，"哈里·布彻写道，"和瞭望塔上的火炮手寻找可以制造熊熊大火之森林的努力很相似。"虽然艾森豪威尔的属下们不断向他挑拨，他仍然坚定地认为，只有英美紧密合作才能取得战争的胜利。他写信给友人说道，"在这场战争中一直以来的危险源是，我们必须与之合作共同击败真正的敌人的盟友，被我们误认为是首要的敌人。"在与亚历山大和巴顿的一次会议上，艾森豪威尔称他自认为是"盟友而非美国人"。他告诉部下必须服从收到的任何命令，"不得在意这个命令是由英国人还是美国人下达的"。

然而，他为团结合作而进行的呼吁并未赢得部下的喝彩。克拉克、巴顿以及美国第二集团军副司令奥马尔·布拉德利（Omar Bradley）对这位上级说，这样的做法是在偏袒英国。巴顿抱怨"艾克变得越来越像英国人"，并指责他"快要成为贝内迪克特·阿诺德（Benedict Arnold）第二了"，而后又说英国人"把我们耍得团团转"。艾森豪威尔属下的一名美国军官厌倦了这种无休止的诽谤，在日记中写道："上帝啊，我希望我们能暂时放下自尊！"

虽然吹毛求疵的言论继续存在，北非的战争形势却开始变得对盟军有利。在纪律严明的巴顿领导下，美国第二集团军以及第一集团军的士兵开始掌握了作战技巧。厄尼·派尔说，和所有在北非的美军一样，"巴顿满怀一腔热血，他为生命而战。杀人是他的工作……他完全投入到战争中"。与此同时，随着美国工业动员的实施，大量的军用物资和装备运到了这里。仅在一个月内，2.4万辆车辆、100万吨货物以及大约8.4万名援兵登上了北非海岸。"美军并没有解决问题，"一位英国将军说，"而是完全陷入了战争。"

1943年早春，在突尼斯的德军发现自己突然陷入了"火炬部队"与英国第八集团军的包围中。现在，英美指挥官争吵的重心变成了即将取得的胜利究竟是谁的功劳。当巴顿知悉亚历山大计划让英国部队当主力进行最后的推进时，他警告这位英国将军说，如果让美军"做配角，可能会产生令人遗憾的后果"。乔治·马歇尔也加入了争论，提醒艾森豪威尔"这样会让美军的声望一落千丈"，并敦促他确保美军为取得胜利发挥主要作用。而事实的确如此。

5月7日，盟军占领突尼斯市，五天后，整个北非战场的战争结束了。英美赢得了他们的首个重要奖励——中东和北非——这是他们战争中的重要转折点。德军看似势不可当的势头终于被遏制了，就在德军在突尼斯战败的前几个月，他们在斯大林格勒受到了苏军的重创。多亏了西方同盟国，"一个大陆被拯救了，"丘吉尔在回忆录中写道，"在伦敦，自战争开始以来人们首次松了口气。"希特勒自此失去了战略主动权。

英美盟军北非战场的开辟为苏军赢得斯大林格勒战役成为可能，虽然苏军从未承认这一事实。超过15万德国士兵从苏联转移到北非来对抗英美盟军，这可能和斯大林心中所想的第二战场不太一样，但毋庸置疑，德军兵力的转移对他击败德国有一定帮助。

在北非登陆，而不是按照美国所希望的那样从法国登陆，也让美国和英国避免了一场很可能发生的灾难。历史学家埃里克·拉腊比（Eric Larrabee）认为，北非"是个糟糕的地方，但这里在作战方面的优势有待发掘"。马歇尔、艾森豪威尔和其他美国人可能要花上几年才会承认，英国之前反对在法国突击登陆并非错误。"艾伦·布鲁克虽然有些目中无人、装腔作势，但他确实是对的，"马克·佩里说，"而跨越海峡将是一次自杀式行动。"

虽然第一回合败下阵来，美国军事领导者们仍然坚持跨越海峡登陆的计划。他们认为扫荡北非后，西方同盟国应该立即准备进入法国，然而英国人并不赞同。在卡萨布兰卡召开的会议上，就英美进攻的下一个目标，双方因战略不同再次发生了争论。

会议开始前罗斯福就警告部下说："英国会有自己的计划，并会坚持到底。"他说得没错，丘吉尔和英国军事领导者们事先在伦敦就已经制定好了不同计划，他们在卡萨布兰卡会议上提出继续他们的外围战略方针——首先削弱德军力量，然后才给它致命一击。继北非后，英国人计划穿越地中海在西西里岛登陆，迫使意大利退出战争，然后希望说服土耳其加入盟军作战。

英军主导了大部分作战这一事实使得他们在争论中更有话语权。虽然美国于1943年初增加了兵力，但在突尼斯参加联合作战的英国士兵人数是美国的三倍，所以英军的伤亡也更惨重——死伤及失踪人数达3.8万人，而美国这一人数是1.9万人。但丘吉尔和他的官员们赢得这场争论全是因为他们的组织更优秀，以及他们为卡萨布兰卡会议上的计划做的准备更充分。他们制作的图表不计其数，对每个细节都考虑周全。不论何时需要何种数据，他们派人从伦敦取来的皮革文件夹里就会准确无误地装着这一数据。正如罗斯福的预料，英国的论证就像"滴水穿石"般一点一点按照逻辑来进行。汤姆·汉迪（Tom Handy）将军继艾森豪威尔之后任华盛顿战争计划部的部长，后来他这样评价英国人，"他们——主要是丘吉尔——体现了客观性原则，如果在一个地方受到阻挠，他们就会从另一个地方打通过来……而我们……处于劣势"。

罗斯福对英国的准备周全虽然早有预料，但并未效仿他们。在卡萨布兰卡会议前，他和美国军事领导者们只召开了一次会议，但并未确定北非行动后的新战略目标。由于总司令对战争的未来走向没有明确的方向，因此美国参谋长联席会议内部之间对未来走向产生了分歧，并在卡萨布兰卡会议上公开向英国展示了他们的分歧。乔治·马歇尔主张跨越海峡登陆，而海军作战部长欧内斯特·金（Ernest King）希望更多的物资和士兵转移到太平洋战场。美国陆军航空队队长亨利·阿诺德（Henry Arnold），昵称"快乐的阿诺德"，要求英国对德国实施大规模轰炸机进攻。

为反驳马歇尔的观点，英国再次拿出红色皮革文件夹，用事实和数据阐释为何盟军对欧洲大陆发动进攻还未准备就绪。虽然美国公开宣称首先对抗德国，但一半以上派往海外的美国士兵和装备都卷入了与日本的战争中。所以，没有足够的士兵、物资、船舰和登陆舰用来在法国开辟一个新的战场。

在卡萨布兰卡会议结束之际，罗斯福与英国达成一致，决定先攻打西西里岛，这个行动为盟军 1943—1944 年攻打意大利奠定了基础。为感谢美国的支持，会议还达成了在英格兰增强美国部队驻军的协议，为最终对欧洲大陆发起总攻做准备。

当美国与会者们散会离开时，他们每个人心中都无疑存在这样的想法：英国在策略上再次完胜美国。"他们就像蝗虫一样来势汹汹，"美国战争计划部的成员，阿尔贝特·魏德迈（Albert Wedemeyer）将军承认说，"我们参会、倾听，然后就被征服了。"伊斯梅的副手伊恩·雅各布（Ian Jacob）将军吹嘘说："我们的观点一直都占上风。"

然而英国的扬扬得意并未持续长久，因为美国后来发展成了盟军中的主导力量，而卡萨布兰卡会议是英国在战争中最后一次在战略目标或之类的计划上胜过美国。

在备战过程中，艾森豪威尔也意识到布鲁克和其他英国将军会试图削减他的权力。艾森豪威尔与他们的关系，尤其是与那个自负、虚荣的阿拉曼战役中的英雄蒙哥马利的关系，在战争逐渐向欧洲推进时，变得越来越水火不容。而且他还遭到了来自巴顿、布拉德利、克拉克以及其他美国指挥官的抨击。

但由于艾森豪威尔在北非的严峻考验中吸取了教训，不管面临怎样的困难、遭受怎样的怠慢，他都紧握指挥决断大权。正如里克·阿特金森所指出的，"艾森豪威尔比在非洲的任何士兵都改变得多，成长得多"。虽然艾森豪威尔犯过很多错误，可能会被别人从职位上拉下来，但令他惊讶的是，他们并未这样做，所以他决心去掉幼稚和不安，不再犯错。"在他于 1942 年动身去欧洲之前，"艾森豪威尔的儿子约翰后来写道，"我知道他已经是个敢作敢为、机智聪慧之人。"约翰·艾森豪威尔（John Eisenhower）接着说，北非把我的父亲"从一个普通人转变成为一个重要人物……全权负责军事指挥"。

一位英国将军曾说："战争的魅力之一就是见证了美国人如何快速地让伟人

们成长。"他可能是在谈论艾森豪威尔。

在继北非行动之后的两年战争中，艾森豪威尔丝毫没有改变自己的信念：唯有盟军团结一致、紧密合作才能取得战争的胜利。虽然艾森豪威尔对英国人的诽谤经常感到愤怒和难过——对于蒙哥马利，他曾怒吼道："该死的，我谁都能容忍，唯独这个混蛋不能！"——但他仍坚持英国所做的战争努力的重要性。艾森豪威尔为盟军团结一致所做出的努力比其他任何英国或美国军事领导人所做的都多得多。"艾森豪威尔可能是历史上最不狭隘的美国人，和最不狭隘的军事指挥官，"《纽约先驱论坛报》战地通信员唐·库克（Don Cook）评论道，"他从未丢失美国人的爱国主义和自豪，只是在其基础上增加了对另一国的热爱。"

虽然布鲁克对艾森豪威尔的评价一直不高，但他在战后也承认说："他的闪光点在于合理处理盟军关系的能力，能够不偏不倚地对待所有人，并充分发挥了盟军的凝聚力。"而这种能力，艾森豪威尔一直相信，是他最终取得个人成功和战争胜利的关键所在。

第 13 章

被遗忘的盟国

在美国与让·达朗达成交易之后的数月里，欧洲流亡者们都聚集在伦敦的伦敦塔、约克大教堂和一些热门餐馆和酒馆，一边不停地抽着烟，一边探讨这项交易暗含之意。受其影响最直接的当然是自由法国战士，但其他流亡者们——挪威人、波兰人、捷克斯洛伐克人、比利时人和荷兰人——也在担忧这项交易究竟意味着什么，因为纳粹也已经入侵并占领了他们的国家。当这些国家被解放之时，美国是否也会与像达朗一样的卖国贼合作？

1940 年春季当德军攻占挪威和丹麦，紧接着扫荡法国和低地国家时，曾在那年冬季聚集在铺着有酒渍餐布的餐桌旁的大部分欧洲人都逃离了出来，来到伦敦。似乎每隔一天，乔治六世和丘吉尔都得去伦敦的某个火车站迎接不同国家的国王、女王、总统或首相。英国是欧洲仅存的一个仍在与希特勒作战的国家，所以波兰军称英国是想继续作战的流亡者们的"最后希望之岛"。作为戴高乐的自由法国战士和六国流亡政府的所在地，伦敦成了自由欧洲的事实首都。

伦敦的流亡者无处不在。戴高乐和他的自由法国战士藏匿在卡尔顿花园里一间庄严的白色宅邸，与圣詹姆斯公园遥遥相望；距此一英里以内，在位于切斯特广场一栋被炸损的联排别墅里，荷兰的威廉明娜女王曾邀请逃避到此的荷兰抵抗战士们喝茶；距离女王别墅三个街区的鲁宾斯酒店内，波兰总理兼总司令瓦迪斯瓦夫·西科尔斯基(Wladyslaw Sikorski)将军在此办公。挪威、荷兰和比利时三国流亡政府安置在皮卡迪利大街上与丽兹酒店相对的斯特拉顿之家酒店。其他外国办事机构则分散在贝尔格莱维亚区、肯辛顿、梅费尔、骑士桥和圣詹姆斯区。

到1943年，聚集到英国的欧洲各国的海、陆、空流亡士兵大约有10万人，他们加入日益壮大的美国部队以及来自加拿大、澳大利亚、新西兰、南非和印度的部队。与美军和英军不同，这些欧洲人历经千辛万苦才到达这里。"为了跨越海峡来到英格兰，我们必须牺牲我们所珍惜的一切，包括我们的生命，只为了能够与纳粹斗争，争取自由。"战争爆发后，一名荷兰法学学生埃里克·黑兹尔霍夫(Erik Hazelhoff)说道，"大家目标一致：去英格兰加入盟军。"从1940年到1941年初，世界上其他大部分人都认为英国将在几周，最多几个月内将被打败，但这些欧洲人还是来了，"这些狂热的、非武装的英雄要对抗耀武扬威的希特勒。"法国新闻工作者伊芙·居里(Eve Curie)如是说。她是物理学家玛丽·居里和皮埃尔·居里夫妇的女儿，也是到伦敦的逃难者。

多亏这些流亡者，伦敦成了一个活力四射、充满传奇、人口众多的世界性大都市。本土伦敦人根本无法想象在公共汽车和火车上，以及在餐馆和酒馆里坐在自己旁边的人会来自哪个国家，可能是刚刚完成轰炸行动的波兰飞行员，可能是被鱼雷击中后而被救起的挪威水兵，也可能是从法国偷逃出来的抵抗战士。这些像长着多彩羽毛的鸟儿的欧洲士兵们都集中到了伦敦被炸毁的街道——比如法国水兵身穿条纹衬衫，帽顶挂着红色绒球；法国军官身着白色披肩，戴着独具特色的平顶帽；波兰士兵戴着四角帽，看起来就像19世纪的骑兵；荷兰警官身穿带有银灰色饰边的简洁黑色制服。在肯辛顿花园，和这些欧洲盟友们走在一起的加拿大外交官查尔斯·里奇感觉就像是在"历史海洋中遨游"。

虽然在伦敦，外国人随处可见，但战时流亡者聚集的中心是索霍区，此处自17世纪以来便是欧洲流亡者的避难所。这里嘈杂、物价便宜、包罗万象，拥有流亡者们所青睐的法国、意大利、希腊、中国和其他国家和民族的特色餐馆。位于迪恩街的约克大教堂是最知名的聚会场所之一，因此吸引了自由法国战士、比利时政府级别较低的官员们和其他人前来这里。

然而，戴高乐和各个流亡政府的领导者们的社交活动大部分都是在著名酒店举行——如萨伏伊酒店、丽兹酒店、克拉里奇酒店和康诺特酒店——他们在这些酒店与英美官员们讨论各自国家的事业。为赢得两个最大的西方盟国的青睐，流亡政府之间经常相互竞争，它们之间及其内部存在着怀疑、派系、宿怨和内讧。关于各流亡政府之间的相互竞争，A. J. 利布林（A. J. Liebling）在其发表在《纽约客》的一篇文章中打趣说："六个流亡政府的首相们相互调查，特工们彼此尾随，以至于克拉里奇酒店或丽兹酒店的午宴像阿尔弗雷德·希区柯克的某部电影中的人物的一场交通堵塞式的汇聚。"

然而，对外国部队而言，与其说伦敦是个明争暗斗的中心，他们更认为它是个令人放松、新鲜刺激、培养同志情谊和发展浪漫故事的地方。在整个战争期间，大量的人群涌入到这个城市来寻找乐趣，比如伦敦附近的空军基地的欧洲飞行员，从托布鲁克和的黎波里等较远地方来休假的士兵，还有其他的盟军官兵。"虽然我们来自不同国家，面临着不可知的未来，但我们仍携手并肩，哪怕是为了啤酒，"埃里克·黑兹尔霍夫回忆说，"我们举杯共饮，并把各自的女朋友带到常去的夜总会，比如苏维夜总会、大使馆俱乐部和400夜总会，那里有荷兰人、波兰人、法国人和英国人等，大家都在拥挤的舞池里享受。"

在所有这些欧洲人中，波兰人和自由法国战士，凭借其大胆的性格和独特的异国魅力，最容易俘获英国女人的芳心。作家南希·米特福德（Nancy Mitford）就被一个法国人迷倒了。1942年，她与戴高乐部下，富有魅力、风流成性的参谋长加斯顿·帕莱夫斯基（Gaston Palewski）展开了一段暧昧关系，但最后的结局很不幸。而擅长吻手礼和喜欢送花的波兰人由于爱献殷勤受到了最多追捧，波兰飞行员被昆汀·雷诺兹称为"英格兰的魅力男孩"。在飞行员们当时所写的日记和书信中，以及后来的回忆录中，他们表示对自己在英国的战时爱情感到有些惊讶。"关于这些女人,"有人在日记中这样写道,"真的无法摆脱她们。"

而那些留在被占领的欧洲各国的人们却截然不同地看待英国及其首都。在他们眼里,那里不是寻求乐趣和追求爱情的地方,而是对抗绝望的"希望之岛"和护身符。在德军入侵荷兰后不久,埃里克·黑兹尔霍夫站在海牙附近的海岸上,惊讶地看着两架喷火式战斗机在头顶一晃而过,机身上的英国皇家空军的标志在阳光下格外耀眼。"一股势不可当的力量摧枯拉朽般占领了我们的国家,"他后来写道,"英格兰已经成了一个和自由类似的概念:那片国土上的自由人民能够阻挡纳粹。但要相信这个概念的含义是真实的则需要具体的表现,比如来自上帝的指示,英格兰还在!"对他而言,那两架喷火式战斗机就是这个暗示。数月后,他盗得了一条渔船,逃到了英格兰,并成为英国皇家空军的一名飞行员。

对敌占国家的大部分居民而言,希望是通过英国广播公司传递的。他们对纳粹的占领充满震惊、羞愧和恐惧,而英国广播公司的每日广播报道让他们备受鼓舞,感到自己并不孤单。尽管收听伦敦广播会受到监禁惩罚,甚至在某些国家会被处死,但这仍是许多欧洲人对抗占领者的第一个行动。他们每天都会把隐藏在不同地方的收音机拿出来收听广播——有的藏在地板下面,有的藏在橱柜里罐头制品后面,有的藏在烟囱里面。在挪威北部,渔民们划船到离海岸几英里的小岛上,把收音机藏到某个洞穴中。不管在哪里,收音机的主人们都会不约而同地在固定时间把它调到英国广播公司的频道,听大本钟的钟鸣声和神奇的开场白:"这里是伦敦。"他们会听到用当地语言报道的当天的战争新闻,有时候他们会听到各自国家领导者的名字,比如挪威的哈康国王、荷兰威廉明娜女王、波兰西科尔斯基将军、捷克斯洛伐克外交部长扬·马萨里克等。这些领导者们通过广播号召他们坚定地相信最终的解放,并号召他们竭尽所能抵抗敌人。

许许多多的欧洲人都把英国广播公司的广播报道看作获得自由的唯一救

生疏。在从捷克斯洛伐克偷偷送出的一封写给英国广播公司的信中,某个男人写道:"错过收听任何一则伦敦广播报道都会让我发狂。这是滋养我灵魂的唯一东西。"在战争后期逃到伦敦的一个法国人回忆说:"无法解释我们对英国广播公司报道的依赖,它就是一切。"

伊芙·居里曾说,只有经历过自己国家被入侵的人们,才能真正明白战争的残酷和伦敦所象征的自由的珍贵。当一个英国女人与刚从纳粹监狱逃出来的比利时新闻工作者朋友走在皮卡迪利大街上时,她对这一说法感同身受。她说自己的这位朋友感到"欣喜若狂",环顾四周似乎想要记住他所见到的一切。"你知道吗,我梦想着这个时刻已经梦想几个月了?"他欢呼道,"这里真好!难怪数百万欧洲大陆的人们都梦想着来到伦敦的这一刻!"尽管纳粹德国对伦敦的空袭带来无尽灾难和痛苦,但这个英国女人打趣说:"可是伦敦人经常忘记自己是多么幸运。"

虽然欧洲的流亡者及其在家乡的同胞们极大地受益于英国盟友,但英国、美国甚至苏联也从他们那里获得了极大的帮助。尽管与同盟国三巨头实力相差甚远,但他们也对同盟国的事业提供了重要帮助。在1940年至1941年的关键两年里,他们和英国一道,扭转了英国战败的命运,而且"二战"后期的事实也证明了,他们对整个同盟国的战争努力做出了巨大帮助。

1940年7月,当德国对英格兰南部发动空袭时,英国皇家空军损失严重,失去了三分之一最有经验的战斗机飞行员,并在法国和比利时的战役中损失了一半战斗机。数百名经验丰富的欧洲飞行员——比利时、法国、捷克,尤其是波兰的飞行员——填补了这一损失。波兰飞行员在波兰和法国与纳粹德国空军有过较量,他们被认为是所有飞行员中技术最高超的。在不列颠之战中,一支波兰空军中队击中的德国飞机比英国皇家空军的任何一支队伍击中的都多。据英国皇家空军的最高官员们说,波兰飞行员的贡献对不列颠之战的胜利起到了关键作用,甚至有人认为是决定性的作用。伊丽莎白女王于1996年宣称说:"如果那个时候波兰没有和我们并肩作战……自由之光可能就被熄灭了。"

为了帮助英国应对激增的船舰损失，拥有世界第四大海上商船队的挪威借给英国1300多艘海船，并配备着船员；与此同时，在罗斯福制定《租借法案》之前，英国缺少足够的美元购买美国军备，比利时提供援助，借给英国部分黄金储备；另外，比属刚果的丰富自然资源，如橡胶和石油，也被用来支持盟军的事业。

而这些欧洲人在情报领域作出的贡献是最大的。不列颠之战爆发前，位于布莱切利公园的英国密码破译员成功破译了来自纳粹德国空军的由德国的精密恩尼格玛密码机制作的密码，数月之后，他们又相继破译了德国海军和陆军的恩尼格玛密码。英国密码破译员破译的关于德军战术和计划的信息对大西洋海战的胜利以及盟军最后的胜利起到了至关重要的作用。但若没有法国尤其是波兰破译员的帮助，布莱切利公园不可能做到这一点。借助法国情报局提供的文件，波兰密码破译员在20世纪30年代初最早成功破译了所拦截的恩尼格玛密码。在1939年夏季，"二战"开始前不久，波兰情报局为英法密码破译员们提供了精确复制的恩尼格玛密码机。这个设备以及波兰告知的关于德国密码的信息，为英国建立自己的密码破译系统奠定了坚实的基础。

被誉为战时情报大师的斯图尔特·孟席斯（Stewart Menzies）是英国秘密情报局（又称军情六处）局长，并掌管了布莱切利公园。但孟席斯在战时所提供的有价值的情报大部分并非来自他的情报渠道。这份工作让他可以兴致勃勃地向丘吉尔展示布莱切利公园的最新情报成果。虽然孟席斯"沉浸在荣耀的光环中……但事实上，英国秘密情报局并非'二战'中所有重大成功情报行动的唯一来源"，一位英国情报官员如是说。这些有价值的情报绝大多数是来源于欧洲各个敌占国的情报网络。

英国情报局在全球范围内广受赞誉，主要是由于战前英国间谍小说中所描绘的技术高超、无所不知的英国情报局形象。丘吉尔认为英国情报局是"世界上最优秀的"，而作为英国间谍小说的爱好者，纳粹党卫军头目海因里希·希姆莱（Heinrich Himmler）及其副手莱因哈德·海德里希（Reinhard

Heydrich）也同样认为如此。但事实却与此大相径庭。两次世界大战之间，由于缺乏政府资金投入，军情六局一直人手不够、资金不足，并缺乏人才和技术。直到德国入侵法国和低地国家之前，英国秘密情报局领导者们对于德国的态度都倾向于绥靖政策。1939年下半年，被德国对英国提出的虚假和平所诱惑，两名英国秘密情报局情报员在荷兰被海德里希手下的情报员绑架。而让英国秘密情报局更加羞恼的是，这两位情报员一经审问便把情报局的情况和盘托出，包括情报局部署在西欧的特工人员的名字。在德国"闪电战"过程中，这些特工人员被逮捕，因此情报局的大部分组织网络被摧毁了。

对斯图尔特·孟席斯及其副手克劳德·丹西（Claude Dansey）而言，欧洲各国情报机构流亡伦敦是他们把自己和情报局从灾难中挽救出来的天赐良机。英国秘密情报局为流亡情报机构提供资金、通信和交通支持，而作为交换，英国秘密情报局掌控着他们的大部分行动并包揽他们成功行动的功劳。比如，多亏捷克斯洛伐克的情报机构，英国秘密情报局事先获知了德国将于1940年从阿登高地入侵法国，然后于1941年春季进攻南斯拉夫和希腊的计划。阿登高地情报行动的成功——英国和法国对此并未采取任何行动的事实证明了，不管情报多么准确，如果对此不采取行动，任何情报都毫无价值。

与此同时，在挪威，数百名地下无线电报员监控并汇报德国潜水艇和战舰在挪威沿海的行动。1941年，其中一名电报员通知伦敦，他在挪威中部的一个峡湾发现了四艘德军战舰，正是这一消息促成了"俾斯麦"号战列舰的沉没和"欧根亲王"号重巡洋舰的严重受损。除了报告敌人的船舰、部队和防御工事的地点外，法国抵抗战士情报员还偷来了德国在诺曼底海岸的海防计划，这对盟军策划诺曼底登陆行动起到了不可估量的作用。

在所有这些欧洲的情报机构中，波兰情报机构在"二战"中对盟军情报的贡献最大。2005年，英国政府承认说，盟军从战时欧洲获取的情报中有接近一半是来源于波兰情报机构。"波兰的情报机构在欧洲是最优秀的"，在"二战"中与他们合作过的英国情报官员道格拉斯·多德斯-帕克（Douglas Dodds-Parker）说，"……由于几个世纪以来被他们更强大的邻居——俄国、德国和奥地利所占领,所分割,他们拥有世代积累的地下情报行动经验,"多德斯-帕克接着说,"他们让我们受益匪浅。"

自1918年波兰再次赢得独立之日起,波兰就把情报搜集和密码破译放在首要位置,专门针对其最强大的两个传统敌人——德国和俄国。用波兰情报局前局长的话说,"如果你们处在磨石的两个轮子中间,就必须得学会如何不被碾压"。1939年,波兰情报局领导者们没能阻止波兰被德国占领,但在向西逃跑之前,他们把地下情报网留在了那里。后来这些情报网为伦敦提供了大量情报,包括德国对苏联的军事行动。另外,波兰的情报员还分布在斯堪的纳维亚、波罗的海诸国、瑞士、意大利、比利时、巴尔干半岛,以及北非和德国。在法国,波兰经营着几个最大的情报网。到1944年,这些情报网组织之一,代码为F-2的情报组织拥有700名全职和200名兼职特工人员,他们大部分是法国人,主要在港口、火车站、军工厂甚至德国战时生产办公室工作。

在20世纪40年代初,根据F-2情报组织和其他欧洲情报机构所提供的情报,同盟国获悉德国正在其波罗的海沿岸的佩内明德研究实验两种新型秘密武器——V-1飞行炸弹和V-2火箭。1943年8月,在获悉这个情报后,英国皇家空军派出500多架轰炸机轰炸了佩内明德,致使这两项武器的研制被推迟了六个月以上,从而阻止了德国对准备诺曼底登陆而聚集在英格兰的数百万盟军士兵使用此类武器。

1942年,当美国战略情报局在伦敦展开行动时,并不知道他们从军情六处收到的一系列情报其实是欧洲其他国家的情报机构搜集的。几乎和国际情报界的所有人一样,这个新成立的美国间谍和破坏机构的官员们都认为英国秘密情报局无所不能。曾在战时伦敦服务于美国战略情报局,后来成为美国中央情报局局长的威廉·凯西(William Casey)回忆说:"我们刚到伦敦时,就像刚入学的新生,没有经验、默默无闻,遭受英国人的嘲笑和蔑视。"作家马尔科姆·马格里奇(Malcolm Muggeridge)就是嘲笑这些美国人的英国人中的一位。他是"二战"期间英国秘密情报局的情报员,在其回忆录中他写道:"我很清楚地记得,他们刚到我们久经世故的情报局工作的时候,就像是刚从学校毕业的花枝招展的少女,懵懂无知。"

然而,没过多久,这些新手就了解到在戒备森严的英国秘密情报局内部究竟是如何操作的。"事实是,英国秘密情报局在搜集情报方面极其薄弱,"美国战略情报局驻伦敦办公室首领大卫·布鲁斯(David Bruce)在日记中写道,"他们送给我们的大部分报告和我们已经从欧洲其他情报机构所获得的一样。"尽管克劳德·丹西坚决反对,美国战略情报局仍坚持向欧洲其他情报机构开放自己的渠道,向他们提供资金和其他方面的支持,以借助他们的帮助,在欧洲大陆成立自己的间谍网。

在蓄意破坏方面,美国战略情报局与英国新成立的一个政府机构——特别行动处通力合作,该机构主要训练欧洲人如何进行颠覆行动和其他形式的积极抵抗行动。在英格兰和苏格兰的乡村豪华庄园里,挪威人、荷兰人、波兰人、法国人、捷克斯洛伐克人和比利时人被赋予新身份,并学习如何跳伞、操作无线传输器、读译密码、引爆炸弹以及如何近距离杀死德国纳粹分子。然后他们就被送返回国去训练其他人。

1943年,在丘吉尔的命令下,挪威突击队摧毁了位于挪威的一个重水工厂,阻止了德国对原子弹的研制;在诺曼底登陆前后,法国抵抗运动成员进行的破坏行动,用艾森豪威尔的话说,对盟军登陆和反攻法国起到了"不可估量的作用";在比利时的地下组织阻止了德军炸毁安特卫普关键港口的行动;波兰的抵抗运动是欧洲规模最大最成熟的地下运动,延迟并破坏了德军从波兰到东部前线的铁路运输,从而促成了德国对苏联进攻的瓦解。

抵抗运动对同盟国的巨大帮助还表现在:各个敌占国家的抵抗运动帮助营救了被困敌后的数千名英美飞行员返回英格兰,以及营救在德国占领区被俘虏的盟国军人并帮助他们来到英国。例如,在比利时,一位名叫安德烈·德·容(Andrée de Jongh)的年轻女子为英美军人设计了一条穿越她的祖国比利时、法国,一直到英格兰的"彗星逃跑路线",护送人员主要是她的朋友们。而德·容自己也护送了一百多名军人穿越比利牛斯山脉安全到达中立国西班牙。

德·容及其同行明白，积极参加抵抗运动比在战场或空战中作战要危险得多。在西线，被俘虏的穿制服的军人都被送到战俘营，按照《日内瓦公约》处理。但如果抵抗成员被逮捕，他们将面临酷刑，被送往恐怖的德国集中营，或被处以死刑。那些暗中帮助英美军人的抵抗组织成员被抓的可能性极大，因为不管隐藏在哪个国家，大部分英美军人都不会说当地国家的语言，因此格外引人注意。一位英国情报官员说："很难把一个外国人藏在自己身边，尤其是当这个外国人是身高约 1.9 米的红发苏格兰人，或是来自美国中西部的喜欢嚼口香糖的美国人。"

协助设计欧洲逃跑路线的某个英国机构的首领詹姆斯·兰利（James Langley）后来评估说，每营救一名英国或美国人，至少就有一名抵抗运动工作者为此付出自己的生命。然而，安德烈·德·容设法使自己摆脱了这样的命运。1943 年 1 月，她被逮捕并被送往德国的拉文斯布吕克集中营。尽管她坦率地承认自己设计了"彗星逃跑路线"，但德国人却不相信一个年轻女孩能够设计出如此复杂的行动。

在 19 世纪晚期，时任英国首相的索尔兹伯里勋爵（Salisbury）不屑地宣称说："英国没有主动招揽盟友，而是被动承认他们。"然而，温斯顿·丘吉尔却不能这样嚣张。1940 年至 1941 年，由于英国面临着德国入侵的可能，丘吉尔首相需要结交任何可能的盟国来避免战败，不管该盟国多微不足道。

尽管遭到内阁成员和其他大部分政府官员的反对，丘吉尔仍坚持欢迎所有的流亡政府及其武装力量来到英国。

1940 年 6 月，他对西科尔斯基将军和波兰人说："我们要么一起战胜，要么一同被灭亡。"当法国向德国投降时，夏尔·戴高乐是一位不起眼的政府官员，但却是最出色的陆军准将，并且他是唯一一位敢于公然谴责法国停止抵抗并来到伦敦的法国军官。"虽然你独自一人，"丘吉尔对他说，"但我承认你。"英国内阁成员们希望慢慢撤销对贝当政府的承认，但丘吉尔要求英国承认戴高乐为"所有法国人——不管他们所处何地——的领袖,因为他支持同盟国的事业"。

在苏联和美国被迫参战前,英国首相一直都鼎力支持欧洲盟国。但当这两个大国加入同盟国后,英国与欧洲被占领国家的初期团结就对迫切需要的实力政治作出了让步。虽然十分清楚英国因欧洲盟国提供帮助而对其欠了债,但丘吉尔更迫切地需要这两个新成员的加入。

因此,这些欧洲被占领国家流亡临时政府的地位急剧下降,尤其是当美国参战后。虽然罗斯福号称对所有盟国公平对待,但在丘吉尔的支持下,他正式通告说从现在开始由美国发号施令。由于失去了英属新加坡、马来亚、缅甸以及中国香港,英国首相急需美国的帮助,因此表现出了他对美国总统的极大尊重。

1942年1月,在罗斯福和丘吉尔的操作下,罗斯福称之为联合国家的26国在华盛顿签署了一项协议,他们保证举全国之力投入战争,并重申了其对《大西洋宪章》的原则所作的承诺。罗斯福宣称:"联合国家是独立自主民族的联合,享有同等尊严和同等重要地位。"但对于相关文件的起草,他们事先只咨询了苏联和中国,而且只有苏联和中国大使收到了到白宫参加与罗斯福和丘吉尔的签约仪式的正式邀请函,而其他同盟国的大使们仅被通知在方便之时到访签约。

在签约仪式之后白宫举办的晚宴上,一位客人提到了索古一世。1939年,墨索里尼入侵了索古一世统治的阿尔巴尼亚。

"温斯顿,我们忘了索古一世!"总统大叫道,"我相信这里应该有阿尔巴尼亚的大臣或代表,我们得让他在我们的文件上签字。"其他客人都笑了,其中一位受埃莉诺·罗斯福邀请来参加晚宴的名叫路易斯·阿达米克(Louis Adamic)的客人,是一位拥有斯洛文尼亚血统的作者,他对罗斯福和丘吉尔谈论阿尔巴尼亚时所使用的轻浮和傲慢的语气感到讨厌。"两位君主,"阿达米克暗自说道,"其中一位隔着餐桌对另一位说,'哦,我们忘了索古一世'。真是可笑。简直太过私人化、太过霸道、太过随便了,他们还把谁遗漏了呢?"

总统对待欧洲被占领国家和其他小盟国的态度暴露了他错综复杂的性格的矛盾性。伍德罗·威尔逊（Woodrow Wilson）认为第一次世界大战是"让世界变得民主和平"，而罗斯福则认为第二次世界大战后美国的使命是帮助建立一个更加自由而公正的世界。同时他也相信——斯大林同样相信，丘吉尔在较小程度上也相信——不管在"二战"中或"二战"后，同盟国三巨头都有权指挥其他较弱小国家。小阿瑟·施莱辛格（Arthur Schlesinger）说，这位总统"嘴上说着理想主义，但却在玩权力游戏"。

1942年春季，在与苏联外交部长维亚切斯拉夫·莫洛托夫（Vyacheslav Molotov）的一个会议上，罗斯福所勾画的战后世界的蓝图与《大西洋宪章》中所设想的大相径庭：大国政治将主导这个世界，而非公平与正义的理想。美国、苏联、英联邦和中国将构成世界的警察力量，而那些除了步枪以外所有军备都被剥夺的小国家，必须服从世界警察的意志。即使与此同时罗斯福提出了国际联合国家的设想，他仍继续捍卫这一思想。

随着战争的继续，较弱小的盟国被排除在作战行动中任何重要角色之外，并排除在战后世界将形成怎样的地缘政治形态有关的讨论之外。到白宫的外国客人对罗斯福谈论其他国家命运时所展现的轻率态度都表示惊讶，仿佛它们的命运都由他一人决定。例如，在他和莫洛托夫的会议上，这位总统宣称，苏联需要一个冬季不结冰的北部港口，并建议苏联接管挪威的纳尔维克港。大吃一惊的苏联外交部长拒绝了这个提议，但并非是因为苏联"与挪威没有任何领土或其他纠纷"。

关于罗斯福，英国生产大臣奥利弗·利特尔顿（Oliver Lyttelton）写道："他让自己轻浮的、前后不符的思想和谈话传遍纷乱动荡的世界舞台，而美国将行使如此巨大权力的这一思想真的令人害怕。"1943年初，在白宫罗斯福的办公室和罗斯福进行深夜长谈后，利特尔顿作出了此番评价。在他们交谈过程中，总统提到了比利时的两个主要种族之间的分歧——说荷兰语的弗拉芒人和说法语的瓦隆人。在说到弗拉芒人与瓦隆人"水火不容"时，他提议说："战后，我们应该让他们各自建国，一国叫瓦隆，一国叫弗拉芒，并把卢森堡省并入弗拉芒。你觉得怎么样？"利特尔顿简直不敢相信这个试图分裂某个欧洲盟国的想法出自一直倡导自由、公平的美国总统之口，只能回复说他觉得这个想法"需要进行大量的研究"。当利特尔顿把罗斯福总统的想法报告给安东尼·伊登时，这位英国外交大臣说他确定罗斯福是在开玩笑。但几周后当伊登亲自到访白宫时，罗斯福再次提出这个提议。"我倒是真诚地希望，"伊登在日记中写道，"总统不再提这个话题了。"

伊登在回忆录中说道："罗斯福熟悉欧洲的历史和地理……但他不负责任的总体观点令人担忧。他似乎认为自己掌控着许多盟国地区的命运，比敌人掌控得还多。他的做法很体面，以至于很难对此提出异议，这就好比一个娴熟地玩耍着炸弹，而没弄明白炸弹本质的魔术师。"

由于对罗斯福私下对他们国家所持的态度不得而知或知之甚少，欧洲被占领国家的政府和人民把罗斯福看作他们的救星，用英国知识分子以赛亚·伯林（Isaiah Berlin）的话说，"一个最终能够凭一己之力拯救他们的仁慈的神"。但在"达朗交易"后，其中一些人开始怀疑这种信念。在这个海军上将被暗杀的几天后，爱德华·默罗对一个熟人说道："在这个国家以及流亡政府中存在着一种极大的恐惧：一旦战争结束，美国将发挥其主导权。"

华莱士·卡罗尔说，"达朗交易"刚被公开，伦敦流亡者聚集区就议论纷纷："美国将军们下一步会做什么呢？他们会和法国的贝当和赖伐尔、挪威的吉斯林（Quisling）、比利时的德格雷尔（Degrelle）以及荷兰的米塞特（Mussert）做交易吗？"欧洲抵抗运动的成员们，由于他们的生命经常受到主要来自像达朗这样的通敌者的威胁，他们对此强烈地表达了自己的沮丧和愤怒。根据特别行动处的报告，盟国与达朗勾结"对我们在敌占国家的所有的地下组织产生了强烈的反应，尤其在法国，它导致了组织的减少和萎缩"。这些流亡政府对美国和英国，作为军事权宜之计，而相继忽视他们所支持的自由法国首领戴高乐也感到烦恼不已。

事实上，这位长腿高个子将军，由于本身的个性就让人很难支持他，甚至他最忠诚的追随者都会被其傲慢、敏感的性格和专横的领导方式而激怒。许多杰出的反维希政权的法国人都拿他毫无办法，比如在华盛顿成为罗斯福总统顾问的让·莫内（Jean Monnet）。莫兰勋爵说，戴高乐"有一种让人很难相处的独特方式……他很怪异，就像一只长颈鹿，会把嗅探的气息喷洒向眼前的任何人"。

与此同时，戴高乐有许多需要应付的事情。伊斯梅说，他"处于危险的困境"。维希政府以叛国罪判他死刑，最初追随他到伦敦的法国士兵或军官寥寥无几，而他所爱的法国处于分裂状态，士气低落。虽然最初时许多法国人反对维希政府投降德国，但更多的人选择信任贝当这位第一次世界大战中受人敬仰的英雄，相信他会给受屈辱的法国和法国人民带来稳定的生活。

对戴高乐而言，激励国人和团结四分五裂的祖国的艰巨任务，因为以下事实而变得更加复杂：与欧洲其他流亡政府不同，英国和美国不承认他作为自由法国的官方统治者而作出的努力。

让他感到苦恼的是，他和这些流亡政府的领导者们都面临着一个共同的现实：他们的行动极大程度上都依靠英国的资金支持，并间接地依靠美国的《租借法案》。（美国以租借方式为"二战"中的44国提供了500多亿美元的援助，其中英国及英联邦收到的援助最多，苏联其次。）"像乞丐一样来到英国，法国不幸的印记烙在他的额头和心中，这让他难于忍受"，丘吉尔与这位将军之间的联络员爱德华·斯皮尔斯（Edward Spears）的妻子说。

然而，与其他欧洲领导者们不同，戴高乐不接受这样的从属地位。鉴于法国曾经在欧洲的卓越成就，他坚持自由法国必须在作战中担任重要角色。"我不是任何人的下属，"他曾说，"我只肩负一项使命，那就是为法国的解放而继续斗争。"他对斯皮尔斯说："你觉得我对英国赢得战争感兴趣？我并没兴趣。我只在意法国的胜利。"斯皮尔斯震惊地回复说："两者的意思相同。"戴高乐反驳说："毫不相同。"

如此强硬的反抗让丘吉尔发狂，这位热爱法国并在战前经常到访法国的首相与戴高乐产生了极大的矛盾。一方面，丘吉尔对这位将军拒绝接受战败，并决心孤注一掷继续斗争的胆识深表敬佩——他自己也拥有同样的品质；另一方面，戴高乐对丘吉尔为其所提供的帮助似乎并未产生感激之情，甚至经常抱怨和批评——许多都是在公共场合——他所认为的英国对法国利益的忽略和侵害，对此丘吉尔非常生气和痛心。双方在战时的争论非常激烈，丘吉尔经常宣称他已经拿这个喜怒无常的法国人没有任何办法了。在听了丘吉尔某次义愤填膺的指责后，哈罗德·尼科尔森对他说："首相，你可能是对的，但这些都无关痛痒，因为戴高乐是个伟大的人物。"丘吉尔对他怒目而视，"伟大的人物？"他怒吼道，"他自私，他无知，他觉得自己是宇宙的中心！他……他……"首相想不出更多词句，暂停下来。"你说的没错，"他接着说，"他确实是个杰出的人物。"

然而，戴高乐偶尔也会表示他对丘吉尔的感激之情。在"二战"中，他把一本关于丘吉尔的杰出祖先马尔伯勒（Marlborough）公爵的法国版绘本送给了首相的孙子小温斯顿。在给这个孩子母亲帕梅拉·丘吉尔的一封信中，戴高乐写道，这本书"几乎是我从法国带来的唯一东西。以后如果小温斯顿·丘吉尔看完这本绘本，也许他会想到这位法国将军，在历史上最伟大的战争中，曾是他祖父的真诚崇拜者以及英国的忠诚盟友"。

与丘吉尔的观点不同，罗斯福从不认为戴高乐是个伟大的人物。总统对这位将军和战败的法国充满了鄙夷之情。他认为，既然法国向德国投降了，法国就被排除在西方列强之外。特德·摩根（Ted Morgan）在罗斯福传记中写道，在总统看来，"法国战败了，战败就要接受惩罚"。由于罗斯福对法国的复杂局势知之甚少，因此对茫然无措、深受创伤的法国公民缺乏同情之心。"法国不存在。"他如此宣称，并坚持认为，在法国解放之前，这个国家都不算真正存在。而对于戴高乐，罗斯福觉得他微不足道、荒谬无知，认为他是个野心勃勃、妄想成为独裁者的英国傀儡，但却不被自己的同胞支持。"他认为自己是圣女贞德、是拿破仑、是克莱蒙梭。"总统如此讥讽道。华莱士·卡罗尔写道，罗斯福"认为戴高乐的野心威胁着同盟国的和谐和法国民主。因此他下定决心——并从未动摇过这个决心——美国对可能帮助戴高乐达成其野心的一切都不会妥协"。

即使在1942年末，美国战略情报局派了一位法国地下行动头领去华盛顿说明法国抵抗运动接受戴高乐作为其领袖，罗斯福也不为所动。他对丘吉尔说，这位将军及其追随者不得在北非及法国的解放行动和统治中担任任何角色。戴高乐后来说："罗斯福希望的和平是美式和平，认为必须由自己对组织结构发号施令，并认为法国尤其应该把他看作救世主和主宰者……就像最佳演员一样，他对角色落到他人之手感到生气。"据新闻工作者兼作家约翰·冈瑟所说，总统"谈论法兰西帝国的口吻就像这个帝国属于他自己，比如说，'我还没决定好如何处理突尼斯'"。

到北非战争结束之时，很明显总统在与戴高乐的较量中败下阵来。在北非的数千名维希法国士兵弃暗投明加入了自由法国（现称之为战斗法国），使得戴高乐的军事力量更加强大。在法国，对贝当的反对迅猛增加，正如迅速壮大的抵抗运动规模和戴高乐的支持队伍迅猛增加一样。欧洲流亡政府和绝大多数的英国公众、媒体人员和议会成员，以及美国民意也都支持戴高乐。相比之下，由美国任命代替达朗担任法属北非总督的吉劳德将军，除罗斯福政府外基本没人支持。"在吉劳德和戴高乐之间，根本不用作选择，"一名法国抵抗运动头领对哈罗德·尼科尔森说，"吉劳德在法国毫无立足之地，而戴高乐不仅是一个名字，更是一个传奇。"

最终，罗斯福对大多数人所见到的不可避免的事实略为屈服，承认戴高乐不能完全被排除在北非政府之外，并授意他和吉劳德联合管治。1943年6月，法兰西民族解放委员会在阿尔及尔成立，吉劳德和戴高乐任联合主席。然而，数周内，一场显而易见的权力之争在委员会内部发生了，戴高乐赢得胜利。

罗斯福决心阻止这个他所痛恨的人掌控权力，并开始敦促丘吉尔首相撤销英国对戴高乐的所有支持，虽然他早前就责备过丘吉尔没有管教好这个"问题儿童"。总统把记载戴高乐蓄意破坏同盟的文件交给丘吉尔，并对他说，戴高乐"一直以来，包括现在都在损害我们的战争努力……对我们产生了极大的威胁"。

首相发现自己陷入了两难境地，既然已经到处承诺支持戴高乐是自由法国领袖，他就很难对此食言；如果按照罗斯福的授意去做，他就会遭到英国民众以及许多英国政府官员的强烈反对。虽然远在北美大陆的美国可以轻易把法国从战后列国中去掉，但英国认为更重要的是，要让这个最近的欧洲邻居在战后尽可能发展壮大，来帮助平衡复兴的德国和日益强大的苏联。但毫无疑问的是，在1943年6月，比起法国，丘吉尔更需要美国。首相后来对戴高乐说："每当我们必须在欧洲和公海之间作抉择时，我们都会选公海；而每当我必须在你和罗斯福之间作抉择时，我都会选罗斯福。"

受罗斯福反戴高乐言论的影响，丘吉尔把这位将军描绘成"一个自负甚至怀有恶意的男人"，并敦促内阁考虑"我们现在是否应该除掉戴高乐的政治势力"。而深受安东尼·伊登影响的内阁成员们拒绝了这个提议，宣称"这样做不仅会使他成为死于国难的英雄，还将使我们受到指控……指控我们把法国看作英美的保护国而不正当地干涉法国国际事务"。1940年，在哈利法克斯勋爵领导下的外交部带头反对丘吉尔认可戴高乐，而现在，在伊登领导下的外交部又不遗余力地保护这位将军免受丘吉尔和罗斯福的非难。

罗斯福对戴高乐及其抵抗运动的强烈反对不仅让英国感到沮丧，也让在伦敦和阿尔及尔的美国官员和军事领导者们感到失望。对艾森豪威尔来说，这无疑让他的处境更加艰难。经历切肤之痛后，艾森豪威尔现在对欧洲和北非错综复杂的政治局势的认识比罗斯福更深刻。艾森豪威尔在回忆录中写道，当罗斯福提到法属北非及其居民时，他所使用的词是"命令、指示和强制……他继续或许是潜意识地——从征服者的角度来探讨当地的问题，如果我们也这样做，事情就变得简单得多"。

美国战争信息局驻伦敦办公室主任华莱士·卡罗尔可能是对罗斯福政策最直言不讳的批评者，他声称总统的指令引起了对美国的不利舆论和美国的政治失败。卡罗尔说："我们看起来傲慢无礼，而这种态度否认了较小的、不幸的国家质疑美国行为的权利。"大卫·布鲁斯对此表示赞同。他对吉尔伯特·怀南特说，登陆法国的行动准备严重依赖于法国地下组织提供的情报，如果抵抗运动成员所认可的领袖受到美国和英国排挤，这将对行动准备极其不利。

由于在欧洲敌占国家和抵抗运动成员合作密切，美国战略情报局特工深知他们帮助同盟国所面临的风险，因此对自己所见的诡计多端的、"以小国和普通民众为代价"的政治权力游戏表示不能容忍。和在伦敦的其他许多美国官员一样，他们也对在华盛顿、远离战争危险的上级产生了隔阂，那些上级对待这里的人们就像对待棋盘上的棋子一样，发号施令时从不考虑，也毫不在乎可能造成的影响。

吉尔伯特·怀南特对此感同身受。华莱士·卡罗尔说，虽然这位大使"始终都是总统的忠实仆人"，但他"也看到了美国对戴高乐感情用事所付出的代价"。尽管美国与战斗法国没有正式打交道，怀南特与戴高乐却建立了非正式的密切关系。后来戴高乐暂时收敛了易怒的脾气，称赞这个美国人是"足智多谋和平易近人的外交官"，是"出类拔萃的大使"。当这位将军与在伦敦和北非的美国官员发生争执时，怀南特屡次在他们中间充当了和事佬。怀南特自己清楚地知道，不管他们喜不喜欢，戴高乐都将在解放法国行动中起到主要作用。

怀南特与卡罗尔对这个话题进行过多次交谈，有一次怀南特反问道："当我们的飞行员在法国上空跳伞逃生时，是谁救了他们？"他一边在办公室来回踱步，一边回答自己的问题："是认可戴高乐为他们领袖的那些人。在我们从法国收到的情报中，贡献最大的是谁？是戴高乐的人，不是吗？当我们去解放法国，我们必须得接受戴高乐……其他任何人都无法接管政府。"

1943年仲夏时节，怀南特与伊登通力合作，努力说服丘吉尔和罗斯福承认法兰西民族解放委员会是北非和其他被解放的法属殖民地的主要统治主体，是自由法国的唯一发言人。所有欧洲流亡政府都承认该委员会，加拿大、澳大利亚和南非也同样承认，而苏联也准备如此。艾森豪威尔和英国议会的大部分成员也都认同这一点。怀南特加入进来，写信敦促罗斯福对该委员会作出官方承认。关于大使的这封信，卡罗尔说："我认为这不会让他在华盛顿获得更多支持,不会产生明显的影响。"怀南特告诉英国官员,他为了争取罗斯福的承认已经"竭尽所能"。罗斯福继续抵制来自各方的压力,即使当丘吉尔最终屈服并告诉总统,在这件事上他可能会与总统分道扬镳,"现在的状况让我必须得这样做,考虑到大不列颠的利益以及英法利益……"

最终,由于遭到几乎所有同盟国成员的反对,罗斯福终于在1943年8月下旬同意美国有严格条件限制地承认法兰西民族解放委员会(当天,英国政府也发表声明,在较小限制程度条件下,承认该委员会)。而与此同时,总统并未停止为摆脱戴高乐所作的努力,也并未减少对他的强烈怒意和憎恨。罗斯福继续努力推动大家接受吉劳德的地位,邀请他到美国,并在白宫以高规格礼仪接待了他,但他的努力没有起到任何作用。11月,吉劳德被取消委员会联合主席之职,而由戴高乐全权掌管。

相比针对法国的激烈争论,另一个欧洲被占领国家——波兰就显得没那么重要,虽然波兰同样发现自己与更强大的盟国间存在分歧。在1941年6月苏联参战前,波兰对英国继续生存的贡献比其他任何盟国都大,两国也建立了紧密的正式联系:英国必须履行条约保护波兰的主权和独立,于是在1939年9月德国入侵波兰后,便向德国宣战。

但当年9月侵略波兰的并不只德国一个国家。根据《苏德互不侵犯条约》,在希特勒的授权下,苏联从东边入侵波兰,占领了几乎一半的波兰领土,并把超过100万的波兰人驱逐到位于西伯利亚的监狱和劳改营,以及苏联的其他偏远地区。

在与西方突然、勉强地建立联盟的时候,斯大林就表明他计划重夺在1939年所夺取的波兰领土,并暗示战后要掌控波兰其他的领土。毫无疑问,波兰流亡政府反对苏联对波兰领土或主权的任何计划。虽然丘吉尔同情波兰人的遭遇,但他更需要斯大林。1941年夏季,丘吉尔和伊登敦促苏联代表与西科尔斯基签订了一份条约,但战后波兰的国界问题却悬而不决。伊登后来表达了对美国和英国干涉法国内政的深切关心,并告诉波兰总理:"不管你愿不愿意，这个条约都得签。"

事实是，英国的政治和军事利益与法国和其他西欧国家的未来紧密相关，但英国与波兰这样的东欧国家并不存在这样的利益关系。波兰驻英国大使爱德华·拉钦斯基伯爵（Edward Raczynski）指出，戴高乐"可以惹怒英国……政治家，并当着他们的面说出不中听的事实。尽管他们可能并不喜欢，但却无法抛弃他或法国。但是，他们可以并如此做了，把波兰的事业以及整个东欧国家的事业排在其次，因为这不关乎他们的重大利益，而只是有待卸掉的道义包袱——如果没有太大风险或无须过多努力"。

1942年初，斯大林要求英国与其签署一份秘密协议，承认苏联对波兰东部以及波罗的海诸国的领土主张。起初，丘吉尔拒绝了这个提议，但鉴于英国屡次军事战败的压力和俄国领导人对开辟第二战场的强烈要求，他决定作出让步。首相告诉罗斯福："由于战争形势日趋严重，我认为《大西洋宪章》的原则不应该否认当德国侵略俄国时，俄国所占领的土地。"

虽然美国最初反对这个秘密协议，但罗斯福在后来不到一年的时间里就改变了自己的想法。比起他对英国忠诚的索要程度，波兰对美国忠诚和利益的要求少得多，因为美国与波兰之间并未签订有关条约，美国也没有受过波兰飞行员和士兵的帮助，所以美国没有义务帮助波兰。对一心想取悦斯大林的罗斯福来说，波兰只是个次要问题。1943年3月，他对伊登说，波兰的国界由美国、苏联和英国共同决定，但他无意"与波兰或其他小国进行和平会谈和磋商"。波兰有待以某种方式重组"来维护世界和平"。换句话说，他不会成为苏联主张的绊脚石。

对这两位西方领导人来说，与斯大林的联合让他们陷入了某种道德方面的两难境地。英国军事历史学家马克斯·黑斯廷斯（Max Hastings）说，罗斯福和丘吉尔"觉得这样很方便，或者说很必要：让斯大林的公民承受摧毁纳粹军所必需的，而英美两国不愿意接受活人献祭"。所以，他们必须依靠苏联，来摧毁纳粹德国。

就这样，他们出卖了波兰的未来。

第 14 章

绝无仅有的特权

"二战"中的某一天,《时代》和《生活》杂志的记者玛丽·韦尔什手拿橘子,走在皮卡迪利大街上,这个橘子是刚到英国的美国朋友送给她的礼物。周围的行人都惊讶地看着橘子,她之后说,就好像我拿着"一颗人头"一样令人惊讶。距上次大部分伦敦人见到橘子或柠檬或香蕉已经两年多过去了。战争结束时,许多英国小孩要么从没见过香蕉,要么忘记了香蕉长什么样,所以都不知道如何吃。洋葱也是稀有商品,稀有到被当作彩票奖品。

由于大量外国流亡者涌入,伦敦呈现出世界性大都市的模样,但这也让伦敦变得越来越破旧、污秽。对大部分居民而言,经济紧缩和贫穷是常态,食品及消费品的严重缺乏意味着他们得排队数小时才能买到他们想要的东西,例如饮用玻璃杯、牙刷和缝衣针。发现一间商店门口排了大约 70 人,一个男人问另一位旁观者他们都在排队买什么。"我觉得他们都不知道自己在排队干什么,"那人告诉他说,"一些人有点歇斯底里——不管什么时候看到一支队伍,他们就会加入进去。"一位伦敦家庭主妇说:"很多时候,为买一磅土豆或半磅猪肝,我们得等一个多小时。"

除了战争和政治,食物成了玛丽·韦尔什所认识的大不列颠人最爱聊的话题。"整个岛屿听起来就像节食女人的俱乐部,"她说,"聊天的内容主要围绕着营养的获得，而非土豆、球芽甘蓝和卷心菜这些食物的获得。"战后，居住在切尔西的某位艺术家的模特西奥多拉·菲茨吉本（Theodora FitzGibbon）写道："我们经常忘了我们处于饥饿状态，因为根本就没有足够的食物。"小说家兼驻外记者德里克·兰伯特（Derek Lambert）在战争期间还是个青少年。关于他妈妈，他回忆说："每天都忙活着为我和我父亲争取卡路里、维生素、碳水化合物和热量……我们颤颤巍巍地在厨房就餐，因为没有足够的煤炭烧火，我的母亲得去争取、寻找、节省、凑合、讨好屠夫或责骂杂货商。"由于煤炭和电力供应严重减少，人们都早早上床取暖。白天，女人们推着婴儿车或提着菜篮，到临时煤炭堆积所排队等待，希望得到几块宝贵的煤炭。

对大部分伦敦人而言，买新衣服和获取足够的食物和燃料一样艰难。玛丽·韦尔什很庆幸自己在1942年访问纽约时有远见地为自己和英国朋友们买了几打长袜，但是她忘了储备内衣。到1944年，内衣缺少已经给她造成了"严重的问题"。当吊袜松紧带断了，她不得不用橡皮筋来支撑宝贵的长袜。1943年5月，在写给父母的一封信中，珍妮特·默罗描绘了在白金汉宫外观看地方志愿军阅兵的观众们所穿的单调、破旧的衣服："他们穿着非常单薄的夏季服装……破旧的裙子与根本不搭的破旧夹克穿在一起。尽管他们笑容满面，但看着很凄惨。"

刚来到英国的许多美国军人对他们在新岗位的状况与在家乡形成的鲜明对比感到非常震惊。"我觉得告诉你这里没有配给的东西更简单一些，我想不出来的东西除外，"一名美国中尉写信告诉母亲说，"例如，他们一周配给两盎司黄油。妈妈，整个星期的配给量在两片面包上就用完了。你自己试试就知道英国人有多穷困潦倒……你知道吗？妈妈，自1939年后，这里的许多人就没买过新衣服了？如果能在两周吃到一个鸡蛋，他们就感到很幸运了……在这里的短暂停留给我的印象是，和英国人相比，美国人并未表现出努力推动战争的牺牲精神。"

正如这位年轻中尉所说，在英国的战争体验和在美国完全不一样。虽然两国都实施了配给制,并经历了失去数十万年青士兵的悲伤,但对美国的大部分人来说,战争离他们很遥远,战争对美国造成的贫穷和痛苦远没有英国和欧洲敌占国家严重。美国大陆上没有经历过轰炸、平民死伤以及数百万家庭被摧毁。诚然,绝大多数大不列颠人的生活标准因为战争而急剧下降,但大部分,或者说许多美国人的生活却比之前更好了。"战争没有'好'的,"英国历史学家大卫·雷诺兹(David Reynolds)说,"但美国的战争应该是最好的了。"

由于大规模的工业动员,美国经济迅速发展,最终结束了经济大萧条时期的贫困状态。1940年,超过14%的美国劳动力仍处于失业状态;三年后,失业率下降到不足2%。美国人的年收入增长了50%多,许多人现在挣的工资比几年前所梦想的更多。虽然对某种食品或其他物品实行了配给,但能购买到的东西仍很多。从1939年到1944年,美国食品消费增长了8%,而服装鞋帽的消费增长了23%。

"有钱可烧,并且火焰明亮耀眼,"埃里克·塞瓦雷德对其所见的美国缺少牺牲精神这一现状感到恐慌,他评论道,"第五大道上绣有爱国图案的手巾卖10美元一条,新闻短片中展示着最时髦的军事图案,度假酒店人山人海……美国相信可以通过生产来赢得胜利,或通过开支票用购买力来赢得胜利。生活轻松,每周都更加繁荣,没人相信死亡。"

直到珍珠港遇袭后的几个月,配给制才开始实施。罗斯福希望避免强制性控制,因此最初努力说服美国民众为了战争努力,自愿减少对食品和消费品的消费。虽然许多美国人按照他的要求做了,但大部分人却没有。因此,一些商品变得稀少,价格猛涨,通货膨胀随之而来。1942年4月,总统宣布了"同等牺牲"的必要性,提议提高税收、控制工资和价格,并实行全面配给制。

与英国的控制相比,美国最终于1942年春末实施的配给制要宽松得多,与其说它导致了艰难困苦,不如说给人们生活带来了极其不便利。在英国几乎难觅踪迹的鸡蛋,成了美国肉类的替代品;人造奶油替代黄油;当白砂糖实行配给制时,玉米糖浆和糖精成为替代品。虽然石油和轮胎实行严格配给制,美国汽车驾驶员却还未完全沦落到放弃开车的地步,而大部分英国车主却不得不如此。在英国,男人每两年才能买到一套西服;而在美国,男人可以随心所欲地购买衣服,尽管裤子都是无卷边筒裤,且夹克翻领更细窄了,女人的裙子没裙褶而且更短了。由于钢铁的缺乏,美国的各种消费品——从冰箱到真空吸尘器到洗衣机——都暂时停止生产。

当许多美国公民为这些削减而感到苦恼时,经历过战时伦敦的缩衣节食、回到家乡的美国人却发现这里简直是富足的天堂。塔妮娅·朗(Tania Long)就是这样一名外派人员,她是纽约《时代周刊》杂志驻伦敦的通讯记者,于1943年年末返回纽约作访问。"除了感受到自由和富足的总体氛围,返回这个城市的女人首先注意到的就是自己穿得多寒酸,而其他女人都打扮得光鲜亮丽,"在《时代周刊》杂志上的文章中她写道,"对于习惯了商店里半空货架的女人来说,一手拿着优惠券,一手拎着购物包走进纽约的某个百货商场,这种感觉就像《一千零一夜》故事中的绝妙之旅。这里的东西琳琅满目、美不胜收。"

食品的情况也是如此,她写道:"当纽约人抱怨餐馆和肉铺再也没有牛排和其他珍稀肉类时,刚从英国返回的人却在艰难地选择菜单上诱人的菜肴……对吃了两年卷心菜、球芽甘蓝和菠菜的人来说,他们都忘了果汁汽水、新鲜豌豆、玉米、茄子和番茄的存在。"塔妮娅·朗说伦敦之旅让她觉得"伦敦和纽约完全是两个世界。要想拿两者做比较简直是徒劳,就好比拿地球和火星相比"。

与英国的情况不同,大部分美国公民从未觉得自己的祖国处于生死存亡的危难之中,因此不太愿意遵从罗斯福政府号召的牺牲精神。弗朗西斯·珀金斯后来说道:"美国人对战争基本不感兴趣。当然,他们希望自己的士兵一切都有,并赢得战争,但他们仍不明白士兵们为何没有黄油。"

当罗斯福政府宣布由于橡胶短缺,女子紧身内衣将停止生产时,这遭到了全国女性的强烈抗议。最终政府屈服说,女子贴身内衣是女性服装的重要组成部分,得继续生产。"如果要求奉献血与汗,美国人民会欣然地、骄傲地奉献出来，但他们却极不情愿减少对红肉和汽油的正常消费，以及对电烤箱和紧身内衣等必需品的使用，"罗伯特·舍伍德说，"比起地球上的任何人，美国人更深信这个原则：鱼和熊掌可以兼得。这一点完全可以理解，因为美国人从小就习惯了'取之不尽、用之不竭'的生活状态。"罗斯福为美国人对战争的漠视态度而感到恼怒，对哈罗德·伊克斯说："如果德国把炸弹扔到我们这儿，对我们可能是件好事。"

在华盛顿，国会议员们反对罗斯福提高税收的提议，不断责难价格控制办公室，并坚持他们享有石油无限制供应的权利。因为，他们争辩说，开车对战争努力来说非常重要。"国家希望这些人为民众树立榜样，从而鼓励民众接受个人生活的不便利，但这些人的做法却完全相反。"华盛顿著名的报纸专栏作家雷蒙德·克拉珀（Raymond Clapper）反感地写道，"他们极不配合，像泼妇骂街一般坚持自己的特权。"

在美国首都华盛顿，虽然官僚的典型性的南方式慵懒作风被迅速形成的疯狂忙碌所代替，但奇怪的是，首都似乎仍未被战争所影响。在埃里克·塞瓦雷德看来，不管华盛顿"对战争作出了多大的贡献，却似乎不是战争的一部分"。罗斯福认为，"比起其他地方，华盛顿哥伦比亚特区对现实战争努力的认识更不足"。首都的夜晚灯火通明，这里的社交生活比1941年9月前更丰富多彩，比如亨联早餐、午宴、茶舞会、晚宴，当然还有没完没了的鸡尾酒会、外交接待宴。而《华盛顿邮报》的社会编辑为这种寻欢作乐辩护，声称这为"有影响力的人们……处理业务、联络感情以及促进战争努力"提供了场所。

21岁来自西弗吉尼亚州的玛丽·李·塞特尔（Mary Lee Settle）就是首都疯狂社交生活的热衷者之一，她曾是一名模特，后来在华盛顿的英国大使馆工作。丈夫为英国公民的塞特尔后来说道，她在华盛顿参加的各种宴会让她想起了托尔斯泰所著的《战争与和平》中对在拿破仑入侵俄国时，圣彼得斯堡的社交活动的描写。和俄国首都的贵族一样，华盛顿的市民谈论着战争，但他们却没有真正地经历过战争，对战争也没有真正的认识。他写道，这两座城市的生活都不真实,"人们看重礼仪,认为姿态比行动重要,觉得战争是其他地方的事情"。

虽然看到美国正努力对待配给制和其他战时限制,但在伦敦长期居住的美国人看来,那些美国同胞们为共同利益所作的放弃舒适生活的微弱努力不足为道。在看了家乡报纸上刊登的一篇自我赞美的文章中关于家乡人民每周一天不吃肉的描述,珍妮特·默罗怒气冲冲地给父母写了一封信。信中她说,那篇文章"让人看了想哭。显而易见,我们国家对世界其他地方所处的困境知之甚少。什么叫一日无肉?……我真想说这里的肉类配给几乎从未超过一周两餐。圣诞节以来,我就吃过五个鸡蛋——几个月来首次吃——是别人送给我的圣诞礼物……美国人绝不会接受这样的伙食,但如果想要世界上其他的人重获健康的话,他们必须得更努力,而不是每周一日无肉"。

在写给哈里·霍普金斯的一封信中,埃夫里尔·哈里曼回应了珍妮特·默罗的批评。"当英国人请求我们帮助时,他们自己做最大的牺牲,而我们仍过着养尊处优的生活,这样很合理,"哈里曼写道,"但现在他们把我们看作合伙人,当我们要求他们作牺牲时,他们也要求我们作同样的牺牲……美国的许多事情对英国人来说很难理解。"

然而,在伦敦期间,哈里曼确保了他和女儿的生活仍然享有他们在家乡所习惯的各种奢侈。例如,有一段时间,烈酒和葡萄酒几乎没法买到,哈里曼从美国进口了数箱路易王妃香槟、玛歌红酒、杜松子酒和加拿大威士忌。

凯思林·哈里曼从未经历过服装配给制所带来的困苦。在1942年2月写给继母的一封信中,她说自己走进伦敦沃斯时装屋的展销店,"买了一件漂亮的黑色晚礼服——模特同款,因为我无法忍受不停地试穿"。后来,在继母从纽约寄给她一箱新款服装后,她感激地说:"不知道从三条裙子中选哪一条参加晚会的感觉真是太开心了。虽然有大量言论说,经过三年服装配给制后,伦敦人真的已经捉襟见肘了,但我可不希望自己加入这个行列。事实是,当我在英国穿'破旧衣服'时,埃夫里尔就会批评我。"

对凯思林而言，精心的穿着打扮很重要，因为她和其他出身名门的美国人从未如此频繁、狂热地参加伦敦的社交活动。英国首都是部分美国商界和文艺界著名人士的战时基地，比如投资银行家、财富继承人、公司高层、剧作家、演员、电影导演、广播公司董事以及报纸杂志发行人和编辑，他们加入了美国战略情报局和战争信息局，或成为军事文职人员。

尽管遭到毁坏，不可否认的是，战时伦敦仍是一个激动人心的地方。1942年，初次来到伦敦的纽约人罗伯特·阿尔比布中士和许多初到伦敦的美国人一样，被伦敦的活力和热情所感染。"伦敦是世界上最拥挤和最迷人的城市之一，"他回忆道，"这里随处可见形形色色的制服，大家说着各种各样的语言。周六晚上这里非常疯狂……那个时候，我经常觉得伦敦就是世界的中心。它是巴别，是大都市，是麦加。伦敦就是伦敦。"

哈里森·索尔兹伯里说，在诺曼底登陆的前一年，伦敦"的社交生活是我所见过的发展最快的"。许多初到伦敦的美国人都来自东海岸，是哈里森的朋友和长久工作伙伴，包括富有商人、银行家和律师。这些人中部分人毕业于著名的常春藤盟校，部分人拥有无懈可击的社会背景，据某位评论者说，他们"给人的感觉就像……这个世纪将由他们掌控"。他们中绝大多数人持有国际主义观点，因为他们从小就在英格兰和欧洲大陆待过很久。和哈里森一样，从美国参战前开始，他们就一直积极敦促罗斯福政府为英国提供援助。

大卫·布鲁斯就是这些精英人士之一，他是金融家安德鲁·梅隆（Andrew Mellon）的女婿。美国战略情报局创始人威廉·多诺万（William Donovan）将军招募他为该情报局驻伦敦总部的头领。同时，多诺万也为该情报局驻伦敦办公室招募了纽约银行家族的朱尼厄斯·摩根（Junius Morgan）、在芝加哥从事肉类加工的阿穆尔家族的莱斯特·阿穆尔（Lester Armour）、马球运动冠军兼养马人雷蒙德·格斯特（Raymond Guest）——因此，美国战略情报局的绰号叫"关系户之家"。

乍一看，选择布鲁斯担任如此重要的职位有点奇怪，他是弗吉尼亚州的贵族，其财富来自岳父家梅隆家族，并且他没有情报工作经验，也从未长期地担任过任何重要职务。但媒体和许多同辈人认为他是个充满魅力、涉猎广泛的人，他涉猎过投资银行业，在驻外事务处短暂任职过，并在弗吉尼亚州和马里兰州的立法机关各任职了一个任期。他在伦敦也待过很久，例如在德国对伦敦进行空袭期间，他曾一度作为美国红十字会代表来到伦敦，并与英国民众和政府建立了广泛的联系。由于"强烈的自尊和优越感"，温文尔雅的布鲁斯能够轻松自如地与英国贵族、美国将军以及欧洲国家的流亡领导人相处。他经常邀请这三类人员参加怀特之家的宴会或鸡尾酒会，怀特之家是伦敦最高级的男人俱乐部，女人禁止入内，并且这里从不会供应非上等葡萄酒。和哈里曼一样，布鲁斯设法让自己在英国首都享受极其优质的生活，他在日记中记录了他所享用的丰富食物，比如在怀特之家宴会上的烟熏三文鱼、羊肉、球芽甘蓝、土豆、梅脯馅饼、鸡尾酒、1924年的玛歌红酒和上等的波特酒等。

约翰·海·惠特尼也是美国政府机构驻伦敦办公室的一名雇员。他是纽约的花花公子，得益于巨大的家族财富，年收入超过100万美元，同时他还拥有6座豪宅、2架私人飞机、1艘快艇、20匹马球比赛用马。惠特尼的格林特里马厩饲养了一些美国最优质的赛马，他还为电影《乱世佳人》的拍摄提供了大量资金。他是美国第八航空军总部的一名公共信息官员。据某位知情人士称，他获得这个职位是因为"他是仅有的几个不畏报社记者怠慢和英国口音的男人之一"［这位知情人是与惠特尼职位相当的、美国海军总部驻伦敦办公室官员巴里·宾厄姆（Barry Bingham），他是《路易斯维尔信使报》的拥有者兼发行人］。

同时，惠特尼也非常熟悉伦敦，他的爷爷约翰·海（John Hay）曾是亚伯拉罕·林肯的私人秘书及威廉·麦金利和西奥多·罗斯福两任总统的国务卿。1926年，老约翰为庆祝他的一匹赛马在英国比赛中获胜，他举办了一场派对。据《纽约时报》描述，这是伦敦十多年来举办的"最精心、最豪华的派对"。"二战"期间，惠特尼在格罗夫纳广场租了一套宽敞豪华的公寓，并在那里举办社交聚会——以精美的食物、可口的饮料以及花容月貌的女嘉宾而闻名。

威廉·佩利是参加惠特尼派对、寻求女人陪伴的众多人之一。和许多纽约同伴一样，他不只把战争看作服务国家的一种方式，更看作摆脱家庭和生意场上的烦闷责任的方式，战争提供了在伦敦寻求刺激和随心所欲的机会。在北非和意大利为美国战争信息局搭建了盟军广播电台后，这位哥伦比亚广播公司董事长被授予上校军衔，并被派到英国首都，在艾森豪威尔的部下担任面向欧洲的心理战广播主任。他住在克拉里奇酒店，拥有一名贴身男仆，并经常享用美食佳肴，比如凉拌三文鱼、龙虾和鲜芦笋。关于战争，他后来说："生活从未如此激动人心，充满紧迫感，这样的生活将不再重来。"

在佩利的属下看来，佩利更热衷于寻欢作乐，而非兢兢业业地工作。

和其他人一样，他觉得战时伦敦所渲染的听天由命和享乐主义格外吸引人。他随心所欲地吃喝玩乐，几乎从不担心明天或很快就会一命呜呼，因为和到英国的大部分纽约显贵及好莱坞名人一样，他从未目睹过真实的战斗。在美国军队服役的许多军人认为，之前只是平民的佩利和其他类似之人，都是身负"玻璃纸式军务"的"波旁威士忌上校"（"你可以看穿他们，而他们能够远离战争"）。

不过，这些人当中，至少涌现出三个杰出的例外人物。由于在影片《费城故事》中的精彩表现，詹姆斯·斯图尔特获得了奥斯卡金像奖，然而就是他担任了在诺里奇附近驻扎的美国轰炸机中队指挥官，该中队对德国进行B-24轰炸机轰炸飞行任务。斯图尔特本人参加过20次飞行任务，鉴于他在战争中所展现的勇气和镇定，他被授予飞行优异十字勋章。另一位好莱坞当红明星克拉克·盖布尔，为了制作空中射击培训短片，和美国轰炸机机组成员一起参加过数次突袭。在一次任务中，德国炮弹击中了他的飞机，导致他险些送命。

1943年年中，威廉·惠勒（William Wyler）导演和剧组为了在B-17"孟菲斯美女"号轰炸机上拍摄后来使他成名的纪录片《孟菲斯美女号》，参加过该轰炸机轰炸法国和德国的五次飞行任务。关于这位好莱坞导演，"孟菲斯美女"号轰炸机驾驶员评价说："他真有胆量。"在某次飞行任务之前，他说服驾驶员违规让他在起飞和着陆时乘坐在轰炸机机腹下的球形炮塔内——此行为极其危险——以便他能拍摄到机轮和滑道。

让惠勒感到极其尴尬的是，在他拍摄《孟菲斯美女号》时，他的奥斯卡获奖影片《忠勇之家》刚好在伦敦首映。《忠勇之家》讲述了在敦刻尔克大撤退和德国对伦敦空袭期间，一个中上阶层家庭在伦敦郊区发生的故事。这是1942年美国票房最高的电影，次年在英国也取得了巨大成功。丘吉尔喜欢这部电影，称其为"价值一百艘战舰的宣传片"。惠勒是一名强烈的亲英派，最初确实打算将这部电影用于宣传。"我是个主战论者，"他说，"我很担心美国人会是孤立主义者。"但当他到达英国并亲眼目睹了战争的惨烈及后果——被夷为平地的房子、营养不良的人们、破烂不堪的城市、英国和美国轰炸机机组成员的惨重伤亡等场景，他开始认为《忠勇之家》展现的只是粉饰过的、理想化的战争。他说，这部影片"仅仅触及了战争的表面"。数年之后，惠勒宣称，对他而言，这场令人恐怖但不乏英勇精神的战争就是"真正的现实"。

除了惠勒、斯图尔特、盖布尔及其他少数人外，到英国的美国知名人士都生活在与战争隔绝的世界里，他们流连在鸡尾酒会和黑市餐馆，几乎不了解他们的舒适生活圈之外的战争的模样。这些美国新来者所认识的伦敦"并不真实，而是一个舞台，上演着一部名叫'战争'的戏剧"，玛丽·李·塞特尔说，这个在驻华盛顿英国大使馆工作过的年轻的西弗吉尼亚人，后来在英格兰西南部的英国皇家空军基地的空军妇女辅助队工作了一年。"他们的制服就像戏服——裁剪精致、无油渍、无泥土、没褪色……他们大多都没有经历过我们所经历的生活限制……他们无法想象配给制下的生活，无法想象四处搜寻没有限购的食物的艰难，无法想象面容憔悴、疲惫不堪地排队等待数小时的境遇。"

当英国参战时，塞特尔及其丈夫在纽约居住，她是模特，而丈夫是一名广告总监，然后他立即加入了加拿大军队，而她设法加入了英国空军妇女辅助队。"我们年轻，拥有一腔热血，我们知道自己的决定是对的，"她后来写道，"那是我们生命中首次想到我们之外的事情，想到共同利益。"经过一年多的烦琐程序，她最终来到英格兰并成为驻扎在科茨沃尔德的英国皇家空军基地的一名无线电操作员，在飞行控制台和飞行员之间传达命令和信息。

作为空军二等兵，塞特尔属于英国人所称呼的其他等级（应征入伍的男人和女人）的一部分，并感受到了军官和部下之间"冰冷、残酷的分级"，这些部下大多来自工人阶级。她说："这是我首次感受到等级划分，其复杂和严格程度几乎和中国的等级划分一样，从发型到健康状况……每个英国男人都把自己与其他战友区别开来。"塞特尔和其他战友的生活条件非常艰苦恶劣，她睡在半圆形活动营房里的草席上，火炉基本感觉不到温暖。她运送煤炭、打扫地面，而粗劣的伙食让她无时无刻不感到饥饿和渴望食物。

经过一年头戴耳机、遭受德国无线电波干扰而导致的持续嗡嗡声的折磨，塞特尔患上了医生称之为"信号冲击"的疾病，因此无法在其岗位上继续有效地工作。因病退伍后，她在美国战争信息局驻伦敦办公室从事案头写作。在这里，她发现自己置身于梦幻般的奢侈、舒适世界中，"像香槟酒一样令人陶醉"，这让她一时无从适应。和胜任战区工作的大部分美国民众一样，她被暂时授予军衔（她的军衔是少校），因此能够在奇妙的军中福利商店中购物。这里供应美国香烟、巧克力、剃须刀片、果汁、香皂、牙膏、剃须膏、手帕以及英国其他商店都没有的各种各样的消费品，她不必再忍受劣质的英国香烟——英国香烟含量非常稀疏，她吸上一口，烟蒂就变得很短以至于无法用手指夹住，然后她就会用大头针将其固定住，再抽上最后的宝贵几口。

塞特尔战后成了著名的小说家。而在当时，在白天的生活和工作中，她享受着美国战争信息局的同事和她所结交的其他美国人认为是理所当然的"绝无仅有的特权"。而晚上，当她回到自己在肯辛顿租的一间破旧的、无电梯的、位于五楼的公寓时，房东把她从福利商店带回的美国糖块当作宝物，并把它切成几小块摆在瓷盘上当下午茶。

在她的同事看来，这位拥有一头棕发、美丽动人的塞特尔很奇怪，正如她也认为同事奇怪一样。"我经历丰富，且直接接触过战争，所以他们都过来分享我的经历，"她回忆说，"我认为是理所当然的军中服务却让他们非常着迷，这让我感觉她们似乎比我更年轻。"当塞特尔刚来到战争信息局工作时，在伦敦拍摄美国政府影片的演员伯吉斯·梅雷迪思（Burgess Meredith）和保罗·道格拉斯（Paul Douglas），觉得她在英国配给制下生活太久、长得太瘦，所以急需一顿大餐。于是他们把塞特尔护送到一家飘香四溢的黑市餐馆，就好像"我是骨灰瓷一般"，餐馆内部装饰着红木镶板，摆放着皮革长凳和绸缎餐巾。这两位演员坚持为她点了两英寸厚的羊排、青豆和烤土豆，土豆外面涂着两周配给量的黄油。羊肉和黄油所散发出的浓厚芳香让塞特尔顿时无法承受。她礼貌地向洗手间走去，但还没走到洗手间就已经恶心呕吐了。

而伦敦的另一名年轻女子却逐渐理所当然地接受了这种奢侈。由于埃夫里尔·哈里曼和其他美国富人朋友的慷慨解囊，帕梅拉·丘吉尔成为伦敦最主要的女主人之一，经常举办豪华晚宴，供应牡蛎、三文鱼、牛排和威士忌等珍贵食品饮料。"我们在英格兰配给制下过着清心寡欲的生活，"约翰·科尔维尔回忆说，"但如果和帕梅拉一起进餐，就会吃到五六盘菜……并且都是平时没见过的食物。我猜想餐桌上的所有人都在傻笑着说，埃夫里尔对自己的女朋友可真好。"数年后，帕梅拉说："战争虽然可怕，但如果你芳华正茂……且在对的地方，那么就是另外一番景象了。"

1942 年 4 月，帕梅拉、埃夫里尔及其女儿离开了多切斯特酒店，搬进了格罗夫纳广场上一套宽敞的公寓。这套公寓和吉尔伯特·怀南特的公寓同在一栋大楼里，所以大家很容易发现，首相的儿媳妇和罗斯福的《租借法案》代表人住在一起。"人们发现他们住在一起，感到有点烦恼，因为他有妻子，"帕梅拉的一位熟人说，"和他住在一起有点太过分了，欠缺考虑……我觉得她太笨、太没规矩了。"

当伦道夫·丘吉尔休假回家发现了妻子的不忠，他勃然大怒。朋友们说，他生气并不是因为嫉妒哈里曼，而是因为哈里曼的背叛。之前，在他父亲的要求下,他在开罗与哈里曼结交成为朋友。伦道夫怨恨地指责自己的父母竟然在契克斯庄园,"在他们自己的屋檐下"纵容通奸,仅仅因为哈里曼和美国人对英国的重要性。"他言语粗俗,撕开了一个永不愈合的伤口,"伦道夫和玛丽·丘吉尔的共同朋友阿拉斯泰尔·福布斯(Alastair Forbes)说,"他说他的父母一定知道,而他的父母说自己不知道。"据帕梅拉说,她现在与之疏远的伦道夫曾一度威胁说要把她与哈里曼的婚外情公开,这种情况"可能会对位高权重之人造成严重伤害"。为了平息他的愤怒,她同意"在英国另找一个地方居住……尽量远离他的父母"。(帕梅拉与哈里曼的风流韵事让伦道夫·丘吉尔数年来难以释怀。在1961年华盛顿举办的一场晚宴上,他说:"当我远在军中时,埃夫里尔·哈里曼背叛了我,而且这竟发生在首相的家里。"晚宴的主人问:"但是,伦道夫,当你远在军中时,你又和多少有夫之妇做过这种事呢?"伦道夫·丘吉尔回答说:"也许是吧,但绝不会在首相的家里做这种事。"——施莱辛格,《施莱辛格日记》第139页)

这对情人还面临着一个问题:玛丽·哈里曼发现了他们俩的关系。同时,玛丽与乐队领队艾迪·达钦(Eddy Duchin)也纠缠在一起,所以与其说这个红尘女子对丈夫出轨这件事本身感到烦心,毋宁说她是害怕别人知道这件事。"把你的风流韵事摆平,千万别上报纸了,"她在电报中对丈夫说,"否则你将面临美国史上最惨重的离婚代价。"在痛苦地意识到与妻子玛丽离婚不仅会严重削减自己的财富,而且还会断送自己刚刚起步的外交事业后,哈里曼同意不再与帕梅拉联系,但很快就背弃了这个承诺。"虽然埃夫里尔不能与她结婚,"一个朋友说,"但他也不想放弃她。"

从哈里曼的公寓搬出来后,帕梅拉搬进了位于格罗夫纳广场49号的一套豪华公寓,这里在哈里曼公寓楼的拐角处,与康诺特酒店相对。除了支付帕梅拉的房租外,她的情夫还为她提供了一辆汽车及汽油配给,并每年给她3000英镑的补贴金,这在当时算相当慷慨的一笔钱了。在帕梅拉所住的那栋大楼里,只有她一人是英国公民,因此她逐渐地、完全地被美国人同化了。她的大部分朋友和熟人都是美国人,她在客厅的书架上摆放着哈里曼、艾森豪威尔、哈里·霍普金斯以及罗斯福的照片——罗斯福的照片是他本人寄给她的。在对罗斯福的感谢信中，她说："我儿子还太小，不能从你和温斯顿的照片中分辨出你们俩。我担心他会把你们两位都称作祖父。"帕梅拉把大部分时间都花在招待新来的美国记者、将军和政府官员上——邀请他们参加晚宴，带他们四处参观；总而言之，就是向他们介绍伦敦。珍妮特·默罗参加过帕梅拉举办的一次晚宴，但却感到格格不入。她说："除非你自己是个重要人物，不然没那么受欢迎。"

1943年秋季，帕梅拉主动提出到丘吉尔俱乐部工作，该俱乐部坐落于威斯敏斯特大教堂之后的一座庄严旧宅里，这里是专属入住阿什伯纳姆宅邸的受过大学教育的美国和加拿大军官、军人的聚会场所。艺术史学家肯尼思·克拉克（Kenneth Clark）说，这里是美国达官显贵们"逃避嘈杂的军中生活"，学习英国文化的地方。这里经常会举行音乐会、讲座、戏剧读书会，也会经常举办美国人参加的马蒂尼鸡尾酒派对，参加人员大部分是将军和其他高级军官。"在这里很容易就可以获取信息！"《时代》和《生活》杂志的记者比尔·沃尔顿（Bill Walton）兴奋地说，"从进门的那一刻起官衔就被暂搁一边，满屋的将军、上尉和少校都被帕梅拉迷得神魂颠倒。"

德怀特·艾森豪威尔决心尽量不参与伦敦的社交生活，但他的大部分属下都不愿效仿他。埃里克·塞瓦雷德在日志中评价说，许多美国高级军官都"不愿战争结束，因为比起和平时期在家乡的情况，他们在这里赚的钱更多，生活得更好、更舒适、更刺激"。小说《艾米丽的美国化》的作者是英军中一名女司机，在战时伦敦担任某位美国海军上将的副官，她在书中伤感地说："对我所遇到的美国人而言，这场战争只是伦敦市外的漫漫长夜。"

据凯·萨默斯比说，美国空军的高级军官尤其喜欢寻欢作乐。当艾森豪威尔在伦敦郊外一座质朴的乡间别墅玩桥牌或阅读西方低俗小说进行消遣时，美国第八航空军指挥官卡尔·斯帕茨将军（Carl Spaatz，昵称图伊）以及他的部下却在克拉里奇酒店里这位将军的套房中举办奢华的派对。萨默斯比评价说："第八航空军素有享乐服务的荣誉，并且斯帕茨的部下努力保持着这个荣誉。"她说，走进第八航空军总部就像"进入了一个拥挤的鸡尾酒吧——熙熙攘攘的人群在烟雾缭绕中谈笑风生、打情骂俏"。

一名美国新闻记者说，打情骂俏和偶然的风流韵事（一些也并非偶然）在战时伦敦普遍存在，"那个时候的风气就是这样……大部分到伦敦的美国男人都有家室，但没人会在意他们在这儿交女朋友"。艾森豪威尔本人也与萨默斯比保持着亲密的个人关系，但是不是男女私情还很难说。

美国第 82 空降师指挥官詹姆斯·加文（James Gavin）将军向一名美国新闻记者询问艾森豪威尔与萨默斯比之间的绯闻是否真实，这名记者回答说："我从未见过，当将军从办公室出来时，有哪位司机下车给他早安吻！"数年之后，萨默斯比回忆说："战争是不可抵制的催化剂。战争颠覆一切，就像温床一样促进关系的发展，以至于在和平时期需要数月才能发展成的亲密关系可能在数天内就能形成。"

加文将军本人与《生活》杂志的新闻摄影记者玛格丽特·伯克－怀特（Margaret Bourke-White）暧昧不清。盟军最高司令部的情报与审查首领罗伯特·麦克卢尔（Robert McClure）将军与玛丽·韦尔什传出恋情，而与此同时，玛丽·韦尔什还与另外三个男人有着千丝万缕的联系：自己的丈夫——一名澳大利亚记者，在伦敦为陆军宣传影片而忙活的作家欧文·肖（Irwin Shaw），以及从 1944 年开始交往的欧内斯特·海明威。艾森豪威尔的私人助理哈里·布彻与从事红十字会工作的一名英国人相恋，并在战后娶其为妻。大卫·布鲁斯在 1945 年与第一任妻子离婚后，与伊万杰琳·贝尔再婚，她是在美国战略情报局布鲁斯手下工作的一名 25 岁英裔美国人。曾任报社编辑的赫伯特·阿加（Herbert Agar）是怀南特在伦敦的助手，他也与妻子离婚——为了与著名的英国建筑师埃德温·勒琴斯（Edwin Lutyens）的丧偶女儿芭比·华莱士结婚。威廉·佩利与埃德温娜·蒙巴顿（Edwina Mountbatten）交往，而她丈夫蒙巴顿勋爵时任东南亚盟军总司令。英国外交大臣的妻子比阿特丽斯·伊登（Beatrice Eden）开始与 C. D. 杰克逊（C. D. Jackson）交往，他曾是时代公司的执行官，后在艾森豪威尔手下工作。1944年巴黎解放后，比阿特丽斯·伊登离开丈夫，与杰克逊一起生活在法国首都；"二战"结束后，又与杰克逊一起搬到纽约，虽然两人从未确定婚姻关系。

然而，英国指挥官们却对这种放荡的性关系表示困惑不解。一位英国官员鄙夷地说："我们可没有美国人那种证明男子汉气概的原始需求。"但最终他的许多同事也沦陷了。

帕梅拉·丘吉尔也与一些出身名门的美国人交往过。"在我的生命中，"她后来说，"我总是与男人有着千丝万缕的联系，男人就是我的一部分。"她和哈里曼彼此都不忠诚，后来她还与其他男人交往过，包括乔克·惠特尼、37岁的弗雷德里克·安德森将军——他是美国第八航空军轰炸机司令部的指挥官。据帕梅拉的好友比尔·沃尔顿说，首相知道她与安德森的恋情，并"询问她……他在某个关键轰炸策略上的立场"，然后她就会向丘吉尔传达她从将军那里搜集到的信息。比弗布鲁克勋爵曾邀请这对情人在查克利宅邸度周末，并在那里向安德森通报信息。

空军上将查尔斯·波特尔（Charles Portal）爵士也是帕梅拉的痴迷者，时任英国空军参谋长。在战争后期召开雅尔塔会议和波茨坦会议期间，他给帕梅拉写过几封长信，称呼她为"亲爱的帕梅拉"，并向她袒露心扉说："我每天想你无数次，多么希望能和你在一起。"虽然信的内容激情洋溢，但他们的关系清清白白。帕梅拉后来说："许多人都……爱上我，但我并未予以回应。"

在丘吉尔俱乐部开放两个月后，哈里曼从帕梅拉的生活中消失了，因为罗斯福和霍普金斯强烈要求他担任美国驻苏联大使。他不想要这个职位，因为自己曾暗算过怀南特和前两任美国驻莫斯科大使，哈里曼知道大使的位置风雨飘摇、工作困难重重，尤其是在苏联首都。

在过去与苏联政府的往来中，哈里曼先将美国大使劳伦斯·施泰因哈特排挤离职，当退役的海军上将威廉·斯坦德利接替其大使位置后，哈里曼又将其排挤离职。坚信美国应该勇敢面对苏联欺凌的斯坦德利，对哈里曼感到十分恼怒，因为和罗斯福派到莫斯科与斯大林协商的其他官员一样，哈里曼"遵从罗斯福的政策：不要与俄国人作对，并给予他们所想要的一切"。数年后，哈里曼承认说，斯坦德利当时的观点很有道理，而他和罗斯福却只是把他当作跑腿小弟。"西方许多重要人物，包括首相、总统以及其他高级官员，都有这样的思想：尽量与斯大林交好，"他写道，"我承认自己也受到了其思想的感染。"

1943年年中，斯坦德利已经无法忍受苏联。在莫斯科召开的某次美国通讯记者新闻招待会上，他控诉苏联政府不诚实，特别是向苏联人民隐瞒了这一事实：几乎所有的苏联军事资源都是来自美国和英国。他的言论在国际上激起了怒火，于是他主动离开了大使职位。

虽然哈里曼坚定地认为自己能够胜任其他人没能胜任的驻莫斯科大使职位，但他对离开伦敦还是感到犹豫不决。他不情愿离开的原因，与其说是舍不得帕梅拉——虽然确实很喜欢她——毋宁说是因为如果接受这一职位他将不再处于盟军行动的中心这一事实。他将失去自己辛辛苦苦谋得的这个核心位置——罗斯福、斯大林与丘吉尔之间的沟通者和调停人。他告诉总统："相比到莫斯科担任荣誉领事，我确信自己在伦敦对您、对战争来说更有用。"当罗斯福说莫斯科的任务更重要时，哈里曼屈服了，但坚持要求：如果他接受这个职位，他必须有权管理美国在莫斯科的所有任务和代表团——以阻止其他人效仿他对怀南特及驻莫斯科的前两任大使的所作所为。罗斯福同意了这一要求，于是在1943年9月，哈里曼和女儿离开了伦敦，去了苏联首都。

直到临走前的最后一刻，他才告诉帕梅拉离开的消息。"那天是个暗淡的日子，"她回忆说，"他的离开对我打击很大。"虽然对哈里曼的突然离开感到心烦意乱，但她很快便恢复了正常。战争结束后，帕梅拉称自己把与哈里曼的关系仅仅当作露水情缘。"整个战争时期，"她说，"我从未想过我和埃夫里尔会结婚，我们甚至从未讨论过这个话题。我们从未有过这样的想法。"

有趣的是他们的关系一直持续着，这让她经济无忧：虽然远在莫斯科，哈里曼继续支付帕梅拉的房租，并继续给予补贴金。同样重要的是，也许正是由于他的离开才促使了帕梅拉无障碍地和后来她称之为此生挚爱的男人——爱德华·R. 默罗交往。她说，哈里曼离开后，"我趴在默罗肩上哭泣，结果却和他上床了"。

两年前，在凯思林·哈里曼的介绍下，帕梅拉认识了默罗，以及到伦敦的其他美国记者，并经常与他们一起参加社交活动。珍妮特·默罗后来说："我觉得，在埃夫里尔消失后，她认为默罗是自己的理想之人。"而默罗对帕梅拉显然是欣然接受。"默罗拜倒在这位光芒四射、秀色可餐的年轻女子的石榴裙下，"哥伦比亚广播公司通讯记者查尔斯·科林伍德如是说，虽然在帕梅拉面前，他也难于把持自己，"她的关系网让他震撼，但他并非是因为追逐私利才被她吸引。他是真的被她的魅力所征服。"

帕梅拉和35岁的默罗都为彼此之间的关系感到惊讶。与她之前的大部分痴迷者不同，默罗既不富有也不喜欢寻欢作乐，他是个严肃、有点内向，并经常会产生一阵阵抑郁的理想主义者。用《斯克里布纳》杂志的评论说，默罗"像用保护层一样包裹着自己的隐私"。数年以来，他的工作就是他的生活重心。虽然过去很多女人追求过这位清瘦、帅气的广播员，但他都没有为之所动。在女人面前，他会变得有点幼稚、有点羞涩，这在共存共荣、各享其乐的伦敦真可谓是罕见现象。

然而，他与珍妮特曾经的亲密婚姻关系开始出现裂痕。战争开始前，他就一直工作到筋疲力尽，大部分时间都把她置于他的生活之外。"默罗很冷淡，不主动联系我，"1938年3月，她在日记中写道，"我必须保持耐心……他已经习惯了不联系我。当我给他打电话时，他却说：'有什么重要的事吗？没有的话就挂了吧。'这真的让我心痛……对待我的态度就像对待打扰他的陌生人一样。"

在德国对伦敦空袭早期，默罗建议珍妮特在乡下租一间房子，以确保她的安全，他和朋友周末过来。她最初对这个安排还比较满意，但默罗却很少出现。她后来说，"他们舍不得伦敦的精彩刺激生活。"她在日记中写道："我讨厌只能在派对上看到默罗和其他人在一起。"后来，她又写道："我独自在乡下居住的日子很郁闷，一点都不开心……讨厌这样的生活。"最终，她放弃了乡下的房子。

孤独抑郁的珍妮特向菲利普·乔丹（Philip Jordan）寻求安慰。乔丹是伦敦《新闻纪事报》的著名通讯记者，也是默罗夫妇的共同好友，埃里克·塞瓦雷德评价他是"一个可爱、文雅、具有绅士风度的男人"。珍妮特和乔丹坠入了爱河，但他们的恋情很快就结束了，因为1941年7月他被一纸公文派去了莫斯科。珍妮特对他的离开伤心欲绝，写道："我从未想过我会如此想念他。"

默罗是否知道妻子与乔丹的婚外情尚不清楚，但珍妮特肯定知道他与帕梅拉的婚外情，似乎在伦敦的大部分人都知道。晚上与朋友聚会后，这对情人偶尔在她的公寓，或哥伦比亚广播公司为驻外记者租赁的公寓里过夜。帕梅拉经常在深夜陪伴默罗到播音室，他播送广播，而她就坐在他旁边。"我知道他们常常到乡间散步，"珍妮特在战后说，"她总是会落下某些东西——有一次是一本写有她名字的诗集，还有一次是帕梅拉的一只手套忘在默罗的口袋里。"

虽然对首相的儿媳妇如痴如醉，但默罗并没有像她的其他情人一样过度宠溺她。一方面他似乎被她的贵族背景和奢侈的生活方式所吸引，而另一方面他又诋毁这些，这体现了他对财富和社会地位的矛盾心理。"默罗的思想很复杂，"帕梅拉回忆说，"他总是津津乐道地说……他小时候只能穿别人穿过的旧衣服。""他总爱向别人叫板，因为他明白自己所拥有的一切都是通过自己的努力得来的。"

默罗蔑视帕梅拉和哈里曼所享受的养尊处优的生活，他认为哈里曼是个工于心计的投机主义者。帕梅拉说："默罗讨厌埃夫里尔的一切——这个天生富贵之人。"在前两年，这两个男人就在一些政治问题上产生过冲突，包括对法国和戴高乐的争议。哈里曼指责默罗是"自由法国的走狗",而默罗则指责哈里曼支持维希政府。

据帕梅拉后来的回忆,默罗对她说:"你被宠坏了,一切事情对你来说都很容易。你风华正茂,集万千宠爱于一身,所以你不知道现实生活是什么样的。"他说,她的缺点之一就是,习惯漠视不幸之人所遭受的苦难。某天,当他出现在她的公寓,发现一个势均力敌的情敌——安德森将军——送来一箱牛排,这让他勃然大怒。虽然他是由于妒火中烧而生气,但却解释说,她不应该接受由美国纳税人为美国军队买单的商品。

帕梅拉对他的批评感到生气,但让她欢欣鼓舞的是,默罗会与她讨论重大政治和社会问题,与她交流思想并据理力争,视她为平等的知识分子,而不仅仅是床上伴侣。"他和我所遇到的其他人完全不同,"她说,"他对我痴迷,显然我对他也是如此。"帕梅拉开始竭力劝说他与珍妮特离婚,然后娶她。他有点动摇,尽管这个提议远远超乎他的想象。"他很爱珍妮特,"一个朋友说,"但他也想要帕梅拉。"

但对默罗和伦敦的其他人来说,当时的局势太过错综复杂。

第 15 章

一个永远的护航员

虽然到伦敦的大部分美国富有精英几乎没有实际参加过作战,但其中一位,著名的汤米·希契科克(Tommy Hitchcock)却对战争结局起到了决定作用。若没有希契科克,美国对德国的轰炸计划可能就失败了,诺曼底登陆计划可能就被延迟或泡汤了。而若没有吉尔伯特·怀南特,汤米·希契科克也不可能来到伦敦。

希契科克似乎就是其他人所希望成为的典型。腰缠万贯的生意人埃夫里尔·哈里曼和乔克·惠特尼把他当成偶像。大卫·布鲁斯称他是自己所见过的最完美的男人。弗朗西斯·斯科特·菲茨杰拉德(F. Scott Fitzgerald)在其最知名的两部小说中,将希契科克作为人物原型,并写道,"在我塑造的所有男主人公中",他最出类拔萃。

"二战"前,汤米·希契科克是美国乃至全世界最闻名的马球运动员。由于希契科克自成年就是国际名人,因而在他的影响下,马球运动在 20 世纪二三十年代逐渐转变成了美国最流行的观赏性体育运动之一。确实,希契科克给这项运动带来了活力和激情,他对于马球运动的重要性,就好比贝比·鲁斯(Babe Ruth)之于棒球、鲍比·琼斯(Bobby Jones)之于高尔夫球。据《纽约时报》评论,他"点燃了美国想象力",是历史上其他马球运动员无可比拟的。

1928年，希契科克与梅隆家族女继承人结婚，并被广泛报道，仿佛他是皇家成员。不管走到哪里，他都会被粉丝围得水泄不通。当一头驼色头发垂到双肩的他到达某个马球比赛场，观众们就会向他涌来，并为他摇旗呐喊。"人们好似把爸爸当作神一样崇拜，"他的长女路易丝回忆说，"妈妈说这种风气不太好。"

马球源自公元前的波斯，是一项费劲、危险、极其昂贵的运动。1876年，马球从英国引入美国后，迅速在全国范围内成为许多富有骑手最喜爱的消遣运动。但直到汤米·希契科克加入进来，报纸才开始把马球作为大众流行运动而进行报道。数万观众聚集到美国马球中心——长岛，来观看美国与两个主要对手——英国和阿根廷之间的国际锦标赛。

1924年，长岛的梅多布鲁克俱乐部的站台上容纳了前来观赛的45000名观众，其中包括威尔士亲王，他也是一名马球运动员，前来观看希契科克所在的美国队与英国队之间的较量。在这前几年，希契科克在伦敦参加过与英国队的比赛，当时观众席上有乔治五世和另一位马球运动员温斯顿·丘吉尔。美国队连赢两场比赛，主要功劳在于希契科克，他在头场比赛中进了五球，比英国队总进球数还多。"大多数美国公民从不看马球比赛，"1944年，《时代周刊》杂志写道，"但人们不看报纸就知道汤米·希契科克参加了比赛。"

希契科克的粉丝都简称他为"汤米"，这位拥有一头驼色头发、健壮的汤米在马球场上就像旋转托钵僧一样，凌厉地挥舞着手中的球杆，球立刻滚到远处。一位队友说："有时，他在球场上的作为让你叹为观止。"在非比赛场合，他对其他运动员很温和、宽容，而一旦上赛场，他就展现出不屈不挠、咄咄逼人的态势，经常勇往直前地向对手迎头而上，然后在要撞上的一瞬间勒马停下。一位运动员说："他就是没胆量。"而另一位运动员说："从没有他这样的运动员。"

弗朗西斯·斯科特·菲茨杰拉德以希契科克为原型而创作的两个人物分别是《了不起的盖茨比》中的汤姆·布坎南（Tom Buchanan），以及《夜色温柔》中的汤米·巴尔班（Tommy Barban）。这两个人物在不同方面反映了作者对有钱有势之人的爱、恨、嫉妒之情。希契科克与小说中所描述的粗鲁、是非不分的布坎南几乎没有共同点，除了外表（"身体总是向前倾"）和一股百折不挠的冲劲。而对巴尔班的描述更符合这位马球明星。"汤米·巴尔班是统治者，"菲茨杰拉德写道，"汤米是英雄……一般来说，他很少喝酒；勇气是他的伎俩，他的同伴总是惧怕他。"

总是自信满满的希契科克比较高冷、拘谨、好胜，并散发出一点点危险的味道。与哈里曼、惠特尼以及上流社会圈的人士不同，他不"善于交际"。他既不参加各种有社交效益的俱乐部和聚会，也不让别人接近他，除了怀南特。怀南特很早就认识他，当希契科克在圣保罗中学上学时，怀南特曾是他的老师。

希契科克的父亲是一名非常热爱马球运动的富有的纽约运动员，所以他从小居住在位于长岛和南卡罗来纳州艾肯市的父母家中。在圣保罗上学时，他就经常和众多学生一起，晚上聚集到他们所爱戴的历史老师怀南特的房间，听他讲述林肯、杰斐逊和其他英雄的故事。怀南特对社会改革的理想和激情深深地感染了希契科克。作为该校六年级（最高年级）的学生会主席，他曾成功帮助怀南特解散了学校的秘密社团，这些社团成员不服训教，甚至虐待其他学生。

1917年初，在美国参加第一次世界大战的前几个月，17岁的希契科克对26岁的怀南特说，他计划早点离校，加入法国的拉斐特飞行小队。他知道怀南特也打算在美国参战后立即入伍成为一名飞行员，而希契科克却不愿意等到美国参战那一刻。前总统西奥多·罗斯福是希契科克家的朋友，他帮忙给法国官员写了一封信，成功说服他们准许这个未成年男孩入伍，因此希契科克成为"一战"中参加飞行任务的最年轻的美国人。

和在马球场上一样英勇无畏，他在飞行行动中击中了两架德国飞机（因此获得英勇十字勋章）。但1918年3月6日，他自己也被击中，掉落到德国领土范围内。他受伤严重，并被关在战俘营数月。他后来说，被关押期间，他想得最多的就是食物和逃跑。

那年夏末，在乘火车转到另一个战俘营的途中，希契科克从一名熟睡的守卫那里偷来了一张地图,并跳下火车。为了躲避侦察,他徒步行走了接近100英里来到中立国瑞士。那时他还未满19岁。

对希契科克而言,作战飞行是终极刺激。"马球运动很过瘾,"他说,"但却无法与战时飞行任务相比,那才是世界上最棒的运动。"1918年11月"一战"结束后,在某个闲暇时间,当他来到哈佛大学打马球时,马球场上的一个朋友说:"他是空前绝后的护航飞行员。"即使在事业巅峰时期(持续了约20年),相比他在马球运动上的英勇表现以及之后作为投资银行家所取得的成就,他在飞行行动中所产生的自豪感更强烈。在某次重要的国际比赛的当天早上,比赛前,他镇定自若地与一位朋友就哲学家尼采讨论了数小时。这位朋友难以置信地问:"在今天这样的日子,你怎么可以稳如泰山地坐在那儿讨论哲学呢?"希契科克耸耸肩,回答说:"为何不可?只是一场比赛而已。"

20世纪30年代初,希契科克成为一家投资银行公司——雷曼兄弟公司的合伙人,并成交了一些重要交易,比如收购了一家大型美国航运公司。20世纪30年代末,欧洲爆发了战争,但与怀南特及许多华尔街同事不同的是,他是一名坚定的孤立主义者。因为亲身经历了"一战"的杀戮,他痛恨再遭受另一场战争,并认为美国应该尽可能远离战争。

但当美国参战后,41岁的希契科克主动提出在美国陆军航空部队参谋长哈普·阿诺德将军手下担任战斗机飞行员。虽然他名气很大,"认识的人很多",但航空部队拒绝了他,称他可以在华盛顿做任何喜欢的案头工作,年纪太大不适合再参加作战飞行。

希契科克感到既恼怒又沮丧,而此时回到华盛顿与罗斯福会面的吉尔伯特·怀南特为他解了困。怀南特说,如果他不能参加飞行,为何不到伦敦担任美国驻英国大使馆副武官,以此身份充当美国第八航空军与英国皇家空军战斗机司令部之间的联络人?如此一来,他至少可以待在有实际战斗的地方,而不会陷入华盛顿官僚政治的争斗中。另外,如果他能够说服这两国空军部队进行有效的合作,那么,他就是在服务国家。希契科克毫不犹豫地接受了这项工作。

1942年春末，当汤米·希契科克到达伦敦，他发现曾经属于战斗机和飞行员的光辉岁月已经一去不复返了。两年前，依靠数百架英勇的小型飓风式和喷火式战斗机，不列颠之战取得胜利，英国被拯救了。而如今，盟军对德国采取空中进攻行动主要依靠重型轰炸机——美国的"空中堡垒"（B-17）和"解放者"（B-24）以及英国的"惠灵顿"和"兰开斯特"。

　　"二战"开始前，两国空军领导人就一致认为战略轰炸——通过摧毁敌方的工业基地、通讯设施和平民士气来抑制其发动战争的能力——能够不战而胜，从而阻止地面战斗，挽救数十万甚至数百万条性命。由于对第一次世界大战中在法国的血战记忆犹新，这个理论深受英美两国政府领导人和人民的支持。温斯顿·丘吉尔宣称："有一个办法能打倒希特勒，那就是，通过重型轰炸机从这个国家直接对纳粹巢穴进行毁灭性、地毯式的轰炸。"

　　1940年春季，英国皇家空军的轰炸机开始对德国的工业中心鲁尔区和莱茵兰区的工厂和其他目标进行轰炸。但白天突袭行动基本没达到英国皇家空军的宏伟预想：轰炸没有造成严重的损坏，而飞机和机组成员却损失惨重。为了降低损失，轰炸机司令部又采取夜晚突袭，但这样无法对工业目标进行精准轰炸。在摧毁敌方工业力量的努力付之东流后，英国皇家空军又改变了战略：他们将轰炸德国城市，主要目的在于瓦解平民士气。虽然丘吉尔之前宣称，英国不会蓄意轰炸非战斗人员，但由于没有找到直接攻击德国的其他方法，他不得已批准了英国皇家空军的这个非常有争议的新方法。

　　哈普·阿诺德和同僚密切关注着英国狼狈不堪的轰炸努力，并一致认为，美国的先进技术和飞机能够让他们完成英国皇家空军没有达到的目标。在这个过程中，美国空军希望证明自己一直相信的事实：重型轰炸机的空中威力远胜于其他任何武装力量。

　　与陆军和海军同僚不同，阿诺德及其部下是处于初创期美国的空军的真正先锋。自奥维尔·莱特与威尔伯·莱特在北卡罗来纳州基蒂霍克沙滩上进行首次飞机试飞，已经38年过去了。阿诺德本人参加过莱特兄弟的飞行讲座，并成为美国首批四名军事飞行员之一。他的参谋长卡尔·图伊·斯帕茨将军曾于第一次世界大战中在法国作战飞行,那是飞机投入使用的首次重要战役。当时羽翼未丰的美国航空队隶属于陆军,在"一战"中发挥的作用较小。当1938年阿诺德成为航空部队指挥官时,它仍处在陆军的控制下。

虽然在乔治·马歇尔的授权下,阿诺德享有高度自治,并被看作美国参谋长联席会议以及美英联合参谋部的正式成员,但他仍通过不懈的努力来证明自己对国家的杰出服务,因而为航空队赢得了正式独立,并与陆军和海军享有平等的地位和权力。阿诺德性格急躁,经常对部下大发雷霆、严厉指责。一位上校在接受阿诺德的训斥时,突发严重心脏病,并在他面前晕倒、死亡;在战争结束前,阿诺德本人的心脏病也发作过四次。

当英国所作的精确轰炸努力前功尽弃后,阿诺德及部下为自己的轰炸机发现了一个绝佳机会,这主要归功于称之为诺顿轰炸机瞄准器的革命性的技术发展。轰炸机瞄准器是一个极其精密的设备,据称可以让B-17和B-24投弹手从20000英尺或更高的高空准确无误地击中目标。根据美国航空部队高官得出的理论,轰炸机,尤其是坚固的、全副武装的"空中堡垒"将势不可当,其飞行高度和速度将躲过敌方战斗机以及地面炮手的有效反击。这样的话,轰炸机在往返飞行过程中就不需要远程护航战斗机的掩护。"我们放弃了研制远程护航飞机的想法,"阿诺德的副手劳伦斯·S. 库特(Laurence S. Kuter)将军在战后说,"我们势不可当,我们的轰炸机所向无敌。"

美国航空部队高官深信他们的理论行之有效,因此在欧洲上空投入使用这些轰炸机之前,没有对其进行严格测试,也没有考虑过实际作战情况。例如,轰炸试飞实验是在亚利桑那州干燥无云的条件下进行的,飞行员拥有一览无余的视线,拥有充足的时间来进行使用诺顿轰炸机瞄准器所必需的复杂数学计算,并且没有敌方炮火的干扰。位于华盛顿的航空部队总部人员完全没考虑到,北欧上空的天气和亚利桑那州完全不同——欧洲大陆一年中大部分时间都被乌云笼罩,因而几乎不可能实现目视轰炸,尤其是高空目视轰炸。而且,他们不承认德国具备相当顶尖的技术,他们认为德国空军无法提前侦测到敌方轰炸机的靠近，因而不会出动大量战斗机前来拦截。

对美国的轰炸机长官来说，"重要的是……证明这项理论，使其在公共意识中拥有立足之地，"哈里森·索尔兹伯里后来写道，"但如果付出的代价是牺牲许多年轻、优秀士兵的性命，反而未能有效地打击纳粹德国的作战能力，那就真的太糟糕了。"

事实证明，阿诺德及部下提出的几乎所有重大理论都经不起考验。当理论被付诸实际行动后，产生了第二次世界大战中耗时最久的战役。索尔兹伯里说，数万名年轻的美国机组成员因此送命，还有许多严重受伤——"棋子，"据某位官方航空历史学家说，"拿陆军航空部队的性命做这项伟大的试验。"

1942年2月4日，珍珠港遇袭后的一个多月，美国陆军航空队的七名官员从华盛顿启程来到伦敦，开始着手一项艰巨的任务：在英国领土上建立崭新的、独立的美国空军。虽然美国工业最终被动员来建造大量轰炸机和战斗机，但当时仅有一小部分完成生产，训练有素的飞行员和机组成员也少得可怜。哈普·阿诺德的计划员们对他说，要想航空队拥有足够的飞机和航空兵对德占欧洲的目标发动全面轰炸行动，需要一年以上的时间。但眼看日本在亚洲和太平洋战场肆虐横行、德国在中东和苏联即将取得胜利，美国已经按捺不住了。阿诺德说："看起来盟军要输了。"

由于美国不可能在近期派出地面部队投入战斗，罗斯福同意把美国轰炸机派到英国，对德国进行空袭行动。在阿诺德看来，在英国的这项新的空中行动中，美国第八航空队必须尽快显露光芒，从而在很大程度上阻止丘吉尔说服罗斯福总统由英国皇家空军接管美国轰炸机。从一开始，英国就反对美国第八航空队独立存在，希望把他们纳入英国皇家空军，或者让美国的重型轰炸机加入自己的夜晚突袭行动。阿诺德及其幕僚对英国的这两个想法厌恶至极，争论说，如果美国飞机要驻扎在英国，那么就必须由美军指挥下的美国飞行员来执行飞行行动。

为了突出驻扎在英国的美国航空队的重要性，阿诺德任命自己的参谋长兼挚友图伊·斯帕茨担任美国第八航空队的首位指挥官。而掌管美国第八航空队轰炸机司令部的艾拉·埃克（Ira Eaker）准将，一位说话温和但野心勃勃的得克萨斯人，将担任于 2 月派到英国的先锋部队的指挥官。但令许多人惊讶不已的是，埃克很快与英国皇家空军轰炸机司令部颇有争议的首领阿瑟·哈里斯（Arthur Harris，外号"轰炸机"）中将形成了亲密关系。当埃克刚到英国时，哈里斯热情地欢迎了他，与他分享情报和作战行动，帮助他在自己的司令部发现合适的职位，甚至还邀请他到自己家做客。但是，他们如胶似漆的同志情谊表象之下蕴藏着激烈的竞争：埃克坚信白天轰炸才是最佳方式，而哈里斯却认为美国人的白天轰炸行动必将失败，将被迫加入英国的夜晚轰炸行动。

决心避免失败的结局，埃克的上级图伊·斯帕茨展开了八面玲珑的公关活动，为美国第八航空队歌功颂德。据哈里森·索尔兹伯里回忆，这个活动迅速发展成了一个"情绪高涨的组织……拥有雄心壮志的运营者，并得到来自华盛顿的同样雄心勃勃的官员们的支持"。美国第八航空队公关办公室成员由曾经的报纸记者和编辑、宣传代理人和广告总监组成，其中一位是特克斯·麦克拉里（Tex McCrary），他毕业于格罗顿中学和耶鲁大学，曾任《纽约每日镜报》的专栏作家。战时伦敦的一位《星条旗》报纸记者安迪·鲁尼（Andy Rooney），称麦克拉里是"有史以来最伟大的公关专家和行骗高手之一"。

斯帕茨和埃克以及美国第八航空队其他高官们从上到下、竭尽全力地推动这项事业——与重要的英国官员吃喝玩乐，拜访美国人；发布大量新闻稿，歌颂第八航空队偶尔取得的成功；甚至在战争后期，给罗斯福和丘吉尔寄送照片簿——这些照片记录着美国轰炸所造成的毁坏场景。他们认为必须通过这些努力来抵制英国空军对主导权日益牢固的掌控趋势。

1942 年 5 月 30 日，英国皇家空军派出 1000 架轰炸机袭击德国科隆市。而阿诺德和斯帕茨认为这一行动纯属宣传计谋，故意彰显英国空中力量的压倒性优势，以便丘吉尔更有力地劝说罗斯福把美国飞机的控制权交与他。到那年夏末，在英国的美国轰炸机不足 100 架，配备的机组成员要么经验不足、要么缺乏训练，但由于受到来自华盛顿的要求，美国航空兵参加作战的巨大压力增加，B-17轰炸机开始对位于法国和荷兰的德国工业目标进行短程飞行突击。

和在北非的美国部队一样，美国航空兵在与敌方的首次较量之前也显得胸有成竹。其中一名航空兵回忆："我们以为自己是超人。"然而，他们的信心很快就遭到了打击——无数德国战斗机在他们的轰炸机编队周围到处乱窜，从各个角度、各个方向攻击他们。为了让家乡的美国人感知密集编组的B-17轰炸机在敌方袭击下的飞行感觉，特克斯·麦克拉里运用了一个形象的比喻："你开着成群结队的24辆50吨大卡车中的一辆，以每小时275英里的速度在百老汇大街上狂飙，而纽约的所有警力都拿着冲锋枪对着你扫射。"

那些早期空袭行动都是无用的"自杀式任务"，一名美国飞行员说："大家对作战一无所知，时间紧迫，我们国家的战争来得太快。"惊慌失措的美国炮手狂扫乱射，他们击中的美国轰炸机和战斗机的数量比击中敌方的还多；领航员无法寻找到目标，任务结束后，一些领航员甚至都无法定位自己在英国的基地。美国在法国上空实施的轰炸行动中出现的错误"非常严重并重复发生"，一份官方报告中写道："除非我们能大幅度减少这些错误，否则诺顿轰炸机瞄准器的绝佳优势很难发挥出来。"

然而，行动的失败却处于严格保密状态。美国第八航空队宣传员告知记者突袭行动大获全胜，并"对纳粹战斗机的损失，以及我方轰炸机对德国目标的击中数量进行了严重夸大报告"，一名资深美国领航员数年后回忆说。整个"二战"期间，美英两国的空中行动都出现了夸大轰炸效果的情况。

尽管早期行动的结果令人大失所望，并损失了大量飞机，阿诺德却要求发动更多、更大规模的空袭行动。随着美国轰炸机不断深入敌占区，并最终在没有远程战斗机的保护下穿透德国，他们的损失也迅猛增长。纳粹德国的防御能力比美国计划员设想的情况，无论是规模或是火力都强大得多。事实证明，德国的防空炮射击精准无误，战斗机的威力巨大。鉴于盟军对德国重要工业中心进行猛烈袭击，德国空军领导人从俄国前线转移过来数百精英飞行员和战斗机来保护德国。阿诺德及部下的理论——敌方飞机和地面火炮手无法阻止高空飞行、全副武装的 B-17 轰炸机——最终证明是代价惨重的幻想。

美国第八航空队的飞行员和机组成员不久就意识到,他们来到英国接受的是这场战争中最危险的一项工作。美国陆军航空队,尤其是第八航空队的伤亡概率,比美国陆军或海军的伤亡概率都要高得多。一般而言,一名机组成员完成正常服役期——25 次任务的概率小于四分之一,而美国第八航空队在头 10 个月的行动中,损失了 188 架重型轰炸机以及大约 1900 名机组成员伤亡,而这一数据在之后的一年半里急剧增加。到战争结束时,美国在欧洲的空中行动造成的死亡人数更多——26000 人——比太平洋战场,整个美军海军陆战队在持久战中所造成的死亡人数还要多。"那个时候在第八航空队飞行,"哈里森·索尔兹伯里回忆说,"相当于手握着自己坟墓的通行证。"

空中战斗的惨烈不只是由于德国的凶猛防御。在战争早期,华盛顿的航空部队高官一直强调高空飞行的优势,完全没有意识到恶劣的气候状况对机组成员的杀伤力比梅塞施密特战斗机或福克-沃尔夫战斗机更甚。美国第八航空队军医长马尔科姆·格罗(Malcolm Grow)医生评论说:"显然,他们在飞行行动前没有想到一些小事情。"所谓的小事情包括可能在几分钟内导致昏迷和死亡的缺氧,数小时暴露在零下五六十摄氏度的低温下而导致的大量冻伤。到 1944 年初,因冻伤住院的航空兵比因战伤住院的人还多。

随着战争的继续,"轰炸机基地简直惨不忍睹,"安迪·鲁尼回忆说,"死亡随时来袭。"在知道自己逃避受伤或死亡的可能性微乎其微后,大量的飞行员和航空兵感到身心俱疲,处于崩溃边缘。"随着对敌方空域展开更深入的突袭,伤亡人数直线飙升,然而基地没有替补航空兵,所以他们开始感到绝望,"历史学家唐纳德·米勒(Donald Miller)写道,"许多航空兵对自己的祖国开始产生矛盾思想:愿意为祖国而战,但又感觉被祖国抛弃了。"

虽然盟军航空兵的压力与日俱增,但轰炸行动却持续增加。1943 年 1 月,在卡萨布兰卡会议上,罗斯福和丘吉尔批准了"冲拳行动"——在跨海峡进攻行动前对德国的航空业发动全面空中进攻。为了增加其对欧洲大陆攻击行动的胜率，盟军必须在空中战斗中取得绝对优势。领导者们认为，为了做到这一点，盟军飞机不仅要消灭德国空军现存的飞机，还要摧毁德国的飞机生产设施。

四个月后，大量美国飞机和机组成员开始陆续到达英国。按照最高指挥官的决定，美国航空兵要在仅仅一年多的时间里实现这个惊人的目标。清楚地认识到丘吉尔会进一步对罗斯福要求让美国参加夜晚轰炸行动，埃克坚持主张白天轰炸能够顺利完成任务，他已接替图伊·斯帕茨成为美国第八航空队的指挥官。

埃克和哈里斯都承诺说，在盟军登陆法国前，德国飞机将全部从空中清除完毕。哈普·阿诺德对美国第八航空队的指挥官们命令道："我对你们的要求是，必须摧毁敌方的所有空军力量，不管他们在空中、在地面，还是在工厂。"

在美国第八航空队轰炸机飞行员看来，在没有远程护航飞机的保护下进行飞行作战根本没有胜算。在阿诺德和其他高官认识到这一事实前，德国空军将继续主导欧洲的空域，且盟军航空兵的损失将成倍增长。然而航空队指挥官及其部下们拒绝认清这一事实。就在那时，汤米·希契科克加入了进来。

作为副武官，希契科克被派到美国驻英大使馆，而非第八航空队龙精虎猛般的总部。他的处事风格与第八航空队的领导者们大相径庭，他认为与英国皇家空军合作并向其学习至关重要，而不应该与其对立竞争。因为英军拥有飞行战斗机的经验，希契科克认为英国的战斗机作战策略和训练方式，以及他们在战斗机的设计和制作的许多方面都优胜于美国。"那个时候，如果对美国人说'英国作战经验……'不管什么观点都会被扼杀，"希契科克的朋友特克斯·麦克拉里在战争后期写道，"如果某个观点是英国的，那么美国内部就已经对其产生了两轮抵制行为。而汤米与之相反，如果某种观点在英国作战实验室测试通过，那么希契科克就认为这个观点正确。因为他知道那里的空中作战最顽强，他们能够幸存下来一定有其道理。"

吉尔伯特·怀南特也持同样的看法，数月来他一直游说美国军事当权者关注英国航空技术和设计的新发展。"自从我来到这儿，我一直尽我所能地确保美国飞行员能享受到英国凭借经验所发现的提高飞机性能的至关重要的技术，"1942年1月，怀南特在给罗斯福的信中写道，"尽管我做了这些努力，但事实仍然是，我们的生产线在吸纳英国最新的设计变更方面，仍有不必要的时间延迟情况。"罗斯福把怀南特的信交给哈普·阿诺德，但阿诺德立即拒绝了大使的意见。

希契科克到达英国后不久，便来到距离剑桥市几英里的达克斯福德参观英国皇家空军的研发设施。他主要来观察一架有望成功的新型战斗机的性能测试，这架战斗机由美国公司生产但仅供英国使用。P-51"野马"战斗机是曾设计出梅塞施密特战斗机的某个德国流亡者的智慧结晶，它由加利福尼亚州的北美航空公司为英国皇家空军而造，是一架低空作战型战斗轰炸机。

试飞刚开始，英国皇家空军便知道这架战斗机与众不同。"野马"拥有流线型机身，飞行速度比喷火式战斗机更快、航程更远，并且适合中低空飞行，俯冲更敏捷。一名观察员说，它是"空中最简洁、最棒的飞机"。"野马"的试飞员和参观试飞的其他人认为，如果将其动力不足的美国发动机换成由英国罗尔斯·罗伊斯公司制造的高性能梅林发动机，那么它的性能将更上一层楼。

英国皇家空军开发官员们同意将"野马"的机身与梅林发动机相结合，希契科克被这一结合深深震撼了。他意识到，用历史学家唐纳德·米勒的话说，这架飞机是"轰炸机黑手党宣称不可能建造的战斗机，它和轰炸机一样飞行得又快又远，但又不乏战斗特征"。在写给华盛顿航空队总部的一份简报中，希契科克主张将它改造成高空战斗机，并预言它与梅林发动机的结合将"诞生西部战线最出色的战斗机"。

但希契科克的上级并不为之所动。在他们眼中，"野马"属于英国，因此认为它不足为道，尽管它是由美国公司所生产。希契科克说："'野马'

是其英国父亲和美国母亲相结合的产物，因此在美国航空队中没人……欣赏、发掘其优秀品质。"面对顽固的官僚主义，希契科克并未放弃。1942年夏秋季，他努力为混合改良版"野马"寻求支持——寄送大量展示"野马"优秀试验性能的数据到华盛顿；在其雅致的伦敦公寓中举办豪华晚宴，借机游说英国皇家空军和美国第八航空队高官们；拜访来自罗斯福政府的高官显贵，他甚至亲自对"野马"进行了旋转试飞，但他的试飞在很大程度上是因为被侄子埃夫里尔·克拉克（Averell Clark）所刺激。克拉克是美国陆军航空队的战斗机飞行员，在美国参战前曾在英国皇家空军的神鹰突击队参加飞行。他和叔叔一同站在达克斯福德的飞机场观看试飞，并大叫道："快看，汤米叔叔，你最好别飞这架飞机。它只有这个试飞员一人试飞过。"对侄子怒目而视的希契科克吼道："哦，去他的，"然后走向"野马"，登上飞机起飞了。"他当时做得很对，"数年后克拉克说，"那主要是他的主意。"

怀南特成了希契科克实施"野马"计划的合伙人，他们俩都曾在第一次世界大战中担任飞行员，他们不断给罗斯福、哈里·霍普金斯和其他政府官员发送电报和简报，强调这架战斗机在远程护航方面的潜力。据政治专员西奥多·阿基利斯（Theodore Achilles）说，怀南特对能为"野马"计划扫除障碍的那些人表现出了"咄咄逼人"的态势。让怀南特对希契科克的计划产生浓厚兴趣的，除了自己的战斗机飞行经历，还有一个原因就是，这位大使的长子约翰在前一年刚刚从普林斯顿大学退学，加入了美国航空队。这位小约翰·怀南特目前正在接受B-17轰炸机飞行训练，并很快就会来到英国加入美国第八航空队——是将在"冲拳行动"中面临德国猛烈防御的众多美国青年之一。

1942年11月，希契科克亲自飞往华盛顿就推进"野马"一事与哈普·阿诺德据理力争。"像'途径'和'不行'之类单词的发音，他有时候不能分辨开来，"希契科克的传记作者小尼尔森·W. 奥尔德里奇（Nelson W. Aldrich Jr.）说，"所以他打算勇往直前。"尽管希契科克煞费苦心地游说，但阿诺德对"野马"却意兴阑珊。于是，他向阿诺德的政府上级，战争部副部长罗伯特·洛维特（Robert Lovett）求助。他俩在第一次世界大战时便成为朋友，当希契科克加入法国的飞行队时，洛维特先后是英国皇家海军航空队和美国陆军航空队的一名飞行员。所以副部长无须别人来说服他相信罗尔斯·罗伊斯公司制造的发动机的质量——他在"一战"中飞行过装备此发动机的英国飞机。于是在亲自作了大量研究后，他同意希契科克的主张，要求美国航空队必须尽快接纳"野马"作为轰炸机的远程护航飞机，并敦促阿诺德立即关注此事。

在战争部的洛维特和其他人的步步紧逼下，阿诺德无奈屈服，因此订购了首批2200架称之为P-51B的改良版"野马"战斗机。此订单本应放在首要位置，但生产却延迟了，而阿诺德也无意催促。"他嘴上说束手无策，"洛维特说，"他说我们仅仅需要'空中堡垒'……几乎没有战斗机能与之并驾齐驱。"但洛维特接着说："梅塞施密特战斗机完全能与之匹敌。"

由于阿诺德鲜有作为，希契科克肩负起这项生产计划负责人的责任，并于1943年初不断飞往"野马"的生产工厂，以确保生产能够尽快完成。尽管他积极斡旋，但直到1944年1月，首批P-51B战斗机才运达英国。它们的出现促成了诺曼底登陆的成功，但却没来得及帮助小约翰·怀南特以及数千名其他美国机组成员，1943年夏秋季，他们在没有护航飞机的保护下径直飞入了德国的魔掌。

到1943年7月"冲拳行动"开始之时，美国第八航空队拥有10万多名航空兵和1500多架轰炸机。虽然阵容强大，但在消灭德国航空业孤注一掷的行动中，他们也损失了大量的航空兵和飞机。"冲拳行动"，官方称之为联合轰炸进攻行动，是一项英美轰炸机夜以继日地轰炸德国重要目标的联合行动。而事实上，美国人与阿瑟·哈里斯之间几乎没有合作。虽然口头上支持"冲拳行动"，阿瑟·哈里斯并未改变其轰炸德国城市的战略。用历史学家迈克尔·谢里（Michael Sherry）的话来说，哈里斯的行动"似乎漫无目的，尽管轰炸造成了大量毁坏，但在时间和空间上都过于分散，以至于对敌方的士气和生产能力都未产生致命的打击"。

美国的努力也鲜见成效。那年夏秋季，两国空军对德国心脏地带投掷的炸弹数量创历史纪录，但造成的实质影响却微乎其微，而两国空军地面和空中遭受的损失令人震惊。在"冲拳行动"的第一周，美国第八航空队损失了97架"空中堡垒"以及将近1000名机组成员——此次行动力量的10%。

迫切需要证明白天轰炸行之有效的哈普·阿诺德勃然大怒，他指责埃克和部下因为害怕更严重的损失而未派出足够的轰炸机。美国第八航空队的最高指挥部认为，远在华盛顿象牙塔中的阿诺德，根本不知道全面空中战斗所造成的巨大身体和心理代价。埃克的一名副官说："阿诺德将军和埃克将军似乎把更多的时间都花在了相互内斗上，而非战胜德国上。"

8月中旬，在阿诺德的强烈要求下，埃克发动了到那时为止，美国规模最大的一次空袭——出动500架轰炸机袭击位于施韦因富特的坚不可摧的工厂以及位于雷根斯堡的梅塞施密特战斗机装备厂。这两座城市都深处德国腹地，那就意味着，美国轰炸机必须在没有护航飞机的保护下飞行数小时才能到达目的地，而在那里，德国空军部署着一些令人毛骨悚然的防空工事。阿诺德及其下属们相信，虽是以卵击石，但这项双重任务足以让德国空军一蹶不振。美国第八航空队第305轰炸小组的指挥官柯蒂斯·勒梅（Curtis LeMay）少校说，华盛顿的高官们正在努力"寻找赢得欧洲战场胜利的简单方式，那就好比是寻求青春之泉——根本没有这种事"。

无疑，这两项任务一点都不简单。数百架德国空军战斗机——美国当时见过的最强大的防空力量——早在到达目标之前就开始攻击他们。在他们的强大火力下，大量美国轰炸机被击落。在出动的超过475架美国轰炸机中，仅有300多架到达了目的地，60架飞机被击落，接近600名航空兵丧生。一半飞机设法返回了基地，但都严重受损，其中一架就是由小约翰·怀南特中尉驾驶。

小尼尔森·奥尔德里奇写道，这相当于"美国第八航空队的凡尔登战役，航空兵处于暴动的边缘,拒绝在没有护航飞机的保护下飞往德国……的目标"。

虽然损失触目惊心,但美国第八航空队的指挥官们自我安慰地认为,他们的轰炸机已严重摧毁了德国的航空业。一位将军欢欣鼓舞地说,雷根斯堡"已经从地图上抹去了"。而事实与之相去甚远,梅塞施密特战斗机装备厂的确遭到了损毁,但在数周内就已经修复并重新开工。而在施韦因富特市,大约三分之一的炸弹都未击中目标,反而落到了居民区,导致两百名平民丧生。而被炸弹击中的那些坚不可摧的工厂几乎没有受损,仅仅造成了暂时性的生产减缓。关于雷根斯堡－施韦因富特空袭,希特勒的战争生产部长阿尔贝特·施佩尔(Albert Speer)在回忆录中写道,德国躲过了"一场空前的灾难"。

"冲拳行动"的夏季任务结束之际,美国第八航空队努力弥补人员和装备损失。尽管进攻付出了惨重代价,但行动却丝毫没有松懈。因为德国仍是欧洲空域的主导力量,所以绞肉机似的空袭必须继续。9月6日,45架"空中堡垒"轰炸机在德国斯图加特市上空被击毁。10月8日至9日,58架"空中堡垒"在对德国不来梅、马林堡和安克拉姆的空袭中被击落。10日,轰炸目标是德国西部古城明斯特。德国针对雷根斯堡－施韦因富特空袭所进行的战斗机防御已然固若金汤,而对明斯特的防御战斗更加激烈凶猛。大约两百架战斗机一波接一波地对着"空中堡垒"迎头而上,致使"空中堡垒"七零八落地飘散在空中——这是"德国对美国轰炸机所作出的最大规模的战斗机防御"。一名飞行员说,许多机组成员被迫跳伞,看起来就像是空降部队入侵一般。在那个惨淡的秋日,从英国出动的275架B-17轰炸机中,30架没有返回,其中一架就是由小约翰·怀南特驾驶,那是他参加的第13次轰炸任务。

当天晚上,美国航空队当局打电话告知了吉尔伯特·怀南特这一消息:他22岁的儿子驾机从明斯特返回途中被击落,现下落不明。据目击者称,小约翰·怀南特所驾驶的轰炸机被三架德国战斗机袭击后坠毁。但此次任务中驾驶领航机的飞行员透露了一线希望:他告诉大使,在那架B-17轰炸机被击落的前一刻,他看见飞机下出现了几个降落伞。但这名飞行员和其他目击者也目睹了德国战斗机向降落伞开火,所以没人知道他们是否幸存下来了。

在不知儿子是生是死的情况下，怀南特度过了极度痛苦的五周。在这期间，他收到了来自美国和英国各地的数百封吊唁信，其中许多是来自高官权贵，比如富兰克林·罗斯福与埃莉诺·罗斯福夫妇、温斯顿·丘吉尔与克莱门蒂娜·丘吉尔夫妇、安东尼·伊登、比弗布鲁克勋爵和哈里·霍普金斯，但更多的是来自普通民众。《每日快报》在头版新闻中写道，当英国人听说怀南特的儿子失踪后，他们感到"深切悲伤"。"自从怀南特先生上任以来，英国人民就对他产生了特殊的感情，不仅因为他是美国大使，更是因为他的人格，"《每日快报》接着说，他"激发了我们的情感共鸣"。

11月11日，怀南特收到了他一直盼望的消息：小约翰还活着，但被德国俘虏了。大使惴惴不安之心刚刚放松，又开始感到深切的忧虑，因为他知道，若德国战败，他的儿子和其他几名赫赫有名的盟军战俘将成为理所当然的人质。德国人称这些重要战俘为"名流"，包括温斯顿·丘吉尔的侄子、英国国王和王后的亲戚。战争快结束时，他们都将被隔绝关押在科尔迪茨——莱比锡附近的一座险要的中世纪堡垒改造成的守卫森严的监狱。德国人从未明确指示将如何处置小约翰·怀南特和其他"名流"战俘，但英国战争办公室担忧，如果盟军胜券在握，这些人质可能被当作谈判筹码，也可能被就地处决，作为对盟军的报复。

在明斯特空袭三个月后的一个乌云密布的雨天，德国腹地上空首次出现了空中主导权开始转变的迹象。就像蹲在老鼠洞外的猫，一群敌方战斗机开始扑向似乎很容易得手的猎物——一队B-17轰炸机正飞向位于柏林以西几十英里的福克－沃尔夫飞机制造厂。但在那个冰冷潮湿的早晨，老鼠也准备了惊喜。盟军的一架流线型战斗机——P-51B"野马"——突如其来地穿过一群福克－沃尔夫战斗机，并击落其中两架。福克－沃尔夫战斗机的飞行员们对此瞠目结舌——盟军战斗机从未在德国境内挑衅过德国空军。

由詹姆斯·霍华德（James Howard）少校驾驶的这架"野马"战斗机，在空中或快速闪身，或急速掉头，时而俯冲，时而攀升，对福克沃尔夫战斗机进行了半个多小时的疯狂攻击。虽然配置在"野马"战斗机上的四把机枪中的三把都已弹尽，但霍华德并没有停止攻击，直到燃油不足才被迫返回英国基地。他宣称击中了两架敌机，但目睹了这场雷厉风行般攻击的几名"空中堡垒"机组成员却坚持说他至少击落了六架敌机。在1月11日那天的任务中，盟军一共损失了60架轰炸机，但在霍华德保护下的那一轰炸机编队一架都没被击落，之后，他因单枪匹马的杰出战斗赢得了荣誉勋章。

霍华德驾驶的那架飞机，属于保护B-17轰炸机进行轰炸任务的"野马"护航战斗机小组，它是第一批参加实际作战行动的新型混合改良版远程护航战斗机中的一架。其他"野马"战斗机在层层乌云中散落各处，只有霍华德与敌机进行了较量。"只有我来保护他们了，"他后来说，"每架轰炸机中都有10名机组成员，没有其他人能保护他们了。"

对美国第八航空队来说，霍华德的表现及其飞机的性能，在黑暗的天空划破了一道曙光。哈普·阿诺德承认说，"野马"出现得"正是时候，在千钧一发之际从德国手中挽救了我们"。在对机身进行了改造并增加了副油箱后，"野马"现在拥有B-17或B-24轰炸机的航程，飞行速度可达每小时400多英里，飞行高度可达30000多英尺。

前一年夏季进行的雷根斯堡－施韦因富特空袭任务最终改变了阿诺德的想法，认为有必要为美国轰炸机提供远程战斗机护航。后来，阿诺德承认说，没有尽早把"野马"投入使用是"美国航空队的错误"。"P-51战斗机的故事，"美国陆军航空队战时官方记载揭示，"几乎代表了第二次世界大战中美国陆军航空队所犯下的最严重的错误。"美国陆军航空队官史作者唐纳德·米勒则更加犀利地说，美国陆军航空队对"野马"的长时间抵制是"美国空军史上最恶劣的错误之一"。

但是，从阿诺德承认需要"野马"开始到"野马"大量运达英国，又过了关键的五个月。在这期间，美国第八航空队对德国的深入空袭丝毫没有懈怠，随之而来的死伤情况也持续加重。例如，在10月对施韦因富特进行的第二次空袭中，损失了77架轰炸机，其中17架是在返回英国基地途中坠毁。这次任务出动的229架飞机中，只有33架安全着陆。眼看距离登陆法国行动只剩几个月，美国轰炸机司令部强硬派新首领弗雷德里克·安德森将军——帕梅拉·丘吉尔偶尔的情夫——对阿诺德说，美国第八航空队将"不惜任何代价"发动进攻。在某次空袭任务前，一名副官反对他派出B-24轰炸机作战，强调说B-24不能和B-17轰炸机飞得一样高，并大呼道："天啊，机组成员会命丧其中。"安德森冷眼以对，回复说："那又如何？"

1944年初，首批"野马"战斗机运达英国，而与此同时，詹姆斯·杜立德（James Doolittle）将军受命接管美国第八航空队——在1942年4月美国对东京实施的那场著名的空袭行动中，他曾担任指挥官。在杜立德看来，争夺空中主导权的关键武器并不是重型轰炸机，而是盟军的战斗机，因为重型轰炸机未能阻止德国的飞机生产。他命令盟军护航战斗机主动进攻，在德国空军战斗机接近盟军轰炸机前就将其拦截，并在返回途中低空扫射地面目标，而不是紧跟轰炸机近距离飞行以保护其不受袭击。而且，不同的战斗机有不同的分工。在轰炸机从英国往返欧洲途中，由喷火式战斗机保护它们；P-47"雷电"和P-38"闪电"战斗机保护它们飞往德国边界；而新型P-51"野马"高空战斗机在它们往返轰炸目标途中进行保护。到3月，轰炸目标将扩大到慕尼黑和柏林。

从2月一直到诺曼底登陆战前夕，轰炸机基本被用作诱饵，诱使敌方战斗机投入战斗，以便"野马"摧毁它们。在随后进行的一系列残酷空袭中，损失的飞机和机组成员数量不断飙升创纪录新高。1942年，在华盛顿的美国航空队计划员预计，在整个"二战"中，损失的重型轰炸机将不超过300架，但在1944年初的某个星期就有226架轰炸机以及2000多名机组成员在德国上空被击落；在诺曼底登陆的前五个月中，2600多架轰炸机（以及980多架战斗机）被击落，10000多名机组成员丧生。

因此，轰炸机机组成员已然低落的士气更加一落千丈，精神崩溃的人数直线飙升，酗酒和吸毒事件频繁发生。某天晚上，当一名年轻飞行员出现在伦敦某个豪华酒店的酒吧内，美国航空队参谋官命令他离开。"上校，"飞行员怒吼道，"昨天中午，我在柏林上空作战，而你又在哪儿呢？"另一名航空兵说："酒是我们不堪忍受的生活的唯一慰藉。"

杜立德的战略代价惨重，但的确达到了他所希望的效果。1944年3月，盟军飞机，主要是"野马"战斗机，击落的敌机数量比1942年和1943年两年所击毁的总数量的两倍还多。当月，在一次轰炸柏林的空袭任务中，B-17轰炸机机组成员惊奇地发现竟然没有一架敌机来迎战。德国仍然拥有大量的战斗机，生产的战斗机数量创下新纪录。但问题是，自"野马"战斗机出现以后，数百名经验丰富的飞行员因其受伤或死亡，而德国没有替补人员。"消耗战已经到达最后致命阶段，"一位德国历史学家说，"勇气和技术都不起作用了。""二战"结束后，一名美国审讯员问德国空军总司令赫尔曼·戈林是什么时候意识到德国将战败的，他回答说："当你们的轰炸机首次由战斗机护航袭击汉诺威时，我就开始担忧；当你们的护航战斗机跟随着轰炸机空袭柏林时，我就知道一切都完了。"

诺曼底登陆战的前几周，盟军轰炸机在没有敌方战斗机的阻挡情况下，摧毁了法国和比利时北部的铁路交通网，从而切断了德国国防军的主要供应线和援军通道。1945年，德国最高统帅部总参谋长、陆军元帅威廉·凯特尔（Wilhelm Keitel）被俘虏，他告诉盟军官员，诺曼底登陆之所以成功主要是因为，"我们不能及时派遣后备力量……若非敌方空军在轰炸机和战斗机方面更胜一筹，导致我们的后援陆军师无法投入到战争中，我们绝对能够击退入侵者"。

在反攻欧洲前夕，艾森豪威尔将军对他的部队保证："如果你们发现上空有战斗机，这些战斗机一定是我们的。"艾森豪威尔说得没错，而这很大程度上归功于前马球明星希契科克及其捍卫的战斗机。

毫无疑问，在支持"野马"的许多人看来，如果不是汤米·希契科克的推动，美国陆军航空队不可能接纳这款飞机——最终成为"二战"中最出色、最著名的美国战斗机。"P-51B 战斗机项目能顺利通过，主要归功于汤米·希契科克，"罗伯特·洛维特说，"能做到这一点的人只可能是知识渊博的飞行员，他还必须具备使散乱人群团结一致、朝着共同方向前进的领导能力。"诺曼底登陆后不久，特克斯·麦克拉里写道："正是由于希契科克的坚忍、真诚和大智若愚，才促使这款飞机被各级批评者所接受，从而造就了现在的战斗机。"

但希契科克并没有满足于已有成就。他在美国积极推动 P-51 战斗机的加速生产，当 1943 年春季回到伦敦时，他对继续在大使馆担任副武官丧失了热情。"伦敦的生活，"他对妻子玛格丽特写道，"太过安逸，以至于让人感觉不像是准备发动战争的状态。"在推进"野马"的工作中，希契科克又被作战的欲望所驱使，他现在的梦想是驾驶他为之努力推进的飞机。"驾驶'野马'飞行作战，"他对朋友说，"就像打马球，只不过'野马'有机枪。"

在返回伦敦后不久，43 岁的希契科克抽空参加了英国皇家空军附属中央炮击学校的课程，在那里与至少比他小 20 岁的英国青年们一起，学会了如何驾驶喷火式战斗机和作战。他的大部分朋友和熟人都认为他想驾驶"野马"作战或者请命任飞行中队指挥官的梦想根本就是白日梦。但在 1943 年末，他被派往得克萨斯州阿比林的某个基地，担任第 408 战斗机中队的指挥官，然后再接受训练到欧洲参加作战。没人知道他是如何实现这一梦想的，因为沉默寡言的希契科克从未向别人解释过。

然而，梦想的确实现了。自从他在第一次世界大战中加入拉斐特飞行小队之后，没有任何事情比这项新任务带给他的满足感更强烈。"需要完成的工作千头万绪，"他给妻子的信中写道，"这个中队要在 90 天内做好作战准备……我不知道结果会怎样，一点也不知道。但是，这是我想要的工作，我必须尽力而为。"

然而，这项工作来得突然，失去得也突然。1944 年 2 月上旬，希契科克的战斗机中队被解散了，他手下的 36 名飞行员全被派到海外，或替补在行动中丧生的飞行员，或继续完成他们自己的服役期。希契科克本人也被任命为美国驻英第九战术空军司令部的副参谋长,在即将到来的登陆行动中,他们的战斗机将为地面部队提供直接战术支持。同样,解散战斗机中队的决定没有任何官方解释。

希契科克对自己的工作变动感到痛苦不已,在纽约与自己的妻子及四个孩子待了几天后他才返回英国。在家的最后一天,他的九岁的女儿佩吉对他说了再见,然后又从上学的路上返回再次向他道别。"我突然有种不好的预感,我可能再也见不到他了,"数年之后她说,"我记得自己跑回家里,看了最后一眼仍和我母亲坐在餐桌旁的父亲。当时我想,我一定要把他的模样铭记脑海,一辈子都不忘记他。"

返回英格兰后,希契科克掩藏了失望情绪,积极投入到第九战术空军司令部的新研发工作中。另外,他还把大量时间花在该司令部的飞行员身上,他们大多数刚刚从美国来到这里。"汤米·希契科克活力四射,对这些年轻飞行员产生了深刻的影响,而这并非是由于他的运动才能或名气,"第九战术空军司令部指挥官埃尔伍德·克萨达(Elwood Quesada,昵称皮特)中将说,"我们战斗机中队中的大部分飞行员都不知道,也不关心马球运动,他们对他产生了更深的敬意……他们很快就对他的基本品质、深刻见解表示赏识;他的飞行经验使他与他们产生了共鸣,他知道如何与他们交谈。"

"野马"的良好性能让希契科克非常满意,并迅速成为"二战"中的主力战斗机。而让希契科克感到格外开心的是,他的侄子——那时候正担任一个战斗机中队的队长——向他报告说,在"野马"参加飞行作战的第一个月,他的部下击落了160架敌机,而之前的11个月总共才击毁120架。希契科克给妻子的信中写道,埃夫里尔·克拉克的战斗机中队"自从使用'野马'战斗机后,可谓是大显身手了。他们现在是驻英美国战斗机中队中命中率最高的……他们深入德国,把德国飞机追赶得七零八落"。

然而,在1944年的最初几个月,对"野马"的担忧开始与日俱增:一些"野马"无缘无故地坠毁了。据克萨达说,它们"直接冲向地面。我们不知道原因,汤米也不知道。显然,我们不能使用有自毁倾向的战斗机"。作为研发负责人,希契科克有责任找出问题所在。他和技术顾问们一致认为，为了让"野马"能飞到柏林或更远航程而在其机身内新增的备用油箱，造成了飞机在俯冲作战时的不稳定。如果情况确实如此，那么飞行员在与敌方交战之前，必须尽可能地燃烧备用油箱中的燃料。

虽然希契科克所在的司令部有试飞员，他们的工作就是通过试飞来检验这样的假设，但希契科克坚持自己试飞。在 4 月某个阳光明媚的早上，他开车来到位于伦敦西南部索尔兹伯里市附近的研发站飞机场，登上了一架试验用"野马"战斗机，机身内驾驶座后的油箱安装到位。在他驾机飞向附近的一个轰炸练习场时，飞机却突然毫无征兆地从 15000 英尺的高空向下俯冲，速度越来越快，最终砸到地面坠毁了。顷刻间滚滚黑烟直冲上天，而希契科克的躯体就躺在不远处。

《纽约时报》在头版新闻中报道了希契科克的死讯，并写道，这个意外事故"几乎代表了现代美国生活中最英勇、最悲壮的一份事业"。吉尔伯特·怀南特把希契科克的死讯告知了他的家人，并在 11 天后给其遗孀写了一封长信。信中，大使对玛格丽特·希契科克说，正如在马球场上的表现一样，希契科克"在战争中无时无刻不努力争取胜利"。怀南特还写道：" '野马'实实在在地证明了汤米对战争胜利的贡献。没有'野马'，我们不可能在与德国的空战中获胜。"

第 16 章

跨越大洋并不意味着你们就是英雄

老英国今非昔比，

骇人军队震撼来袭。

他们并非德国兵，

而是该死的美国兵。

1944 年初，刚到伦敦担任艾森豪威尔部下的心理战分支负责人查尔斯·道格拉斯·杰克逊，写信告诉一位友人关于英国首都涌入大量美国人造成的摩肩接踵的情况。"伦敦的每一寸土地上都站着美国人，"杰克逊说，"而且，如果是在天黑后，那他们一定站都站不稳。"杰克逊的说法可能有点夸张，但在伦敦的某些地方，情况确实接近如此。

在前一年夏季，罗斯福和美国军事领导人最终说服英国，确定了反攻欧洲大陆的具体日期——1944 年 5 月 1 日。因此，不列颠群岛不仅成了诺曼底登陆行动的集结地，而且还是，用艾森豪威尔的话来说，"有史以来最棒的军事行动基地"。1943 年 5 月底，驻扎在英国的美国士兵人数是 13.3 万人；六个月后，人数变成 50 万人；再过六个月，人数达 165 万人。据一位英国历史学家说，自从 1066 年（11 世纪）诺曼人来到英国后，这次汇集大量美国人是英国最大规模的外国人涌入。"仿佛大西洋不存在了，"一名伦敦人写道，"广阔的美洲大陆似乎就在路的尽头。"

英美官员最初面临的难题是，如何将这些士兵安置在只有佐治亚州大小的岛屿上，但士兵人数却是佐治亚州居民的 20 多倍。东安格利亚区——英格兰东部的一个寂静郊区——受此冲击最大。由于地势平坦、靠近欧洲大陆，它成了规模急剧膨胀的美国第八陆军航空队的基地所在。到 1943 年夏季，这里建立了 66 个空军基地，驻扎了 20 万士兵。到诺曼底登陆行动开始时，此地区的美国空军基地两两之间平均仅相隔 8 英里，某些基地占地面积达 500 英亩，驻扎士兵达 3000 人。

和英国的大部分地区一样，东安格利亚区从未容纳过如此多的外国人。村庄的静谧突然被打破——数百名美国年轻官兵涌进当地的商店，开着吉普车和卡车穿过狭窄的街道，与女孩们眉目传情、暗送秋波，并喝光了当地酒吧所有的酒。美国人的大量涌入势不可当，对该地区的居民来说，却是令人痛苦的经历——而不久就会有更多的大不列颠人感同身受。

而英国首都的情况却有所不同。作为大英帝国的中心，伦敦在过去数个世纪见过太多的外国人。伦敦在"二战"爆发后成了欧洲事实上的首都，接纳了数万名欧洲大陆的流亡者。但即使是伦敦人，也被前两年战争中涌入到伦敦的庞大美国人数所震慑。

到 1944 年，美军征用了伦敦地区的数千栋大楼，从首都郊外的田庄到中心城区的公寓和办公大楼。单单安置美国士兵就占用了伦敦的 300 栋大楼，其中 24 家酒店改造成了军官的宿舍。时尚的格罗夫纳酒店的两层舞厅成了世界最大的军事餐厅，为美国各个军事总部的官员提供餐饮。这个容纳 1000 人的餐厅每天提供的膳食多达 6000 多份，因此也被戏称为威洛伦，威洛伦是位于底特律市外的福特公司旗下的一英里长的飞机装备厂。

格罗夫纳酒店距离格罗夫纳广场仅几个街区，这附近区域成了美国人在英国的战时活动中心。据一位英国作家说，这片区域已经"被美国占领了——彻底地鸠占鹊巢"。该广场附近几乎找不到一间没有被美国军事或政府行政机构所征用的房屋或办公室。专栏作家厄尼·派尔说,在某些街道,可以发现"英国人格格不入地站在那儿,仿佛自己身处内布拉斯加州的北普拉特市"。某天,当你看到美国人络绎不绝地从西伦敦的办公室进进出出,派尔说,你会发现伦敦的军事官僚和华盛顿一样到处泛滥,甚至有过之而无不及。

派尔是印第安纳州人,效力于斯克里普斯－霍华德报业公司。他对美国士兵几乎向一切移动的东西敬礼的行为感到好笑。"所有人都敬礼,"派尔写道,"少尉向其他少尉敬礼,数千人不停地上下挥动手臂,似乎他们都发疯了……在美国人常出现的一条短街上,人行道被迫单向通行,从而防止敬礼可能产生的交通事故。"由于上级要求他们对英国军人和其他盟国军人"表现出应有的敬意",美国士兵们几乎"向所有身穿制服之人敬礼……甚至可能包括门卫"。

格罗夫纳广场是美国士兵在伦敦的工作中心,皮卡迪利广场则是美国人所青睐的娱乐场所。数千名休假中的美国士兵和其他盟军士兵从早到晚漫游在这个被罗伯特·阿尔比布中士称之为"淫秽的、吵闹的蚁冢"的地方,其中一些人在寻觅餐厅和剧院,而大部分则是追求酒和女人。

自19世纪建成以后,皮卡迪利广场一直都是大英帝国最繁华的中心,这里的十字路口是伦敦最繁忙的交通中心之一。刚从印度或非洲返回的数年未归的殖民地官员和生意人在这里与朋友一起聚餐、喝酒或通宵达旦地玩耍。皮卡迪利广场聚集着各种餐厅、酒吧、音乐厅和剧院,相当于纽约时代广场。"二战"前,各种巨大标志牌上闪耀的电子灯光彩夺目地笼罩着这片区域。而1939年以后,这些电子灯全部熄灭,但即使在黑暗中,皮卡迪利广场仍然是伦敦最有活力、最有人气的地方,让这个城市成为,用唐纳德·米勒的话来说,"地球上最妙不可言的地方之一"。在经历了该区域的繁华夜生活后,一名美国上校对家人写信道:"除非亲自体验,不然你根本无法想象战时伦敦的宴饮交际盛况,我看到有人刚认识五分钟就立即成为好伙伴,这里是浪漫邂逅发生之地。"米勒说:"皮卡迪利广场周围的街道,拥挤得让人无法喘气……到处都是人潮涌动,他们寻找食物和朋友、酒和性。"

在描述英国首都涌现了大量嗜酒美国人的信中，查尔斯·道格拉斯·杰克逊总结说："我认为许多麻烦正在酝酿中。"（当然，杰克逊和阿特丽斯·伊登之间的情事便是其中一个麻烦。）吉尔伯特·怀南特也认为如此，因为他非常清楚数量庞大的美国人给英国人的生活造成了更大困难。据西奥多·阿基利斯说，大使非常担忧"美国士兵对英国人的反应，以及英国军人对美国军人的反应，因为来到大不列颠的美国兵的钱更多、制服更整洁"。于是，怀南特开始充当美国军事当权者和英国官员之间的调解人，尽可能地让大量涌入的美国军人与英国人和平相处。

1942年6月，艾森豪威尔到达伦敦，尽心尽力地和怀南特一同为之努力。和大使一样，艾森豪威尔将军担忧大量涌入的美国人对英国社会造成的物质和心理压力。"到英国的几乎所有美国士兵都自认为是享有特权的战士，他们解救英国于水深火热之中。因此他们期望受到同等待遇，"艾森豪威尔后来写道，"而另一方面，英国人认为自己是民主的拯救者，尤其是因为他们单枪匹马、坚守阵地不退一步地已与纳粹分子对抗了整整一年。"

怀南特和艾森豪威尔始终认为，教育是增进相互理解的关键。在美国士兵来到英国之前，他们俩积极推动发起了一项美英计划来帮助美国士兵了解英国。英国新闻部和美国战争信息局联合制作了一部电影，其中伯吉斯·梅雷迪思饰演一名美国士兵。这部电影展示了两国之间存在的巨大差异，尽管语言相同，并提醒美国部队如何避免冒犯英国人。

这些即将来到英国的美国士兵也收到了由英裔美籍小说家埃里克·奈特（Eric Knight）撰写的一份手册。"你们作为英国人的朋友和盟友，英国人欢迎你们的到来，"奈特写道，"但请记住，跨越大洋并不意味着你们就是英雄……你们的家乡远离战争、食物充足、灯光闪耀，但英国的情况完全不同，所以当你们抱怨寡淡的啤酒或冷土豆或英国香烟的味道时，请三思而后行……请不要嘲笑英国人的说话方式或口音，他们听你们说话也一样感到好笑，但他们丝毫不会表现得失礼。"

用安东尼·伊登的话来说，怀南特"和大不列颠的人民建立了绝佳的个人关系"，并凭借这种关系积极努力地让英国民众为美国军队的到来做好准备，他的努力包括参加英国广播公司的系列广播节目《让我们相互了解》。

战争后期，怀南特的大部分时间和精力都用在努力解决美国人大量涌入所带来的各种问题上，并努力促进美国士兵和英国东道主之间的良好关系。虽然他与艾森豪威尔将军紧密合作，但战争期间，将军大部分时间都不在英国——从1942年11月到1944年1月在北非，1944年6月之后在法国。而当艾森豪威尔在伦敦时，他的精力则集中在即将来临的军事行动上。因此，他把美英关系的很多细节问题都留给大使及属下。"没有人能像你一样如此有效地帮助我解决很多重大问题，如果没有你的帮助，这些问题可能造成了非常严重的后果，"1942年末，即将从伦敦启程去北非的艾森豪威尔对怀南特写信道，"我希望你知道，我们目前在军事努力方面取得的任何胜利，都与你的付出息息相关。"

当美国士兵惹上麻烦时，怀南特在很大程度上确保了他们被美国军事机关审判，而非英国法庭。当第一批美国士兵到达英国后不久，他看到报纸报道说，一名美国士兵持枪抢劫出租车司机，被判笞刑和六个月监禁。怀南特说服英国内政大臣赫伯特·莫里森取消了笞刑。之后他与艾森豪威尔、伊登一起，要求通过立法给予美国军事机关对美国士兵在英国的犯罪行为唯一审判权。毫无疑问，这一提议引起了极大争议，主要得益于怀南特与英国外交部和国会议员的亲密关系，这个法案在英国议会遭到极少数反对，顺利通过了，但该法案不适用其他盟国军队。

与部队相关的问题非常繁多，怀南特和美军不得不处理，比如美国人在道路上反方向开车引起了大量交通事故，为了建造美军飞机场和训练场摧毁了大片英国乡村原貌。在东安格利亚区，美国部队推倒了存在了一个世纪的灌木篱墙、树木和茅草屋，破坏了数十万英亩优质良田来建造一片片马赛克似的空军基地。某天，在目睹一位农民将一名美国军事测量员驱赶出甜菜地的场景后，陆军工程师罗伯特·阿尔比布满怀哀伤与失落。阿尔比布是耶鲁大学毕业生，也是一名非专业的自然资源保护论者，但他知道，不管这位农民如何驱赶，他的"遗产和杰作"不久就会被深深埋在八英寸厚的混凝土之下。"这场战争，"阿尔比布后来写道，"摧毁了这个男人以及他家人的劳动成果，正如伦敦市被炸毁的美丽教堂，炸弹摧毁了建筑师和石匠的智慧结晶。"在战争结束数年后，阿尔比布成为美国国家奥杜邦学会执行官，他说大多数工程与建筑同事在掠夺大自然时不能和自己感同身受：他们"把这看作必须完成的工作，并毫无怜悯之心地投入到工作中"。

位于英格兰西南海岸的德文郡也经历了类似的情况。1943年年底，英国政府下令拆迁几个沿海村庄和城镇、征用大约500英亩农田，改做美军两栖作战的训练场地，从而为诺曼底登陆做准备。一位作家说："补偿少得可怜，抱怨也徒劳无功。"美军争辩说，如果不进行训练，反攻法国行动必然失败，因此美国军方借助怀南特来敦促丘吉尔及其内阁批准拆迁。当这个计划公之于众后，美国驻普利茅斯市的领事汇集了大量批评意见，指责这种"专横的、不民主做法"导致大约2700人无家可归，丧失生计，前途未卜。

当该地区的英国圣公会牧师撤离他们的教堂后，他们在教堂前门上张贴了一则通告，上面写道，致"我们的美国盟友"，"该教堂存在于此已有数百年之久，教堂周围的民众从记忆伊始就居住于此、耕田劳作，他们的至亲至爱长眠于这座教堂的墓地；这些房子、这些田地对外出之人来说至关重要，正如你们离开了自己的家园和墓地一样。他们希望回到这里时，他们所热爱的周遭一切仍在这里迎接他们归来，正如你们希望回到自己熟悉的家乡时的感受一样"。

不言而喻，对英国不动产的拆除和摧毁丝毫没有拉近美国人对英国人的情感，也无助于怀南特和艾森豪威尔为增进相互了解所作的努力。更糟的是，许多美国士兵对了解英国东道主完全没有兴趣。在乘船来到英国之前，许多美国士兵从未离开过他们所在的州，更遑论出国。另外，许多军人来自德国和爱尔兰移民家庭，由于传统因素，这些家庭本身就对英国人充满敌意。大多数美国士兵几乎只对尽快结束战争并尽早返回家乡感兴趣。"他们本不想来，所以当我们需要帮助时，他们并不会感到心灵相通，不是吗？"效力于美国红十字会旗下某个俱乐部的一位英国女员工如是说。而哈罗德·尼科尔森指出了两国人民思想上的不同："对我们而言，英美合作意味着安全，但他们觉得是危险。"

而让问题更加严重的是，大多数英国人见到的都只是休假中的美国士兵。经历了部队的严格纪律和无休止的乏味训练后，他们急需放松自己。他们占据酒吧，大声喧哗，把自己灌醉，并和女人勾三搭四，用人类学家玛格丽特·米德（Margaret Mead）的话说，他们表现得"仿佛是世界的主人一般"。英国广播公司执行官莫里斯·戈勒姆（Maurice Gorham）说，"我们看到的是无所事事的美国人"。诺曼底登陆行动开始后，戈勒姆来到法国，看到了"美国人作战时的英勇模样。我希望带几名回伦敦，对皮卡迪利大街上的人说，'看，他们也是美国人'"。

与怀南特和艾森豪威尔的看法一样，戈勒姆也认为美国士兵与英国人民太过疏离。营地和基地就是他们的绿洲，提供美国报纸、美国广播节目和美国电影，他们鲜少联络或关心外面的世界。这种局面是由许多美国指挥官促成的，他们觉得"这些人是战士，只负责作战。他们无须知道自己是在大不列颠还是在新不列颠，这对他们来说没有差别"。由于这些美国兵身处如此"敬业的美国环境"，戈勒姆说，他们与英国人之间"毫无共同之处"，"他们吃着不同的食物，阅读不同的报纸，听着不同的广播节目，他们丝毫没有共同点"。

对许多精力充沛但克制已久的美国士兵来说，英国只不过是个落后被挨打的小国——原始的生活条件、不友善的民众、劣质的啤酒和懒散被动的生活方式。一名美国士兵回忆说："许多美国人对英国人的普遍反应是，'如果他们能忘记该死的下午茶和餐点，振作并行动起来，那我们就不用为他们而战了'。"

另外，一些美国士兵也毫不避讳地在英国人面前表达对英国的不满。某天在伦敦，一位身穿女子辅助服务团制服的年轻女子——该服务团隶属于英国陆军——走向美国陆军总部外的两名当值的宪兵,在与他们闲聊一会后,女子问他们对英国的感觉如何,其中一名宪兵说:"我觉得还不错。"而另一名宪兵直言不讳地说:"女士,他们应该把这些该死的防空气球划破,让它们掉下来。"年轻女子"愤怒地看了他们一眼",然后转身走开了。"你们知道她是谁吗?"一名平民警卫跑过来说,"她是正在军队服役的伊丽莎白公主。"数年后,那名礼貌作答的宪兵说:"我当时感到很尴尬,不知道说什么。我永远也忘不了她目光如炬的眼神。"——未来的英国女王射向他和直言不讳的同僚的那个眼神。

虽然伊丽莎白公主从未公开表达过她对美国人的不满,但她的英国同胞们却没那么自制。对在战争中失去了太多的英国人来说,这些轻率、爱说风凉话的美国盟友看起来就像有钱、骄纵、无知、自负的小孩,他们觉得美国士兵对他们的历史和事业机构毫无敬意或毫不认可,正如艾森豪威尔所说,美国士兵毫不在意英国在抵抗希特勒和拯救民主方面所作出的牺牲。

而哈罗德·尼科尔森与一群参观英国议会的美国士兵之间的短暂相处淋漓尽致地展现了两个民族之间的鸿沟。尼科尔森是英国议会议员、小说家、传记作者兼前外交官,除此之外,他还是怀特之家和英国其他俱乐部的常客,是布卢姆斯伯里文化圈内作家维塔·萨克维尔-韦斯特(Vita Sackville-West)的丈夫。由于毕业于牛津大学贝利奥尔学院,尼科尔森常常自认为优越于大多数男人,尤其是美国男人。某天,当被要求带领一群美国士兵参观英国议会时,毫不为奇,他感到极度沮丧。

当晚,尼科尔森对两个儿子写信道:"他们懒散地嚼着口香糖,意识到自己在训练、装备、教养、文化、经验和历史方面的劣势后,他们没有丝毫兴致或不为所动。"在上议院,尼科尔森和无精打采的美国人加入由约翰·西蒙(John Simon)爵士带领的另一群美国士兵中。西蒙是英国上议院大法官兼外交部前部长,也是20世纪30年代绥靖政策的最忠实拥护者。傲慢、自负的西蒙接着向两群美国人——"不停嚼着口香糖、面无表情的50张面孔"——讲解上议院和下议院的运作方式。"现在,"西蒙说,"大家到我的办公室,伙计们，或者应该叫步兵们？我将向你们展示国玺。"尼科尔森描述接下来的场景：

他们百无聊赖地穿过走廊，以为会见到他们在旧金山的水族馆经常看到的大型湿地动物，但事实与之完全不同，他们所见到的不过是两块内嵌图案的钢质圆柱物。然后这个男人拿起权杖对他们说："现在，我的朋友，我必须要求你们离开，因为我得工作了。即使是上议院大法官，有时也要工作。哈罗德，麻烦你带领我们的朋友离开，怎么样？"我照做了。让我感到惊喜的是，当我们懒洋洋地穿过中央大厅时，一名步兵突然停止嚼口香糖，快速地用舌头把口中的箭牌口香糖推到牙齿一边，然后问："嘿，刚刚那个男人是谁？"

怀南特和艾森豪威尔认为增加美国士兵和英国人之间的个人接触能够帮助他们缓和成见、增进感情，因此在安东尼·伊登和英国外交部的支持下，大力推动了一项美国士兵拜访英国家庭的计划。哈里·布彻写道，艾森豪威尔认为，"如果美国兵能有机会在英国家庭度个周末……这样能极大地增进友谊和交情，而不是彼此之间冷冷淡淡"。雷丁女士的女子志愿服务队积极推进了这个计划，在英美联盟早期，只有该服务队成员热情款待了刚到达英国的美国士兵——在英国港口迎接他们，向他们分发三明治和茶水。关于家庭访问计划，雷丁女士对女子志愿服务队的成员说："这是了解他们的绝佳机会，我们的命运与之休戚相关。"怀南特建议美国人不应该加重英国家庭的贫困。艾森豪威尔接受了其建议，并要求，当美国军人拜访英国家庭时，他们应该带去这个国家所稀缺的食物，比如肉类、食用油和糖果。

然而，这个家庭访问计划立即遭到了阻挠，许多美军指挥官反对这个计划，希望自己的军队尽可能不与当地居民接触。在给父母的一封信中，珍妮特·默罗写道，她的几位英国朋友渴望招待美国兵，却遭到了美军当权者的回绝，因此感到"非常困惑、伤心和挫败"。她接着写道："许许多多建立友谊的机会都错过了,而这并非英国人的错。"

美英关系亲密互动的最强烈反对者是美国红十字会。美国陆军授权红十字会负责从基地外出的美国士兵在英国的福祉。美国红十字会在英国各地运营了几十家服务于美国兵的俱乐部,包括皮卡迪利广场的著名彩虹角俱乐部,俱乐部里面有提供汉堡和可乐的小吃吧、热水浴设施、弹球机、自动点唱机、擦鞋服务和台球桌。美国红十字会俱乐部旨在打造美国人的绿洲,专门为思乡的美国士兵提供在英国其他地方享受不到的如家般的舒适和便利生活。如果美国红十字会能达成它的目标,那么它与旗下的俱乐部就会完全与英国及其人民隔离。

然而所幸的是,英国与美国红十字会所属的俱乐部关系十分紧密:英国政府为其支付了租金以及装修和设备费用,而俱乐部的绝大多数员工都是英国女人,大部分是女子志愿服务队成员。美国红十字会官员对此无能为力,因为他们在英国无法招募到足够的美国女人,但他们坚持说,如果女子志愿服务队成员要在这个所谓的纯粹美式环境中工作,就必须脱下她们的制服,穿上美国红十字会的制服。一位红十字会官员宣称:"享受我们所运营的这些设施的男人有权只和美国人打交道。"

毫无疑问,雷丁女士及女子志愿服务队成员对此感到愤怒不已,并直接向艾森豪威尔抗议。虽然满怀同情,但他却没能改变红十字会的立场。"这些英国女人……理所应当地认为她们在伦敦空袭期间的服务为其赢得了制服,而事实确实如此,"哈里·布彻在日记中若有所思地说,"如果情况相反,美国女人会怎么做呢?你们心知肚明。"

另外,美国红十字会禁止英国或其他盟国军人进入俱乐部,从而更加孤立了它所服务的美国军人(非美国军人只有在美国军人邀请就餐的情况下才能进入俱乐部,但不准使用其他设施)。玛丽·李·塞特尔在英国空军妇女辅助队工作,当她在伦敦休假时被拒绝进入彩虹角。红十字会的一位主管对塞特尔说,即使她是美国人也不行,因为她身穿英国制服,而彩虹角禁止盟军入内。塞特尔目光如炬地看着这个女人,"好吧,"她说,"如果哪天你想加入战争了,我会把我的制服借给你。"然后,她怒气冲冲地离开了,再也没有踏入这个地方。

在给乔治·马歇尔的一封信中,安东尼·伊登指责美国红十字会非但没有在美国军人与英国公民之间建立桥梁,反而设立了障碍,认为该组织"故意抵制英国所展现的任何友好行为"。美国战争信息局对外宣传部部长詹姆斯·沃伯格(James Warburg)对此表示赞同。"驻扎在大不列颠的美国军队与英国之间关系的最大危险,"沃伯格对艾森豪威尔说,"似乎来源于我们某些政府机构和民营机构的想法……企图在不列颠群岛上建立一个小型美国。"

他们在缺衣少食的英国为美国军人尽可能地提供如家般的舒适和便利,但罗斯福和马歇尔并不觉得有何不妥。他们认为,在战争期间,尽可能地鼓舞这些平民军人的士气至关重要,他们大部分是应征入伍者。在战争的最后两年里,驶往英国的船只的大量的舱位被用来运输供美国兵使用的消费品,比如肉类、新鲜蔬菜和水果、咖啡、鸡蛋和香烟。当英国官员要求让英国为美国士兵提供食物时,罗斯福坦率地回复说:"美国士兵无法在英国的配给制下生活。"马歇尔告诉一名英国官员说,试图降低美国士兵高生活标准的任何做法都会导致"数千名母亲写信给美国国会议员,抱怨美军当权者没有为自己的儿子提供应有的福利"。

在保持军队士气的重要性这一点上,艾森豪威尔赞同上级的看法,但让他感到惋惜的是,他部下的大多数士兵在要求美国公民应有的权利和特权的同时,却鲜少知道或履行公民应尽的责任。"民主和极权主义的区别是理论问题,而非个人兴趣问题,"艾森豪威尔写道,"而士兵们认为这两者之间的冲突与美国无关。"他还说:"令人失望的是,我们的士兵们对导致这场战争的根本原因缺乏认识。"

一位名叫福里斯特·波格(Forrest Pogue)的年轻陆军中士对艾森豪威尔的担忧感同身受。他在数年后写了一本备受赞誉的马歇尔传记。波格说,在"二战"期间,他经常与同伴讨论"美国士兵无精打采的状态,他们似乎不知道

跨越大洋并不意味着你们就是英雄

自己到底是为何而战。我的一些朋友说,我们前来不为任何原因,仅仅是美国需要一支强大的海军。我认为除非我们国家被入侵,否则我们无法让他们明白是为何而战"。

1942年夏季,吉尔伯特·怀南特给罗斯福写了一封信,督促他采取必要行动使英国和美国士兵之间的巨大薪资差距缩小到最低限度。他提出了一项计划:鼓励美国士兵购买在退役后可以立刻收回的特殊高利息国库债券。罗斯福拒绝了大使的提议,宣称美国人较高收入和较好生活条件所造成的问题"没有遂心如意的简单解决办法"。

问题当然有,怀南特所担忧的事情发生了。美国军人在配给上的优待、整洁的制服、较高的收入以及享有更多的消费品——这些在英国人中间尤其是在英国军人中间引起了怨恨和敌意,他们羡慕深受英国年轻女子追捧的挥金如土的美国人。"他们长得就像卡西莫多,"一位英国军人说,"但只要他们是美国人,就没关系。"另外一位名叫汤米的英国军人说:"美国佬是英国女人遇到的最快乐的事情。他们拥有一切:魅力、胆识、香烟、巧克力、尼龙袜、吉普车,最重要的是有钱……"

当美国军人来到英国时,他们收到了一张小报,报纸头版上加粗地写着巨大的"欢迎"二字。下面的正文是:"在这个国家,不管你到哪里,哪里都有朋友。我们的战士把你们看作同伴兼战友。"然而,一名退役的美国士兵说:"结果,一些美国战友却躺在英国军人的恋人甚至妻子的怀里……我觉得英国军人有理由怨恨他们。"

英美军人之间频繁发生的酒吧闹事行为是怀南特和美军必须解决的问题之一。还有一个问题是,1943年年末到1944年美国士兵中爆发的传染性性病。大约三分之一的性病感染源是黑暗中聚集在伦敦皮卡迪利广场、莱斯特广场以及美国士兵所青睐的其他场所附近手拿闪光灯的成群娼妓。一名美国宪兵回忆说:"在1944年的伦敦黑夜,每条门道都通向爱巢。"

许多英国适龄年轻女子都受到来自父母和其他人的警告,说美国人"狂野、淫乱,是70岁以下所有女人的威胁",体面的女孩不得和他们约会。但是,当她们真的与美国军人邂逅之后,她们发现许多美国人并非是所谓的好色食人魔,尽管他们行为草率、轻浮。一名在战时已是青少年的女子说:"他们的骨子里嗜酒、好色。"但她还说,她所遇见的大多数美国人都彬彬有礼,懂得尊重人,与此同时,不乏给压抑的气氛增添欢声笑语的情趣。

而持这种看法的不止她一人。虽然美国士兵神气活现的样子和尽情享受的态度让英国人感到心烦,但英国人也发现他们对生活的热情,给麻木、节衣缩食和枯燥无味的英国战时生活带来了生气。一名英国人说美国人是"滋补良药"。利物浦的一名青少年说:"无疑,我们这个旧城区的单调、沉闷生活需要美国大兵的到来。"战时在美国军人俱乐部工作的某个女人说,踏进这个俱乐部,"感觉就像走进了另一个世界。战争、配给制、配给票都抛之脑后"。每晚,当她离开俱乐部,"我就走进了夜幕里,返回到现实中,把属于美国的温暖和友情留在身后"。

虽然美国军人的性生活是美国和英国当局非常头疼的问题,而种族问题更加激烈。美国军队内部实施严格的种族隔离政策。在英国,超过10万名美国黑人士兵都被要求尽量远离白人士兵,不管是值勤还是休息期间。一些城镇有专门服务白人或黑人的酒吧、舞厅和俱乐部,而其他地方还建立起严格的轮流进入制度,要求黑人和白人在不同的夜晚进入城镇。

当时英国境内的黑人很少,所以并未实施种族隔离,许多未曾见过非白人种族的英国公民都对美国的种族隔离政策——公然的种族歧视所震惊。艾森豪威尔对华盛顿的上级说:"大多数英国人,包括乡村女孩——甚至是人格高尚的英国人都认为,黑人士兵和其他男人并无二致。"而美国其他军事领导人并不如此认为。最初,美国陆军反对黑人服役,但罗斯福迫使他们在每个战区接纳了10%的黑人士兵。当时,大部分黑人被安排做一些卑微的非作战任务,比如削土豆皮、打扫公共厕所、挖掘渠道。英国人认为,对宣称为人类的自由和民主而战的盟国来说,这种排斥和歧视行为尤其不合时宜。

而一些美国白人士兵——许多来自实施种族隔离的美国南部——对他们的黑人战友所表现出的强烈厌恶与鄙夷之情让大不列颠人感到格外震惊，他们拒绝进入接受美国黑人的俱乐部，试图把黑人从酒吧和舞厅驱赶出去，拒绝和与黑人共舞过的英国女孩跳舞，摔碎黑人喝过的酒杯。在从加的夫到约克的一列拥挤的火车中，当一名英国航空兵邀请一位黑人士兵到他所在的车厢时，一名美国白人士兵大吼道："滚出去，讨厌的黑鬼！"这个名叫汤米的英国航空兵反驳说："住口！是我邀请他来的。我现在对你恨得咬牙切齿了。"来自布莱克浦的一名飞机厂工人回忆说："我亲眼见到过美国部队在人行道上用脚踢黑人士兵，并大吼'臭气熏天的黑猪''黑人废物''不知天高地厚的黑鬼'。"

英国政府陷入了英国人民和英国最重要盟友之间的这项争议之中，并努力寻找到了一个两全其美的方法。官方态度上，英国政府领导人与美国种族隔离政策保持距离，宣称英国不会"歧视对待黑人士兵"，"不会限制他们使用各种设施"；而非官方上，他们支持这一政策，命令英军要求各自的部队，尤其是女子分支部队，不要和美国黑人来往。战时内阁断定，"这是可行之道，能够避免英国人民对美国黑人士兵太过友好"。丘吉尔的信息大臣布兰登·布拉肯写道："美国的种族隔离政策是解决麻烦的最有效办法，我们应在各方面支持这个政策。"

然而，黑人士兵在英国民众之间非常受欢迎，英国民众认为他们礼貌、温和、谦逊，和英国人的性格很像。"社会舆论似乎认为，"乔治·奥韦尔（George Orwell）说，"黑人是美国士兵中举止最得体的。"另一位英国男人评论说："我不在意美国人，但我更不在乎他们中的白人。"许多英国人对英国政府与不道德的政策同流合污而感到非常惊愕，因而抵制把美国黑人士兵看得低人一等的任何官方政策。"各方面的观点一致认为，"英国信息部的一份报告写道，"美国在此事上的观点不应该强加给我们国家。"

当英国陆军哑弹处理小队收到与美国黑人保持距离的命令时，该小队成员对此嗤之以鼻。"带有希特勒主义性质，"一位队员说，"我们对该命令的反应是，'好比希特勒对犹太人'。"有的酒吧门口的广告牌写道："非英国人和美国黑人谢绝入内。"在一些公共汽车上，售票员告诉黑人不要给白人让座，因为"他们现在在英国"。当某个美国黑人士兵，在极其牵强的证据下被判强奸罪，并被处死刑时，英国民众爆发了强烈抗议。由于抗议信件和电话纷至沓来，艾森豪威尔下令调查了此案，并发现证据不足，这名黑人士兵从而洗脱了罪名并重返岗位。

当美国白人士兵羞辱或袭击英联邦国家的黑人公民时，种族问题变得更加敏感。有一次，来自西印度群岛的著名板球运动员莱亚列·康斯坦丁（Learie Constantine）被要求离开酒店，因为准备入住酒店的几名美国官员威胁说，如果他不离开，那么他们将取消预约。还有一次，在英国皇家空军服役的来自西印度群岛的某位中士因为与白人女孩共舞，而遭到两名美国人殴打。"英籍黑人理应表示愤怒，"一名美国陆军指挥官承认说，"他们……被美国士兵咒骂，被逐出人行道，被赶出餐厅，并被迫与他们的白人妻子分离。"

在种族问题上，艾森豪威尔比大多数美国军事领导人更开明，他严厉制裁这类种族伤害，禁止美国指挥官限制黑人士兵与英国平民来往，并命令黑人士兵享有与白人士兵同等的待遇。"黑人士兵，"他对美国记者说，"将与白人士兵享有同等待遇。"但事实证明，和美国国内的情况一样，由于种族隔离政策和根深蒂固的种族歧视，平等不可能实现。但许多当地指挥官无视艾森豪威尔的指示，对发生在他们基地内外的歧视行为故意视而不见。

总体而言，在战时英国，几乎没有美国人在对待黑人方面表现得非常完美。例如，在英国广播公司的广播节目中讨论小说《汤姆叔叔的小屋》时，爱德华·默罗心如刀绞般、半推半就地表达了对站不住脚的奴隶制的认可。在大多数社会问题上，默罗是直言不讳的自由主义者，虽然养育他的父母来自贫穷的南方家庭、与南部邦联关系密切，他的一位祖父曾服役于南方邦联军，默罗一方面承认奴隶制产生了"虐待行为"，但又坚持说奴隶的待遇普遍很好，并辩论说："与德国人当前的做法相比，美国奴隶制总体而言是个人道、文明的制度。"——多么蹩脚的辩护！而这位哥伦比亚广播公司广播员对此心知肚明。

显然，默罗对种族问题感到非常矛盾，但他并不反对让美国同胞们了解遭受白人士兵苛待的黑人士兵的感想。哥伦比亚广播公司在制作剧集《美国人在英国》时，剧组演员约瑟夫·朱利安（Joseph Julian）在录制的节目中采访了一名黑人陆军下士。这名黑人陆军下士明确表示，比起自己的同胞，他更喜欢和英国人在一起。他说："他们会和我一起喝酒、聊天，和他们在一起不会感到与众不同。虽然战后我也想待在这儿，但美国毕竟是我的家乡，我想要回家，不管那里的情况多糟糕。"

朱利安要求该剧组的创作人、编剧兼制片人诺曼·科温（Norman Corwin）把这段采访插到其中一集。科温同意了，但考虑到这样做可能挑起麻烦，他把最终决定权交与默罗。当默罗看了这段对话采访后，他一手握拳捶向另一只手掌心，呼喊道："加上！就要在国内引起骚乱！"于是，下士的一席话就插入了该系列节目的下一集中。

吉尔伯特·怀南特一开始就担忧此问题可能导致的后果，因此在战争早期对罗斯福派黑人士兵到英国这一举措保留了个人意见。当决定最终确定后，大使便不遗余力地努力减少美国人和英国人，以及黑人士兵和白人士兵之间产生的冲突和紧张关系。在美国大使馆的发起下，英美联络委员会成立，该组织由英美联合调查和解决英国民众与美国军人之间的问题。怀南特聘用珍妮特·默罗为该委员会的美国首席代表。数个月来，她在英国各地奔波，调查美国白人士兵和黑人士兵之间的冲突，以及其他局部摩擦事件。

另外，怀南特说服正在英国巡回演出的著名美籍男高音黑人歌唱家罗兰·海斯（Roland Hayes）演出完后留在英国，向英国各地的美国黑人士兵了解他们的待遇。海斯的报告内容显示种族歧视普遍存在。这份报告送给了埃莉诺·罗斯福，之后她转交给了美国国防部。1943年，这份报告又转交给了担任欧洲战区美国陆军首领的雅各布·德弗斯（Jacob Devers）将军，但他立即否认了这些歧视指控。1944年初，全美有色人种促进会的执行干事沃尔特·怀特（Walter White）亲自赴英国了解黑人士兵的待遇，之后他对罗斯福夫人报告说，他发现与他交流过的黑人士兵们处于"非常痛苦"的状态。与此同时，怀特高度赞扬了艾森豪威尔和怀南特为缓解黑人处境所作的努力，尽管努力产生的效果不大。

毫无疑问，在英国人眼中，而事实上也是，对黑人士兵的苛待是美军以及美国名誉上的一大污点。《时代周刊》写道："美国黑人士兵文明礼貌、轻声细语、制服整洁，英国人对此惊喜不已，并欣然利用这个绝佳机会对美国的伪善道德嗤之以鼻。"虽然种族问题以及美国人在英国大量存在而引起的其他突发事件不计其数，但值得称赞的是，两国之间以及两种文化之间的鲜明对立最终顺利化解了。

1944年早春，著名的英国军事评论家兼战略家巴兹尔·利德尔·哈特（Basil Liddell Hart）爵士，为了衡量美英关系的亲疏状况，到英国各地调查。虽然美国士兵和大不列颠人之间的冲突行为仍大量存在，但他总结说，他"想不出在历史上的任何情况下"，友好"占领者"和"被占领国家"的关系能够如此之好。他还说："我更想不出两个伟大的盟国军队之间能够相处得如此融洽的情况。"1944年年中，英国信息部的一份报告显示，英国"对美国士兵越来越友好"，从而使"英国人民对美国人有了更深入的了解"。

在面临巨大内外压力时期，美国士兵与英国平民能够相对和谐共存，主要得益于艾森豪威尔、伊登以及其他美英官员的努力和铺垫疏导工作。但在一些人看来，怀南特的功劳最大。《国家民族政坛》杂志称，是"不屈不挠、理智贤明的"怀南特发现了由"我们驻扎在英国的庞大军队"所产生的大多数"问题，包括一些重大危机"的解决办法。美国军人报纸《星条旗》上刊登的一幅漫画强调了大使作为英美关系调停人的作用：在酒吧，一名踉踉跄跄的美国士兵在制造事端后被一群怒气冲冲的顾客包围，于是打电话求助。漫画标题写着："救救我！怀南特先生！约翰·吉尔伯特·怀南特先生……"

1944年，来自纽约的美国士兵伯纳德·贝卢什（Bernard Bellush）休假期间参观了伦敦，他所遇见的几乎所有英国平民都表达了对怀南特的赞美之情，

"这位善良、勇敢的大使鼓舞了他们与希特勒斗争的士气和决心",贝卢什说,由于英国人爱戴怀南特,所以他所遇见的英国人都"想方设法地欢迎和我一样的美国士兵"。

每当怀南特能从工作中抽出一两小时的空闲时,他喜欢来到伦敦的大街上与美国军人交谈,了解他们在英国的生活状况。一名士兵说:"他情绪饱满,绝不装腔作势,丝毫没有高级官员的架子。"有时,大使会借钱给年轻同胞们或在附近酒吧为他们买一杯啤酒。偶尔,他还会邀请其中一些人到他的办公室继续谈话,使得其他预约访客在办公室外焦虑地等待,正如在战争早期,他对常春藤盟校朋友们的做法一样。他还邀请没能在酒店或红十字会俱乐部找到床铺的美国士兵到他的公寓打地铺过夜。

怀南特要求他所结交的美国人写信告诉他他们的状况,而这些人也这样做了。美国战略情报局官员斯图尔特·艾尔索普(Stewart Alsop)便是怀南特的通信者之一,他之后成了著名的专栏作家。他告诉怀南特,他爱上了一名英国女孩并想与她结婚,但她的父母对他们的结合愿望不置可否。艾尔索普是埃莉诺·罗斯福的远房表亲,他请求大使与女方父母联系,并为他的人格和家庭背景作担保。怀南特就是通过罗斯福夫人认识了艾尔索普,便同意为他作担保,之后这对恋人被女方父母认可并很快结婚。

在与美国士兵们的交往中,怀南特一直鼓励他们去了解英国人。虽然许多美国士兵直到离开英国也并未如此做,但仍有数千名美国士兵与英国平民建立了亲密联系。一些美国士兵开始定期到当地的某个酒吧,然后很快就与该酒吧的所有常客混熟了。罗伯特·阿尔比布在赫特福德郡沃特福德镇经常光顾一个酒吧,他写道:"到独角兽酒吧几次后,我们就成了一家人,我称呼老板'多拉'、酒保'吉米',他们称呼我为'我的美国士兵'……后来,称呼变成了'鲍勃'或'亲爱的'。"许多镇民们都向阿尔比布伸出了友谊之手,他"在他们的餐桌上就餐,在他们店堂的沙发上睡觉,和他们一起参加派对和舞会……感觉如家一般无拘无束"。

而长期驻扎在一个地点的美国士兵,比如美国第八航空队的航空兵,更有机会去亲自了解附近村庄和城镇的居民。毗邻美国陆军航空队某个基地的东安格利亚区某个村庄的一位女子回忆说："到1943年，美国士兵已经是我们社区的一部分。我们知道他们的飞机的名字，知道驾驶这些飞机的机组成员，以及地勤人员。"当飞机完成轰炸任务在下午返回时，"我们能听到飞机发动机的轰鸣声，于是停下手中的游戏或工作"，祈祷所有美国士兵都安然无恙地返回。

还有一些美国士兵与英国家庭建立了亲密友谊。英国人邀请他们到家里参加周末聚餐、参加节日活动，或让他们一直住在自己家中。这些美国士兵中就包括迪克·温特斯中尉（Dick Winters），他是第101空降部队的一名空降兵。当他来到威尔特郡的奥尔德本村附近参加训练没多久，一对老年夫妇便邀请他到家中喝茶，他们的儿子在英国皇家空军服役，但不久前在行动中丧生了。温特斯接受了他们的邀请，在几次家庭拜访后，那对夫妇询问他是否愿意住在他们家里。

经上级批准后，温特斯实际上成了他们的代子。温特斯说："他们接纳我，将我视作他们家庭中的一员。"在斯特芬·安布罗斯（Stephen Ambrose）的书中，以及美国家庭影院频道播出的短剧《兄弟连》中，都赞誉了他之后在欧洲战区的卓越战斗生涯。"我在家乡之外拥有另一个家……这促使我做好心理准备面对即将来临的战斗。"

显然，许多美国士兵的情况也同样如此。1944年7月，美军当局在检查从诺曼底寄出的美国士兵的信件时，发现超过四分之一的信件是寄给英国家庭的。

第 17 章

你会发现我们站在俄国人一边

随着战争的推进,英国平民与美国士兵之间的情谊逐渐加深,然而两国领导人的关系却迅速恶化。在英美联盟形成的头两年,富兰克林·罗斯福和温斯顿·丘吉尔进行过七次会谈,他们在一起欢度圣诞节和其他节日,并相互开玩笑,一起钓鱼、唱歌和喝酒。但早在1943年年中,罗斯福就已经开始减少对英国首相的情谊。有时罗斯福表现出与丘吉尔尽可能保持距离的意愿。"在过去18个月中,我觉得罗斯福变得没那么开诚布公,"约翰·科尔维尔回忆说,"总统以前话里话外所洋溢的兄弟之情似乎有所改变。"

由于美国投入到战争中的部队、武器和其他资源在数量上的优势,丘吉尔警觉地发现自己和英国被看作英美联盟的次级盟友,因而愁肠百结。伊斯梅的副手伊恩·雅各布将军说:"随着战争继续,美国人越来越忽视我们的看法,除非我们的看法和他们所想的一致。"埃里克·塞瓦雷德说:"数年来,英国人一直敦促美国人接受事实,投入到现实生活中。如今美国人……确实这样做了,但与此同时,他们建立了英国人简直无法预料的一套全新的方式,并开始极度憎恶……英国人不再是此场战斗中的唯一英雄,他们下降到次要地位。"

罗斯福与丘吉尔关系的恶化发生在非常关键的时期。随着战争局势变得有利于盟国，打败希特勒显然只是时间问题。1943年秋季，德国人从北非撤离，大西洋海战最终取得胜利。盟军占领了西西里岛，推翻了墨索里尼政权，开始向北进军。在东线战场取得斯大林格勒保卫战的胜利后，苏军对德军发起了大规模反攻，收复了1941年被德国国防军占领的大部分苏联领土。在反攻欧洲大陆计划的激烈进程中，盟国开始初步讨论投降条件、占领德国并开始讨论罗斯福梦寐以求的事业——建立一个维护和平的新国际组织。而各个盟国所关心的焦点不再是国家存亡，而是维护各自国家的战后利益。

鉴于迅速发展的军事形势，罗斯福和丘吉尔在四个月中会面两次——1943年5月在华盛顿、8月在魁北克和海德公园。两次会议都在罗斯福的地盘，至少是在他的祖国所在的大陆。丘吉尔对此感到痛心，尽管他努力劝说罗斯福至少访问战时英国一次，但却遭到了挫败。据哈里·霍普金斯说，罗斯福不愿为"政治原因"访问英国，担心被美国支持者看作对大英帝国惺惺相惜。为访问罗斯福而经历了一系列漫长海上航程或跨大西洋飞行后，68岁的首相认为，美国如此回应简直不是忠实同盟，是不体恤他的表现。

在1943年夏季，罗斯福及其军事顾问不愿对任何事作出巨大让步。由于在之前的会议上，尤其是在卡萨布兰卡会议上屈居英国下风，美国最高指挥部决心在战争结束前完全按照自己的战略行动。在1943年召开的各个会议上，英国人提议在9月进攻意大利——英国地中海战略的延续——并赢得了一致同意。但美国官员为丘吉尔故意拖延法国登陆行动所激怒，坚持要求英国人必须确定诺曼底登陆的具体日期为1944年5月1日。即使是丘吉尔的老朋友哈里·霍普金斯在此问题上也是同样的态度。"哈里认为温斯顿固执地、不懈地拖延在法国开辟第二战场实际上是对战争的拖延，"莫兰勋爵在日记中写道，"总统和霍普金斯似乎不再认可温斯顿是军事问题上的可靠向导。"（事实上，他们从未认可过这一点，他们只是变得更加直言不讳。）尽管丘吉尔强烈反对，但美国人又推进了一项反攻法国南部的计划，作为对诺曼底登陆行动的支持。

因美国反对其战略构想而心烦意乱的首相，对总统日益冷淡的态度愈发感到椎心泣血。在政治和个人需求上，首相更需要罗斯福，而罗斯福并没那么需要他。丘吉尔比罗斯福热情温暖，比他情感丰富。小阿瑟·史莱辛格这样评价罗斯福："耀眼、没有人情味……表面温暖、实质冷漠。"罗斯福的私人秘书莱汉德小姐曾对记者说，她所爱戴的总统"不善于和任何人发展个人友谊"。而丘吉尔，用埃莉诺·罗斯福的话说："是一位非常看重个人感情的绅士。"丘吉尔本人也对安东尼·伊登说："我的全部工作建立在与罗斯福的友谊之上。"他后来还说道："我把世界未来建立在我们友谊的磐石之上。"丘吉尔对罗斯福说："你我之间的任何严重分歧都使我感到心碎。"

最初，他们的关系看起来确实存在真正的私谊。总统的远房表亲兼偶尔的知己黛西·萨克利（Daisy Suckley）说，他们两人之间存在"真正的友谊和相互理解"。1942 年 6 月，萨克利目睹了罗斯福和丘吉尔在华盛顿相处的场景。她说，罗斯福的"姿态轻松，举止亲密——根据谈话的内容，他的表情时而温和、时而严肃，但总体来说非常自然。他的言语丝毫没有矫揉造作的痕迹，这与他在新闻发布会上的言行举止——仿佛是舞台上的演员——完全不同"。而萨克利对丘吉尔的印象是，他"喜爱总统……敬仰他，尊重他"。

但即使是在其关系的蜜月期，这两位领导人之间也存在隐隐的竞争，并随着战争达到高潮而愈发凸显出来。历史学家约翰·格里格（John Grigg）写道："罗斯福羡慕丘吉尔的才干，而丘吉尔更加羡慕罗斯福的权势。"

罗斯福的一位出色的演讲稿撰写人塞缪尔·罗森曼（Samuel Rosenman）说道，总统"容易对政治领域的竞争者产生嫉妒之情。他喜欢听恭维话，随着年龄的增长这点更甚。他似乎常常嫉妒其他人因在公共政治生活方面的远见、口才、能力或成就而受到赞美"。

许多年后，小阿瑟·史莱辛格问帕梅拉·丘吉尔，如果没有战争，罗斯福和丘吉尔是否会成为朋友。她斩钉截铁地说不会。"他们毫无共同点，"她说，"他们不是彼此喜欢的类型。他们不会对同样的事情感到好笑，不喜欢同一类型的人……他们对待过去的态度也不一样……但他们不得不友好相处，相互磨合。"

事实是，尽管丘吉尔在回忆录中大力粉饰了他与罗斯福的关系，但他和总统都没有把他们之间的友谊掺杂到国家利益中。用历史学家大卫·K.亚当斯（David K. Adams）的话说，"当发生利益冲突时，他们相互利用、争权夺利、讨价还价。矛盾冲突最终产生了绝佳解决办法，创造了英雄神话。"

罗斯福和丘吉尔之间的冲突远不止体现在盟军反攻欧洲的具体时间和登陆地点上。作为英国殖民主义的坚决反对者，罗斯福在战时作了大量努力劝说丘吉尔及其政府着手批准英国殖民地的独立。甚至在美国参战前，总统就表明了立场，他对儿子艾略特说："我们从一开始就得让英国明白，我们帮助大英帝国摆脱困境，并非只是因为我们乐于助人……作为美国总统，如果我说美国不帮助英国，那么英国就会继续对殖民地民族进行殖民统治。"

在丘吉尔首次访问华盛顿时，罗斯福提到了印度的民族自治问题——印度是大英帝国皇冠上最宝贵的珍珠。丘吉尔立即否定了这一问题，他后来写道，总统再未提及这个话题。而情况并非如此。在之后的会议中以及与首相的通信中，罗斯福反复提到了印度问题以及大英帝国的总体问题。艾略特·罗斯福记得，在卡萨布兰卡会议上，他的父亲"提到了过去法国和英国金融家之间的关系，这些金融家联合成立了……辛迪加，从而把殖民地区的有钱人挖掘出来"。

总统对英国殖民主义的憎恶体现在1942年10月12日《生活》杂志刊登的一篇标题为"致英国人民的一封公开信"的社论中。该杂志编辑在社论中写道："我们确信的是，我们并非是为了保住大英帝国而战。我们不想开门见山地谈论此事，但我们希望你们不要抱有任何幻想。"这篇社论敦促英国人放弃"此场战争的你方战队"——意思是殖民主义，并加入"我方战队"——意思是"为全世界的自由而战"。

对拥有《生活》《时代周刊》和《财富》杂志的出版界大亨亨利·卢斯（Henry Luce）来说，20世纪注定是"美国的世纪"。关于卢斯，《时代周刊》总编辑汤姆·马修斯困惑地说："如果他是英国人，他一定是极端保守党。

他会为大英帝国感到骄傲、强烈抗议终结大英帝国。而作为一名对美国未来抱有帝国主义幻想的美国人，他很乐意看到英国的竞争力衰弱。"

丘吉尔对这篇《生活》社论怒不可遏，并在伦敦发表讲话，声称他"担任国王陛下的首席大臣，绝不是为了主持大英帝国的'清算破产'"。在整个"二战"期间，他都尽量遵从罗斯福的意愿——除了在帝国问题上，因为这对他来说还是深层次的私人问题、情感问题。20世纪30年代，他发起了一项长期运动，竭力反对英国政府对印度实施有限自治的提议。大多数英国议会议员认为他的态度反动、不切实际，而这在一定程度上造成了他未获得斯坦利·鲍德温（Stanley Baldwin）和内维尔·张伯伦两届政府的高级职位。另外，由于丘吉尔在印度问题上格格不入的观点，当他最初警告说重整军备的德国是迫在眉睫的威胁时，他没有在下议院获得大量支持。

1942年，许多英国议会议员以及大量英国政府官员，在印度必须给予自治甚至独立方面，差点与罗斯福达成一致。其中一些人也差点承认了英国在殖民历史上存在大量污点，但他们所不能接受的是美国对英国帝国主义的态度——自以为是、自命正直和虚情假意。

毕竟，从19世纪至20世纪初，美国也踏上了自己的帝国主义之路——占领墨西哥一半领土，入侵古巴，蚕食波多黎各、夏威夷、菲律宾以及其他领土。英国殖民地事务大臣奥利弗·斯坦利（Oliver Stanley）想起了1945年罗斯福总统对他说过的话："我并不想恶意或无礼地抨击英国，但在1841年，你们占据中国香港的方式并非是通过购买。"斯坦利反驳说："让我想想，总统阁下，墨西哥战争也是那个时候发生的。"

但是和大多数美国同胞一样，罗斯福拒绝被贴上帝国主义者的标签。美国人认为，美国进行的是势力扩张，而非殖民——美国的使命是教化和保护被其统治的外国民族，而非剥削他们。历史学家贾斯特斯·德内克（Justus Doenecke）说："罗斯福心中的美国历史充满大国沙文主义色彩。在他看来，美国在世界舞台上的行动反映了纯粹的利他主义。"但所有美国所控制领土上的居民都不这样认为，英国人也不这样认为，尽管英国人在维护自己帝国时也经常使用利他主义的论调。

另外，丘吉尔和英国政府的其他官员怀疑，美国发表的关于解放英国殖民地的高尚布道背后其实是为自身谋取巨大的经济利益。如果他们在卡萨布兰卡会议期间偷听到罗斯福对儿子埃略特的一席话，那么他们的这种怀疑就会加深——罗斯福说："长期以来，英国银行家和德国银行家就把世界贸易的利益稳妥地装进了自己的荷包，即使德国在上一场战争中战败。然而，这不利于美国贸易，不是吗？"安东尼·伊登讥讽地说："罗斯福憎恶殖民主义，以此为原则，却是为了从中获得可能的利益，倒使得他不那么令人敬佩了。"

这些利益包括美国国防部所觊觎的在太平洋地区的英国基地，以及中东地区的石油开采权。意识到美国石油储备无法满足未来需求时，美国政府官员决心打破英国在中东地区的统治，为美国获取石油开采权。与此同时，美国商人则迫切希望进入被英国的帝国特惠制所保护的帝国市场。该制度使英国及其殖民国家形成了经济共同市场，并对从大英帝国之外国家进口的货物实施严格关税。虽然英美两国建立了前所未有的亲密军事联盟，"但事实是，"历史学家凯瑟琳·伯克（Kathleen Burk）说，"美国始终将英国视作必须削弱的竞争对手。"

早在美国参战前，华盛顿就利用谣言——英国人把通过《租借法案》获得的货物用来出口——迫使伦敦放弃出口美国供应品，甚至放弃出口类似的英国货物。英国滥用《租借法案》货物为自己获取经济利益的报道并无事实根据，但美国决策人仍然强烈要求英国不得在战争中谋取任何商业利益。伊登和其他英国官员对美国的要求感到义愤填膺，认为这是经济敲诈，但最后，吉尔伯特·怀南特重申了尽量减少"双方之间的摩擦和误解"的重要性，从而说服他们签订了这项协议。巧合的是，英国战时出口的减少促进了美国对许多国家市场的渗入。在战争结束时，英国出口量下降了50%，而美国的出口量增加了三倍。

而与此同时，在另一方面，英国则强烈抵制美国利用《租借法案》来操控自己。1941年夏季，罗斯福政府提议，英国应当取消帝国特惠制，作为对

《租借法案》的回馈。美国官员声称，这种贸易歧视严重阻碍了国际经济增长，因此为了战后的和平与繁荣，他们要求自由贸易。在英国看来，自由贸易尤其有利于美国。美国长久以来就寻求与大英帝国公平贸易的机会，但与此同时，美国坚持保持其高关税（美国人争辩说他们的关税对所有美国贸易伙伴一视同仁）。

虽然丘吉尔是坚定的帝国主义者，但他并不太喜欢帝国特惠制。但对于被迫同意有利于美国的战争经济秩序一事，他与内阁成员都强烈反对。他们思考着，凭什么《租借法案》需要回馈？当时，英国的帝国主义发展达到顶峰，英国向并肩作战的盟国支付了报酬，并不希望之后存在任何经济赔偿。那么美国为什么不能效法英国呢？

1942年2月，就这个问题，丘吉尔在给罗斯福的一封未发送的电报中气愤地说："必须记住，在过去27个月中，我们大部分时间是孤军作战……如果我们失败，轴心国的恶行……就会降临到美国。"而在发送给总统的电报中，丘吉尔说，英国内阁已经对此作出了决定。通过投票，内阁否决了用帝国特惠制交换《租借法案》——他们认为，如果英国这样做了，"那就等于我们接受对大英帝国的内政干涉"。

最后，双方达成了妥协。两国政府同意在战后建立国际经济合作，而英国不用取消帝国特惠制。但美国人在战争结束后再次提起这个问题时，英国不能逃避。

在战争后期，丘吉尔和罗斯福每况愈下的健康状况加剧了这两国领导人的关系破裂。持续不断的战争高压给他们以及两国政府的其他重要官员都造成了巨大身体亏损。英美高级军事官员及政府官员皆在战时日记和信件中抱怨，战争导致他们身心交瘁、长期患病，甚至经常酗酒。数年后，艾伦·布鲁克翻看了自己在1943年末写的泄愤日记后，想起当时自己的精神状况不好，说道："我觉得自己离精神崩溃不远了。"

1943年初，在卡萨布兰卡会议结束后，罗斯福和丘吉尔都得了重病——

丘吉尔患上肺炎，罗斯福得了流感。之后，他们曾经的活力似乎大部分都消失了。1943年，当年轻的报纸记者大卫·布林克利首次在白宫见到罗斯福时，他对总统的沧桑面容感到震惊。"报纸、杂志和新闻短片中展现的是一位身强力壮的帅气男人形象，"布林克利说，"而现实是一位苍老憔悴、疲惫不堪的男人……这个男人面色苍白、双手颤抖、双眼浑浊、目光游离，他的脖颈皮肤一层层地松弛下垂着。"当布林克利询问罗斯福的新闻秘书总统怎么了，对方耸耸肩回答说："他就是累了，呕心沥血地操心世界大战。"当时，罗斯福已经任职总统11年，因此更加显得精疲力竭：他的身体呈现出在两年内就可能导致他殒命的严重高血压和心脏病迹象。他的家人和助理们对他逐渐加重的萎靡和偶尔的健忘感到愈发担忧。

丘吉尔也因操劳过度，似乎丧失了全神贯注的专注力。艾伦·布鲁克说："我开始觉得……他在整个战争期间背负的巨大压力逐渐把他压垮了。"丘吉尔比罗斯福年长七岁，陷入战争泥潭的时间也比总统更久，因此他的压力无疑更大。而雪上加霜的是，他还得经常外出访问罗斯福、其他盟国和英国军队，因而他比平常更易感到愁闷、不适、疲惫和冲动。首相的私人医生认为这开始影响到他的工作，布鲁克和英国政府的其他官员则担忧丘吉尔在战略和战术思想及立场上的突变，以及他的力不从心——"一件事还没能完成，又开始着手其他事情"，而且偶尔"在判断上犹豫不决"。1943年10月，布鲁克在日记中写道："我逐渐发觉，身处迟暮之年，他的协调性变得越来越差！我无法控制他了……他拒绝倾听任何辩论。"布鲁克的传记作者阿瑟·布莱恩特（Arthur Bryant）指出，在丘吉尔和布鲁克日益增多的舌战中，他们都"太过于疲惫而没有意识到彼此都处于同样的状况"。

1943年11月12日，罗斯福在切萨皮克湾登上了"爱荷华"号战列舰，首次开启了前往中东的艰难旅程——首先到开罗，参加与丘吉尔和蒋介石的会议；然后到德黑兰，参加西方领导人与令人烦躁的苏联盟友之间的首次会议。丘吉尔和罗斯福都不想该会议在德黑兰召开（刚从新一轮流感中康复的罗斯福告诉黛西·萨克利,伊朗首都是"疾病的温床"),因此他们俩都努力劝说斯大林把会议地点定在其他地方。但斯大林拒绝了这一要求:如果他们想见他,那就必须接受他指定的地点。

罗斯福启程一天后,丘吉尔在普利茅斯踏上了"声望"号战斗巡洋舰,当时他身患重感冒,咽喉疼痛。随行人员中包括他的女儿兼私人助理萨拉,以及吉尔伯特·怀南特,这是怀南特首次参加罗斯福和丘吉尔同时在场的会议。怀南特的眼中钉埃夫里尔·哈里曼,除了一次会议未出席外,设法挤入了西方领导人参加的所有其他战时会议,而大使则被排除在所有会议外,除了此次的开罗会议和德黑兰会议。怀南特认为更糟糕的是,华盛顿的任何人都未曾告诉他会议上发生的事情,所以他不得不向丘吉尔和伊登了解会议上讨论的问题。在1943年魁北克会议后,怀南特在给罗斯福的信中写道,除了从首相和伊登那里获得了简要的信息外,"我完全不知道……任何重大政策的决定"。

由于盟国胜利在望,会谈开始围绕经济和政治问题展开,而怀南特迫切希望在战后世界重组中发挥重要作用。在德黑兰会议前不久,当英美报纸上刊登着猜测他不久就会返回华盛顿担任劳工部长的各种文章时,他对白宫忽视他和不通知他的沮丧和愤怒之情彻底爆发了。这些文章也提到了霍普金斯或哈里曼将接替他在伦敦的位置的谣言。怀南特立即给霍普金斯发电报,告知他这些报道,并说"这些事情本不会造成伤害,若非众所周知你和哈里曼进行了——你理应和我,驻英大使进行的——大量交流"。后来,他宣称:"除非给予比我所获得的更多信息和更多支持,否则驻伦敦大使不可能成为有效代表。"

霍普金斯努力安抚怀南特,正如他过去的做法一样。"我非常清楚你的感受,"他告诉怀南特,"如果我是你,我也会有同样的感受。"总统的首席助理否认了怀南特被替换的谣言,声称罗斯福"不仅对你绝对信任,而且还认为你比以往任何驻英大使都出色……没有谁比你对战争的贡献更大,而且在华盛顿的所有朋友都持同样的看法"。这一次,霍普金斯在口头安慰的同时，还采取了实际行动：邀请怀南特到开罗和德黑兰。

在开罗，罗斯福为丘吉尔和参加会议的其他高级英美官员举办了感恩节晚宴，其中包括怀南特和哈里曼。当晚，丘吉尔和罗斯福旧情重现。总统为餐桌旁的嘉宾们切分了两只巨大火鸡，在欢乐的晚宴后，在场的唯一女人萨拉与怀南特和其他男嘉宾共舞，而她的父亲则与罗斯福的首席军事秘书埃德温·沃森（Edwin Watson，绰号"老爹"）将军一起轻快地踱着步。在晚宴敬酒词中，罗斯福说道："通常来说，大家庭比小家庭更加紧密团结……今年，随着英国人民加入我们家庭，我们成了一个大家庭，所以比以前更团结一致。我敬这个大家庭一杯，愿这个大家庭长存！"

然而，这个大家庭的团结一致仅仅持续到德黑兰会议。在整个德黑兰会议期间，总统的态度明显忽视丘吉尔，迎合斯大林。因为在过去几个月中，斯大林对欧洲第二战场迟迟未开辟而愈发愤怒。虽然丘吉尔和罗斯福的英美联盟呈现一片和谐景象，但毫无疑问，西方盟国与苏联的关系却麻烦重重。据科德尔·赫尔说，罗斯福在德黑兰期间的计划是"劝说斯大林先生摆脱……冷漠、故作神秘和猜忌的态度，直到他开阔视野，扩大认识"。总统曾对内阁说，他确信，斯大林接受的俄国东正教教士的短暂培训已经"深入骨髓"，他的举止将"和基督教绅士的举止一样"。在德黑兰会议上担任总统翻译的年轻美国外交家兼苏联问题专家查尔斯·波伦（Charles Bohlen）说："我觉得罗斯福没有认识到布尔什维克主义者和非布尔什维克主义者——尤其还是美国人——在思想上的巨大鸿沟，他觉得斯大林与他看待世界的观点多少一致。"波伦还说："总统若对历史及异国民族有更深刻的了解和认识会很有用。"

就在会议开始前，哈里·霍普金斯对莫兰勋爵说："你会发现我们正在联合俄国人。"霍普金斯说的"我们"包括丘吉尔的旧知己兼牌友哈里曼——新任美国驻苏联大使。鉴于自己已不再是首相的非官方顾问，哈里曼建议总统不与丘吉尔一起待在英国公使馆，而与斯大林住在苏联驻德黑兰大使馆，从而方便他安抚和消除斯大林的疑虑。现在被英国人看作对手的哈里曼，用布鲁克的话说："正以牺牲自我的利益为代价，努力改善美国和斯大林的关系。"亚历山大·贾德干（Alexander Cadogan）是英国外交部的常务副部长，当哈里曼认为贾德干"所忘记的比他知道的还多"而提点他和安东尼·伊登"如何召开国际会议"时，贾德干对此愤怒不已。当会议开始时，布鲁克对莫兰勋爵说："总统已是斯大林的囊中之物。"

当丘吉尔邀请罗斯福共进午餐时，总统拒绝了。霍普金斯解释说，罗斯福不想造成"他和温斯顿正同心协力让斯大林难堪的印象"。然而，罗斯福却与斯大林一起让丘吉尔难堪。在议程初期的一个晚宴上，苏联领导人就不停地讽刺首相，而罗斯福，据波伦说："不仅支持斯大林，似乎更享受丘吉尔与斯大林的唇枪舌剑。"数年后担任驻莫斯科大使的波伦说，总统"理应维护正在被斯大林戏弄的自己的密友兼盟友"。罗斯福"总是喜欢幸灾乐祸"，哈里曼后来说道："我觉得可以说，他从未对别人的不幸感到过多少烦心。"

几天后，总统决定换个方式拉拢斯大林：像斯大林之前一样嘲弄丘吉尔。他开始对斯大林窃语："今早温斯顿很暴躁，他情绪不佳。"在受到斯大林的微笑鼓舞后，总统开始直接挖苦丘吉尔，嘲笑"他典型的英国人特征和性格、他的雪茄烟以及他的习惯"。丘吉尔越是露出不悦之色，俄国领导人就笑得越开心，直到最后放声大笑起来。"三天以来我首次看到了希望，"罗斯福后来欢欣鼓舞地对弗朗西斯·珀金斯说，"从那时开始，我们的关系变成私人关系，我们像朋友、像兄弟一样说话。"

波伦不赞同罗斯福的观点。在他看来，罗斯福与斯大林串通起来对付丘吉尔"是个错误……苏联领导人一直认为英国和美国在思想观念上更接近，其中任何一国都不太可能与苏联有共同看法。总统赤裸裸地孤立丘吉尔的行为并未愚弄到任何人，反而极大可能遭到斯大林的暗自嘲笑"。

用其长孙小温斯顿·丘吉尔的话说，丘吉尔对罗斯福的"幼稚巴结行为"感到痛心疾首。据小温斯顿·丘吉尔说，首相从未公开表达他对这件事的感受，仅对家人透露说"他对发生的事情感到极度失望和不快"。

在大多数德黑兰会议的出席者看来，斯大林显然是三国领导人中最优秀的谈判者。在德黑兰会议和之后的雅尔塔会议上，英美外交家和军事当权者都感到忐忑不安，用一位英国官员的话说："俄国总是及时收割利益。而对美国和英国所作出的关于未来的承诺却含糊其词。"斯大林最终得到了英美两国对"霸王行动"的坚定承诺——期待已久的反攻欧洲大陆行动。丘吉尔提议把盟军行动扩展到地中海和巴尔干地区，但罗斯福附和苏联领导人否决了这一提议。但斯大林也承诺，在战胜德国后将对日本宣战。

另外，丘吉尔和罗斯福私下对斯大林的一个重要要求达成协议：战后，苏联将控制波兰东部。丘吉尔曾反复向波兰的流亡政府和武装力量承诺，英国会帮助他们重夺国土，但当斯大林要求苏联继续控制其在1939年占领的大片波兰领土并得到罗斯福支持时，他把这一承诺抛之脑后。后来，总统对哈里曼说，他"不在乎与苏联的邻国是否被纳入共产主义"。

罗斯福强烈反对英国帝国主义，但却对斯大林控制俄国邻国的势在必得的决心另眼相看，英国官员对此表示义愤填膺。在德黑兰，罗斯福对斯大林说，"美国和苏联都不是殖民国家，所以我们能够轻松地商讨"由殖民帝国——比如英国和法国——造成的问题。莫兰勋爵在日记中写道，总统"总是扯上大英帝国，虽然总统对一大片欧洲领土落入苏联之手似乎感到烦心，但却从未提出任何异议"。

德黑兰会议禁止记者报道，所以在会议结束后，关于会议上达成了什么协议或讨论了什么，不存在任何报道或消息。当罗斯福和丘吉尔返程时，他们仅宣称首脑会议取得成功，三巨头"已经成为原则和目标一致的事实朋友"。

爱德华·默罗是对此乐观声明表示怀疑的极少数英美新闻记者之一。根据欧洲流亡国家政府以及其他知情人提供的信息，他对德黑兰发生的事情有了相当的了解，认为那并非纯粹的友谊。虽然默罗对苏军及其在东线战场上取得的胜利表示非常钦佩，但他对斯大林及其对东欧的意图一直都保持警惕。"与斯大林交谈甚多的人们告诉我说，斯大林对获取更多领土不感兴趣，"

在德黑兰会议前，这位哥伦比亚广播公司的新闻记者在广播报道中说，"但苏联的邻国可不敢如此确定。他们希望知道英国和美国与苏联达成了某种协议，能让他们对《大西洋宪章》中所承诺的美好确信无疑。"

德黑兰会议后，默罗报道说，会议上确实存在意见纷争。他批评说，他看到的是西方盟国的原则和理想逐渐枯萎——如此言论让他遭到了公司赞助商和听众的严厉批评。"人们似乎希望被误导，他们愿意相信事情很简单，相信三国领导人在四天内能坐下来达成必要的协议，"他对纽约的朋友写道，"任何现实主义的言论都立即被贴上厌世、愤世嫉俗和悲观主义的标签。我最近被家乡人贴上了许多此类标签。"

他接着说："在战时伦敦，我曾一度是极少数持乐观主义的美国人中的一员。因为当时问题都很简单，而且结果是由具有强烈历史感的英勇民族来决定。当时没有任何需要担忧的因素。但是现在，在我看来，我们进入了必须做决定的阶段，然而却没有作出任何决定。"

尽管罗斯福高谈阔论建立正义、和平的战后世界的理想，但和丘吉尔一样，他并没有认真地制定把该理想变成现实的长远计划。事实是，在战争期间的大部分时间，总统都强烈抵触对如何建立和维护和平的任何详细讨论。两位西方领导人都专注于自己的手头任务——赢得战争的胜利。而相比之下，斯大林就在德黑兰会议上明确表示，他的战时行动与战后战略——赢得对波兰和其他邻国的统治权——密不可分。

罗斯福眼中的与苏联的战后友谊，用历史学家沃伦·金博尔的话说，"模棱两可，定义不清"，并没有任何实际计划来达成这种关系。总统似乎毫不担心他的提议——在战后把苏联列为世界警察之一——可能存在任何风险。确实一些怀疑论者问，有什么能够阻止世界四大警察——美国、英国、苏联和中国——把自己的意志强加给其他小国呢？（埃莉诺·罗斯福向丈夫提出过这个问题，并认为他的警察理论"充满危险"。）而且，总统曾提出创建一个由平等、独立国家组成的国际组织，那么他要如何兼容他的四大和平卫士理论与这项提议呢？

1943年4月的某天下午，罗斯福若有所思地和黛西·萨克利谈到了他想象中的新国际组织的结构。他对她说，他想成为新组织的掌控者，而吉尔伯特·怀南特和哈里·霍普金斯担任他的助手。按照他的想象，该国际组织每年在不同的国家召开会议，且会议地点在距离优质飞机场不远的岛屿上，设立时间至少半年。他将拥有主要由秘书和速记员组成的随身侍从，但也有来自其他国家的助理。

显而易见，这只是黄粱一梦。后来，当战争临近结束时，关于这个国际组织将如何运作以维护和平，罗斯福仅提出了极少的硬性规定。他对待这个问题以及一些其他战后问题——包括美国与苏联的关系——的方式，和他解决国内麻烦问题的习惯一样，用沃伦·金博尔的话说是"拖延、回避、推托和搪塞"。显而易见，总统想尽可能地拖延对自己观点的定论。当副国务卿萨姆纳·威尔斯（Sumner Welles）建议建立一个由盟国代表组成的小组来着手规划和平协议和战后国际政策时，据威尔斯说，罗斯福"立刻拒绝"了这个建议。他对英国政府官员的规划努力也同样淡然置之，尤其是英国外交部的安东尼·伊登及其属下的规划，这些规划包括一份合理的未来和平协议提纲（虽然丘吉尔本人对此项工作毫无兴趣，但他并未阻止伊登和其他政府官员投入这项工作）。哈里·霍普金斯警告英国人不要试图率先绘制战后的世界蓝图。霍普金斯说，总统"对这些问题非常敏感，因为可以说，他把制定战后协议视作自己的特殊义务。"

吉尔伯特·怀南特本人是战后规划的强烈反对者，但却夹在总统与伊登和欧洲流亡国家政府之间左右为难。到1943年初，流亡政府一直敦促英国和美国着手规划战后欧洲的经济重组。怀南特努力游说华盛顿让自己在战后重组工作中占得一席之地，他说英国政府"被指控拖延时间，但其实是被我们拖了后腿，因为英国也迫切希望有所进展……重要的是，我们不能拖延太久，让我们的欧洲大陆盟友怀疑我们不想合作，或将从中退出，像我们在上一次战争后的做法一样"。

但美国政府继续在战后重建问题上拖延时间，正如当欧洲人民从德国魔掌中解放之际，美国政府拖延对他们的救济行动一样。直到英国建立了一个负责欧洲救济和重建的盟国内部委员会，美国才最终介入，成立美国救济和复兴管理局来监管盟国的工作。

罗斯福政府决心保留对英美战后规划各方面的掌控。总统和赫尔对在华盛顿以外进行的所有实质性会谈都唱反调。最终，他们的桀骜不驯阻碍了盟国面临的最重要和最有争议的一个问题的解决：战后德国的未来。

在德黑兰会议前不久，罗斯福、丘吉尔和斯大林创建了一个英美苏联合委员会——欧洲咨询委员会——来拟订德国的投降条件、战后占领德国事宜，以及刺激德占欧洲复苏的长期计划。该委员会由安东尼·伊登提出，他认为如果要避免战后冲突，那么三大盟国必须参与到这项大尺度规划中。然而，赫尔表示，美国不赞成对该委员会授予决定性权力。最后，美国仅参与了德国问题的处置。

在德黑兰会议上，三国领导人就德国的命运进行了简单商讨，并只在两个问题上达成了一致——联合控制柏林，把德国划分为三个占领区，由主要盟国统治。领导人把如何划分德国的具体事项，以及有关德意志帝国的其他问题，包括可能存在的帝国分割，都留给了设在伦敦的欧洲咨询委员会。该委员会成员包括怀南特、苏联驻英国大使费奥多尔·古谢夫（Feodor Gusev）和英国外交部的高级官员威廉·斯特朗（William Strang）爵士。

1944年1月，当该委员会成员首次会面时，斯特朗携带了29份工作文件，其中包括一份投降书草案，一份规定英国、苏联和美国占领区的拟订草案。古谢夫也提出了苏联的要求。而唯独怀南特没有收到自己政府的具体指示或提议，而这在很大程度上归因于，美国战争部和国务院对战后德国政策存在严重分歧。战争部官员坚持说投降和占领条件完全属于军事问题，欧洲咨询委员会无权干预。在给哈里·霍普金斯的一份简报中，战争部长助理约翰·麦克洛伊声称英国企图主导对战后德国的规划，并要求非军事政府机构尤其是设立在伦敦的非军事政府机构，不得参与重大决策的制定。怀南特和国务院的一些官员强烈反对这一主张,声称三大盟国都必须参与对德国的规划,否则战后会出现混乱以及单边制定的占领决策。

最后,战争部赢得了这场官僚战争,阻止了美国有效参与该委员会的议程。从怀南特把英国方面的工作文件寄给赫尔并要求指导之时起,接近两个月过去了,他都未收到来自华盛顿的任何回应。政府的毫不退让让大使一次又一次地感到"万分尴尬"。怀南特请求赫尔和罗斯福给予指导或指示,但都徒劳无功。总统希望战后决策由自己、斯大林和丘吉尔来制定,因此从未对该委员会表现出任何热情,同时他也不想在战争结束前制定出具体的和平条件草案。"我非常担忧",1944年2月怀南特给丘吉尔写信道,盟国"不愿周密详尽地为未来做准备,以至于到时候我们可能会让自己陷入麻烦之中"。

怀南特以及其他人所担忧的是,未能对战后局势做出规划将造成总统无法想象的麻烦。

第 18 章

行动到底会成功吗？

1944年春季，在居住于英格兰东部和南部的所有人看来，期待已久的反攻欧洲大陆行动无疑即将开始。东安格利亚区的天空"和皮卡迪利广场一样川流不息"，日日夜夜充斥着"空中堡垒""解放者""惠灵顿"和"兰开斯特"重型轰炸机的轰隆声，它们去执行轰炸法国铁路网和运输设施的任务。载重汽车队、坦克和飞驰的吉普车塞满了南部的大街小巷，而迷彩大炮等武器以及其他数百万箱军用物资则在森林中、田野里、广场上、乡村绿地以及各种道路边堆积成山。据《纽约客》的莫莉·潘特-唐斯说，充满质朴魅力的英国乡村变得"几乎只有在书本中才能看到"。

英国南部的港口码头排列着高高耸起的起重机，停泊着不计其数、各种类型的远洋轮——英美战舰、登陆舰和来自世界各地的商船。而不列颠岛还容纳了来自英国、美国、加拿大和其他国家的200多万名士兵。在平常时间里，他们在沿海和其他地方接受了严苛训练，随后在周六晚上涌入村庄和城镇进行放松娱乐。潘特-唐斯说，那个时候，生活在英格兰就像"生活在由航空母舰、人山人海的浮船和堆积着极高的贴满'欧洲'标签的物资仓库组成的巨大空间中"。

那年春季风光旖旎，但除了反攻行动，英国几乎没人在意这些风景，或者其他类似的事情。关于登陆日期和地点的谣言就像病毒一样席卷伦敦。罗伯特·阿尔比布回忆说，每个人都翘首以盼，"时刻收听广播，翻阅报纸，观望天空，关注天气"。玛丽·李·塞特尔也说，人们不断观看天空预测未来，就像"农民观天气、看收成"。

但没人比行动总司令德怀特·艾森豪威尔将军更警惕、更紧张。1944年1月，他返回伦敦担任盟国远征军最高司令部总司令这个要职，并肩负着更重大的责任。在未来的四个月中，他将组织和指导历史上最错综复杂、最生死攸关、规模最庞大的军事行动。

由于在过去将近一年的时间里，英国将军弗雷德里克·摩根爵士监管了"霸王行动"的初步计划，这多少缓解了艾森豪威尔的压力。摩根富有幽默感、对美国人具有亲和力，因而赢得了马歇尔和艾森豪威尔的尊重和信任。他们之后评价说，他让"诺曼底登陆成为可能"。和艾森豪威尔计划"火炬行动"时的做法一样，摩根决心把来自不同国家的部下打造成一支统一战队，因此他在初期也面临着巨大困难。摩根回忆说，"持续不断的性格冲突"不仅存在于美国人和英国人之间，还存在于不同兵种代表之间，以及每个民族内部之中。他还说："需要注意的问题并非是冲突的存在，而是冲突被压制了。"

摩根与自己部下的美国参谋长雷·W. 贝克（Ray W. Baker）将军建立了非常紧密的关系，帮助促进了友好情谊的最终实现。在他们的合作初期，他们彼此交换了军上衣的一颗扣子并缝制在自己制服上面，作为友爱的象征。摩根爵士还在圣詹姆斯广场的诺福克府——曾是"火炬行动"的总部，现在是摩根部队的总部——建立了一个酒吧来增进情谊，而他的部下在休息时都聚集于此。他说，"丝毫不用怀疑该整体的完整性"。摩根部下的美国人可能讨厌英国食物，反之亦然，但"当涉及酒类时，美国人和英国人的习惯却惊人地相似"。当摩根和部下完成了"霸王行动"的初步计划时，他们在诺福克府的一楼举办了一场热闹非凡的派对，并邀请了一支英国伴舞乐队和美国摇摆乐团助兴。摩根爵士回忆说："所有人都敞开心扉，尽情享受。"

行动计划员之间与日俱增的亲密和相互信任,在和华盛顿的美国军事首领举行的一次跨大西洋电话会议中展现得淋漓尽致。按照惯例,电话会议双方都有几个人参加。在会议结束之际,华盛顿方的主要发言人——一位陆军上将——告诫伦敦方的会议参加者,"向我保证,不要告诉英国人"此次会议的内容,但却传来一阵哄堂大笑。上将问他们为何而笑,得到的答案是,在伦敦方的会议参加者包括两位英国将军、一位英国海军上将以及其他人。

当艾森豪威尔接管了"霸王行动",他决心让自己的部下之间产生类似的同志情谊,正如他在"火炬行动"中的做法一样。但这次,他决定在诺福克府外发展友谊。让盟国远征军最高司令部的许多成员感到沮丧的是,艾森豪威尔把总部从花天酒地的西伦敦搬到了亨利八世的汉普顿宫附近的布什公园——位于首都中心大约10英里之外的郊区。"这样一来,我们就远离了矫揉造作的社交生活,"艾森豪威尔对凯·萨默斯比说,"官员们只能待在一起,也能很快地了解彼此的为人处世方式。"

将军在回忆录中说道,虽然对建立情谊存在大量"反对和悲观预测",盟军内部也发生了无数意见纷争和性格冲突事件,然而,他的部下最终"形成了比生活的轻微不便更重要的关系"。这些不便包括没有暖气的混凝土地面办公楼、供初级官员睡觉的半圆活动营房和供士兵睡觉的帐篷。尽管条件艰苦,盟国远征军最高司令部的许多人认为在诺曼底登陆的前几个月是相当愉快、和谐的经历,而这主要归功于他们的首领。英国历史学家约翰·惠勒－本内特(John Wheeler-Bennett)也是"二战"中盟国远征军最高司令部的参谋,他说,总司令"努力保持一视同仁的心态,对在自己指挥下的两大盟国部队不分彼此"。之后成为历史学家的诺曼·朗马特(Norman Longmate)也在盟国远征军最高司令部工作,他说,他和英国同胞"把艾克看作英雄。大家认为他真诚关心在总部工作的每个人的福祉,因为他坚持要求英国士兵和美国人享有同样的军中福利商店特权"。

关于"霸王行动",历史学家马克斯·黑斯廷斯写道,它是"第二次世界大战中在组织方面最伟大的成功,参谋的丰功伟绩惊艳了历史,而英美计划员和后勤人员别具匠心的想象则是战争中无法超越的"。当然,这是在诺曼底登陆行动发生之后的评价。在登陆前,许多行动计划人员都忧心忡忡,包括总司令艾森豪威尔在内,担心盟军还没有做好行动准备,担心行动会惨遭失败,用弗雷德里克·摩根的话说,担心行动变成"一场最大范围的惨绝人寰的灾难"。

气势磅礴的"霸王行动"让"火炬行动"甚至之前所有美英军事行动都相形见绌。来自六个盟国的接近两百万名海陆空部队参与了诺曼底登陆和随后的进攻,因此带来了超乎想象的后勤问题和其他问题。盟军必须实现自1066年征服者威廉一世以来没人完成的任务——发动一场跨越英吉利海峡的猛攻并获得成功。

各种疑问和焦虑存在于行动的方方面面——从登陆舰数量不足,到海峡跨越过程中不可预测的天气,再到物资的匮乏。数周以来,艾森豪威尔不断与轰炸能手图伊·斯帕茨和阿瑟·哈里斯唇枪舌剑,因为他们不愿把自己的飞机和机组成员交给艾克直接指挥,他们仍然相信单靠自己的空军力量就能够赢得战争的胜利。然而事实却完全相反。"天啊,"艾森豪威尔对一位英国同僚吼道,"你去告诉他们,如果他们不同心协力,不停止幼稚无理的争吵,我会告诉首相让别人来代替他们作战!"最终,图伊·斯帕茨和亚瑟·哈里斯屈服了,但据在诺曼底登陆行动中担任美国第一陆军指挥官的奥马尔·布莱德雷后来说,他们的拒不服从造成的一个后果是"我们在几乎没有接受过任何地空协同作战训练的情况下直接登陆了法国"。

由于航空队指挥官们难于应付,他们远在艾森豪威尔及其幕僚的主要考虑范围之外。盟国远征军最高司令部高官们最担忧的是,盟军的地面部队——行动的关键力量——可能无法胜任行动任务。艾克、布莱德雷和其他作战指挥官认为,就他们所见,地面部队于春季在英格兰南部沿海进行的两栖作战训练和其他训练的表现,委婉地说,不尽如人意。布莱德雷说,模拟两栖登陆"更像是和平时期的机动演习,而不像是反攻欧洲大陆行动的正式预演。"

哈里·布彻在日记中写道,许多年轻美国官员似乎缺乏动力和目标,仿佛"把战争看作一场开开心心的大型演习"。

丘吉尔对艾森豪威尔的担忧感同身受,第一次世界大战中加利波利登陆战役的惨烈和战争的腥风血雨对他来说仍历历在目。丘吉尔和艾伦·布鲁克长期以来一直反对极其危险的"霸王行动",因而随着登陆日期一天天逼近,他们"被疑虑和担忧百般折磨",布鲁克如是说。"我从未想经历现在的日子,"5月27日布鲁克在日记中写道,"跨海峡行动简直是心灵的煎熬。"

自同盟形成伊始,艾森豪威尔便是该行动的最主要拥护者之一,因此一直都在公众面前显得胸有成竹,但其实,他的身心已饱受摧残。他过度吸烟和饮酒,并患有头痛、反复发作的咽炎、严重咳嗽、极高的血压、胃痛和长期失眠。凯·萨默斯比说:"他从未如此紧张不安和愁眉不展。"

盟国远征军最高司令部总司令清楚,"霸王行动"没有重来的机会。"这次冒险行动中,我们面临的不只是战术失败的风险,"他在4月初写道,"这是孤注一掷的行动。"

当艾森豪威尔及其部下在布什公园为诺曼底登陆行动伤神时,熙熙攘攘、喧闹不堪的伦敦则呈现出狂欢气氛。那里的交通全面堵塞,餐厅和俱乐部人头攒动。刚到伦敦的人要花上数天甚至数周才能找到一间空置酒店客房或公寓。他们许多是来自世界各地、为近距离报道这场最大战役的美国记者。从突尼斯来到伦敦的厄尼·派尔写道:"我认为,如果盟军登陆不成功,单单美国通讯记者的力量就足够抢占滩头阵地了。"

来到英国首都的500名美国记者中,有许多人和派尔一样来自其他战场——北非、意大利、亚洲和太平洋战场;其中有一些头发斑白的资深通讯记者,他们曾现场报道过第一次世界大战;还有一些是初入新闻行业的毫无经验的新手,刚刚走出报社所在的城市、团体或体育编辑部。他们许多都效力于《服饰与美容》和《体育新闻》之类的杂志,从未对战争报道有过任何兴趣。派尔对这些龙蛇混杂、毫无经验的新同行感到困惑不解,讽刺地说:"如果《狗报》记者没能迅速从狗的角度报道登陆行动,我可能再也不会买狗报了。"

在静候诺曼底登陆的同时,这些新来的记者陷入了觥筹交错的伦敦社交生活,对其中大多数人来说,登陆行动前的几周变成了一场持续不断的派对——午宴、晚宴、鸡尾酒会、夜总会的贴面舞会以及在烟酒气味缭绕的酒店客房进行的通宵达旦的纸牌游戏。当时,烈酒和葡萄酒对大多数伦敦人来说都变得遥不可及,但拥有官员般的地位、高工资和报销账户的美国新闻记者,和美国军官一样,不费吹灰之力就能获得大量的酒。

在战争结束数年后,威廉·佩利回忆着登陆行动前的昼夜享乐时光。他想起了在查尔斯·科林伍德公寓举办的一场狂饮喧闹的男性聚会——聚会声势浩大,持续了一整夜。这位哥伦比亚广播公司董事长说:"那晚的一切都很有趣……大家情投意合,纵情喧嚣。那是我生命中记忆最深刻的夜晚之一。"

欧内斯特·海明威也是当时的一位派对狂热者。5月,他作为《科利尔》杂志的特约记者来到伦敦。这位著名小说家参与"霸王行动"的报道并非是源于最近涌动的想成为战地记者的澎湃激情,而是因为他想用行动来反驳感情已疏远的妻子玛莎·盖尔霍恩(Martha Gellhorn)。盖尔霍恩也是《科利尔》的通讯记者,曾报道过意大利战役。1943年末,她告诉海明威:"我认为当这场战争结束,而你却没有参与其中时,作为作家,你会感到自己精神食粮匮乏。"

他知道如果自己为《科利尔》撰稿,那么盖尔霍恩就会因此黯然失色,所以他争取到了报道英国皇家空军的任务。然而一到伦敦(他经常称之为"亲爱的伦敦老镇"),他就在多切斯特酒店居住下来,更多地沉溺于酒和女色,而非新闻任务。约翰·帕德尼(John Pudney)是英国皇家空军的一位年轻公关官员,被派来协助海明威,却发现他行为粗野、令人不悦。"在我看来,他沉醉在自己欧内斯特·海明威的角色中,"帕德尼说,"他就好比被叫来扮演20世纪硬汉角色的多愁善感的19世纪演员。相比……一群视死如归的年轻士兵,他看起来就像一个怪异的卡片人。"

来到伦敦没几天,海明威便邂逅了玛丽·韦尔什,并宣称要娶她。他向韦尔什抱怨说,自己被一群伦敦社交名媛和贵族包围,她们被他的名气和硬汉形象所吸引，纷纷来到他下榻的酒店客房与他调情和进行短暂的性接触。"她们想通宵待在我这儿，"他抱怨说，"然后让我第二天早上送她们回家、巧遇正准备前往办公室的她们的丈夫大人。"

但并非所有的美国新闻记者都热衷于伦敦的疯狂社交生活。爱德华·默罗以及其他几名长期驻伦敦的通讯记者，都在热火朝天地准备"霸王行动"的新闻报道，没有时间考虑这些轻浮享乐之事。默罗是杰出的驻伦敦美国记者，而现在又担任美国驻外记者协会主席，因此他全神贯注于诺曼底登陆行动准备的方方面面。他与其他三名记者一起，和盟国远征军最高司令部通力合作，解决各种各样的新闻报道的组织问题：多少记者现场报道登陆行动，他们如何到达登陆点，到达后去哪里，他们如何向报社发送新闻稿。由于从法国进行广播报道存在不确定性，美国各个广播公司同意汇总他们对"霸王行动"的报道，并由默罗指导整合工作。他还被任命播送艾森豪威尔在诺曼底登陆行动中对盟军发表的声明。

这些职务都彰显着荣誉，但哥伦比亚广播公司的这位广播员对此并不开心。他想要的工作是现场报道登陆行动。在过去四年中，他几乎很少参与战争的现场报道，而是留在伦敦的四方天地中羡慕在突尼斯、在中国南海等前线报道的战地记者。对讨厌坐在办公室上班的人来说，这种死板工作简直是折磨。

1942年，在查尔斯·科林伍德前往北非的前一天晚上，他与默罗外出喝酒。当两人喝得酩酊大醉、在深夜跟跟跄跄返回默罗的公寓时，默罗被垃圾桶绊倒了，默罗大叫道："天啊，我真羡慕你能去前线，真希望能和你一起走！"而几个月后，他确实在突尼斯前线待了数周，但哥伦比亚广播公司的上级告诉他，他对公司非常重要，不能经常这样冒生命危险。在参与诺曼底登陆现场报道的28名美国记者中，5名来自哥伦比亚广播公司——对这个刚成立七年的新闻机构来说可谓巨大成就。但默罗从一开始就知道，作为对公司最有用之人，他不在这5名幸运儿之列。

虽然默罗被禁止到战争前线报道，但他设法让自己经历了另一种战时危险。在过去五个月中，他参与了不止六次英国皇家空军和美国第八航空队的轰炸任务，其中多数是轰炸德国本土。1943年12月，默罗报道了自己的一次飞行经历，成为第二次世界大战中最著名的新闻报道之一。他对空战的恐怖，包括地面和空中的危险，不加掩饰地进行了描述。报道开头说："昨晚，英国皇家空军的几名年轻绅士带我去了柏林。"刚刚完成任务返回的默罗疲惫不堪，声音颤抖，双眼泛红。他描述着在他周围和地面的刀光血影的场景——"有的人在空战中丧生，有的人却在酒窖取暖。"他还讲述了当自己所乘坐的英国皇家空军轰炸机被德国探照灯包围时，自己是多么"胆战心惊"。他说，那晚的柏林是"炮声急管繁弦般的地狱……在35分钟左右的时间里，投向柏林的炸弹数量，是伦敦空袭期间一晚上遭受的炸弹数量的三倍"。

在随后的几天里，祝贺这位哥伦比亚广播公司记者的信件和电报纷至沓来。英国广播公司评价他的故事是"最棒的广播报道之一"，并将这个报道传送全国。英国和美国的各个报社都竞相在头版新闻中刊登该报道，包括《每日快报》。该报社编辑阿瑟·克里斯坦森（Arthur Christensen）评价这则报道"意义非凡"，是"独一无二的精彩轰炸故事"，并送给默罗一张支票。默罗用它买了些书，并为载他到柏林的机组成员所在的英国皇家空军基地买了一台新收音机。"大体而论，默罗愤世嫉俗，"帕梅拉·丘吉尔说，"但他对这些年轻飞行员绝对十分钦佩。"

在萨伏伊酒店举办的庆祝英国广播公司成立21周年晚宴上，信息大臣布兰登·布拉肯不断歌颂默罗（"英国最忠诚的朋友"）及其飞行故事（"我所听过的最棒的故事"）。布拉肯对默罗说："亲爱的默罗，你为自己寻求危险的努力可歌可叹。你在战时的工作价值无法估量，没人能取代你的位置。"布拉肯以及默罗的其他许多朋友，对默罗三番五次把自己置身于危险中的行为感到震惊不已。参加一次轰炸德国任务，可以理解，但他参加的任务不止六次，这是为何呢？

英国广播公司执行官迪克·马里奥特（Dick Marriott）认为，原因在于默罗对自己没能参加作战而感到愧疚："我觉得这是对没能参加作战的一种补偿方式。"赫伯特·阿加认为这名记者参加轰炸任务是因为危险的诱惑："这就像毒品，没有它，他就会萎靡不振……当轰炸开始，或者说，当默罗打破常规登上轰炸机、再次面对死亡时，他总是处于最佳状态。"埃里克·塞瓦雷德说，他的老板"对速度有种特殊感情……他喜欢速度的快感，风驰电掣的速度让他感到刺激"。

默罗屡次冒险参加空袭行动确实有一些根本原因。他对《纽约客》杂志承认说，一个原因是他喜欢速度，正如塞瓦雷德的猜测。另一个原因是虚荣心："有三四次，当我坐在伦敦的办公室时，我们听到英国广播公司重播我之前的报道，这让我感到无与伦比的开心。"他对一位友人说："要想写写或谈论危险话题，你就必须亲身体验危险。这种经历让你了解士兵在作战中发生的事情，更重要的是，它让你更了解自己。"但他在写给他嫂子的一封信中也承认说，他参加这些任务是想暂时摆脱自我不断施加的生活和工作压力。他在信中对她说，自己几乎一直处于"疲惫和沮丧"的生活状态。他的工作压力剧增，而家庭关系也变得急剧紧张、琴瑟失调，主要原因在于他与帕梅拉·丘吉尔之间的绯闻。"当我在空中飞行时"，他说，忧愁"似乎消失了，但最终还是无法摆脱"。

不管默罗的冲动是基于何种原因，威廉·佩利都希望他能停止。"我努力劝说他，参加这么多次任务太愚蠢，"佩利回忆说，"我觉得他是想自寻死路。我不明白他为何这么做，但危险让他兴奋不已。"1943年，在这位哥伦比亚广播公司董事长的逼迫下，默罗承诺不再参与飞行任务，但仅在几天后，默罗就食言了。到战争结束时，他总共参与了24次轰炸突袭。在诺曼底登陆的前几天，在飞往敌占法国、进行轰炸任务的一架美国轰炸机上，他进行了首次现场直播报道。

1944年5月底，伦敦突然变得车少人稀。几天前还在皮卡迪利大街上漫步、对周围女孩们挤眉弄眼并涌向已然爆满酒吧的大批三军士兵仿佛瞬间从人间蒸发了一般。他们朝着已对外封锁的英格兰南部沿海的集结兵营行进，浩浩荡荡的迷彩卡车络绎不绝地沿着乡村道路前进，队伍长达数英里远。它们驶往各个海峡港口，最终的目的地是诺曼底。

对于许多美国人和英国人来说，这是一次令人心碎的离别。罗伯特·阿尔比布感到非常失落，和许多其他美国士兵一样，他已经对英格兰产生亲切之情。"英国不再是一个陌生、未知之地"，英国及其生活方式已经变成了"我们的生活方式，英国人民已成为我们的朋友"，阿尔比布后来写道："正如我们之前不愿离开美国一样，现在我们也舍不得英国。"

在布里斯托尔，凌晨4点，一辆美国陆军卡车在一户人家门前停了下来，然后一个年轻美国士兵跑进屋内，和与他交好的这户人家道别。数年后，这位士兵回忆说："我们泪眼模糊地站在路边相互拥抱、吻别。"在英格兰南部的一个小镇，一队美国坦克和卡车在许多镇民的注视下临时停在一排房屋前。突然，一名女子从屋内出现，端着数碗拌着奶油的草莓。她递了一碗给名叫鲍勃·希恩（Bob Sheehan）的年轻中尉，亲吻他的额头并低语道："祝你好运，平安归来！"受到她的感染，许多镇民都到屋内端出茶水和柠檬水给燥热的美国士兵解渴，还有一些镇民邀请部分美国士兵进屋洗浴和修面。希恩回忆说，在短短几分钟内，"出现了我从未见过的和睦和精神共鸣。我们与他们之间不再有界线，面对危险，我们是一家人"。

当天晚些时候，普利茅斯的一名年轻女子目送着数百名美国士兵登上停泊在港口的登陆舰。"当时我的心好痛，"她回忆说，"双眼泪如泉涌，模糊了我的视线。"另一位年轻英国女子说："他们的离去让我感到天空一片黑暗，世界曾向我敞开大门，然而又再次关闭了。"

当听到轰炸机的轰鸣声时，英格兰人民知道诺曼底登陆行动正式开始了。6月6日午夜刚过，数百架英美飞机出现在东安格利亚的天空，发出阵阵轰鸣声，用爱德华·默罗的话说："看起来就像一个巨大的空中工厂。"轰鸣声持续了一整夜，当天终于破晓时，英国人跑到屋外，向天空中飞往法国的密

行动到底会成功吗？

密麻麻的飞机挥舞着桌布和英国国旗。"整齐的飞机编队从天空传来轰鸣声，"一名女子说，"看着川流不息的飞机，似乎整个天空属于它们。"美国第八航空队的一名成员回忆说："天空看起来就像是我们被蝗虫入侵了……我是较早跨越海峡的美国人之一，50~100架飞机算是一个庞大的编队。当时我喉头哽咽、眼泪盈眶。纳粹德国空军曾跋扈骄恣，现在该我们显露锋芒了。"

快到上午9点时，关于登陆行动的官方公告发出了。一家英国飞机制造厂的总经理对其员工说："女士们、先生们，我们的飞机已经在法国着陆……"然后他哽咽得说不出话，而聚集在他面前的员工已经泪流满面，开始歌唱《希望与光荣的土地》。之后一名工人说："我们默默地返回到工作岗位——为胜利而战。"

当仍在伦敦的少数美国军人行走在街上时，陌生人会过来与他们握手。在这一天，英国和美国的商店、电影院都暂时停业，体育赛事也被取消，涌向教堂做礼拜的公民人数创纪录地多。珍妮特·默罗就是其中一位，她在英国给父母写信说："教堂里的人比任何时候都多，比复活节和圣诞节的时候还多。"在华盛顿，富兰克林·罗斯福与全国人民共同祈祷，上帝保佑"我们的儿子……引领他们勇往直前；赐予其力量，加固其心灵，坚定其信仰……他们的道路漫长且艰巨"。

在英国，几乎感觉不到兴奋和快乐。"除了头顶上的飞机，一切都很安静，"帕梅拉·丘吉尔给埃夫里尔·哈里曼写信说，"那是很棒的一天，但留在伦敦的人们却不知所措。"表面上，那一天跟往常没什么区别，人们照常去办公室、去工厂上班，为晚餐购买食材，与孩子玩耍，排队买最近一期的报纸。默罗对美国听众播报说："走在伦敦的街道上，你会忍不住想对他们吼道：'难道你们不知道今天将创造历史吗？'"默罗当然清楚他们知道，但他们不知道会创造出什么样的历史。"有一种屏气凝息的感觉，"效力于驻伦敦的美国战争信息局的一位陆军列兵兼作家威廉·萨洛扬（William Saroyan）说，"所有人似乎都在祈祷……从他们的表情和做事方式就可以看出。行动到底会成功吗？这是他们内心的疑问。"莫莉·潘特-唐斯思索着伦敦当天的"寂静"，在《纽约客》的作品中她写道："你可以感觉到城市紧绷着的心弦,正努力穿越果园和麦田,穿过海峡,到达法国'那边'的果园和麦田,去感染在那里的战士,然而有的战士已经撒手人寰。"

6月6日破晓时分,当乘坐在B-26轰炸机上的哥伦比亚广播公司新闻记者理查德·C. 霍特利特(Richard C. Hottelet)俯瞰英吉利海峡时,他立即屏住了呼吸。海面上,历史上最强大的无敌舰队正在劈波斩浪、勇往直前。目所能及之处,尽是一艘艘驶向诺曼底的登陆舰。返回伦敦后,霍特利特对同事说:"如果我被迫从飞机上跳伞,我仍可以在舰艇上行走并穿越海峡。"

从这些舰队和不计其数的空中轰炸机、战斗机,就能看出西方盟国力量的威武雄壮。参与行动的首批英国、美国和加拿大地面部队通过美国、英国、挪威、波兰和法国的登陆舰运达诺曼底,由美国、英国、荷兰、挪威、波兰、比利时、捷克及法国飞行员和机组成员提供空中掩护。由于仅遇到轻型高射炮的抵御,而没有受到德国空军的拦截,盟国轰炸机在诺曼底密密麻麻地低空飞行、投下炸弹。当天出动的轰炸机和战斗机超过1.4万架,只有极少数飞机没有返回基地。

虽然盟国的空军力量掌控了天空,但地面的冲锋部队惨遭敌方重型航炮的重创,尤其是在奥马哈海滩登陆的美国部队。然而,到当天结束之时,约15万士兵,以及他们的车辆装备和武器踏上了法国土地,并朝内陆进军。一周之内,约50万士兵成功在法国登陆。

当登陆成功的消息最终传来,大不列颠人欢呼雀跃,然而兴奋之情并未持续太久。因为诺曼底登陆一周后,德国开始对伦敦进行新一轮的骇人突袭。和在战场上的士兵一样,英国公民再次经历着战争的惨烈和恐怖。

6月13日清晨,约一架小型战斗机大小的黑色短粗飞行物,发出摩托车似的嗡嗡声,冲向伦敦郊区的一个马厩,造成六人丧生。在随后的三个月中,德军从法国和荷兰的海岸向伦敦及市郊发射了数千枚定向飞弹——称之为

V-1飞弹或者"嗡嗡炸弹"——造成约3.3万人伤亡，摧毁了2.5万座房屋，损坏了80万幢建筑物。

伦敦大轰炸后，在1944年冬季，伦敦人又遭受了德国的一系列轻度轰炸，包括各种袭击，称之为"微型伦敦大轰炸"。1944年的初期突袭比1940年至1941年的轰炸更震耳、更集中，但轰炸时间很少超过一小时。然而，V-1飞弹日夜不停地轰炸，频率很高，警报声不时响起。许多人认为此次新一轮的轰炸比伦敦大轰炸更糟糕。"以前，黎明能带给我们喘息时间，"一名伦敦居民说，"而这次，当新的一天开始了，情况丝毫没有缓解。"丘吉尔在回忆录中描述了V-1飞弹给伦敦公民带来的难以忍受的痛苦："晚上回家的丈夫不知道家里会发生什么事，而独自一人或有孩子的妻子不确定丈夫是否会安全归来。肆意、无情的飞弹让地面的生灵感到迷茫无助。而他却无能为力，因为飞弹中没有任何可射击的敌人。"

V-1飞弹恣意砸向人们——他们或走在上班途中，或在购物，或在办公室打字，或在餐厅吃午饭。当英国空军妇女辅助队的五名年轻成员从空军总部的窗户朝外观看"嗡嗡炸弹"的运动轨迹时，她们被炸弹的强劲冲击波吸出大楼坠亡。V-1飞弹"就像瘟疫一样无情"，伊夫琳·沃（Evelyn Waugh）写道，"仿佛整个城市被许多巨大的毒虫所侵蚀"。伦敦的一名女子说："现在，我们活动、睡觉（条件允许的话）、吃饭时什么也不考虑，除了一直阴魂不散的飞弹。"

伦敦的居民时刻都处于警戒状态，不断传入耳中的是炸弹发出的独特声响：V-1飞弹冲向地面的过程，声音从遥远的呜呜声，变成巨大的轰鸣声，再到令人心碎的沉寂。许多人已经适应随时侧耳倾听炸弹是否来临的压力，而难以忍受的是等待炸弹爆炸时的紧张心绪。面临V-1飞弹，即使最稳重的英国人有时也发现自己很难保持英国人所特有的"淡定沉着"。当炸弹一飞而过、消失在空中，正在交谈的人们立刻变得支支吾吾或停止说话，然后紧张不安地环顾四周，直到听到爆炸声。而一些无法抑制害怕之情的人则会马上匍匐在地面，或躲到桌子底下。

许多美国人首次感受到伦敦人被围困的滋味。艾森豪威尔及其部下所在的布什公园，位于炸弹飞行路径的正下面，因此他们的心弦格外紧绷。数百发V-1飞弹在附近落下，导致盟军总司令休息的村舍晃动不已，总部大楼的玻璃被震破、屋顶的石膏被震落。在连续六个小时内，哈里·布彻听到附近发生了25次"撼天动地的剧烈爆炸"。艾森豪威尔、布彻和其他亲近副官不得不经常——有时候一天数次——躲到家中和工作场所的防空洞。"我认识的大部分人，"布彻写道，"都因睡眠不足而精神恍惚。每当他们听到门哐当一响，或听到机动车辆和飞机的声响时，都表现得神魂不定。"

确实，一些美国军事高官认为在伦敦比在诺曼底战役前线要危险得多。当一发"嗡嗡炸弹"在乔治·巴顿就餐的餐厅外爆炸时，这位派头十足的将军告诉同伴说他要回乡下，他解释说："除了战死沙场外，我害怕其他的夺命方式。"艾森豪威尔说，某次到诺曼底视察时，许多美国士兵都"担忧地询问我知不知道他们之前在伦敦附近驻扎的城镇有没有什么消息"。

8月底，盟军歼灭了大部分V-1飞弹发射地，但这丝毫没有缓解伦敦的状况。9月8日，德国动用了一种威力更大的导弹——V-2火箭。它比V-1飞弹的炸药包的体积更大、更致命。它的飞行速度比声速更快，能够鸦雀无声地接近目标。战争结束前的几个月，V-2火箭一直蹂躏着伦敦，超过1000发导弹在伦敦及其周围爆炸，让整个城市地动山摇，并摧残了所有社区，造成接近3000人死亡。

V-1飞弹和V-2火箭的袭击最大程度上挫败了战时英国人的士气，并不是因为袭击本身的巨大威力，而是因为经历了五年的贫困和折磨后，许多英国居民的身心疲惫状态已经达到极限。伦敦大轰炸时期的同志情谊和饱满情绪已经荡然无存。"接近五年的时间里，我们一直在面对可怕事件，"名叫薇薇恩·霍尔（Vivienne Hall）的一名伦敦人在日记中写道，"而且这种状态很可能会持续下去。但是，天啊，我们已经筋疲力尽！不管工作、生活还是睡觉，我们都要面对这种疯狂、恶毒的摧残，周复一周，月复一月……难道我们永远无法摆脱伤害和死亡吗？"

在那个时期，伦敦居民——不管是英国人还是美国人，政府官员还是普通公民——在日记和信件中都同样表达了无以言表的极度疲倦。"这个国家的长期疲惫在火车上表现得淋漓尽致，"莫莉·潘特－唐斯写道，"不管平民、军人还是女人，他们几乎一坐稳便陷入了沉睡。"约翰·惠勒－本内特在回忆录中写道："和所有英格兰人一样，我也感到疲惫不堪。"1944年底他又说："英国政府的活力和效率显著降低。许多时候，政府几乎无法运作。"甚至在往常表现得精力充沛的首相也受到了影响。艾伦·布鲁克说，丘吉尔看起来"极其苍老、疲惫"，失去了往日的精神；他不再像以前一样活跃，仿佛"他对默默无闻地度过一天感到相当满意"。

在给父母的一封信中，珍妮特·默罗写道，自己和默罗"极其疲惫"，"我真希望战争尽快结束。人类的承受力是有限的"。在美国的一位朋友问默罗，为何饱经风霜的英国人在战争即将胜利之际却感到如此忧郁和沮丧？默罗回复说："听着……当有人用锤子敲一下你的头部时，你会感觉疼痛；敲两下，更疼；敲三下，你就无法忍受了！"

在1944年下半年，超过50万伦敦人带着行李逃离了伦敦。工人劳动生产率严重下滑，孩子们不再去上学，以前座无虚席的餐厅和剧院也变得空荡荡。"伦敦成了一片荒凉之地……伦敦西区盛况不在，"一名女子写道，"给人一种荒凉孤寂感。"

那年夏季，伦敦人遭受了"嗡嗡炸弹"的惨痛袭击，而与此同时，在诺曼底成功登陆的盟军在法国遭到了敌人的顽强抵御，面临着棘手问题。冲破滩头阵地后，他们进入到一片灌木篱墙遍布的乡村——六英尺高的土墙上堆满了乔木和灌木——使得作战陷入了晕头转向的困境。盟军在田野里从一堵灌木篱墙仓皇飞奔到另一堵灌木篱墙，与突如其来的德国小股部队进行猛烈搏斗。在刀光剑影中穿越迷宫六周后，盟军才从登陆的地方前进了大约20英里。["二战"后，乔治·马歇尔对其传记作者说，他和计划员们在反攻法国前完全不知道诺曼底的复杂地形。他说，陆军情报"从未告诉我需要了解的情况。他们事先没有告知灌木篱墙的存在，所以直到后来经历了浴血奋战，我们才得以处理这个问题"。——安德鲁·罗伯茨（Andrew Roberts），《大师和指挥官：四巨头如何在西方赢得了战争，1941—1945》，纽约哈珀柯林斯出版社2009年版，第490页] 盟军在战场上的不断挫败反映了伦敦和华盛顿在对法国的军事和政治行动上的严重分歧。一年多以来，丘吉尔强烈反对"铁砧行动"，这是一项攻打法国南部来配合诺曼底登陆行动的计划。虽然在魁北克召开的丘吉尔和罗斯福双边会议上，以及后来在德黑兰召开的三巨头首脑会议上，"铁砧行动"都获得同意，但首相对该行动的反对态度一直持续到该行动最终于8月启动前不久。对"铁砧行动"的分歧是丘吉尔与美国人在整个战争中最激烈的一次争论。

首相辩称，意大利战役正处于旗开得胜的关键时刻，如果把此战场的军事力量转移到法国南部，势必影响该战役的成败。1944年春末，经过数月奋战，盟军最终在意大利北部粉碎了德国的可怕防御。6月4日，诺曼底登陆的前两天，盟军攻克罗马，在意大利的德国军队全面撤退。丘吉尔和英国军事首领认为意大利战役已经迫使德国从法国转移过来部分兵力，缓解了艾森豪威尔部队的压力，因此没有必要进行第二次登陆法国行动。他们争论说，现在正是向北乘胜追击德国部队的时刻，把他们消灭在波河流域，然后进入巴尔干半岛，朝奥地利进军。

得知苏联正向西对德国和巴尔干半岛反攻，首相非常担忧苏联军队会攻占希腊和土耳其等国，因为英国在这些国家拥有长远利益，他决心将共产主义势力的威胁尽可能阻挡在东边。"那个时候，温斯顿从未谈过希特勒；他一直强调共产主义的威胁，"那年夏季莫兰勋爵说，"他梦见红军像癌症一样从一个国家扩散到另一个国家。他一直受此困扰，似乎无法考虑其他事情。"

但丘吉尔强烈支持意大利战役还因为另一个原因：意大利战场主要是由英国兵力作战，由英国将军哈罗德·亚历山大指挥。而在法国战场的行动主要由美国主导。到7月底，投入到法国的美国士兵接近100万人，而英国士兵是66万人，这一差距随着时间的推移越来越大。

丘吉尔非常清楚，"铁砧行动"将从英国主导的唯一战场抽走兵力——英国是该战场上最强大的盟国力量。布鲁克说："温斯顿不愿放弃从一开始就占据的主要合伙人地位。"1944年8月，在给妻子的一封信中，丘吉尔郁闷地说，战争中三分之二的英国兵力"为了便利美国而被误用，而剩下三分之一的兵力则处于美国指挥下"。

而罗斯福和美国军事指挥官对丘吉尔愈加无法左右形势的无力感几乎漠不关心。对从一开始就反对地中海行动的乔治·马歇尔来说，意大利和巴尔干半岛就是死路一条；他认为这个周边战略存在破绽，可能导致军事灾难，并可能与苏联造成冲突。他认为，有必要实施"铁砧行动"、配合在法国的艾森豪威尔的兵力，从而打通马赛和其他急需港口。不像华盛顿的上级，艾森豪威尔对英国的战略观点动了恻隐之心，曾一度犹豫需不需要"铁砧行动"，但马歇尔告诉他，该行动必须实施。盟军总司令进退两难，不得不与丘吉尔进行一系列痛苦不堪的争执，而有一次，丘吉尔指责美国人"欺负"英国人。

当罗斯福坚决拒绝了英国领导人所作的最后呼吁，吉尔伯特·怀南特担心两国领导人的裂痕加深可能造成的影响，对罗斯福写信道："我希望您知道，当首相不得不接受您的决定，来结束你们之间的分歧时，他的感受是何等强烈，我从未见过他如此心烦意乱。"

8月15日，"铁砧行动"（丘吉尔之后将该行动代号改为"龙骑兵"，以表达他被美国强迫配合该行动的感受）最终启动，并轻松实现了行动的主要目标：打通港口、解放法国南部、与美国主要兵力连接起来，但正如英国人所担忧的那样，该行动也扼杀了向东进军巴尔干半岛的可能。在该行动执行后的几十年里，基于两国不同立场的是非功过仍是极具争议的话题。

随着"铁砧行动"的启动，艾森豪威尔和怀南特开始处理英美之间的另一部"肥皂剧"——涉及夏尔·戴高乐以及谁来统治解放后的法国的问题。当盟军在诺曼底登陆时，这个问题就已经被讨论数月，却依然悬而未决。

对在伦敦的艾森豪威尔、怀南特和大多数美国官员，以及英国政府而言，击败了所有潜在对手的戴高乐及其法兰西民族解放委员会毫无疑问应该当选为法国临时政府。英国情报报告显示，戴高乐赢得了绝大多数法国人的支持，"每个人心中有且仅有一个名字——戴高乐，对此没有任何疑问或异议。这是压倒性的选择、几乎一致同意"。对此持同样看法的戴高乐，对副官说："我们就是法国政府……没有我们便是动乱。"

然而，罗斯福仍然强烈敌视戴高乐，根本不考虑让这个法国人参与法国的统治。按照总统的想法，在法国举行战后选举之前，法国应该由美国军队统治。几十名美国陆军官兵已经派往弗吉尼亚州夏洛茨维尔市，学习为期两个月的公共行政学和法语速成班。该计划的怀疑论者戏称他们是"60天奇迹"。

丘吉尔再次陷入两难困境，他决心在法国政治问题上支持罗斯福，但又日益受到英国公众和政府要求承认戴高乐的压力。许多英国媒体和议会议员强烈批评首相和罗斯福对将军的不公待遇，支持承认戴高乐及其委员会。"在我看来，"哈罗德·尼科尔森在下议院争论说，"美国政府，在总统阁下的掌控下，抓住每一次机会蛮横无理地对这些法国人实施精心设计的恶劣行径，而不是帮助、欢迎他们。"丘吉尔对罗斯福解释说，英国人民"认为这些法国人应该和我们并肩作战解放法国……所有人都不理解他们为何受到冷遇"。

比起公共舆论的压力，艾森豪威尔感到更紧迫的是：如果盟国不能与戴高乐达成某种权宜之计，那么解放法国行动可能会陷入危险。在诺曼底登陆当天以及之后的数周，盟国远征军最高司令部总司令寄希望于数十万名法国抵抗战士协助他的部队作战，其中大多数战士都支持戴高乐。另外，七支法国部队正在接受训练，准备参与之后在法国的战役。"与戴高乐公开冲突将给我们带来巨大损失，"艾森豪威尔写道，"会招来强烈的指责，并导致不必要的牺牲。"同时，他也不愿肩负管理、统治法国的责任，他认为，这项责任交由法国政治当局比较稳妥。关于罗斯福对戴高乐的强硬态度，虽然艾森豪威尔从未公开表明他的看法，但盟国远征军最高司令部心理战部门头领查尔斯·道格拉斯·杰克逊非常清楚他的想法，杰克逊对一位友人写信道："社会各界似乎一致认为总统对这个法国人的态度太过蛮横，必将招来麻烦甚至

行动到底会成功吗？

祸患。"

在罗斯福的坚持下，仍在阿尔及尔——法兰西民族解放委员会的所在地——的戴高乐既被排除在诺曼底登陆行动的商讨外，也没有收到关于登陆的具体时间和地点的信息。最后，在艾森豪威尔和伊登的敦促下，丘吉尔于5月劝说总统，法国人不能完全被排除在"霸王行动"之外，必须邀请他到伦敦，告知他行动的具体日期，并让他参与到法国未来统治的讨论中。最终在罗斯福的勉强同意下，戴高乐在"霸王行动"开始之前的48小时内才到达英格兰。

毫无疑问，他与丘吉尔的会面进行得不太顺利。

这位骄傲自大的法国人对自己被排除在反攻自己祖国的行动之外而愤愤不平，而首相因为担心登陆行动会惨遭失败，用历史学家安东尼·比弗（Antony Beevor）和阿泰米斯·库珀（Artemis Cooper）的话说，"强压心中的怒火"。丘吉尔和艾森豪威尔告诉戴高乐，盟军总司令将在诺曼底登陆当天通过广播向法国人民发表声明，并要求戴高乐也这样做，但戴高乐却勃然大怒——艾森豪威尔的声明号召法兰西民族服从登陆盟军的命令，但这份已打印好的声明中完全没有提及戴高乐及其自由法国军队。在戴高乐看来，他的祖国将像意大利一样被占领，而非被解放。他拒绝遵从艾森豪威尔的声明内容，要求发表自己的声明。他与丘吉尔的会谈变成了一场糟糕的唇枪舌剑，会谈结束后，气急败坏的首相指责戴高乐"在战争进行得如火如荼的关键时刻作出背叛"，并下令把他遣送回阿尔及尔，"必要情况下，戴上镣铐"。

两位领导人的幕僚都无法相信眼前的事实：当盟国空降兵正准备从诺曼底上空降落时，戴高乐和丘吉尔却在唇枪舌剑、相互指责。一位法国高级官员惊呼道："简直是一片混乱！"亚历山大·贾德干鄙夷地说，该情形就像"女子学校会发生的场景。罗斯福、丘吉尔和戴高乐的举止就像马上进入青春期的女孩的行为一般"。在登陆行动开始之前的数小时内，伊登和法国官员努力平息两人的怒火。当戴高乐向伊登抱怨，英国对美国卑躬屈膝时，外交大臣回答说："骄傲自满是个重大错误……有时候，'委曲求全'才是我们应该采取的有用办法。"由于伊登和其他人的努力，戴高乐最终同意发表广播声明，因此丘吉尔撤销了把这位将军驱逐出英国的书面命令。

虽然丘吉尔对戴高乐的怒火丝毫未减，（6月9日，英国外交部一名官员写道："有时，首相对戴高乐将军恨得咬牙切齿"。）但受到来自英国媒体和公众的巨大压力，以及艾森豪威尔的强烈敦促，他被迫同意戴高乐在诺曼底登陆一周后返回祖国进行短暂访问。事实上，尽管罗斯福和科德尔·赫尔赋予盟军总司令极大权力统治法国刚解放地区，但他试图采取迂回方式拒绝华盛顿。艾森豪威尔及其部下认为"至少在行动的初期，戴高乐才是领导法国进行团结协作的当局的唯一代表，应承认他所谋求的地位"。

6月14日，当戴高乐访问诺曼底海岸的巴约镇时，他受到了极其热情的欢迎。大量镇民欢呼雀跃、喜极而泣地涌向他，无论他走到哪儿都追随到哪儿。当晚，当他返回英格兰时，他把自己的首席副官弗朗索瓦·库莱（François Coulet）留在诺曼底；法兰西民族解放委员会选举他担任此地区的总督。在艾克的暗中支持下，戴高乐削弱了罗斯福企图让盟军统治法国的努力。几天后，当"60天奇迹"到达这里时，他们发现法国人以及盟国远征军最高司令部完全无视他们的存在。马尔科姆·马格里奇写道："之前聚集在出发港、被选举为地方长官的准将们……为接管分配区大致学习了《拿破仑法典》和相关的知识，但却悄悄溜走了，因为他们不被需要。"不管华盛顿喜欢与否，戴高乐现在都掌控着自己祖国的解放地区。

由于意识到自己的努力——用其传记作者简·爱德华·史密斯（Jean Edward Smith）的话说——"徒劳无功"，7月，罗斯福最终邀请戴高乐访问华盛顿，并承认法兰西民族解放委员会为法国的事实政治当局，但他们之间的会谈相当冷淡、草率。欧洲各国流亡政府以及世界其他一些国家都承认该委员会为法国的临时政府，但总统拒绝随波逐流。"罗斯福……认为戴高乐会下台，"亨利·史汀生在日记中写道，"他认为随着法国逐渐被解放，其他政党会应运而生，而戴高乐将成为微不足道之人。"在戴高乐访问华盛顿的几天前，罗斯福对其助理说："他真难对付。"

三个月以来，尽管巴黎被解放，戴高乐被拥戴为盖世英雄，尽管丘吉尔、赫尔、怀南特、艾森豪威尔以及参谋长联席会议联合督促总统作出承认，罗斯福依然坚持自己的立场毫不动摇。但意识到在这个问题上自己完全被孤立，以及总统选举即将来临时，罗斯福最终于10月23日屈服，并突然宣布美国承认戴高乐领导下的委员会是法国的临时政府。

然而，他作此声明前并未通知丘吉尔。虽然丘吉尔对罗斯福的疑虑日益加深，但仍忠诚地唯他马首是瞻。措手不及的英国政府随之仓促地发表了自己的承认声明。对此愤怒不已的亚历山大·贾德干对伊登说："与复兴、解放后的法国保持友好关系是英国的重要利益，我真希望总统在此事上给予我们自主表达观点的权利。"

对戴高乐而言，他绝不会原谅或忘记总统和首相在战争期间对他的不公待遇。1958年在法国重新掌权后，他否决了英国加入欧洲经济共同体的申请，因为他回想起丘吉尔的话——每当在美国和欧洲之间作抉择时，英国都会选择美国。戴高乐领导下的政府与美国的关系也同样荆棘丛生，据简·爱德华·史密斯说："罗斯福对戴高乐的反感严重影响了法美关系，并且该后遗症一直持续到今天。"

8月25日，盟军解放了巴黎，但出人意料的是，大不列颠人的反应却很消沉。法国流亡者在索霍区的常去地举行了热烈的庆祝，许多窗户上插着迎风飘扬的法国国旗，但总体来看，伦敦呈现出"沉睡、空旷的画面"，给人一种"鲜活减半的气氛"。当埃里克·塞瓦雷德完成掩护"铁砧行动"的任务返回英国首都时，他发现整个伦敦被极度疲惫和倦怠所席卷。"在不论男女皆是英雄的地方，英雄主义令人厌倦，"他写道，"在本地民族聚集的地方，挥之不去的美国人令人厌倦……战争本身令人厌倦。"塞瓦雷德在某次广播报道中说，伦敦"好比一个曾经干净整洁的酒店，在容纳了无休无止来来往往的商人之后，变得污秽、破败……对危险的异常亢奋消失殆尽"。

在战争的大部分时间里，被轰炸得满目疮痍的伦敦是地球上最激动人心、令人振奋之地——唐纳德·米勒称之为"第二次世界大战的巴黎"，但现在，真正的巴黎未受轰炸、完好无损，再次对寻求生意和享乐之人敞开大门，因此在伦敦的许多人——美国人、大不列颠人、英联邦居民和欧洲人——都争先恐后慕名而去。

此次涌入巴黎的盟军先锋是美国战略情报局负责人大卫·布鲁斯以及他的新旅伴欧内斯特·海明威。他们在巴黎解放之日就匆匆赶来丽兹酒店的酒吧，为自己和一群随行的法国狂热者点了 50 瓶马天尼酒。

盟军占领了巴黎的数百家酒店为己所用，因此不出几天，一轮狂热的派对活动开始了。大多数巴黎人——总体来说，法国人——可获得的食物所剩无几，而食物、烈酒和葡萄酒黑市则日益兴旺。几天前还接待过德国国防军和盖世太保的巴黎最好的一些餐厅，现在却迎接着大量聚集到此的盟国官员和新闻记者。

然而，从伦敦到此的一些人在纵情享受巴黎的同时，也为自己的行为感到一丝愧疚。之后成为历史学家的约翰·惠勒-本内特便是这样，他漫步在巴黎，欣赏酒店和商店橱窗上的厚玻璃板反射着"愧疚的光芒"，感叹杜伊勒里公园里砾石小径上的砾石"完美无缺地排放着"。惠勒-本内特认为，虽然死气沉沉、满目疮痍的伦敦丧失了整洁、优雅的外表，但仍保持着一种"毫不动摇、豪情壮志的自豪感"。而相比之下，巴黎重获了"自我主义的神气和傲慢"，但"当时或之后都未能重新找回灵魂"。

爱德华·默罗在短期逗留巴黎后，也说到了两座城市之间的反差。在一次广播报道中，他略带鄙夷之情地说，法国首都及其居民似乎丝毫未受战争影响。他说，"各个流行酒吧周围都是红光满面的熟悉面孔，仍是一副空洞茫然的神色"，"过去四年对他们几乎没有任何改变"。在巴黎停留了 48 小时后，默罗觉得无法忍受这里，便匆匆返回了伦敦。与他同行的帕梅拉·丘吉尔则留在了巴黎，和其他美国新闻记者朋友们，包括查尔斯·科林伍德和比尔·沃尔顿，在丽兹酒店纵情享乐。"也许当时她眼中的世界变得开阔了，"沃尔顿说，"巴黎自由了。"

行动到底会成功吗？

第 19 章

盟国内部危机

当巴黎沉浸在解放的喜庆中时，另一座被德国占领的欧洲国家首都的居民却独自为自由进行着拼死一搏。在盟国进军巴黎的前三周，大约 25000 名波兰地下战士在华沙发动了一场反抗纳粹占领者的起义。与此同时，苏联军队向西进行大规模反攻，把德军赶出了苏联，并波涛汹涌般涌入了波兰。当波兰人正准备起义时，苏联红军就在华沙附近。几天前，苏联发表了慷慨激昂的广播声明，呼吁华沙居民加入苏联军队作战。德军增加大量援军对波兰地下军进行了疯狂镇压，并一天 24 小时对华沙狂轰滥炸。由于兵力悬殊、寡不敌众，波兰地下军向伦敦和莫斯科寻求援助。丘吉尔敦促英国军事指挥官"尽最大努力"援助波兰起义军，而斯大林却谴责波兰起义军是投机分子，因此驻扎在华沙市郊的红军并未给他们提供任何援助。

在莫斯科，埃夫里尔·哈里曼请求苏联重新考虑波兰地下军的这一请求，声称为波兰地下军提供援助"符合盟国事业的利益和人道主义精神"。这位美国大使给哈里·霍普金斯写信说："是时候让他们明白，我们对他们的友好是需要付出代价的。种种迹象表明，只要涉及苏联的利益，苏联就会在世界各地寸步不让，除非我们提出抗议。"曾经称与苏联的所有问题都可以"通过真诚的个人关系"来解决，断言"斯大林不难应付"，并且倡导无条件支持苏联的这位大使突然转变了立场。

哈里曼在苏联任职的 11 个月期间受到了各种形式的屈辱。事实证明他之前对驻莫斯科大使这项工作的预感完全正确——风雨飘摇、困难重重。罗斯福和霍普金斯把他扔在莫斯科置之不理，正如他们对驻伦敦大使吉尔伯特·怀南特的态度一样。哈里曼到达苏联首都后不久便对霍普金斯抱怨说，华盛顿没人告知他任何信息，他"被置于尴尬境地，完全依靠俄国外交部来了解本国政府最近所作的决定"。

正如对美国驻莫斯科前任大使的态度一样，斯大林和苏联政府对哈里曼几乎不理不睬。哈里曼对此窘迫不已，而在战争初期，作为罗斯福派往苏联的私人特使，他受到苏联政府的特殊优待，在某种程度上可以说是恭顺和敬重。傲慢、冷漠的哈里曼也未给美国大使馆的年轻苏联专家留下特别印象——至少最初如此，他们都是俄国或苏联历史学或意识形态学专业的学生。他们钦佩哈里曼对公共服务的兢兢业业，以及他处理困难工作的惊人能力，但对他无意促进外交努力表示不屑。"他希望跟更高层次的人打交道，"哈里曼的得力助手公使衔参赞乔治·凯南（George Kennan）说，"他觉得他从与斯大林的一次会面中所了解的重要信息，比我们数月平淡地学习苏联书籍所获得的知识更多。"查尔斯·波伦说："我一直认为他并不完全了解苏联体制的性质。读意识形态方面的书籍可不是他的爱好。"

然而，哈里曼待在莫斯科的时间越长，他越发感觉到罗斯福希望发展美国和苏联之间的真诚政治伙伴关系的愿景几乎是白日梦。苏联对西方盟国非常怀疑，并拒绝告诉他们苏联战争努力的最基本信息——哈里曼对此的感受最直接。他还发现苏联将一些因《租借法案》获得的设备用于民用目的，或者隐藏起来留在战后使用。大使开始敦促罗斯福和美国政府更认真地审查苏联的租借要求，并敦促他们要求苏联给予更多的军事合作。

他说："他们很强硬，并认为我们也很强硬。"但是，他的建议基本被漠然视之。

哈里曼深受凯南的影响，对苏联的立场变得越来越精明务实。哈里森·索尔兹伯里认为凯南"是我这一代人中最了解俄国的人"。凯南曾在20世纪30年代初期在莫斯科工作过；1944年6月当他再次来到莫斯科工作时，他对大使说："关于对苏联的政策，我的看法与政府的观点不尽相同。"结果，他的看法很快成了哈里曼的看法。关于凯南，哈里曼后来说："任何时候我都依仗他，并向他咨询任何问题。"

在战争的最后两年，索尔兹伯里担任了《纽约时报》驻莫斯科记者。据他说，哈里曼战后能成为美国外交政策的"智者"主要得益于凯南。"埃夫里尔和其他人之后经常提到他对苏联问题的精准判断和绝佳策略，"索尔兹伯里写道，"众所周知，他总能先知先觉采取别人之后才想到的措施。"直到凯南来到莫斯科，索尔兹伯里说："我才开始注意到哈里曼超乎寻常的洞察力……凯南来到莫斯科后，哈里曼成了他的优秀学生，并慢慢成长。"

哈里曼和凯南认为波兰是"检测苏联战后行为的首块试金石，将反映斯大林对苏联弱小邻国的态度"。在他们看来，苏联完全未通过检测。凯南说，斯大林政府拒绝援助波兰地下军，并对西方国家表示："我们打算完全拥有整个波兰。我们对这些波兰地下战士丝毫不感兴趣……我们也不在乎你们对此有何看法。从现在起，你们无权决定波兰事务，你们现在必须意识到这一点。"

哈里曼，以及驻伦敦大使吉尔伯特·怀南特，敦促罗斯福至少要求斯大林允许飞往波兰执行远程救援任务的盟国轰炸机使用苏联着陆基地。丘吉尔也赞成这一观点，声称如果苏联领导人拒绝这一要求，那么轰炸机将直接、强行降落到苏联的飞机场。然而罗斯福不愿与斯大林对峙；当看到华沙起义注定失败后，斯大林才允许苏联飞机场仅对美国一次救援行动开放。顽强抵抗60天后，波兰地下军最终于10月2日向德军投降。约25万华沙居民——华沙人口的四分之一左右——在起义中丧生。而那些幸存者则被命令离开华沙，随后华沙遭到系统的焚烧和轰炸，被夷为平地。

在未来几十年里，华沙及波兰地下军的命运一直萦绕在哈里曼的心头。有一次，当丘吉尔的孙子问他西方盟国为何会允许波兰首都被摧毁时，哈里曼的脸色顿时变得苍白。小温斯顿·丘吉尔回忆说，哈里曼没有回答，"直接转身离开了"。

随着盟军从东西两面夹击德国，而西方国家日益顾忌斯大林对战后欧洲的野心，怀南特越来越担忧盟国对划分和占领纳粹德国问题无法作出最终决定。在给罗斯福的一封信中，大使写道，他和欧洲咨询委员会的其他成员，在制定投降条件协议和划分占领区协议方面取得了重大进展。随着英美兵力迅速向东推进，苏联人也表明，制定盟国占领德国的全面计划势在必行。怀南特说，如果在战争结束前该计划不能最终确定，那么"对德国控制权的争夺战……将随之而来"。

1944年9月，罗斯福和丘吉尔在魁北克会议上批准了美国财政部长亨利·摩根索提出的摧毁德国工业，将其变成一个农业国的全面计划，因此德国的命运变得更加不清不楚。在对战后德国的处置问题上，丘吉尔和罗斯福一样，几乎没有给予认真考虑。丘吉尔在魁北克会议上对莫兰勋爵说："当我们赢得战争胜利后，我们有大量时间来考虑这个问题。"

大多数美英官员，包括两国领导人的亲近顾问，都对摩根索的计划感到震惊，宣称将德国农牧化，不利于战后欧洲的经济复苏，并将导致欧洲大陆中心出现权力真空。气愤不已的安东尼·伊登对丘吉尔大吼道："你不能这样做！"关于罗斯福，科德尔·赫尔则惊呼道："天啊，他到底是怎么回事？"

由于遭到下级的强烈反对，罗斯福和丘吉尔都放弃了此计划。总统对亨利·史汀生说，他不记得自己对此计划表示过赞同。从那时起，罗斯福就表明，在战争结束前，他对签署任何长远的占领德国的计划都没兴趣。"我讨厌对还未占领的国家制订详细计划，"他告诉赫尔，"必须强调的是，欧洲咨询委员会只负责'咨询'工作，你我都不受其建议的制约。"

鉴于美国政府的不断拖延，一向温文尔雅的怀南特给罗斯福和其他官员发了一封义正词严的电报，用某位历史学家的话说："这可能让他的大使职位不保。"怀南特声称，由于美国政府对签署战后德国的处置计划一再拖延，美国利益陷入"危险境地"。他还说："我认为，政府给予其他为重大问题

盟国内部危机

而成立的任何会议或委员会的支持，都比给予欧洲咨询委员会的支持多。"而且，他清楚表明，他所指的政府主要是美国政府。

当战争进入最后数月，明确处置德国的政策的缺失只是西方盟国众多问题之一。随着战争的胜利即将到来，一直冲突不断的美英战地指挥官之间的关系陷入了最低谷。他们在北非战役中存在的相互竞争、怀疑和内讧，在欧洲战场上变得更加严重。

由于蒙哥马利将军指挥下的英国和加拿大部队在诺曼底的突破缓慢，美国军事首领和媒体宣称蒙哥马利将所有激烈的战争都扔给美国部队，美国部队的强烈攻势与蒙哥马利部队的散漫形成了强烈反差，这让英国人难于容忍。

"据说，英国士兵毫无作为、没有死伤，而美国士兵则在战争中勇往直前！"艾伦·布鲁克在日记中怒写道，"我对这些狭隘的人道主义厌烦透了。我们能不能学着'像爱护自己一样爱护自己的盟友'？我表示怀疑！"与此同时，丘吉尔也对妻子抱怨说："每次与美国人争吵都是因为他们没有给予我们赢得荣耀的公平机会。"

美英指挥官们竞相要求艾森豪威尔优先考虑各自指挥的行动，但艾克似乎没有受到他们狂热民族主义的影响，继续强调团结一致、相互妥协和合作精神。但两国将军对此不屑一顾，不断挑衅他的权威。艾森豪威尔掌管着至少来自八个国家的数百万海陆空士兵组成的巨大军事联盟，然而他们似乎对面临如此巨大责任和问题的艾克毫无怜悯之心。

艾森豪威尔的上级马歇尔将军本人也有强烈民族主义情结。当英国报纸刊文称，艾森豪威尔只是个名义领袖，实际指挥"霸王行动"的是英国高级指挥官时，马歇尔对此愤怒不已，命令艾森豪威尔对"霸王行动"的地面部队进行直接作战指挥。直到那时，艾森豪威尔才成为盟军总司令，统一指挥地面、海上和空中行动的各个指挥官。在诺曼底登陆行动中，英国的部队人数最多，因此蒙哥马利被任命为盟国地面战指挥官。但到 1944 年 8 月，在法国作战的绝大多数士兵都是美国人，而大部分盟国的军备和物资，包括飞机和船舰也来自美国。马歇尔认为，是时候该突出美国的主导地位了，不管丘吉尔、布鲁克和其他英国人有多反对。

他们当然反对。当官方宣布由艾森豪威尔接管盟军，而蒙哥马利降职到和美国最高级别战地指挥官奥马尔·布莱德雷将军一样的地位时，英国媒体和人民怒斥这一任命是"对英国的羞辱"。1942年末蒙哥马利取得阿拉曼战役的胜利后，他成为英国最受欢迎的军事将领，因此他的降级引起了英国同胞们的怨声载道。丘吉尔则含沙射影地对抗美国，把蒙哥马利晋升为陆军元帅——相当于五星上将的军衔——这就意味着，他的级别高于艾森豪威尔和其他美国高级战地指挥官。

现在该美国恼怒了。布莱德雷怒气冲天地说："蒙哥马利就是个三流将军，他所取得的战绩和赢得的战役，其他将军也同样可以做到，甚至做得更好。"

对被迫放弃最高指挥权，蒙哥马利感到震惊不已。他从未完全遵从这个命令，在之后的战争中继续挑衅艾森豪威尔的权威，尤其是反对他的战略——要求盟军形成一个广泛战线共同挺进德国，给予各个盟国军队展现自我的机会。蒙哥马利坚持认为，在美国部队的配合下，由英国兵力向东北强势推进能够更容易突破德国，结束战争。虽然艾森豪威尔极度厌恶这个暴躁、傲慢的陆军元帅，但是他也理解和同情这个英国人的感受——对权力突然丧失而感到切肤之痛。因此他认为，尽可能地安抚蒙哥马利很重要。

他决定与蒙哥马利达成妥协，同意蒙哥马利向东北方向的安特卫普——比利时的一座重要港口城市——进军，并由美国陆军第一集团军给予支援。与此同时，布莱德雷的部队继续朝南向齐格菲防线推进，这是德国沿边境线修建的地堡和坦克陷阱防御工事网。而乔治·巴顿率领的美国陆军第三集团军则不得不暂时停止向东推进。原属于第三集团军的大量石油和其他物资的供应都转移到蒙哥马利的行动中，毫无疑问，巴顿对此勃然大怒。一年多以前，在西西里岛，他曾声称："美国必须以征服者，而非盟国的身份赢得战争。"附属于巴顿总部的一名红十字会工作人员后来说："即使在他的上级、盟军总司令面前，他也透露出一股不言而喻的傲慢和不怒自威的气场。"在日记中，巴顿反感地写道："艾克完全被英国人左右，却不自知，可怜的傻瓜！"

起初，艾森豪威尔的夹击战略似乎取得了成功。9月初，英国第十一装甲师攻占了比利时的安特卫普港，而且港口关键设施完好无损。由于沉浸在胜利喜悦中，蒙哥马利的部队没有及时清剿滞留在连接安特卫普和出海口40英里长的河湾的德国部队，而之后这些德军迅速得到增援，直到两个月后盟军在付出极大的代价之后，才得以再次控制河湾、打通港口，从而输入盟国物资和部队。

未能及时打通安特卫普港口运输线是欧洲战场最糟糕的失误之一，严重拖延了盟军进度，致使盟军未能于1944年攻入德国，结束战争。

而在当时，盟军最高司令部中极少有人意识到情况的严重性。由于盟军迅速击败了在法国和比利时的德国部队，盟国远征军最高司令部盲目自信，认为胜利近在咫尺，在圣诞节前可以结束战争。基于此，蒙哥马利提出了一项新计划——"市场花园行动"，据他说，该计划能让他的部队跨越莱茵河，"势如破竹般挺进德国腹地"。该行动要求美国、英国和波兰空降部队占领荷兰的一系列桥梁和运河口岸，为盟军向前挺进搭建桥头堡。而英国第一空降师将攻占位于荷兰阿纳姆城镇的最后一座跨莱茵河大桥——阿纳姆大桥。

蒙哥马利的几名顾问警告说，他低估了德军的力量，而且该计划存在严重缺陷。但蒙哥马利对该警告置之不理，努力劝说艾森豪威尔批准该行动。事实证明，"市场花园行动"的批评者完全正确：计划不周，行动糟糕，而且德军的抵御顽强激烈。尽管盟国空降部队的表现坚毅果敢，但数千名伞兵阵亡或被俘，敌人仍坚守着阿纳姆大桥。

那年秋冬季，由于在阿纳姆和安特卫普的惨败，盟军仍未突破德国防线，西线战场陷入僵局。为了加强防御，德军沿着德国与比利时和卢森堡之间的森林山丘挖壕沟、建防线。布莱德雷说："敌军坚守着我们前线与莱茵河之间的每一寸土地，丝毫不退让。天气一天天变冷，我们的部队也越来越凄惨。我们陷入了糟糕的消耗战。"

因此盟国将军之间相互指责、唇枪舌剑的局面日益严峻。美国人训斥蒙哥马利和英国人在阿纳姆和安特卫普的争夺战中失败;而坚持认为艾森豪威尔应该批准自己继续单向挺进的蒙哥马利,指责战争僵局是艾森豪威尔造成的,并不断向伦敦的上级发送电报数落盟国远征军最高司令部总司令;巴顿和布莱德雷则批评艾森豪威尔纵容蒙哥马利。甚至艾克的参谋长沃尔特·比德尔·史密斯(Walter Bedell Smith)将军也加入了这场归咎游戏中,他评论自己的上级兼朋友说:"对待蒙哥马利,他本应该保持强势态度。"

陷入两面夹击的艾森豪威尔在这些不断争吵的将军中努力维持自己的权威。他不再批准蒙哥马利的任何冒险行动,并坚持自己的广泛战线战略。艾森豪威尔身心俱疲,抱怨说自己浑身上下哪里都疼,哪里都有问题。而这句话也同样适用于他与妄自尊大的战地指挥官们之间的关系。

1944年12月16日,盟国和德国在西线战场爆发了一场最大规模、最血腥的战役,从而打破了僵持的战局。德军从比利时的阿登森林突袭美国部队,发动了破釜沉舟般的攻势。由于盟国情报员事先对此并未觉察,德国的猛攻突破了美国防御,在盟军拉长的防线中形成突出部,威胁着刚解放的安特卫普。鉴于此,艾森豪威尔给被突破地区急调援军,派美军第101空降师增援比利时的巴斯托涅城镇——主要交通枢纽,并轰炸德国的重要目标。当巴斯托涅被德军包围后,巴顿火速前往增援,并在盟国空军的配合下,于圣诞节后一天解除了敌军的包围,而蒙哥马利,在艾森豪威尔的紧逼下,最终于1月3日率领英美部队向北发动反攻。德军孤注一掷的努力失败了。四天后,阿登战役结束。

在参与该战役的盟军中,美国部队的伤亡最严重(一万多人阵亡,四万多人受伤),对战争胜利作出的贡献也最大。然而,1月7日,蒙哥马利在新闻发布会上暗示说,他是"美国人的救星"——此乃艾森豪威尔的愤怒的反话。虽然英国只有一个师参与了该战役,但英国媒体却散布同样的论调,声称蒙哥马利率领的英国兵力挽救了美国人的败局。英国的某个新闻片的标题赫然写着:"蒙哥马利力挽狂澜!"据美国将军约瑟夫·L.科林斯(Joseph L.

Collins）说，蒙哥马利的新闻发布会"激怒了布莱德雷、巴顿和在阿登战役北线作战的许多人，给本来完美的盟军陆空协同作战成果蒙上一层阴影"。布莱德雷说："这比我所知的任何事更不利于英美团结。"

与此同时，蒙哥马利在伦敦的上级坚持认为，艾森豪威尔对盟军地面部队的指挥存在失误，认为艾克应该采取蒙哥马利提出的单向挺进柏林计划，而非自己的广泛战线战略。1945年2月，在雅尔塔会议前不久召开的某次会议上，英美军事首领就如何发动最后一场战役争执不下，几近大打出手。马歇尔后来回忆说，那次会议"糟糕透顶"。当时，马歇尔声称如果英国计划被批准，那么艾森豪威尔则离任；与此同时，罗斯福也发声支持美国战略，因此英国最高指挥部不得已屈服了。

在随后的数年里，艾森豪威尔遭到历史学家们的大量批评，指责他没有管束好手下的将军们，以及在欧洲战场上出现了许多战术和战略失误。但马克斯·黑斯廷斯指出："对于这份工作，没人能比艾森豪威尔做得更好。虽然他自身存在一定的局限性，但重要的是他让整个盟军顺利运转起来。"在黑斯廷斯看来，艾森豪威尔"在英美关系紧张时期的做法，以及他对下属宽宏大量的气度，足以证明他是杰出的总司令"。

在雅尔塔会议召开的前几周，美国白宫和英国唐宁街10号的关系也极度紧张。1944年12月，美国报纸专栏作家马奎斯·蔡尔兹评价说："参战盟国之间的关系存在着潜在危机。"

美国要求，战后美国航空公司将拥有全世界飞行航线的使用权，但这一提议遭到英国拒绝。1944年11月，罗斯福给怀南特发了一封电报，要其转交给丘吉尔，内容表明如果英国不同意此提议，美国将停止向英国提供租借援助。约翰·科尔维尔写道，这封电报就是"纯粹的敲诈"。一位历史学家说，这是"对政客走卒或桀骜不驯的工会老大"可能作出的威胁。英国担忧，如果没有任何保护措施，本国的民航组织将被美国摧毁，因此提出成立一个国际管制机构来分配航线、确定航班。而罗斯福对此表示拒绝，他对怀南特说：

"请将以下信息私下转告温斯顿，并说服他定要勉为其难地接受。"当怀南特将此电报交给丘吉尔时，他对电报字里行间的威吓口气感到无地自容，据科尔维尔说，他婉拒了丘吉尔邀他共进午餐的邀请。但首相坚持说："即使是宣战书也无法阻止他们好好享用午餐。"

在涉及阿根廷国内极端民族主义者上台的争议中，罗斯福政府也采用了同样的威吓策略。为了对其认为是亲德派的阿根廷政府施压，美国政府力劝英国召回驻阿根廷大使，并要求肉类食物严重匮乏的英国拒绝签署购买阿根廷牛肉的长期合同。罗斯福再次将《租借法案》搬上台面，警告丘吉尔说，如果不服从美国，将致使美国国会作出不利反应。丘吉尔对总统的强硬态度怒不可遏，反驳说："你拒绝对美国投入到战争的士兵实施英国的肉类配给制，虽然此配给量远远多于工人。美国士兵对各种肉类的平均食用量比战争前更多，而我们的士兵的食用量却大大减少。"

当这两项经济纠纷难分难解时，美国和英国在另一方面也陷入了激烈的口舌之战——英国在刚解放的希腊，对其国内共产党游击队进行军事干预。丘吉尔担忧苏联向巴尔干半岛推进可能让希腊陷入共产党之手，于是派兵镇压这些游击队——他们在抵抗德军方面作出了重要贡献，现在正在积极争夺国家权力。

首相的这一动作在美国引起公开抗议，许多美国媒体和国会成员谴责首相的反动行为，而美国政府也严厉训斥丘吉尔。华盛顿的反应让英国领导人惊愕不已。丘吉尔对罗斯福开诚布公地表示自己遭到背叛，说"我一直忠诚地支持你的任何主张"，但罗斯福操纵的"公开谴责"行为让他感到"痛心疾首"。

事实上，许多英国同胞对首相在希腊的行动也感到失望，认为那是反民主行动。英国下议院党鞭领袖对约翰·科尔维尔说，他首次看到下议院就此事对丘吉尔"勃然大怒，失去耐心"。但是英国人对美国的伪善说教更加义愤填膺，因为美国在说教丘吉尔的同时，本身对参与战后欧洲事务意兴索然。罗斯福在与埃夫里尔·哈里曼的某次交谈中也说过，欧洲问题太过棘手，他

盟国内部危机

想尽可能地远离这些问题。

作为颇具影响力的英国政治与国际事务杂志,《经济学人》刊登了一篇言语犀利的社论,表达了英国人对美国的强烈憎恶之情,并在英美两国引发了一阵喧嚣。"美国的批评令人无法忍受,"该社论写道,"并非仅仅因为批评本身有失公正,而是因为批评者几乎未做任何努力就获得了优越权……当一个民族艰苦卓绝地度过六年灯火管制、封锁和轰炸,以及经历苦不堪言的排队、配给和寒冷时,他们对此已然痛不堪忍——而批评却来自在不列颠之战期间实施现购自运的另一个国家,且战争期间的消费一直居高不下……因此这样的批评令人无法忍受。"这篇社论的作者是年轻的经济学者芭芭拉·沃德(Barbara Ward),后来因其发表的关于发展中国家的文章而享誉全球。她说,英国必须放弃"在丘吉尔先生的命令下,屈尊和谦卑地奉行着的绥靖政策"。

沃德的社论赢得了英国上下一致赞同。"我们不介意美国的合理说教,"《约克郡邮报》写道,"但我们想知道未来在维护和平上,我们到底能指望他们多少……他们轻巧地要求我们应该做什么,而他们想做什么呢?"虽然许多美国人反对《经济学人》刊登的这篇社论,但一些杰出的美国人也承认它有理有据。J. 威廉·富布赖特(J. William Fulbright)说,在美国表明为创建世界新秩序分担责任的诚意前,"我们的盟国有理由表示怀疑"。

在黑海疗养胜地雅尔塔召开的战时第二次且最后一次三巨头首脑会议上,战后世界格局是最主要的议题。丘吉尔和罗斯福提议在对他们而言地理位置更方便的地点召开会议,但再次遭到斯大林的拒绝。这两位西方领导人的身体状况比在 14 个月前德黑兰会议期间更糟糕,雅尔塔之旅给他们的健康带来了巨大负担。

德黑兰会议后,两国领导人严重患病。由于罗斯福仍受 1944 年初所感染的严重流感的影响,医生为他检查时发现,他还患有一些危及生命的疾病,包括充血性心力衰竭和重度高血压。由于长期头痛和疲劳,他似乎变得越来越孤僻、易怒,对周围的一切不感兴趣,包括第三次成功连任总统。他的一位助理说："他看起来漠不关心。"在某次与罗斯福会面后，副总统哈里·杜鲁门（Harry Truman）对一位助理说："他的身体状况处于崩溃边缘。"

在去黑海的途中，罗斯福、丘吉尔以及他们的助理在马耳他岛上短暂会面。自英国官员上次见到总统后，总统的身体又出现严重亏损，他们对此感到震惊。他双手颤抖、双眼深陷、眼神呆滞、面容憔悴，身体十分脆弱。在回忆录草稿中，丘吉尔写道，在马耳他和雅尔塔会议期间，与罗斯福交谈感觉就像"与一位友好但虚无缥缈的人说话"。事实上，当时总统的生命仅剩10周。

据丘吉尔的随行人员说，在过去一年里，首相本人的身体和精神状况也急剧衰退。德黑兰之行刚结束，他就差点被肺炎夺去生命，且一直未完全康复。在马耳他和雅尔塔会议期间，他发着高烧，不得不长时间卧床休息。和罗斯福一样，丘吉尔也越来越无法集中精力关注战时和战后的重大问题。"首相的公文箱一片狼藉，装着许多需要处理的紧急文件，"雅尔塔会议几周前，约翰·科尔维尔写道，"他消磨着过完了一周，似乎因为力不从心，或不情不愿或太过疲惫，而无法专注于复杂问题……结果是一片混乱。"1945年1月末，艾伦·布鲁克愤怒地说："我觉得我一天也无法容忍与温斯顿共事，他已经无可救药了……无法掌控军事形势，也不能作出任何决定。"

据丘吉尔和罗斯福的助理们说，他们为雅尔塔会议所作的准备都不充分。英国外交部一位年轻官员说，首相"疲惫不堪，状态不佳。但他自信对一切了如指掌，不需要看简报。当一贯通晓信息的斯大林和苏联外交部长莫洛托夫提出尖锐问题时，首相艰难地转向坐在身边的顾问，问道：'这个问题的答案是什么？'而我们却不能回答，'如果您看了我们的简报，您应该清楚'"。与此同时，亚历山大·贾德干爵士在日记中写道："我必须承认，'乔大叔'是这三个男人中表现最出色的……总统手忙脚乱，首相声音低沉，而'乔大叔'稳坐不动，认真倾听，相当愉快。"

和德黑兰会议的情形一样，罗斯福抵制丘吉尔为协调英美战略所作的任何努力，甚至拒绝丘吉尔提出的在与苏联领导人会面前先行交换意见的要求。他不想让斯大林认为自己和丘吉尔合谋对付他。首相提议总统在去往克里米亚半岛途中在英国停留，罗斯福拒绝了他的要求，但最终同意在马耳他短暂会面，然而他对雅尔塔会议将商讨的重要议题都避而不谈。

当雅尔塔会议最终召开，罗斯福在多数重大议题上都表示赞同斯大林，而丘吉尔再次感觉格格不入。英国政府的一名高官回忆说，会议期间的大部分情形是，"我们以一对二处于劣势"。丘吉尔的另一位亲近同僚说："总统对待丘吉尔和斯大林的态度，让人感觉在美国人眼中，丘吉尔和斯大林处于平等重要地位，这让丘吉尔震惊不已。"某次全体大会召开时，在丘吉尔到达会场前，罗斯福和斯大林就已经开始商讨了。当总统的助理告诉他首相正在会场外等候时，罗斯福生硬地回复："让他等着。"

由于苏军对德作战中取得节节胜利，毫无疑问，斯大林在雅尔塔会议上占据主动地位。会议召开时，苏军将德国部队从波兰、匈牙利和南斯拉夫的大部分地区清扫出去，有效控制了保加利亚和罗马尼亚，并进军捷克斯洛伐克和奥地利，挺进德国腹地。目前，苏联部队驻扎在柏林以东45英里的奥得河。对丘吉尔而言，苏军快速挺进东欧和中欧简直是个噩梦。《每日镜报》的编辑和出版商塞西尔·金（Cecil King）说，"我们参战……去阻止似乎即将延伸到整个欧洲的德国扩张政策。而实际的结果却是西欧的政治权力急剧转移"到苏联手中。"我们亲手创造了一个'科学怪人'，盘踞于从海参崴至维也纳甚至更远的欧亚大陆。"

而罗斯福对苏联在欧洲大陆的军事和政治主导地位似乎漫不经心。丘吉尔认为情况更糟的是，罗斯福在雅尔塔会议上告诉斯大林，他计划两年后撤出在欧洲包括在德国的所有美国部队。为了削弱苏联的主导地位，丘吉尔在雅尔塔会议上"凶猛如虎般"捍卫、提升战后法国在欧洲的地位。他认为，这样一来，英国和法国至少能够在一定程度上制衡苏联。在首相的强烈要求下，以及哈里·霍普金斯的支持下，罗斯福和斯大林勉强同意让法国参与对德国的占领。

但当议题涉及在波兰建立一个独立政府时，丘吉尔并未像捍卫法国一样捍卫波兰，尽管他反复向在英国的波兰人承诺英国会为他们赢得自由。事实上，他在此问题上势单力薄,因为在会议初期罗斯福就宣称,"作为美国人",他"对波兰问题感到鞭长莫及",并表明他对波兰问题的兴趣仅限于其对自己政治命运的影响。

波兰问题占据了雅尔塔会议的主要部分,因为此问题比其他任何议题花费的时间更多、产生的摩擦更大。然而,就此问题的讨论却是徒劳无功。波兰的命运已经注定,尽管丘吉尔不愿承认这一点。苏军目前占领了波兰大部分地区,而且斯大林表示,他于1944年在波兰东部城市卢布林建立的政府将在战后掌管整个波兰。丘吉尔抗议说:"我们不接受任何剥夺波兰作为自由、独立主权国家的协议。"然而,面对斯大林的强硬态度,丘吉尔为波兰所做的一切努力不堪一击,最终他和罗斯福都接受了这一协议。协议要求,卢布林政府将从"波兰流亡者中"接纳一些领导人,并尽快举行自由选举,成立一个正式政府。然而,斯大林禁止英美官员监管选举,因为他要求进行没有任何强迫行为的自由选举。而罗斯福和丘吉尔也并未就此争论,他们决定服从苏联领导人,即使苏联内部从未有过这样的选举。

雅尔塔会议上作出的其他两项重大决定是:为联合国的成立制定规章制度和斯大林承诺对日本作战。而作为交换条件,苏联将占有日本占领的千岛群岛以及中国东北部沿海港口城市旅顺港。最后,三巨头也批准了德国投降协议,以及把德国划分为三个区域,实施分区占领的协议(在雅尔塔会议上,罗斯福和丘吉尔同意,法国的占领区将从英美两国管制的占领区中开辟出来),而柏林也被盟国划分、共同占领。

获得这些协议的批准历经千辛万苦。英国于1944年末签署了由欧洲咨询委员会起草的这些协议,但美国政府并未签署。雅尔塔会议召开的前几天,未被邀请参加会议的怀南特,对总统、霍普金斯以及接替科德尔·赫尔继任国务卿的爱德华·斯退丁纽斯(Edward Stettinius)尖锐地指出,对德国问题的拖延将滋长危险。大使说,西方盟军还未挺进德国,而苏联部队已驻扎在柏林市郊附近。他宣称,除非三巨头正式接受对德国分区占领的协议,否则苏联红军"可能越过自己的划分区继续前进"。霍普金斯和斯退丁纽斯同意怀南特的观点，认为此问题"十万火急"，并联合大使一起敦促总统立即给予批准。他们的努力获得成功：2月1日，斯退丁纽斯通知怀南特和欧洲咨询委员会，美国最终批准协议。而五天后，苏联也予以批准。

罗斯福政府也赞同对战后奥地利实施占领和管制——这一协议之前遭到总统反对——而这主要归功于怀南特的敦促。

然而，关于德国的其他一些棘手问题在雅尔塔会议上却悬而未决。就是否瓜分德国以及如何瓜分的问题上，三国领导人没能达成一致意见。正如在处理棘手问题上的一贯做法，他们成立了一个新委员会来研究瓜分问题。另外，苏联对德国索取两百亿美元战争赔偿的要求也尚未定论。虽然三巨头同意把柏林的一部分划分到苏联占领区内，但他们并未确定美英两国到达各自柏林划分区的具体路线。当苏联同意提供路线时，怀南特敦促总统接受，但他并未接受。罗斯福对大使说，对待这个问题以及其他问题，"我认为我们应该采取的态度是，研究并延迟最后决定"。

当怀南特向总统表明自己被排除在雅尔塔会议之外而感到非常失望时，罗斯福邀请他到埃及参加会议，并从海路一起到达阿尔及尔。在与总统共处的三天里，大使试图让总统认识到对战后德国制订全面、长远政策的燃眉之急。然而，疲惫不堪的总统无意谈论此问题，因而转移话题，讲述他小时候在德国的游历。那是怀南特最后一次见到总统。

雅尔塔会议的一系列协议签署后不到两周，斯大林就发出无意遵守协议的信号，至少在波兰问题上是如此。就波兰成立新政府所举行的会谈，苏联政府几乎拒绝了哈里曼和英国大使阿奇博尔德·克拉克·科尔推荐参与会谈的所有非共产主义波兰领导人。丘吉尔说，苏联"咨询'非卢布林波兰人'的行为显然是一场作秀"。某次在出席与苏联官员的会议前，哈里曼在记载谈话要点的笔记中写道："他们似乎已经完全掌控了波兰，并把所有拒绝俯首听命的领导人排挤出去。为何非要控制波兰的生活呢？"这位美国大使敦促罗斯福政府对苏联采取强硬态度，他告诫说："苏联政府认为可以逼迫我们接受他们对任何问题的任何决定，那么阻止他们的侵略政策就会变得愈发困难。"

苏联背弃了其在雅尔塔会议上的承诺，禁止外国观察员进入波兰，包括旨在帮助被关在德国集中营的英美战俘归国的英美军事小组。丘吉尔日益察觉，苏联政府竭尽可能地阻止英美目击者散布苏联对波兰实施严格控制这一事实。"毫无疑问，"首相对罗斯福说，"苏联非常不愿意我们了解到波兰的状况。"

在丘吉尔看来，波兰是战后三巨头联合成功与否的试金石。在随后的一个月里，直至罗斯福逝世，英国领导人不断给罗斯福发送紧急电报，提议他们两人联合起来强制干预斯大林对波兰的控制。总统的回复是，延迟采取斯大林可能解读成威胁的任何行动。罗斯福对解决棘手、有争议的问题采取延迟态度，已经是最好的情况了。1945年初春，极其虚弱的总统更加倾向于延迟策略。他对丘吉尔说，延迟干预是最好的办法。

丘吉尔对此强烈反对。眼看波兰即将陷入苏联的完全控制，他对波兰人反复承诺的独立自主很快就会化为乌有，形势刻不容缓。在首相的步步紧逼下，罗斯福在生命的最后几周里，终于开始专注雅尔塔会议所达成的一系列协议的命运。就苏联对美国战俘的薄待，以及斯大林突然宣布苏联外交部长莫洛托夫不会参加在旧金山举办的联合国成立典礼，罗斯福表达了愤怒——联合国是罗斯福一直以来的梦想。当苏联领导人于4月初指控西方盟国另行与德国秘密达成和平协议时，罗斯福在电报中尖锐地表达了自己对该指控的"义愤填膺之情"。对此震惊不已的斯大林作出让步，声称他从未怀疑罗斯福的诚信和正直。他的道歉极大地安抚了罗斯福的心绪。4月11日，罗斯福临终前一天，他对丘吉尔写道，他打算"尽量不考虑常规的苏联问题，因为这些问题似乎每天都会以各种方式出现，而其中大部分都将迎刃而解"。

3月初，艾森豪威尔的部队开始跨越莱茵河，向德国进军。这位盟军总司令主动通知斯大林，他的部队不会与苏联红军争夺战利品——柏林。反之，

盟国内部危机

艾克说，他希望美苏两大盟军能够在德国首都以西约 40 英里的易北河会师。艾森豪威尔在电报中告诉参谋长联席会议他的这个决定，声称"柏林在军事上的重要性已大大减弱"。他认为，攻占柏林会损失大量士兵，此举不值得。奥马尔·布莱德雷预估盟军向柏林推进过程中造成的死伤人数将超过 10 万。

错愕不已的丘吉尔对艾森豪威尔的提议强烈反对。他与这位美国司令官以电报形式交战数个回合，并敦促身体抱恙的罗斯福介入，但遭到总统拒绝。马歇尔随后批准了艾森豪威尔的决定。"丘吉尔对放弃作为战利品的柏林而感到愤怒，"马克斯·黑斯廷斯写道，"反映了他对斯大林夺取希特勒在东欧的控制权的痛心疾首，并在'二战'的最后数月一直耿耿于怀。"

而事实是，1945 年春采取的任何军事行动，不管象征意义多重大，都未能显著改变首相和罗斯福在德黑兰会议和雅尔塔会议上达成的战后协议。

第 20 章

终　结

1945年4月11日夜晚，爱德华·默罗在长久以来首次感到欣喜若狂。他终于摆脱了伦敦的束缚，随着乔治·巴顿的部队挺进到德国腹地，希特勒的纳粹德国土崩瓦解，战争即将接近尾声。默罗酷爱玩扑克牌，但运气却一直不佳。而此次，在与报道巴顿的第三集团军的记者们"热火朝天"的博弈中，他竟赢得了数千美元。

翌日清晨，他把赢来的钱财装进腰包后，和美国士兵启程赶往魏玛市。他们经过田野，满面红光的农民正在锄地。来到离城市几英里外的一座小山，山顶上坐落着一所被刺铁丝网包围的集中营，而看守的德国守卫三天前就已逃离这里。这里就是布痕瓦尔德集中营。

当默罗与其他美国士兵踏入集中营的大门后，这位广播员感到触目惊心，几十个形销骨立的男人向他聚拢过来，他们大多数几乎只剩下一具瘦骨嶙峋的骸骨。"这些男人和男孩向我伸手，"几天后他在广播中说道，"他们身穿破烂不堪的统一囚服。许多人都濒临死亡，但他们的眼神充满微笑。"而让他震惊不已的是，他发现其中几位在战前见过，包括布拉格前任市长、一名著名的波兰教授以及一名维也纳的医生。当默罗呆呆站在那儿时，一个男人在他面前猝死。"还有两名年过60的长者，他们正爬向便坑。我无法描述所见景象。"默罗记载了这些俘房情况：3月，有6000名男人丧生；"我们到达这里的当天，有200人死亡。而外面的人们却酒足饭饱"。

他后来说，当几名被关押者带领他穿过集中营时，他感觉一阵恶心反胃。在一个小院子里，他发现了"像木材一般堆积着的两排骨瘦如柴的白花花的尸体。一些尸体上还带有严重瘀伤……我努力清点这两排整齐堆放着的男人和男孩的尸体，总共有500多具"。在布痕瓦尔德集中营停留的几小时，默罗不止一次痛哭流涕。他从腰包拿出前一晚赢得的钱，分发给了该集中营的所有被关押者。

虽然布痕瓦尔德集中营并非严格意义上的死亡集中营，但战争期间这里的死亡人数仍达五万多人，大多数是饿死和病死。几乎在布痕瓦尔德集中营被解放的同时，苏军也解放了真正的纳粹死亡集中营，其中大部分建在波兰。战争初期，默罗和哥伦比亚广播公司的同事，以及其他美英新闻机构，发表过关于纳粹分子在这些死亡集中营大量屠杀犹太人的报道，引起了广泛关注。但在之后的战争岁月里，盟国的新闻记者极少对纳粹继续迫害犹太人及其敌人的行径做进一步的报道。西方新闻机构认为纳粹大屠杀不是主要战时故事，因此直到战后，纳粹大屠杀的真实规模才被人所知。由于缺少确凿的大屠杀证据，那些民主国家的生还者几乎无法想象，德国对欧洲犹太人实施种族灭绝的规模和残暴。

当然，美国和英国政府比本国公民所了解的大屠杀渠道和信息更为广泛，但并未积极向公众公开纳粹暴行，也并未采取任何实质性的行动拯救犹太人。尽管英美两国的一些官员，比如吉尔伯特·怀南特和亨利·摩根索，极力敦促各自领导人采取更多行动，但效果却微乎其微。罗斯福政府坚持说，帮助犹太人的唯一办法是赢得战争，拒绝放松美国的移民政策而接纳更多的犹太人。1944年，罗斯福成立了战时难民事务委员会，协助营救德占国家的犹太人。然而，一些历史学家指出，这项在最后关头所作的努力微不足道，为时已晚。

从布痕瓦尔德集中营返回伦敦后，默罗决定让听众了解他所目睹的暴行。默罗的朋友兼英国广播公司广播员杰弗里·布赖森（Geoffrey Bridson）说："他想让全世界知道他所目睹的事实。"布赖森说：他主要针对"盲目乐观的听众——心想着：'噢，那里远着呢，和我们一点关系也没有。'默罗正想给他们当头一棒。"

离开德国三天后，默罗对着麦克风坐下，悲愤地描述着他在集中营目睹的画面——密密麻麻堆积着的尸体，骨瘦如柴的生还者，刑讯室，成堆的鞋子、头发和金牙。在广播节目最后，他斩钉截铁地说："关于布痕瓦尔德集中营，我希望你们相信我所说的一切。我所报道的仅是我真实所见所闻的一部分，而剩下的部分不堪言状……如果你们觉得我对布痕瓦尔德集中营的报道不够委婉，让你们感到不舒服，我也毫无歉意。"当时同在演播室的布赖森说："当默罗结束讲话时，他已被愤怒淹没，全身战栗。"

许多人认为这是默罗所作的最好报道，但他不以为然。他认为自己并未完全还原亲眼目睹的恐怖场景。"一只鞋、两只鞋、十几只鞋，"他说，"但要如何描述几千只鞋？"

4月12日，就在默罗到达布痕瓦尔德集中营当天，富兰克林·德拉诺·罗斯福在佐治亚州沃姆斯普林斯市因脑溢血去世。这个死讯对世界各地的人民犹如一道晴天霹雳，但极少有人比吉尔伯特·怀南特更加悲恸，当时他还未完全从严重流感中恢复。在半夜收到这一噩耗后，怀南特数小时悲痛不能自已。

尽管怀南特对罗斯福的一些政策以及总统对自己偶尔的薄待感到失望，但他对总统的支持和爱戴之情丝毫没有减少——他们做了十几年的朋友兼亲密盟友。"我是罗斯福的忠诚追随者，"他曾说，"我会做总统要求我做的任何事，这就是我的政治前途。"几年前，在给总统的一封电报中，怀南特坦率地说："多亏有您。"在另一封电报中，他说："我十分惦念您，好想见您一面。"就在几个月前，为了给罗斯福准备最棒的圣诞礼物，他在伦敦各个古董店中四处搜寻，最终选择了一根手杖——这是乔治·华盛顿曾赠送给拿破仑的弟弟热罗姆·波拿巴的手杖。

而罗斯福对这位腼腆的理想主义者经常表示敬佩和偏爱之情，怀南特为罗斯福及其新政奉献了自己的政治生涯。有几次，他都说提升怀南特担任内阁高官，比如国务卿。1944年，他曾考虑让怀南特成为自己的副总统和竞选伙伴，并把怀南特和一些亲密同事的名字列在一起，比如亨利·摩根索和哈罗德·伊克斯。在某次会议上与助理们提到怀南特的候选资格时，罗斯福说，大使的"演讲很糟糕，但当他演讲完毕后给人一种亚伯拉罕·林肯的感觉"。但除了罗斯福外，没人对他竞选副总统表示积极支持，因此总统最终选择了哈里·杜鲁门。

和怀南特一样，温斯顿·丘吉尔对罗斯福的死讯震惊不已，他后来说，这一消息就像实实在在的肉体打击一样痛心入骨。4月13日凌晨3点，他召唤首席警卫沃尔特·汤普森到自己书房。据汤普森回忆说，首相向他讲述罗斯福——"时而哭泣、时而缅怀、时而微笑着重温那些年、那些日子，回忆一起出席的会议，希望他这样做……赞同、不赞同、重生。"丘吉尔对汤普森说："他是我们大家的伟大朋友，他为我们提供了不可估量的援助……如果没有他和他领导下的美国人，我们可能就被扼杀了。"

与首相一样，英国人民同样感到悲痛不已。大多数英国人民对英美联盟存在的冲突几乎毫不知情，对他们而言，罗斯福就是英国的救星。《每日电讯报》说："在英国最暗淡的时刻，他理解、帮助和信任英国，英国欠他一个无法偿还的人情。"罗斯福逝世翌日，伦敦降半旗，英国国王与王室宣布默哀七日，而通常熙来攘往的皮卡迪利广场"安静得就像一条偏僻小巷"。莫莉·潘特-唐斯在《纽约客》中写道，伦敦人"伫立在大街上，目瞪口呆地盯着难以置信的报纸头条，耐心排队购买随后几期报纸"。

一名美国陆军文书回忆说："在街上至少有十几个人上前向我吊唁，仿佛总统就是我的家人。"作家查尔斯·珀西·斯诺说："我从未见过伦敦为某件事而感到如此悲恸欲绝，甚至我的房东太太也为其哭泣。地铁里的人们个个神情哀伤——我确信，将来为温斯顿逝世而悲伤的人都不及这么多。"

4月18日，圣保罗大教堂聚集着3000多人，包括英国国王和王后，以及几位欧洲国家流亡君主，为罗斯福举办追悼仪式，而数千人在教堂外聆听。

怀南特站在痛哭流涕的丘吉尔身边,朗读着《启示录》中的一段。当天晚些时候,丘吉尔对下议院宣布说,罗斯福"是我们最伟大的美国朋友,也是最伟大的自由战士,正是他为旧世界带来了新世界的帮助和安慰"。

然而,丘吉尔对总统死讯的反应比其感人的悼词所流露的感情更加复杂。毫无疑问,他深感悲痛,但也交织着气愤和不快,对之前一年半时间里罗斯福冷落他及英国而耿耿于怀。罗斯福去世翌日,他对是否飞往华盛顿参加总统葬礼犹豫不决。哈利法克斯勋爵在电报中告诉他,哈里·霍普金斯认为他应该来参加,而且这将"带来巨大的有利影响"。罗斯福的继任者哈里·杜鲁门也敦促首相出访华盛顿,说"他个人非常希望借此机会"与首相会面。

丘吉尔最终并未去参加罗斯福的葬礼,他声称自己公务缠身,无法离开伦敦。他的决定让许多同僚困惑不解,因为之前在必要时刻,首相总是毫不犹豫地出访华盛顿。马克斯·黑斯廷斯写道:"不难看出,首相缺席罗斯福的葬礼反映了他与总统之间的隔阂,而这一隔阂在罗斯福生命的最后数月里更加严重。"丘吉尔的决定也可以解释为这一事实的结果——罗斯福从未访问伦敦与首相会面,尽管首相多次邀请。而且,丘吉尔总是请求、敦促召开英美会议的一方。显然,丘吉尔觉得现在应该反其道而行之。他对国王说:"我觉得杜鲁门总统访问伦敦会更好。"

然而,在丘吉尔担任首相期间,杜鲁门从未访问过伦敦。

1945年春,各种事件接踵而至,让盟国应接不暇——纳粹大屠杀的真实规模被揭晓,罗斯福逝世和德国大量城镇沦陷。4月底,随着苏军和美英部队分别从东西两面夹击,盟军席卷了纳粹德国。4月25日,按照艾森豪威尔的计划,美国与苏联先头部队在易北河会师。4月30日,希特勒自杀,当时苏联部队已到达离他所在地堡一英里以内的位置。5月7日,欧洲战场的战争结束,当天凌晨2时41分,德国国防军最高统帅部作战局局长阿尔弗雷德·约德尔(Alfred Jodl)将军,在盟国远征军最高司令部总部——法国兰斯市一幢单调的红砖校舍内——签署了正式投降书。"签字之后,"约德尔对沃尔特·比德尔·史密斯将军说，"德国人民和德国武装力量，不论是福是祸，就交到胜利者手中了。"

次日在伦敦，在皮卡迪利广场、特拉法尔加广场、议会大厦和白厅附近的街道以及白金汉宫周围的公园聚集着数十万人，他们等待着官方宣布战争结束。那是一个灿烂的春天，欢呼雀跃的人们沐浴在温暖的春光中。一名伦敦人说，整个城市仿佛"一个庞大的家庭野餐聚会"。母亲们用红白蓝色缎带给婴儿扎头发，各种狗的牵引绳上也系着白蓝色蝴蝶结。士兵们亲吻路过的喜笑颜开的年轻女子。一名脸上挂着唇印的美国士兵对经过的一名女子喊道："你想参加我们的聚会吗？"在皮卡迪利大街，美国水兵们跳起了康加舞，周围的人们受到感染也都加入进来。各处教堂的钟声长鸣，停泊在泰晤士河边的拖船也发出响亮的喇叭声以示庆祝。

在伦敦中心，爱德华·默罗从一辆厢式货车中进行了现场广播。他对听众们说，数千人络绎不绝地从公寓和办公室走出加入欢庆活动中。默罗是在伦敦见证了从战争开始一直到结束的极少数美国人之一。他在广播中说，虽然当天一片欢腾，但许多伦敦人并不愿举办太多庆祝活动，而这许多伦敦人在一定程度上也指他本人。他说："他们的脑海中一定充满了关于那些在街上或在战场上丧生的朋友的回忆。六年很长。我发现人们今天少言寡语，基本保持沉默。"

当晚，默罗返回自己居住的摄政公园一带，重温了自己的战争记忆。当来到某个角落时，他说，他的好朋友兼英国广播公司的编辑艾伦·韦尔斯在战争中丧命于此。经过某个水槽时，他回忆说："这里曾是一家酒馆，某晚突然遭到2000磅重炸弹的袭击，造成30人死亡。"他说自己还无法适应和平，"虽然想努力接受现在的实情，但思绪仍沉浸在过去。战争似乎比现在获得的和平更真实"。

对吉尔伯特·怀南特而言，战争尚未结束。在欧洲胜利日当天，他与朋友一起缅怀罗斯福以及这一天的意义，但大部分时候，他为自己长子的命运而担忧。战争结束前一个月，大使收到消息说，在美国部队解放科尔迪茨监狱之前，德国盖世太保已将作为人质的小约翰·怀南特和其他重要战俘从该监狱转走。而怀南特不知道的是，当德国陷入一片混乱时，纳粹党卫军头目海因里希·希姆莱已经下令把盟国人质带到黑林山实施枪决。"当德国人民痛哭流涕时，"希姆莱声称，"英国皇室休想开怀大笑。"

而被派去监管枪决的将军则尽量拖延执行时间，因为他心知肚明获胜盟国将会如何处置他，如果他执行了该命令的话。当柏林的最高统帅部将该任务转交给另一位官员时，该将军立即通知了瑞士官员，于是他们把这些战俘转移到位于奥地利的某个美国指挥所。欧洲胜利日的两天后，吉尔伯特·怀南特接到他一直希望但又害怕永远不会接到的电话：约翰平安无事，正在返回伦敦的途中。在听说这一消息后，比弗布鲁克勋爵告诉大使："你为胜利作出了巨大贡献，在胜利来临的时刻，你就该放下对他的担忧，应该与英国的所有朋友，也就是所有英国人民共同庆祝。"

对温斯顿·丘吉尔而言，欧洲胜利日却是苦乐参半的时刻。当他乘车至白金汉宫而后至议会大厦宣布德国投降的消息时，许多人为他欢呼喝彩，他沉浸在胜利的喜悦中。但当天晚上，在对全英国的广播讲话中，他间接提到了波兰和苏联控制的其他国家的命运。他说："在欧洲大陆上，我们还必须确保我们参加这场战争的基本崇高原则不被漠视……确保'自由''民主'和'解放'这些词的真正含义不被扭曲。"四天前，在给妻子的一封电报中，丘吉尔承认说，他对盟国胜利表象下存在着的"政治毒瘤和你死我活的国际竞争"感到极度沮丧。战争初期的理想主义——对更加自由、正义和平等的世界的希望和梦想，在一堆战时协议和误解中土崩瓦解。之后即将发生的事是：广岛和长崎被原子弹轰炸，日本投降，冷战开始。

在法国兰斯市，艾森豪威尔与盟军远征军最高司令部的 25 名高级英美官员为庆祝欧洲胜利日举办了一场午宴，其中大部分人在过去的一年半中相互建立了亲密联系。"当战争结束时，大家开始相互告别，这些将军们突然意识到他们没有工作了，"参加午宴的一名官员回忆说，"数天、数月以来的陪伴终结了，这种感觉就像参加自己的葬礼一样……临行时，我们大家都很伤感，艾森豪威尔将军泪眼模糊地做了道别。"

一个月后，伦敦公民向艾森豪威尔致敬，表彰其在指挥盟军获得胜利方面起到的不可估量的作用。在被炸弹损坏的市政厅举行的隆重典礼上，这位美国将军被授予"荣誉伦敦市民"身份，该称号可追溯到中世纪，是伦敦所授予的最高荣誉。

伦敦的所有有名望的人士几乎都聚集于此，包括英国议会领导人、商界和法律界的显耀人士、英国军事高官、内阁成员，以及温斯顿·丘吉尔。他们一个接一个穿过市政厅大会堂的走廊，接受身着礼服的市长大人和郡长的祝福。当队伍快结束时才轮到吉尔伯特·怀南特。"大家鼓掌的热烈程度因人而异，"一名美国官员说，但当叫到怀南特的名字时，"掌声如雷鸣般响起，经久不息，热烈程度仅次于对首相和艾森豪威尔的掌声。"

在胜利的光芒中，英国军队之前对艾森豪威尔的敌意似乎消散了。即使艾伦·布鲁克也开始敬佩他——至少在典礼当天。"艾克的演讲精彩绝伦，感染了市政厅的所有听众，"布鲁克在日记中写道，"随后他在伦敦市长官邸外发表了不同主题但同样出色的演讲，而在官邸午宴上的发言则娓娓动听。直到今天听到他的演讲，我才意识到艾克原来如此了不起！"

然而，胜利的光芒很快在英国消散。欧洲胜利日后不久，英国工党宣布准备脱离丘吉尔的联合政府，要求丘吉尔召开自1935年以来的首次英国大选。大多数人认为丘吉尔和保守党会获胜，但怀南特却不这么认为。在大选前数月，大使对丘吉尔的私人医生说，他"为温斯顿担心，因为他全神贯注于战争而忽视了英国人民的感受"。7月26日，大选投票结果证明他的担忧完全正确。疲惫不堪、厌倦战争的选民将这位在战时鼓舞人心的领导人赶下了台，他们希望工党来管理英国羸弱的经济，并进行社会改革。"虽然英国人民感激丘吉尔赢得了战争，"帕梅拉·丘吉尔给埃夫里尔·哈里曼写信道，"但他们并不想感情用事。"

英国人民因战争变得激进，他们期望或者说要求，他们在过去六年中作出的巨大牺牲必须通过战后社会经济改革来补偿。丘吉尔对此要求仍感到手足无措。当他推动了大选重新进行后，"他嘲笑那些想要重建英国的愚蠢人民，"莫兰勋爵说，"但在这一群体要求下，我认为他对一些事情并不那么肯定。他觉得自己仿佛回到了30多岁的时候，无依无靠，格格不入。"身心俱疲的丘吉尔在其所称的"这次该死的选举"前不久，对莫兰说："我对这些人无话可说了。"然后他又惆怅地说："没有战争，我感到非常孤独。"他相信自己会赢得选举，但保守党却以压倒性劣势被击败，用约翰·科尔维尔的话说，"彻底垮台"。这一结果让首相、英国人民以及世界其他国家瞠目结舌。《纽约时报》宣称，这是"民主历史上最令人震惊的大选结果之一"。

丘吉尔对自己的惨败感到崩溃。在选举结果刚宣布后，伊斯梅见到了丘吉尔，说他看起来"痛不欲生"。有感于自己的突然下台，丘吉尔对伊斯梅说："我没有汽车，也没有住的地方了。"仅仅数小时时间，他的人生就被彻底颠覆了。"整个权力、行动和新闻重心，"玛丽·丘吉尔说，"（正如往届政府更迭的速度一样，猝不及防地）转移到了新首相手中。"新首相是克莱门特·阿特利。唐宁街10号内，"地图室荒废了，私人办公室空荡荡，里面不再有公事电报"。

丘吉尔下台几天后，他在契克斯庄园度过了最后一个周末。战争期间，这里曾举办过许多热闹的历史性聚会。丘吉尔和克莱门蒂娜仅邀请了少数人共度周末，包括他们的孩子、丘吉尔最亲密的几名顾问以及怀南特。过去四年中，怀南特和丘吉尔之间有过分歧，尤其是在战争的最后数月，美国政府锋芒毕现，占据了盟国的主导地位。但现在，这一切都是过往云烟；丘吉尔夫妇表明他们仍把大使看作自家人。

在那个阴郁的周末，怀南特和其他人尽其所能地鼓舞郁郁寡欢的前任首相振作起来。"他在意的不是权力的丧失，而是突然下台造成的无所事事，"

萨拉·丘吉尔后来说，"六年来，他适应了殚精竭虑、不辞辛苦的状态，但这一切突然就消失。"最重要的是，他怀念那些一天几次从唐宁街送过来的装满紧急文件的红色公文箱。据萨拉说，"那些公文箱已经深深地成为他生活的一部分。"

当晚，当他们离开契克斯庄园时，怀南特、萨拉和其他来宾分别在庄园的来访登记簿上留下了自己的名字。对丘吉尔而言，这一直都是一项重要的仪式。有一次，当艾森豪威尔没有签名就离开契克斯庄园时，首相的管家匆忙追赶上，并严肃地对他说："阁下，您忘记在登记簿上签名了。"艾森豪威尔写道，管家的语气表明"他无法原谅我的疏忽"。在庄园的最后一晚，丘吉尔是最后一个签名的人。当写下自己的名字后，他又在名字下面写了一个词："终结"。

第 21 章

我始终感觉自己是伦敦人

到 1945 年秋季，战时伦敦呈现的五彩斑斓、勃勃生机和浮世喧嚣逐渐在记忆中模糊。现在，伦敦人能随意在皮卡迪利大街上行走，而不再有生命危险或缺胳膊断腿的危险。酒店里有充足的空客房，大多数欧洲流亡者也已从索霍区的各个餐馆消失。法国人和比利时人在前一年各自祖国解放时就已离开。荷兰人、挪威人和捷克斯洛伐克人也在春季纷纷离去。而不幸的波兰人却被迫在英格兰和其他地方过着永久的流亡生活。

与此同时，美国人已从格罗夫纳广场的大部分大楼撤离。彩虹角俱乐部和其他美国士兵专属俱乐部都纷纷关了门。10 月 15 日，伦敦《星条旗》发行了最后一期报纸，头版上的通栏加粗大标题写着"英格兰再见"。其内容写道：克莱门特·阿特利祝临行的美国人好运。"战争的艰巨任务光荣完成，"首相说，"在伟大的和平成就中，我们期望与美国继续发展友谊。"

而现实是，两国友谊已经开始破裂。日本投降八天后，罗斯福的继任者哈里·杜鲁门在没有通知英国政府的情况下，突然取消向英国运输租借粮食。当载有粮食供应的船只被禁止出海时，驻华盛顿的负责粮食派遣协调的英国使团才知晓这个决定。

对一片狼藉、穷困潦倒的英国来说，杜鲁门的这一举动简直是雪上加霜。

1945年秋季，英国的粮食供应陷入六年以来的最低谷。当战争结束时，英国的食物配给制非但没有结束，反而变得更加严苛。在对日作战胜利宣布后几天，培根的配给量就减少了四分之一，排队购买面包、土豆和其他蔬菜的队伍经常延伸到一个街区或更远（面包和土豆也在短期内实行了配给制）。一名返回伦敦的英国士兵对伦敦的生活状况感到震惊："很难想象这里是战胜国的首都。没人在意胜利，食物占据了伦敦人的主要思想。"

服装和住宅也很紧张。甚至国王都为服装苦恼，他对阿特利叫嚷说："我们都需要新衣服，我家里人的衣服少到极点。"但由于严格的服装配给制仍在实施中，君主的请求得不到回应。与此同时，英国的住宅损失了百分之四十多，导致数百万英国人没有长期住所。伦敦的某些地区和英国其他城市的轰炸废墟上搭建着木材和波纹铁结构的应急住宅，活脱脱变成了贫民区。

经历了六年战争，英国丧失了四分之一的国民财富、三分之二的出口贸易，可谓濒临破产。英国人民所能期待的少之又少。随着战争结束、危险消除，人们在战时的思想也随之改变了。英国人质问，他们为何还要继续作出牺牲，过着精打细算、节衣缩食的生活？他们对紧缩和配给制叫苦不迭，对未来忧心忡忡。

事实证明，他们的担忧合情合理。英国工党领导下的新政府开始着手1942年贝弗里奇报告书中所设想的福利制度的基本工作，但他们缺乏落实这些新福利的资源和资金。为复兴经济、增加国家急需的财政收入，英国在随后几年生产的大部分商品都会用来出口。食物和服装的配给将持续到20世纪50年代，而住房短缺形势也会更加严峻。英国许多城市在战后数年一直处于破旧和荒废状态。

相比之下，美国人民和美国经济则相当平稳地从战争时期过渡到了和平时期。

到战争结束时，美国是主要参战国中伤亡率最低的，而且美国境内并未遭受严重损失。在整个战争期间，英国的工业几乎全部投入到战时物资生产中，而美国则继续大量生产一系列消费品。因此，美国不仅能够向本国人民继续提供这些消费品，而且还向世界出口市场供应，包括之前依赖于英国的许多出口市场。

对大多数美国人而言，战争的紧张状态几乎在宣布和平之时便开始消失殆尽。华盛顿的战争动员与恢复处主任弗雷德·文森（Fred Vinson）说："美国人民丰衣足食，比之前的生活条件好了百分之五十。"汽车销售商的展示厅开始摆放新汽车，汽油供应变得充裕，冰箱、洗衣机和其他高档消费品广泛普及。对这些商品的潜在需求，以及美国人在战时大量积累的个人储蓄，促使美国经济蓬勃发展，繁荣景象持续了几乎一代人之久。

唐纳德·沃尔比（Donald Worby）是从欧洲返回的一名美国士兵。某天当他在家乡的面包店拿起一条面包时，他发觉战争给国内同胞们带来了巨大好处。沃尔比在英格兰待了很久，敬佩英国人民面对困境时的坚忍刚毅。而他在面包店内听到一位女顾客对另一位女顾客说，她对战争结束感到伤心，如果战争再持续一会儿，那么她和丈夫就能攒够钱付清他们在战争初期买下的四栋房子的贷款。在战争中失去一子的另一位女顾客从柜台上拿起一块奶油馅饼直接砸向了这个女顾客的脸。而沃尔比从口袋掏出一沓钞票，坚持为这块馅饼买单。

英国对美国突然取消《租借法案》震惊不已。英国无法理解，这个经济繁荣的战时亲密盟友为何残忍地背弃英国人民，漠视他们的不幸。一名英国女子表达了许多同胞对美国人的共同看法，她说："我觉得他们的行为令人感到可耻。"1944年，罗斯福口头承诺说，在战胜德国后，《租借法案》仍继续生效一段时间。英国领导人一直坚信美国会缓解他们的困难，促进他们的战后经济复苏。而杜鲁门对前任总统的这一口头承诺毫不知情，他也未意识到英国财政陷入了极大困境。他只知道，勉强同意《租借法案》仅作为战时措施的大部分美国国会成员，希望这一措施尽快结束。"我们为盟国提供了他们所要求的一切，甚至更多，"一名国会议员说，"而现在人们厌倦了这样做，不愿再听到有关这项措施的一切。"罗斯福逝世前几个月，他就预料到这种孤立思想会再现。"认为孤立主义在这个国家消亡了的想法真是可笑，"他对罗伯特·舍伍德说，"一旦战争结束，孤立主义势力只会更大。"

最终，经过了长久、激烈的协商后，美国同意向英国提供35亿美元贷款来救助英国摆脱财政危机，50年后付清贷款；并提出了租借援助的宽松偿还条件。英国欠美国的租借债务达210亿美元，但只被要求偿还6.5亿美元。可是这项紧急救助附带着在英国看来极不公平的高昂代价：英国必须批准1944年在新罕布什尔州布雷顿森林会议上的协议——创建国际经济新秩序，确立美元在国际货币中的主导地位，并取消英国的帝国特惠制，总体让美国贸易多多受益。

让英国感到义愤填膺的是，无论贷款条款如何宽松，美国都会要求英国必须支付这项新贷款的利息，否则美国将利用英国面临的极其危险的经济困境攫取更多利益。《经济学人》声称："英国为共同事业丧失了四分之一的国民财富，而令人痛心的是，作为回报，我们将对在战争中发横财的那些人纳贡半个世纪之久。"（2006年12月，距该贷款最初同意60年后，英国终于还清贷款。）英国下议院中激发了一场争论，议员称该贷款条款相当于出卖大英帝国，堪称"经济上的绥靖行为"。约100名议员投票反对该条款下的经济救助，而169名议员弃权，包括温斯顿·丘吉尔。

虽然之前在经济与贸易政策以及其他问题上，哈里·霍普金斯与英国存在个人冲突，但他和英国阿特利政府一致认为美国的贷款条款苛刻、偏执。"美国人民必须意识到这个简单明了的事实——英国靠贸易而活，"在记载了一系列个人笔记的笔记本中，霍普金斯写道，"我们已经足够强大，如果我们动用权力，我们能够严重破坏英国贸易，但我认为这样做不符合我们自身的利益。我们为何要蓄意让羸弱的大不列颠在一百年里一直深陷泥潭？……我们两国彼此都不应蓄意对付对方，迫使两国人民越来越疏远。"

此外，霍普金斯在笔记中写道，美国本身在道义上亏欠英国。"我认为英国曾两次挽救了我们的命运——一次是在1914年，另一次是在1940年。第一次世界大战时，英国和法国首当其冲。在我们参战前，德国险些战胜英法两国。而在这次战争中，只有英国坚守住了阵地。他们努力坚守不仅是为自己也为我们，因为如果英国沦陷，我们毫无机会战胜希特勒。"

和霍普金斯的反应一样，吉尔伯特·怀南特和美国驻英国大使馆的下属们也对此感到震惊不已——美国突然终止《租借法案》，并继续用对英国的援助换取英国在商业和贸易政策上的妥协。怀南特努力让《租借法案》有一个逐渐终止的过程，让它尽可能地易于接受，但却遭受失败。他告诫杜鲁门政府，政府的单边行动"将给英国人民造成巨大苦难"。而华莱士·卡罗尔怒气冲冲地说："哪个国家曾漫不经心地对'善意'这个无价商品付出巨额投资？"

怀南特的经济顾问欧内斯特·彭罗斯（Ernest Penrose）说，如果罗斯福仍在世，大使"会使用过去四年中他为最紧急问题而预留的恳请，向罗斯福发出最直接、强烈地呼吁"。但怀南特不知道的是，据他的秘书说，新总统杜鲁门及其政府"排斥他"。怀南特却试图争取杜鲁门的信任，当杜鲁门刚上任总统后不久，怀南特便给他发了一封电报说："我愿为您效犬马之劳。"

然而，杜鲁门及其助理们对怀南特及其观点几乎毫无兴趣，对怀南特为英美联盟的形成和维持所作的努力也几乎毫不感激。这一切都已经成为过去。他们认为，未来的局势是西方和苏联之间正在酝酿的冷战，而怀南特所梦想的建立公正的国际社会与经济秩序已经过时。现在需要的"是现实主义而非理想主义，是威逼而非说服，是强硬而非软弱"。

此时，怀南特本人的未来与英国的前景一样暗淡。战争后期，他曾自荐成为首位联合国秘书长，罗斯福保证会尽自己所能帮助他获得这份工作。但罗斯福的逝世结束了他的梦想，也结束了将联合国总部设立在纽约的决定，因此美国人不可能成为该组织的政治领导者。但即使困难重重，怀南特仍满怀希望能得到这份工作。他的一位下属说："那几个月中，他一直忐忑不安。"当最终他被告知这份工作与他无缘时，他对一位助理说："我的最后一个梦想破灭了。"在战后九个月里他仍担任着驻英国大使，处理战后琐事，比如安排美国军人的战时新娘跨越大西洋到美国。怀南特对此感到疲倦、抑郁，他对自己的秘书说:"我的生活毫无意义!"

萨拉·丘吉尔本是怀南特仅有的少数慰藉之一,但这一快乐也离他而去,随着战争结束,他们的关系也出现了危机。她申请与维克·奥利弗离婚,而怀南特告诉她,自己也计划离婚并希望娶她为妻。但20岁就步入婚姻生活的萨拉·丘吉尔不愿放弃刚刚获得的单身、独立身份。

和怀南特一样,萨拉一家人在战争刚结束时也经历了严重情感波折,她的父母无法适应唐宁街之外的生活,也无法适应战时的紧张忙碌突然结束。"我无法解释怎么回事,"克莱门蒂娜对女儿玛丽写信道,"我们的不幸没能让我们紧密相连,反而导致我们不断争吵。我觉得这都是我的错,但我无法忍受现在的生活。他变得郁郁寡欢,很难相处。"而萨拉则充当起父母之间的和事佬,努力让他们振作起来,并弥补他们关系的裂痕,过去她也经常这样做。萨拉的母亲在战争期间写道,萨拉"一直都是精神支柱……大家都爱她。她一直尽心尽力地缓和可能出现的任何怒火与不悦苗头……她关心每个人"。

下台后不久,丘吉尔便带着萨拉一起到意大利的科莫湖度假。"在他败选后的几个月中,我对他的爱最深厚。"萨拉后来写道,"当我听说他准备让我陪他一起到科莫湖时,我无法抑制地放声大哭。"当他们到达目的地后,萨拉给克莱门蒂娜写信道:"我真希望你和我们在一起……很高兴听到他说:'我多希望你母亲也在这里。'之前我们从未听他如此说过。"她继续写道:"我觉得他开始变得心平气和,他昨晚说:'今天过得真愉快!'我记不清有多久没听到他这么说了!"丘吉尔在给克莱门蒂娜的信中也说,他的快乐源于最爱的女儿的陪伴,他说:"萨拉就是开心果,她体贴、机智、有趣、欢快。若没有她的陪伴,这里了无生趣。"父女之情变得更加紧密,而这主要源于萨拉在德黑兰会议和雅尔塔会议期间担任了丘吉尔的非官方助理。然而,萨拉决心保持自己的独立,谨防过度依赖父亲。

萨拉总是感觉无法在自己所爱的男人之间找到平衡。有一次,她对朋友说:"你不懂夹在一个著名的丈夫和一个著名的父亲之间有多难。"萨拉知道,丘吉尔对维克·奥利弗夺走了自己的女儿一直耿耿于怀,所以她担忧,如果她与怀南特的恋情公开后，父亲会做何反应。因此"为亲情与爱情所困"的萨拉对怀南特说，她打算继续自己的演艺生涯，并说自己非常在乎他，但却不能和他在一起。

爱德华·默罗的生活和工作也处于不稳定状态。1944年秋，他的妻子从英美联络委员会辞职，声称"身心俱疲"。珍妮特无法忍受默罗与帕梅拉·丘吉尔逐渐公开的恋情，决定离开伦敦认真考虑面对的问题。她返回美国探望身体不适的父母，并重新审视自己的婚姻。她刚一离开，默罗的相思信件便纷至沓来。"我亏欠你太多，"9月18日，他在她生日当天写信道，"你戴帽子的方式……你对朋友真诚……你为了信念不顾失去功名利禄……你越来越成为我生命的重要部分。"在某一封信中，他写道："我感到非常孤寂……我在议院大厅碰到克莱门蒂娜，她向你问好……我们有多久没一起散步或共度光阴了？……我们应该意识到，我们生命的最好年华就在眼前。"在另一封信中，他承认说："也许我开始理所当然地接受你的爱、你的善良和忍耐。"

然而，默罗一边对珍妮特写着这些柔情似水的书信，另一边却继续与帕梅拉约会。而帕梅拉在与弗雷德里克·安德森纠缠不清的同时，又强力对默罗施压，要求他与珍妮特离婚，娶她为妻。战争后期，在写给哈里曼的一封信中，她说，因为她与安德森的关系，默罗与她大吵了一架。她还说，吵架的当晚，"弗雷德里克带我到奇罗餐厅就餐……我们一直共舞到半夜"。据默罗的几位朋友说，尽管帕梅拉水性杨花，但默罗确实考虑过与珍妮特离婚，与她结婚。

1945年初，在作最终决定之前，默罗返回了美国，在得克萨斯州的观光牧场与珍妮特度假一月。"我们完全未谈论帕梅拉，"珍妮特回忆说，"我们在一起很快乐。"在那期间，她怀孕了。数年以来，她与默罗都希望有个孩子。1945年11月，他们的儿子凯西诞生，从而结束了默罗与丘吉尔的儿媳妇的恋情。即使"我此生从未如此爱过一个人"，默罗之后对一位友人如是说。据帕梅拉说，默罗给她发了一封简洁的分手电报，电报写着："凯西赢了。"

凯西出生的四个月后，在英格兰度过了九年时光的默罗夫妇准备打包回美国。默罗接受了威廉·佩利提供的一个职位——哥伦比亚广播公司新闻及公共事务部副总经理。他不太喜欢这份工作，对珍妮特抱怨说，他讨厌被禁锢在行政办公室里。在最近几次回美国的行程中，他对美国与英国及欧洲各国的生活标准之间形成的鲜明对比也感到不满。"我们的生活，灯火通明，相对舒适，绝对安全，"在战争结束前不久，他在广播中对美国同胞说，"我们是参战国中唯一一个自战争开始后生活水平得到提高的国家。整个欧洲疲惫不堪，而我们过得轻松自如。"

在他看来，战后美国居功自傲，似乎不愿与英国和其他弱小国家紧密合作，他对此也感到担忧。"美国是一个伟大国家，"他对听众说，"我目睹美国将势力延伸到世界各地。但我们必须适应这个世界，而不是主导世界。"虽然他对回到美国感到犹豫、不安，但美国毕竟是自己的家乡，他觉得自己必须归根。

然而离开伦敦是一次糟糕透顶的经历。在英国首都，他的职业心态变得成熟，在英国广播公司同行的帮助下，他的职业能力也获得提升。相比哥伦比亚广播公司纽约总部的同事，他与英国广播公司同行的联系，无论是生活上还是工作上，都更为紧密。战争中期，在丘吉尔的要求下，布兰登·布拉肯问他是否愿意担任英国广播公司的副总经理，掌管公司面向世界各地的所有新闻和娱乐广播节目。这是一个诱人的工作机会，但经过深思熟虑后，默罗忍痛拒绝了这份工作。因为他有许多担忧，比如，战后当美英两国发生"严重观点冲突"时，作为美国人，他将陷入"尴尬境地"。但他仍对受到这份殊荣感激不已，他问费利克斯·法兰克福特："你能想象一个美国广播公司要求一个英国人来掌管公司吗？"［20世纪60年代，阿萨·布里格斯（Asa Briggs）撰写的关于英国广播公司历史的三卷本权威著作出版。其中一卷描述战争岁月的书本封面刊登着默罗以及英国广播公司杰出员工的照片。默罗是其中唯一一位非英国广播公司广播员。］

1946年3月，离开伦敦前不久，默罗通过英国广播公司的广播节目向英国人民告别。他说自己年轻时曾三次来到伦敦，但对它的印象不佳。"你们的祖国仿佛是个老古董，"他说，"舒适但狭小。你们做事缓慢，态度漠然，骄傲自满……我认为你们的街道狭窄、破旧，你们的裁缝徒有虚名，你们的天气难以容忍，你们的阶级意识令人不悦，你们不会做饭，你们的年轻人似乎缺少活力和斗志。我敬佩你们的历史，但怀疑你们的未来。我猜想历史学家将英国描述成了一个神话。"但他也承认说："当时，在我年轻、散漫的思想深处，我也怀疑过自己的看法可能不对。"

默罗说，他在战时伦敦的经历证明他错得离谱。当面对历史上的最大危机时，英国人展现了他们的真正魄力，并在顽强抵抗的同时，仍坚持自由和民主原则。"英国政府享有专政权利，却并未滥用职权……英国仍有国法，而代议政府遵守法律面前一律平等的原则。你们仍坚守祖先为之奋斗的原则……我认为，当伟大的海战和空战大部分被遗忘后，你们的榜样行为仍将继续长久地激励人心、鼓舞人心。"默罗强调说，"我有幸见证了，这个民族遵从历史的要求回应暴政……你们努力生活，问心无愧。"

在广播告别讲话随后的几天里，哥伦比亚广播公司办公室收到了来自英国各地的大量信件。一名女子写道："正是如你一样的男人才让我们保持内心的微弱希望之光不灭——总有一天，世界各国会学着相互理解、友好交往、和平共处。谢谢你，亲爱的爱德华·默罗。"一名英国海军军官写道："在你回到家乡后，请帮忙转告你的同胞：我们可能难以理解，但若你们允许，我们愿和你们成为忠诚的好朋友。"不谋而合的是，另一位写信人也恳求默罗说："返回家乡后，请你将对我们的临别赠言也转告你的美国同胞……告诉他们，为了友谊，也为了世界和平，我们希望与美国盟友继续发展亲密的友情。你拥有无与伦比的才能和地位，因此你能继续推进我们的共同事业；能将我们紧密联系在一起；能继续促进两国间的相互理解——这一理解对战争胜利起到了重要作用，也必将在和平中受到珍视。"

两周后，默罗在哥伦比亚广播公司向听众们播送了最后一次广播报道。几个小时前，他还闷闷不乐地行走在伦敦积雪覆盖的大街上，他对英国朋友说，感觉自己背弃了伦敦。在节目最后，他宣布："这是爱德华·罗斯科·默罗最后一次播报：这里是伦敦。"当节目结束后，英国广播公司技术人员切断了他在过去九年一直使用的大型台式麦克风的电线。麦克风上面贴着英国广播公司为新闻工作者定制的牌匾，上面雕刻着：

从1939年至1945年间的战争岁月里，爱德华·罗斯科·默罗在英国广播公司伦敦总部B4演播室使用该麦克风向哥伦比亚广播公司纽约总部播送过无数出色的报道，谨以此麦克风相赠。

一贯不动感情的默罗也忍不住泪水盈眶。数年后，他在英国广播公司的电视采访中对马尔科姆·马格里奇说，他在职业生涯中获得的所有奖品和荣誉中，英国广播公司赠予他的麦克风是"我唯一保存的纪念品"，也是"我最珍视的物品"。

默罗离开一个月后，吉尔伯特·怀南特也离开了英国。杜鲁门最终任命他为联合国经济及社会理事会的美国代表，该理事会旨在促进国际经济及社会的合作与发展。虽然这并非他中意的职位，但这项工作让他有机会帮助振兴饱受战争摧残的欧洲和其他地区。1946年3月，他卸任了驻英大使的职位，而埃夫里尔·哈里曼被任命接替他的位置。

正如对默罗的依依不舍，英国对怀南特的爱戴与感激之情也同样深沉似海。虽然英国的前景黯淡无光，但英国人并未忘记这个事实：英美联盟能够团结一致赢得战争的胜利，这位美国大使功不可没。这样的战时联盟之前从未存在过，而类似的联盟之后也不可能再出现。英国对怀南特的满腔尊敬和感激之情以各种形式展现，如牛津大学和剑桥大学授予他荣誉学位，称他为"值得信赖与尊重的朋友"。克莱门特·阿特利首相也表达了同样的情感，称从没有哪一位驻英大使"如此深受英国人民爱戴"。

关于怀南特，英国《新政治家》杂志说："英国人民几乎都知道他、尊敬他。作为伟大的美国人，他是英国有史以来最好的朋友之一。"英国《每日快报》说，大使"是美国人最美好人格的体现"。英国《每日先驱报》回忆说，怀南特"在1941年，我们处于危难之际来到我们身边。他与我们同甘共苦，携手前进。他对我们的信任极大地鼓舞了我们的士气。在我们面临资源急剧减少的关键时期，他通过外交斡旋成功为我们争取到巨大援助……他废寝忘食，与我们一同战斗"。英国讽刺漫画杂志《笨拙》则改变一贯风格，刊登了一幅题为《患难之交》的漫画，描绘了一名伦敦卖花女手捧一束鲜花献给怀南特，附文道："再见阁下。您在危难之际向我们伸出援手，此份恩情没齿难忘。"

当听说怀南特即将离任时，牛津大学的一位法学教授对他说："你可能还未认识到自己在英美历史中的重要地位。"温斯顿·丘吉尔的前任首席私人秘书约翰·马丁对大使说："我们效力于唐宁街10号，因此我们有幸了解到你对我们国家的莫大帮助，对促成英美两国紧密合作的突出贡献。"萨伏伊酒店的经理是一个"相当冷峻"的人，他对一位美国记者说："当他走了，我们就失去了伦敦最棒的美国人。"赫伯特·阿加接替华莱士·卡罗尔成为美国战争信息局驻伦敦办公室负责人，他在写给怀南特的一封短信中声称："我的私人司机，我属下的所有英国秘书及清洁工都要求我向你转告，他们对你的离别感到无比失落……他们认为，尽管重要人士向你表达了深切情意，但他们这些无名小卒也希望如此。我希望你明白大家对你的惜别之情。至于我，我无法表达自己的感受，与你共事的岁月是我人生最满足的几年。"

在伦敦市长官邸中举办的送别晚会上，以阿特利和在野党领袖温斯顿·丘吉尔的开场白"难得有幸"——《每日电讯报》如此写道——为开端，那些"重要人士"在随后的一系列送别宴上皆流露了自己的失落感。报道该晚会和其他送别宴的记者们被各个发言人对美国大使的深厚情谊所触动。一名英国新闻记者写道："当英国政府为怀南特先生送别时，他们少见地将官方拘谨抛之脑后。"据《纽约时报》说，他们对怀南特的赞美"远不局限于国事场合上常用的礼貌用语。从英国人饱含深情的送别语中，可以感到在他们心中，怀南特先生是非常伟大的大使"。

伦敦市长大人说："在困境中，我们发现了真正的朋友，比如约翰·吉尔伯特·怀南特。"德比勋爵说："在我漫长的一生,我不记得哪个男人为自己的祖国和英国都作出了如此非凡的贡献。"

关于怀南特,即将上任英国驻华盛顿大使的阿奇博尔德·克拉克·科尔爵士说："我想以他为榜样。"而一向不善掩饰情感的丘吉尔,更加激动地说："我将毫不犹豫地说,相比其他人,怀南特先生肩负的使命更重大,与英国人更亲近。没有人像他一样,在严格坚持自己祖国的权利与利益的同时,也向我们展现了作为朋友的真心、忠诚与执着。"这位前任首相转向怀南特继续说道："他是英国的朋友。更重要的是,他是一个坚持正义、自由和真理的朋友,并一直激励人心。"

然而,对于怀南特的离别,没人比安东尼·伊登表现得更悲伤。在兰开斯特宫举办的晚宴上,这位前任外交大臣声音哽咽地对参加晚宴的人群说:"不论是我,还是在场的各位,还是未来的历史学家,都无法估量怀南特先生对盟国团结和盟军胜利所作的贡献的价值。"伊登热泪盈眶,向这位他看作最亲密的朋友举杯。"在那段饱受折磨、艰苦奋斗的战争时期,相比其他人,我最愿与约翰·吉尔伯特·怀南特共事。他比地球上的任何人都公平、正直。"

怀南特安静地回复说,他在伦敦度过的五年"是艰苦卓绝的岁月,但我毫不后悔待在这里……我不忍离开这里;在这里,我从未将自己当作外来者。我们共同经历了一切:我们坚持共同的理想与希望,我们共同承受挫败,我们一起分享胜利,我始终感觉自己是伦敦人"。环顾着四周的人群,他用鲁德亚德·基普林(Rudyard Kipling)的一首诗结束了讲话。

> 我吃过你们的干粮,
> 喝过你们的酒水,
> 我目睹了你们的死亡,
> 也共享了你们的人生。

当大使就座时,晚宴上热泪盈眶的人远不止安东尼·伊登一人。

第 22 章

我认为我们失去了一位共同朋友

返回美国一个多月后,吉尔伯特·怀南特站在国会众议院的主席台上,环顾着华盛顿的政治和军事精英——在他前面就座的是众议院的议员、参议员,最高法院的法官,参谋长联席会议成员以及内阁成员。杜鲁门总统坐在最前排,怀南特的正下方。埃莉诺·罗斯福坐在杜鲁门后面,现任美国陆军参谋长的艾森豪威尔将军坐在附近。这些人聚集在此追思 16 个月前去世的富兰克林·德拉诺·罗斯福。追思会组织者要求怀南特担任唯一发言人。"我很高兴你来作这次演讲,"罗斯福夫人对他说,"没人比你更合适。"

怀南特当天对罗斯福的总结也适用于他自己。"他敢于希望,"前任大使端详着他的上级兼朋友的遗像说,"在大萧条的黯淡时期以及残酷的战争岁月,他从未放弃希望。他敢于希望和平,相信和平,并为和平奋斗……他信任人类,认为我们的共和国是伟大的全人类共和国的一部分,唯有依赖于此,真正的和平才能长存。"

但世界不存在真正的和平,并且对吉尔伯特·怀南特和其他许多人而言,和平的希望渺茫。爱德华·默罗说:"通常战争结束后,鲜有胜利者会感到如此不安和恐惧,会认为未来一片模糊。"伟大的同盟已经瓦解,冷战开始,其主要政治冲突在于德国加入东欧。

369

就德国的战争赔偿，苏联和之前的西方同盟也陷入纠纷。另外，它也并未按照最初的计划行动——战后在德国建立民主政府，然后撤兵，而是准备将临时占领区变成永久占领区。正如怀南特所担忧的一样，对德国的划分最终导致了"各个独立国家势力的形成，仿佛是水密舱"，切断了苏联、美国、英国和法国四个占领区之间的自由活动。

"二战"结束前，怀南特和欧洲咨询委员会的其他主要代表人——英国的威廉·斯特朗和苏联的费奥多尔·古谢夫——就战后德国的发展，希望制定出一个全面的长期政策。然而，他们的努力遭到美国和苏联政府的挫败。"关于在战胜德国后建立一个怎样的欧洲，各个盟国似乎都没有明确的想法，"历史学家丹尼尔·J. 纳尔逊（Daniel J. Nelson）写道，"也没有对战后欧洲的总体规划。"

虽然欧洲咨询委员会的代表们面临着困难（一位历史学家说，这好比"身负重担、脚戴镣铐参加赛跑"），但他们仍做出了一些有限的成就，主要包括他们对划分德国和柏林制定的协议草案。协议的实施消除了东西方在战后激烈争夺德国领土和势力可能出现的混乱局面。虽然苏联频繁与之背道相驰，但该协议一直持续到20世纪80年代末东欧共产主义崩塌之前。

斯特朗在回忆录中写道："我们从未……与苏联政府达成过如此繁复或重要的协议。"与此同时，一份英国官方历史记录称欧洲咨询委员会是"与苏联合作得最成功的盟国组织"。另一份战争研究报告称该委员会制定的协议是"战时外交方面取得的重要成就……和雅尔塔会议与波茨坦会议上达成的协议同样重要"。

代表们的成就虽然有限，但却显示了平和的幕后外交与协商的重要性——怀南特对此高度重视。在为欧洲咨询委员会效力的18个月中，尽管面临困难，但怀南特、斯特朗和古谢夫彼此之间形成了亲密的个人关系。"在非正式会面中，我们赢得了彼此的信任，"斯特朗回忆说，"我们耐心地逐步解决了各种分歧，虽然这一过程有时看起来漫无止境。"然而，当该委员会的三位代表促成盟国合作时，他们各自的政府却阻止他们好好合作，阻止他们扩张权力。

战后,怀南特对美国政府不支持欧洲咨询委员会的沮丧更深一层,因为哈里·霍普金斯和曾经效力于罗斯福政府的其他官员指责,没有制订出对战后德国管制的长期解决方案主要责任在于欧洲咨询委员会,而非华盛顿或莫斯科。霍普金斯抱怨说:"欧洲咨询委员会的效率太低。"但他并未认识到美国政府内部的混乱和故意拖延才是进度缓慢的关键原因。

怀南特认为,美国本应在战争刚结束时就立即带头帮助饱受战争摧残的国家复兴岌岌可危的经济,然而美国却推卸这一责任,怀南特对此感到焦虑不安。而怀南特效力的联合国经济及社会理事会无权强制其成员国采取措施弥补战争造成的创伤,因此该理事会几乎无异于一个辩论协会。

前任大使不仅为自己在国际舞台上的无能为力而沮丧,他也为棘手的个人问题所烦恼。由于一直以来乐善好施的习惯,多年来他一直欠债。为了自己的人寿保险,他向朋友借了许多钱,并争取到了数千美元的贷款,但最终无法继续缴款而不得不放弃该保险。为了付清自己欠下的巨款,怀南特与霍顿·米夫林(Houghton Mifflin)签订合同,同意为其撰著几本书,包括三卷本回忆录。但正如演讲一样,他也极不擅长写作。由于习惯了处理重大国际问题时的兴奋和压力,他发觉自己无法适应作家的独处、低调生活。"他的性格躁动不安",无法满足这样的生活状态,怀南特的传记作者伯纳德·贝卢什如是说。

同时,怀南特仍未从战争对其身心造成的压力中恢复过来,显得筋疲力尽。"我从未见过比他更疲惫不堪的人,"战争结束后不久,怀南特的朋友兼曾经的业务伙伴说,"他变得苍老了许多。"玛丽·李·塞特尔将战争对自己、对怀南特及其他人造成的这种萎靡不振描述为"侵入到我们的灵魂中、骨子里,渗透到我们的人际关系中的一种病入膏肓的深度疲惫"。当战争结束时,埃里克·塞瓦雷德才32岁,但他说自己"对年龄有一种奇怪的感觉,仿佛自己不只是过完了青年期,而是过完了一生"。

1946年末,怀南特返回伦敦,着手撰写自己的第一本书——关于自己大使生涯早期的回忆录。而且他再次劝说一年前离婚的萨拉·丘吉尔继续与自己发展恋情，尽管他当时仍是已婚状态。当温斯顿·丘吉尔得知萨拉离婚后，他把她叫到身边，对她耳语说："你自由了！"她并未作答，因为她知道自己并未获得自由——她在感情上与怀南特纠缠不清。她后来告诉父亲："也许男人能够获得自由，但女人却不能。"萨拉引用了拜伦勋爵的话——"爱情只是男人的一部分，但却是女人的全部，"她继续写道，"然而，这是男人希望并要求的状态！"

萨拉在两难困境中作思想斗争：保持自己的独立而伤害怀南特，或继续与他交往而让自己套上爱的枷锁。在信中，萨拉问父亲："您是否有过被囚禁的感觉？您是否曾感到被困于某种局面甚至爱的牢笼？或者说，您一直都感到自由，不管情况有多糟，是吗？"最终，她决定到意大利演电影，从而解决了这个问题。"现在，"她给丘吉尔写信道，"我或多或少感到自由了，但却是以伤害别人为代价……我似乎总是伤害爱我的人。"

怀南特不愿接受恋情的终结，在伦敦继续待到1947年春季结束，与伦敦居民共同经历了自1881年以来英国最酷寒的严冬。气温骤降到零下，一连串暴风雪将整个英国笼罩在冰天雪地中，煤炭的严重匮乏导致电力供应的无情削减。学校和办公室没了暖气、路灯熄灭、商店的橱窗一片漆黑、水管冰冻、工厂暂时关闭，严重影响了英国经济复苏所依赖的工业生产。

2月，怀南特在威斯敏斯特的圣玛格丽特教堂参加了玛丽·丘吉尔与克里斯托弗·索姆斯（Christopher Soames）的婚礼，索姆斯是在英国驻巴黎大使馆工作的一名武官。除了圣坛上的四根蜡烛，教堂内没有暖气、没有灯光。婚礼的接待宴在多切斯特酒店的舞厅举行，而舞厅内的灯光由蜡烛和小型应急发电机同时供应。

当月，赫伯特·阿加和妻子芭比邀请怀南特到伦敦西区看戏剧。在去往剧院的途中，他们经过了在伦敦大轰炸期间被轰炸成废墟的沙夫茨伯里剧院和其他剧院，剧院的观众席和舞台都敞露在外，简直像古罗马废墟一样惨不忍睹。戏剧结束后，当怀南特走出剧院大厅时，其他观众立即认出他来，将他团团围住，男人脱帽致敬，女人绽放笑容。几个人异口同声地说："晚上好，怀南特先生。"怀南特与他们交谈了几分钟才离开。

与此同时，英国国王则更加正式地对这位前任大使表达了崇高敬意。1947年元旦，乔治六世授予怀南特荣誉功绩勋章，此勋章无疑是英国最令人向往的最高荣誉——丘吉尔因战时功绩而获得的唯一勋章正是该勋章。在白金汉宫举行的典礼上，当国王将此勋章授予怀南特时，这个美国人喃喃表达了谢意，并将装着勋章的盒子塞进了口袋。英国君主表示困惑不解，问道："你不想仔细看看吗？"怀南特从口袋拿出勋章盒交给国王，随后国王向他展示了勋章上的内容。王后对他说："你比任何人都值得拥有它。"

然而，尽管这个勋章意义重大，但它几乎没有减轻怀南特日益强烈的孤寂感与沮丧感。在这不久后，他邀请了约翰·科尔维尔到自己在梅费尔区的租房中共进晚餐。"他与以往不同，"这位丘吉尔曾经的私人秘书回忆说，"以前怀南特更倾向于聆听，偶尔诚恳评论，而这次他说得更多。"怀南特喝着白兰地，抽着香烟，从晚餐一直侃侃而谈到半夜——谈论他担任新罕布什尔州州长的日子，谈论他效力于国际劳工组织的岁月，谈论他的婚姻存在的问题。凌晨4点，科尔维尔最终说出他必须得走了。"不要走，"怀南特恳求道，"请不要走。"后来，科尔维尔写道："也许我不应该走。我感觉到他很孤单，这种表象之下一定有什么奇怪的事发生了。但我当时极其困倦，我认为我们俩都有点喝醉了。"

几个月后，萨拉到了罗马，而怀南特返回了新罕布什尔州。他最终完成了回忆录的第一卷，从而在一定程度上缓解了自己的压力。而在另一方面，怀南特也感到振奋不已：现任杜鲁门政府国务卿的乔治·马歇尔制订了一项快速振兴英国和其他欧洲国家的经济的计划，那就是众所周知、影响深远的马歇尔计划。杜鲁门政府终于意识到，如果要防止欧洲整体经济崩塌，阻止共产主义的蔓延，就必须采取紧急措施援助欧洲。"显而易见，我们总体低估了战争对欧洲经济的破坏程度，"在对欧洲大陆进行了实地考察后，副国务卿威尔·克莱顿（Will Clayton）说，"那些城市中的数百万人一直在挨饿。"1946年，由于干旱造成了粮食严重歉收，欧洲各国处于，用作家西奥多·H.怀特（Theodore H. White）的话说，"现代文明中最贫困潦倒的状态"。

1947年春季，杜鲁门派埃夫里尔·哈里曼到欧洲进行组织和监管马歇尔计划的援助分配。怀南特迫切想要参与该计划，却被政府忽视了。10月，怀南特在《纽约先驱论坛报》发起的一个国际论坛上发表演讲，他质问观众："你们今天为和平所作的贡献，是否和你们在战争岁月对美国及美国文明所作的贡献同样多？"他接着说："我的答案是否定的。"

11月2日，怀南特突然拜访了一位老朋友的女儿阿比·罗林斯·卡弗利（Abbie Rollins Caverly），她刚刚生下自己的第一个宝宝。20世纪30年代末，她曾在日内瓦的国际劳工组织担任他的助理。怀南特因为之前缺席她的婚礼，此次特地从康科德市赶到佛蒙特州，到她的家中拜访，"以确保我一切安好。"她回忆说。"我觉得他是在以自己的方式对我负责。"她还说，在怀南特短暂拜访期间，他看起来"疲惫，孤独……明显很抑郁"。

返回康科德后，怀南特致电给来自伦敦的老朋友菲利普·克莱顿牧师（Philip Clayton，昵称"塔比"）。他目前在美国，号召美国青年到英国首都帮助伦敦居民，与其共同重建被炸毁的建筑。怀南特在战时见过克莱顿，他是伦敦塔附近的万圣教堂的牧师，当时怀南特同意为他的新计划筹集资金，招募美国青年。在电话中，怀南特对克莱顿说，自己迫切想与他交谈。但克莱顿当晚要发表演讲，因此回复说会尽快与怀南特相聚。

次日，怀南特在康科德家中的卧室度过了大部分时间，而他的妻子在纽约。傍晚时分，在英国一直相伴怀南特的管家，给他端来了晚餐。两小时后，当管家再次进来时，晚餐原封未动。

晚上9点，58岁的怀南特起床来到儿子约翰曾经的卧室，这里可以欣赏到他喜爱的鲍山全景。怀南特从14岁便来到这里，几乎从未离开。数年前，他曾评价这里的森林景致说："我的和平意识源于这个小山谷，我的时间观念来自这些绵延不绝的小山。"但这种和平意识已然从约翰·吉尔伯特·怀南特身上消失殆尽。他双膝跪地，从睡袍的口袋拿出一把手枪。他将左手肘支撑在椅子上,把枪对准自己的头部,然后扣动了扳机。听到砰的一声后,他的管家和秘书匆匆跑到楼上。半小时后,美国驻英国前任大使与世长辞。

在关于怀南特自杀的头版新闻中,《纽约时报》说,他的去世"对英国人民造成了美国人几乎无法理解的广泛影响。对他去世的悲伤弥漫于优雅的维多利亚式康诺特酒店——他过去常常在那里就餐;也席卷了各个出租车招呼站、酒吧、炸鱼薯条商店……今晚,在位于威尔斯登区灌木丛生的近郊的公牛灌木酒店内,一名个头矮小的男人对记者说:"'我认为我们失去了一位共同的朋友。'他了解像我们这样的人。"

人们不言而喻的悲伤体现了对这个男人的崇高敬意,用《每日快报》的话说,他"在英国最辉煌时刻与其携手共进",并在英国的生死关头提供帮助。"英国人相信他所说的一切,"《纽约先驱论坛报》声称,"他对维持两个伟大民主国家亟须的团结所作的贡献之大,超乎了人们的认识。他的去世对整个美国,以及他的朋友们造成了不可估量的损失。"关于怀南特的去世,《曼彻斯特卫报》反思说:"想到约翰·吉尔伯特·怀南特竟无法忍受我们的战后世界,真的令人悲哀。"

和怀南特的大部分朋友一样,历史学家艾伦·内文斯(Allan Nevins)也试图了解他自杀的原因。在给怀南特的一封公开随笔信中,内文斯写道:"您是否和哈姆雷特一样,无奈地发现自己生不逢时——作为一代人中最真诚的理想主义者和人道主义者,您为所处的环境任劳任怨,而它带给您的只有无情的失望?"

在这位前任大使的简单葬礼上,圣保罗中学合唱团合唱了《冲突结束》,之后他被葬于康科德市的花山公墓。他的墓地上堆满了鲜花——温斯顿·丘吉尔和克莱门蒂娜·丘吉尔夫妇献上了五束玫瑰;埃莉诺·罗斯福献上一大束鲜花,并称怀南特"和我们的士兵一样,是战争的牺牲品"。罗斯福夫人在报纸专栏中写道:"我和我的丈夫都敬佩他,更重要的是,我们完全信任他……他帮助我们赢得了战争。我为失去这样一位朋友而悲伤,他本可以继续为国效劳。"

怀南特葬礼的三周后，伦敦圣保罗大教堂未公开地举行了一场追思会，大约500人参加。首相阿特利朗读了圣经选段："正直人的灵魂在上帝的手中，任何痛苦都不敢碰他。"出席追思会的人包括温斯顿·丘吉尔和妻子克莱门蒂娜与女儿萨拉、欧内斯特·贝文，以及安东尼·伊登。伊登悲痛地告诉记者："我失去了一位最亲密的朋友。"在场人士还包括在牛津大学上学的22岁的里文顿·怀南特（Rivington Winant），他是前任大使的小儿子。当怀南特的死讯公布开来，伊登立刻到牛津大学找到里文顿，将他带到自己的乡间别墅与自己同住。"他对我关怀备至，"多年后，里文顿·怀南特说，"他是一个极好的人。"

据丘吉尔的警卫沃尔特·汤普森说，怀南特的"自杀让温斯顿无法理解，他对此一直无法释怀"。据一些言论说，萨拉·丘吉尔对怀南特的自杀悲痛欲绝。在他去世前不久，她曾与他通过电话。后来，她责怪自己让他失望，并告诉朋友说，自己总是给爱她的人带来不幸。在随后的数年，她的演艺事业小有成就——与弗雷德·阿斯泰尔在电影《王室婚礼》中饰演男女主角，在百老汇绽放过几次光芒，并成为美国电视连续剧《霍尔马克·霍尔名人堂电影》的女主持人，她也参演过其中几集。然而，她在情感生活上却迷失了方向。她又结婚了两次，酗酒、狂热地参加派对，过着浮华的生活——她的父母经常为此感到颜面无光。1982年9月，萨拉·丘吉尔在伦敦去世，享年67岁。

对爱德华·默罗而言，吉尔伯特·怀南特的死讯相当于五雷轰顶。当听说这个噩耗时，他茫然呆坐着，不断摇头重复道："多可惜！多可惜！"当时，他和珍妮特在伦敦拜访朋友，并参加伊丽莎白公主与希腊的菲利普亲王的婚礼。婚礼前一天，他们到圣保罗大教堂参加了老朋友的追思会。

与怀南特的情况不同，默罗在战时的成就让默罗受益匪浅。他与一群记者返回美国后，被誉为美国新闻业"翘楚"，出版商迈克尔·贝西（Michael Bessie）称他们是"黄金男孩"！作为哥伦比亚广播公司新闻部副总经理，默罗主管着该公司世界各地的通讯记者、新闻广播员、新闻评论员、作者、编辑和制作人。他也是公司的代表性新闻广播节目《爱德华·罗斯科·默罗说新闻》的主角。后来，步入电视时代后，他也主持了电视专栏节目《现在请看》和《面对面》。他似乎拥有一切——名声、荣誉、丰厚的工资、大额报销账户、派克大街的豪华公寓、纽约上州的乡间别墅。

但在成功的光环下，他从未对纽约感到亲切，他发现自己很难从战时伦敦的艰苦生活过渡到战后美国的富饶生活。虽然默罗现在很富有，但他对祖国蓬勃发展带来的疯狂节奏、繁荣和物质主义感到局促不安。而且，他非常想念伦敦和伦敦人，经常提及他在那里度过的"残酷但光辉的岁月"。他频繁返回英国首都，给丘吉尔一家和其他朋友带去食物和其他稀有消费品。他继续在伦敦萨维尔街定制西服，并使用英国人的习惯用语。哥伦比亚广播公司的一位同事说，他总是感觉应该称默罗为"爱德华爵士"。默罗对朋友说，他"把自己的整个青春和大部分感情都留在了英国"。

和怀南特一样，默罗也对这些现实失望透顶：战后世界缺乏自由与公正，和平开始变质，国际紧张局势出现。同样，他也对麦卡锡主义的出现心烦意乱。1954年，在开创电视新闻历史的《现在请看》节目中，他强烈谴责了麦卡锡主义，批评他所属的新闻业正在发生的改变，尤其是他认为新闻广播标准逐渐衰退。默罗希望哥伦比亚广播公司的新闻能效仿英国广播公司，把服务公共利益作为主要目标。然而，哥伦比亚广播公司是一个商业广播网，并非公益企业，公司董事长威廉·佩利主要看重盈利与收视率。因此，在战争期间让哥伦比亚广播公司成为美国头号广播网的新闻部被迫退居次席。佩利的重心放在娱乐类节目上，而"新闻类节目只是他的爱好"——哥伦比亚广播公司新闻杂志性节目《60分钟》的监制人唐·休伊特（Don Hewitt）如是说。"他收藏默罗和塞瓦雷德的节目，就像收藏毕加索、马奈和德加的画作一样。"

效力于《纽约时报》的电视评论家杰克·古尔德（Jack Gould）曾评价默罗是"被组织包围的世界中的个人……他的办公室被称之为新闻业的图卜鲁格……是捍卫处于黯淡时期的电视新闻报道的一个堡垒，为整个新闻业和整个国家留下了辉煌遗产"。

佩利与默罗之间的冲突愈演愈烈，最终于1961年，佩利与哥伦比亚广播公司对默罗明确表示他们小庙难容大佛。在新总统约翰·菲茨杰拉德·肯尼迪（John F. Kennedy）的邀请下，默罗成为美国新闻署署长，其前身是战时成立的战争信息局。四年后，默罗因肺癌去世，享年57岁。

在默罗去世前不久，英国女王伊丽莎白二世授予他大英帝国荣誉骑士爵位。在他去世当晚，英国广播公司打乱了原定节目安排，对默罗及其成就进行了半小时报道。据参与该节目的哈罗德·威尔逊（Harold Wilson）首相说，对这位美国人授予爵级骑士勋章是对广泛承认之事实的官方认可：自1937年默罗首次来到伦敦，他一直是"荣誉英国人"。

不同于这两位战时同胞，埃夫里尔·哈里曼得心应手地适应了战后生活。正如他所希冀的一样，战争将他从遁形于父亲耀眼光芒下的纨绔商人，转变成了国际外交界中的重要人物。从战时在伦敦和莫斯科开始，他就活跃在政界40年。哈里曼在杜鲁门政府、肯尼迪政府和林登·约翰逊政府中都担任过要职。《纽约时报》称，他是美国的"超级外交官"和"最高全权大使"。

始料未及的是，他并不满意战后被委任的第一个外交职位：驻英国圣詹姆斯宫大使。如果在战时，他会趋之若鹜地接受这份工作，但1946年的英国贫困潦倒，完全丧失了帝国影响力，不再是权力和行动中心。对驻英国大使馆的属下而言，哈里曼似乎"冷漠、疏远、不合群"。到达伦敦后不久，他便搬进了位于王子门大街的大使官方宅邸，这栋大楼曾经的主人是怀南特嗤之以鼻的J. P. 摩根（J. P. Morgan）。

哈里曼与帕梅拉·丘吉尔再续前缘，被默罗抛弃而感到屈辱的帕梅拉欣然接受了他的殷勤。然而，相比20世纪40年代，他们现在的关系存在更多问题。战时伦敦呈现了一种随心所欲、狂热躁动的氛围，在这种氛围中，用哈里森·索尔兹伯里的话说，"性就像空中弥漫着的大雾"，而现在这种氛围消失了。而且相比之前的《租借法案》管理人身份，作为大使的公众影响更大。他担心会出现丑闻，威胁到他的外交与政治抱负，为了先发制人，他说服妻子也来伦敦。但在他到伦敦六个月后，而妻子尚未到伦敦之前，杜鲁门就将哈里曼召回了华盛顿，任命他为商务部长。

哈里曼努力争取杜鲁门的信任，正如他趋附丘吉尔和罗斯福一样。1947年，总统派他以大使的身份到欧洲分配数十亿美元的马歇尔计划援助金。据大部分言论说，他的表现很好。他埋头苦干、坚强不屈，但从来没有人，包括他的密友认为他足智多谋或格外聪明。比弗布鲁克勋爵后来对约翰·菲茨杰拉德·肯尼迪说："从未有人像他这样，资质平平却有赫赫之功。"他非常勤奋、直率、强硬、坚定，几乎与战后欧洲的所有领导人相识——这些品行对他之后的政治生涯帮助极大。1948年，杜鲁门任命哈里曼为国家安全顾问。据罗伯特·舍伍德说，"他是杜鲁门政府中，几乎与哈里·霍普金斯旗鼓相当的人。"这一评价一定让哈里曼喜出望外。

在20世纪40年代，美国联合太平洋铁路公司前任董事长哈里曼，与多年的朋友兼同事迪安·艾奇逊、约翰·麦克洛伊、乔治·凯南以及罗伯特·洛维特被广泛认为是构建战后世界的主要美国"建筑师"。被称之为"智者"的哈里曼和其他人决心在全球创建美式和平，而实现这一未来愿景，用《智者》的传记作者沃尔特·艾萨克森（Walter Isaacson）和埃文·托马斯（Evan Thomas）的话说，要求"重塑美国在世界中的传统角色，重建全球的力量对比"。

在1952年和1956年，哈里曼先后两次参加民主党总统候选人提名竞选——许多朋友认为他的做法是一时脑热。由于之前没有担任选任制官员的经历，这位呆板、专横的候选人几乎无法引起选民的共鸣，不出所料，他两次败选给阿德莱·史蒂文森（Adlai Stevenson）。1954年，哈里曼以极小优势当选为纽约州长，但在之后的连任竞选中，败给了纳尔逊·洛克菲勒（Nelson Rockefeller）。

当肯尼迪当选总统时，哈里曼时年68岁，但他决心不让年龄成为阻碍自己走进白宫核心圈的绊脚石。哈里曼的一位友人，小阿瑟·施莱辛格在日记中写道："每个人都有缺点，而埃夫里尔的缺点是对权力太过渴望。"哈里曼对另一位朋友说："我相信在一切尘埃落定前，我将实权在握。罗斯福总统在任期间，我从一介平民步步高升。在杜鲁门总统任期，我再次从底层到达顶峰。现在，我要一如既往。"

而他确实说到做到。肯尼迪最初对哈里曼表示怀疑，但最终却先后任命这位年老的外交官担任自己的首席国际问题顾问和国务卿。在哈里曼70岁时，他参与谈判并达成了日内瓦协议，结束了老挝内战。两年后，他率领美国团队与苏联制定了限制核试验的条约。1965年，在林登·约翰逊的总统任期，76岁的哈里曼到达巴黎与北越领导人为结束越南战争而谈判——但这一努力并未成功。

当哈里曼79岁时，他在《华盛顿邮报》的老板凯塔琳娜·格雷厄姆（Katharine Graham）家中举办的晚宴上再次邂逅了战时情人帕梅拉·丘吉尔，当时哈里曼已经丧偶。自战争结束后，帕梅拉与许多有钱有势的人有过恋情，比如伊利·德·罗思柴尔德（Elie de Rothschild）和菲亚特汽车公司掌门人詹尼·阿涅利（Gianni Agnelli）。后来，帕梅拉与美国戏剧制作人利兰·海沃德（Leland Hayward）结为夫妻，但他于1971年去世。哈里曼与帕梅拉重续旧情，几个月后便喜结连理。当帕梅拉告诉86岁的克莱门蒂娜·丘吉尔自己的婚讯时，克莱门蒂娜欢呼说："亲爱的，这真是旧情重燃啊！"

1986年，哈里曼去世，享年94岁。他的妻子不屈不挠地为国效力，成为美国民主党中的女元老，并担任美国驻法国大使。1997年，她在巴黎的丽兹酒店游泳后，突发脑溢血去世，当时她仍担任着大使职位。

第二次世界大战结束60多年后，爱德华·罗斯科·默罗和埃夫里尔·哈里曼仍是美国家喻户晓的人物。作为公认的广播新闻创始人和守护神，一些书籍和电影将默罗作为题材。美国广播电视新闻协会——美国领先的广播公司组织——为广播新闻业的年度杰出人物设立了爱德华·罗斯科·默罗奖。美国各地的一些学院学校也以他的名字命名，包括默罗的母校华盛顿州立大学的传播学院。至于哈里曼，纽约外交关系协会设立了研究欧洲问题的威廉·埃夫里尔·哈里曼项目。哥伦比亚大学还设立了研究俄国、欧亚和东欧的哈里曼研究所。

虽然约翰·吉尔伯特·怀南特几乎被美国遗忘，但仍然存在对他的纪念，只是与默罗和哈里曼的纪念方式截然不同。对他的纪念主要表现在英国圣公会牧师菲利普·克莱顿发起的一项计划，怀南特去世前一天曾与他通过电话。据报道，克莱顿对怀南特的自杀愧疚难当，认为如果自己在怀南特致电的当晚与他见面，这个悲剧可能就不会发生。

怀南特去世后，克莱顿对圣保罗中学的学生做了一次慷慨激昂的演讲，号召他们在次年夏季到伦敦东区工作，以此表达对怀南特的敬意，怀南特仍是该中学受人敬仰之人。一些学生确实这样做了，他们成为怀南特志愿者的首批美国青年。自此以后，来自美国高中和大学的几十名学生每年夏季都会到英国各个城市的贫困社区服务；作为回报，英国青年从1957年开始也来到美国贫困城镇工作。这项计划现在称之为"怀南特–克莱顿"志愿者项目。

对一些"怀南特–克莱顿"志愿者而言，这种经历改变了他们的人生。刚毕业于哈佛大学的J. 帕克·詹姆森（J. Parker Jameson）牧师回忆说："这种经历助我成长，让我看到真正的世界。"1975年夏季，他在利物浦与那里的贫困青年一起工作。"我不再认为美国是世界的中心。我认识到，地球辽阔无边，到处都存在痛苦，亟待关注。我们必须携手合作、共同解决。"当夏季结束后，詹姆森在利物浦又待了一年。由于深受"怀南特–克莱顿"志愿者经历的影响，当他返回美国后，他决心成为一名圣公会牧师。

那年夏季帕克·詹姆森在利物浦对美国产生的新认识并没有得到美国同胞的普遍认同，尤其是战后头几年。第二次世界大战后，美国成为世界最强大的国家，认为自己无所不能。最初，美国无意与之前的西方同盟密切合作，帝国势力和全球影响急剧衰退。的确，在战争刚结束的数月，美国开始取代英国、法国和欧洲其他殖民国家，成为东南亚地区、太平洋地区、地中海地区以及中东地区的主要经济和军事势力。

"二战"结束时，美国曾一度将苏联看作处理战后国际问题的主要合伙人。

然而冷战的开始结束了这一设想，并让罗斯福的计划——快速让美国置身于欧洲事务之外——化为泡影。在战争的大部分时间，美国政府采取了安抚苏联的做法，而现在美国发起了遏制苏联的计划。为了实现这一计划，华盛顿意识到，美国必须保持并增进与欧洲的战时联系，虽然美国一心想把欧洲大陆的各种问题置之度外。马歇尔计划实施两年后，美国、加拿大和欧洲十国建立了一个军事同盟——北大西洋公约组织。当任何成员国受到武装袭击时，所有成员国将实行集体防御。这是美国历史上首次同意永久维护欧洲和平。

在适应这个新角色的同时，美国政府决策者对战时盟友——英国，也产生了一种新认识。"其他任何国家都无法像英国一样，具备成为我们主要盟友和搭档的资格，"国务院的一份报告写道，"英国以及英联邦的其他国家，尤其是最初的自治领，是我们最可靠、最有益的盟国。我们应该与之建立'特殊关系'。"

而这种"特殊关系"绝非英国在战时和战后寻求的紧密、平等的合作关系。一直以来，美国都表明自己是合作关系中的主导力量。例如，1956年在苏伊士运河危机期间，美国领导人在经济上对英国施压，迫使英国、法国和以色列三国军队对埃及停火。

虽然英美两国关系不断出现紧张局势，但相较于其他盟国，美国与英国的共同点更多。尤其是相较于美国与世界其他国家的关系，美国与英国的战后联系显得格外亲密。而英国人和美国人在战时形成的个人关系和友谊也促进了两国的亲密关系。这种非正式的紧密关系不仅在战争期间缓解了各种问题，在战后也促进了两国合作。曾获得罗德奖学金的罗伯特·赖克（Robert Reich）是比尔·克林顿政府的劳工部长，他在谈论英国人时说道："美国人能够信任这个民族：他们是冷漠、混乱世界中的朋友和知己……毫无疑问，美国官员经常征求英国官员的意见，并获得了只有判断精准的忠诚老朋友才能提供的真诚、保密的建议。"

对亲身经历过战时英美联盟的许多美国人和英国人而言，这种关系的影响深远而持久。来自利物浦的一名女子说："美国人的到来让我对生活产生了更广阔的认识,让我对民主有了深入的了解。"战时还是学生的一名伯明翰男子说:"不管这种'特殊关系'现在在国家层面上发生了什么变化,但在多年前,我们建立了个人之间的特殊关系……美国人不久就从'他们'变成了'我们'。我将永远保持我们在那时建立的友谊、大度和基本团结。"

在纽约州斯克内克塔迪市,一名退役的美国水兵说:"我认为我非常了解英国人,正如我了解美国人一样。换句话说,在大西洋的两边,我都可以说'这是我的家'。"战争后期,厄尼·派尔在太平洋战场上阵亡前不久也表达了类似的情感。"当我在伦敦大轰炸期间首次见到伦敦时,我便爱上了这座城市,"这位专栏作家写道,"这里仿佛成了我在海外的家。"《纽约时报》通讯记者德鲁·米德尔顿曾说道:"在伦敦的岁月是我人生中最开心的日子……和你了解、尊敬并喜欢的人们生活在一个你了解并喜爱的地方最令人满足了。"即使是几乎讨厌自己战时全部从军经历的悲观小说家兼剧作家威廉·萨罗扬,在谈论伦敦和伦敦人时也称赞不绝。在萨罗扬撰著的战时小说《韦斯利·杰克逊历险记》中,主人公说:"要说我爱上了这座城市有些难为情,这么说似乎太虚伪。但我确实爱上了伦敦,并且我对它的爱永不变。"

对在战时英国待过的一些美国人来说,英国及其首都就像电影《蓬岛仙舞》中世外桃源般的古朴乡村——在这里,勇气、决心、牺牲和团结一致的精神最终获胜,即使只持续了短短几年。罗伯特·阿尔比布在回忆录中描述了在英国数月经历也充分证明了这一点。"遇到的每个英国人都表示歉意,"他写道,"他们一致说'很不幸你目睹了战时英国的状况,很不幸你没能看到英国最好的一面'。"但阿尔比布强烈反对这种说法,他写道:"胡说,现在正展现了英国最好的一面!"

毋庸置疑,这里的街道肮脏、店面破旧、火车晚点、食物和热水缺乏、啤酒寡淡、公园的草地杂草丛生、灯火熄灭,"但是,对我们这些人来说,我们还记得其他的事情。"阿尔比布写道,"我们看到这个国家团结一致,朝着共同的目标奋斗;危险让这个国家的人民团结友爱;作出牺牲的不只是士兵,灾难也不仅仅降临在穷人身上;所有人共同劳动、同甘共苦;恐怖和苦难无法剥夺幽默和机智；英勇就存在于玫瑰皇冠酒店中与你并肩而立的男人身上；民主表现在公爵骑自行车、农民坐汽车上——这就是这个国家最好的一面，是能够骄傲分享的经历，是这个国家的伟大时刻。英国的确是一个耐人寻味的地方。"

1940年10月，离开伦敦前不久，哥伦比亚广播公司通讯记者埃里克·塞瓦雷德同样表达了他对这个国家、这座城市逐渐产生的崇拜和喜爱之情。在最后一次广播报道中，27岁的塞瓦雷德将他离开伦敦时的感受，和四个月前巴黎沦陷于德国之手的前几天，他飞离巴黎的感受进行了对比。他说："巴黎就像一个美人在昏迷中毫无挣扎地去世了，不知道也不问自己为何亡故。离开巴黎时有一种解脱感，而离开伦敦时却感到惋惜不已。在欧洲的所有伟大城市中，唯独伦敦保持傲骨，宁为玉碎、不为瓦全。"

在表达对伦敦和伦敦居民的赞美之情时，塞瓦雷德尽量让声音不颤抖。最终，他抑制不住自己的感情，哽咽地总结说："之前有人写道，战争结束数年后，当人们谈论起这场战争时，他们可能会说，'我曾是军人'，或'我曾是水兵'，又或'我曾是飞行员'，其他人可以同样骄傲地说'我曾是伦敦公民'。"

致　谢

首先，我要感谢已故的爱德华·R.默罗，没有他，我不可能写这本书，或本书之前的两本书。这三本书以各种不同的方式描述了第二次世界大战期间英国的状况。自从我和丈夫斯坦·克劳德开始为《默罗男孩》的创作进行研究，我就对此题材深深入迷。《默罗男孩》是我们在十多年前撰著的一本书，讲述了默罗及他为成立哥伦比亚广播公司新闻部而招聘的通讯记者们的故事。爱德华·默罗在英国度过的八年时光——其中大部分是战争岁月——是他人生中最充实的日子。他对英国及英国人民的出色报道不仅让他闻名遐迩，更重要的是，在打造和维持英美战时同盟方面发挥了关键作用。

因此，当我决定以这个战时同盟，以及帮助建立和维护该同盟的人为题材进行写作时，自然而然，我选择了默罗作为本书的三位主人公之一。我和斯坦对默罗的遗孀珍妮特、尚存的默罗男孩以及与默罗亲密合作过的其他许多人进行了几十次采访；另外，我在曼荷莲女子文理学院也研究了爱德华·罗斯科·默罗和珍妮特·布鲁斯特·默罗的资料，其中包括默罗夫妇最新的私密信件和日记——由他们的儿子凯西赠送给该学院，这些都为本书提供了大量素材。曼荷莲女子文理学院的档案馆长帕特丽夏·奥尔布赖特为我们提供了慷慨帮助，谨此致谢。

感谢美国国会图书馆手稿部人员为我提供埃夫里尔·哈里曼与帕梅拉·哈里曼夫妇的资料。该图书馆的约翰·厄尔·海恩斯博士是20世纪政治和政府学的研究专家，特别感谢他为我提供了目前正准备对研究员公开的关于帕梅拉·哈里曼的资料，从而进一步揭示了帕梅拉与哈里曼和默罗的关系。

在这些资料中，帕梅拉的传记作者克里斯托弗·奥格登在对她的采访中所记录的一系列坦率、引人入胜的长篇采访稿令我兴趣盎然。感谢克里斯托弗和已故的鲁迪·艾布拉姆森——哈里曼的传记作者，不吝赐教，对哈里曼夫妇给予了锐利、透彻的评价。

约翰·吉尔伯特·怀南特是本书中的第三位主人公。研究他的生平令人格外愉悦且极具挑战性，因为如今在美国，这位腼腆的前任大使、新罕布什尔州州长在很大程度上已名不见经传。而本书的一个主要目标则是揭示他对英美同盟关系的成功所作出的重要贡献。我在美国国会图书馆的富兰克林·德拉诺·罗斯福档案室对怀南特的资料进行了两周研究，成果卓著，而这在很大程度上得益于该图书馆的首席档案官鲍勃·克拉克及其员工的博学多识和慷慨相助。

新罕布什尔州政府秘书长威廉·加德纳善良、豪爽，在紧凑的行程中挤出大量时间为我追寻怀南特的知情人士，对此我深表感谢。在我所认识的人中，比尔·加德纳最了解新罕布什尔州历史。在2008年秋季的某一天，他向我介绍了许多怀南特的知情人士，带我参观了州首府康科德，并和我分享了他本人对怀南特及其复杂性格的宝贵见解。通过比尔，我认识了新罕布什尔州前任立法者迪安·德克斯特。作为怀南特的拥戴者，迪安向我提供了他对曾任怀南特助理阿比·罗林斯·卡弗利的透露内情的采访。感谢新罕布什尔州的比尔、迪安、伯特·惠特莫尔和其他人，帮助我更深入地了解了怀南特。同样感谢里文顿·怀南特向我分享了关于他父亲的回忆，感谢他与妻子琼在纽约市的曼哈顿区和奥伊斯特贝对我的热情招待。

感谢埃德温娜·桑兹、鲁·劳赫、约翰·马瑟、菲莉丝·本内特、雷·贝尔斯、拉里·德威特、南希·奥尔特曼、苏珊·拜洛瓦里、保罗·梅德利科特、克斯汀·唐尼、W.詹姆森·帕克牧师以及帕特·弗格森和凯茜·弗格森夫妇。

  写作本书的过程酣畅淋漓,这在很大程度上得益于我的编辑苏珊娜·波特。苏珊娜对本书极其热情,在本书写作期间提供了大量支持和鼓励,且拥有娴熟、敏锐的编辑能力,因此与她的合作令人十分满意。盖尔·罗斯是我的长期经纪人兼朋友,她的能力超乎寻常,能够完美地搭配签约作者与编辑,使其相得益彰;本书再次说明了她能成为出版界的精英必有其道理。

  最后,由衷地感谢我的女儿卡莉和丈夫斯坦,斯坦是我所知的最佳编辑兼作者,我对他的感谢无以言表!